国家出版基金项目
NATIONAL PUBLICATION FOUNDATION

「禮學新論」叢書／楊華　主編

佚禮通考

覃力維　著

武漢大學出版社
WUHAN UNIVERSITY PRESS

本叢書爲國家社會科學基金重大項目

"中國傳統禮儀文化通史研究"（18ZDA021）階段性成果

目　録

緒論　　三禮文獻概覽

　　黃侃先生在《禮學略説》一文中言"三禮中，《周禮》廣大，《儀禮》繁密，《禮記》紛錯"，又言"有禮之意，有禮之具，有禮之文"。① 以三禮爲核心的禮學傳承兩千多年，留下了豐富的歷史文獻與深邃的學理思考，形成了内容複雜而精微的學術領域。② 近代社會、學術變革，傳統經學、禮學日益衰落並面臨轉型。百年禮學研究，在中國、日本、歐美等地又形成了風格各異的學術脈絡，學界已開始有意識地總結與反思。③ 本書主要關注"佚禮"，聚焦禮學原

---

　　① 先生文章體大思精，意蘊深廣，值得挖掘者甚多。今人疏證之作，可參池田秀三《黃侃〈禮學略説〉詳注稿》、陳韻《〈禮學略説〉箋釋》，但皆未完稿。黃氏"禮之意""禮之具""禮之文"，即對應錢玄先生所舉"禮之義""禮之具""禮之節"，錢先生另有"百官之職"。黃侃：《禮學略説》，滕志賢編：《新輯黃侃學術文集》，南京大學出版社 2008 年版，第 367、373 頁。錢玄：《三禮名物通釋》，江蘇古籍出版社 1987 年版，第 1 頁。

　　② 錢穆先生以爲"中國的核心思想就是'禮'"。[美]鄧爾麟：《錢穆與七房橋世界》，藍樺譯，社會科學文獻出版社 1995 年版，第 8 頁。陳寅恪先生《王觀堂先生輓詞序》"吾中國文化之定義，具於《白虎通》三綱六紀之説"，李旭先生以爲"禮教綱紀之真精神，貫穿王、陳生平踐履，固未嘗以學術文化之新潮迭起而消沉淪喪"，亦通此義而別有懷抱。陳寅恪：《陳寅恪集·詩集》，生活·讀書·新知三聯書店 2012 年版，第 12 頁。李旭：《"中國文化定義"説的淵源、蘊義與踐履——近代學術嬗變脈絡下的陳寅恪〈王觀堂先生輓詞序〉》，《清華大學學報》(哲學社會科學版)2021 年第 1 期。

　　③ 周何：《六十年來之禮學》，程發軔主編：《六十年來之國學·經學之部》，臺灣正中書局 1972 年版，第 363~397 頁。車行健：《〈三禮〉研究》，林慶彰主編：《五十年來的經學研究》，臺灣學生書局 2003 年版，第 161~188 頁。彭林：《禮學研究五十年》，《中國史學(日本)》2000 年第 10 號；《三禮研究的大勢與問題》，《儒家典籍與思想研究》第 1 輯，北京大學出版社 2009 年版；《三禮研究入門》，復旦大學出版社 2012 年版。丁鼎、馬金亮：《新中國(大陸地區)三禮學研究綜述》，《齊魯文化研究》第 12 輯，泰山出版社 2012 年版。楊英：《改革開放四十年禮學與禮制研究》，《孔學堂》2018 年第 5 期。王鍔：《禮學文獻整理研究的回顧與展望》，《古籍整理出版情況簡報》2020 年第 1 期。鄭伊凡：《英文漢學界的禮學研究綜述》，《人文論叢》2020 年第 1 輯，武漢大學出版社 2020 年版。楊世文：《近百年儒學文獻研究史》，福建人民出版社 2015 年版，第 481~664 頁。[日]工藤卓司：《近三百年來日本學者〈三禮〉之研究》，臺灣萬卷樓圖書股份有限公司 2016 年版。潘斌：《二十世紀中國三禮學史》，南京大學出版社 2016 年版。曾軍編著：《禮學檔案》，武漢大學出版社 2016 年版。丁鼎主編：《三禮學通史》，人民出版社 2020 年版，第 907~1129 頁。楊華：《中國禮學研究概覽》，武漢大學出版社 2021 年版。

典在流傳過程中興起的"逸禮"言説、輯佚實踐及其關聯話題，並試圖抉發其中的學術理路，冀得子夏子所言"可觀"之效。

第一節　禮學文獻及其輯佚

《四庫全書總目》經部禮類，設《周禮》、《儀禮》、《禮記》（附《大戴禮記》）、三禮總義、通禮、雜禮書 6 類，共收書 223 部，其中録入《四庫全書》83 部，存目 140 部。六類之中，以《周禮》《禮記》類最多，各有 61 部（參表 0-1）。《周禮》類以"《冬官》不亡"一派最具特色，由宋而清，代有撰述。《儀禮》類以元吳澄《儀禮逸經》、汪克寬《經禮補逸》兩書最特殊，開後世蒐輯佚禮之風（實則本諸朱子）。《禮記》類則因功令而多評點、講章之體，又有類纂一派前後不絶，此皆受到清儒批駁。四書類又有《大學》《中庸》類著述別成一脈，與《禮記》無涉。三禮總義、通禮、雜禮書三類皆以宋人爲首，乃至以之爲宗。通禮類朱子《儀禮經傳通解》、雜禮類《家禮》（四庫館臣認爲其雖不出朱子，但實因朱子之名而發揚光大）影響尤大。

表 0-1 《四庫全書總目》禮學文獻統計表

	漢—唐		宋		元		明		清		總計		
	全書	存目	全書	存目	全書	存目	全書	存目	全書	存目	全書	存目	
《周禮》	1		10	1	1	1	3	22	7	15	22	39	61
《儀禮》	1		6	1	3			4	14	8	24	13	37
《禮記》	1		2	1	2	1	7	25	8	14	20	41	61
《大戴禮記》	1		1							4	2	4	6
三禮總義			1	2		1	1	6	4	11	6	20	26
通禮			2					1	2	5	4	6	10
雜禮			2			1	1	10	2	6	5	17	22
總計	4		24	5	6	4	12	68	37	63	83	140	223
	4		29		10		80		100		223		

時段分布除清代百部外，以明代最多，共 80 部，且《周禮》、《禮記》、雜禮書三類數量都超過清代（主要是清初），只是大半見於存目。四庫館臣對明代禮學（乃至經學全體）極爲不屑，屢言“《周禮》《儀禮》至明幾爲絶學”（王應電《周禮傳》提要）、“經學荒蕪之日”（王志長《周禮注疏删翼》提要）、“三禮之學，至宋而微，至明殆絶”（李光坡《儀禮述注》提要）、“古經于是乎蕩盡”（鄧元錫《三禮編繹》提要）、“禮學遂荒”（孔穎達《禮記正義》提要）等①，明顯取徵實考據的標準予以評判②。因而明代禮學著述雖多，影響卻遠不及宋③，更遑論清學。宋代著述多開此後新風氣，並形成新典範，得與漢學注疏傳統並峙。其中，朱子雖無三禮經典的專注專書，但《儀禮經傳通解》的修撰及相關禮學言論，尤其是重提《儀禮》“經禮”名義的主張，極大影響了此後三禮關係的討論，以及《儀禮》、《禮記》、通禮之學的進展。以《家禮》爲代表的“四禮”之學，更是不斷推進了“禮下庶人”的歷史進程。④ 不過，疑僞辨僞、改經删經才是宋、元、明經學最主要的思維方式與思想底色，影響至清不絶而方法日

---

① 如是論述，也極大影響了後世學術史的認知與書寫，如錢基博先生言“三禮之在有明，幾爲絶學！《禮記》既古義蕩然”，即本《四庫全書總目》之説。錢基博：《經學通志》，《經學論稿》，傅宏星校訂，華中師範大學出版社 2011 年版，第 453 頁。郭超穎、王域鋮：《四庫經部禮類提要彙輯校訂》，廣陵書社 2020 年版，第 54、62、145、191、454 頁。

② 明代禮學的特徵，可參小島毅先生之説，其認爲“明代的《儀禮》學重點在於實踐”，“只不過是没有清朝考證學定義下的《儀禮》之學罷了”。[日]小島毅：《明代禮學的特點》，張文朝譯，林慶彰、蔣秋華主編：《明代經學國際研討會論文集》，臺灣中國文哲研究所 1996 年版，第 393~409 頁。另參王汎森：《經學是生活的一種方式——讀〈吳志仁先生遺集〉》，《晚明清初思想十論（增訂版）》，北京師範大學出版社 2020 年版，第 396~417 頁。王文所論雖已至清初，但頗可與前文合觀。

③ 宋代禮學研究，已有多種成果，參閲吳萬居：《宋代三禮學研究》，臺灣編譯館 1999 年版。惠吉興：《宋代禮學研究》，河北大學出版社 2011 年版。潘斌：《宋代〈禮記〉學研究》，吉林人民出版社 2011 年版；《宋代“三禮”詮釋研究》，人民出版社 2018 年版。劉豐：《北宋禮學研究》，中國社會科學出版社 2016 年版。夏微：《宋代〈周禮〉學史》，中國人民大學出版社 2018 年版。

④ 劉永華：《禮儀下鄉：明代以降閩西四保的禮儀變革與社會轉型》，生活·讀書·新知三聯書店 2019 年版，第 8~15 頁。楊英：《近四十年來宋元明清朱子〈家禮〉、鄉約及民間家禮文獻研究》，《孔子研究》2019 年第 5 期。[日]近藤啟吾：《四禮の研究——冠婚葬祭儀禮の沿革と意義》，（日本）臨川書店 2003 年版。楊逸：《宋代四禮研究》，浙江大學出版社 2021 年版。

趨精密，餘波至民國乃有"古史辨"運動。①

《四庫全書總目》著録的禮類文獻，展示了一種經過時間淘汰與人爲選擇而形成的清初以前的禮學史脈絡，也强化了"禮是鄭學"的判定標準與權威話語。雖然百餘部的著録文獻並不足以完全展示清初以前的禮學變遷，但其在類别、時代上的分布特徵已頗具代表性。由此還可以進一步統計傳統禮學文獻著録與傳世的基礎數據，繼而整體把握和理解禮學研究的基本規模，也便於"佚禮"研究的初步定位。

根據王鍔先生《三禮研究論著提要》的梳理進行統計，由漢至清，傳統禮學文獻的著録總量大致爲 2400 餘部（參表 0-2）。② 諸類之中，《禮記》類因科舉取士，唐以降備受士人關注，數量一直穩步增長（元代國祚較短，雖增長不明顯，禮類著述仍以《禮記》爲最）。但清代《周禮》類數量略勝《禮記》類，頗值得留心。③ 當然清代在各文獻領域都較爲繁盛，與清學"整理舊學"的時代風格保有一致。至於南北朝時期《儀禮》、通禮類著述大幅增加，與特定歷史

---

① 葉國良：《宋人疑經改經考》，臺灣大學文學院 1980 年版。楊新勛：《宋代疑經研究》，中華書局 2007 年版。徐玉梅：《元人疑經改經考》，臺灣東吳大學碩士學位論文，1988 年。陳恒嵩：《明人疑經改經考》，東吳大學碩士學位論文，1988 年。林慶彰：《清初的群經辨偽學》，華東師範大學出版社 2011 年版。佟大群：《清代文獻辨偽學研究》，人民出版社 2012 年版。

② 王鍔：《三禮研究論著提要（增訂本）》，甘肅教育出版社 2007 年版。舒大剛主編《儒學文獻通論》在"經學文獻"中，以朱彝尊《經義考》及王書爲基礎，統計《周禮》、《儀禮》、《禮記》、三禮總義類文獻，分别約 760（存 356 種左右）、630（3/4 以上已佚）、800（現存不到 200 種）、197（現存 75 種）種，共計近 2400 種，傳世卻只有近 800 種；其中當是出現了差錯，如王書三禮總義、通禮類共有近四百種，《儒學文獻通論》不知爲何會漏算，且統計時亦有計算錯誤。舒大剛主編：《儒學文獻通論》，福建人民出版社 2012 年版，第761~769、830~835、896~901、942 頁。《儒學文獻通論》另在"儒論文獻"下設禮教類、"儒史文獻"下設禮樂制度類，與集部文集、史部政書等關聯較大。惟禮樂制度類中"民間禮書"一項與"雜禮"相關，但未統計文獻數量。

③ 李文艷先生統計清代《周禮》類文獻約有 460 種，傳世者至少 307 種，與王書數量差别較大；並按照傳統清學研究的三段論，總結清初、乾嘉、晚清三個階段的研究特徵：清初博學於文、經世致用（又分《冬官》不亡、辨偽風潮、經典注釋三種取向），乾嘉考據之學大昌，義理之學並重，晚清則復爲致用而回應現實問題，並有諸多新意。李文艷：《清代〈周禮〉學文獻述論》，《儒家典籍與思想研究》第 11 輯，北京大學出版社 2019 年版。

條件下《喪服》學的興盛以及禮議的頻繁發生有關(同時王朝"五禮"禮典的編纂也逐漸定型)。① 在鄭玄以《周禮》爲核心構築三禮體系之後，直至宋代才較多出現《周禮》類著述，原因卻與鄭玄關係不大。王安石"新學"體系中的《周官新義》，在當時及此後產生了遠較鄭注更顯著的影響。② 明代的突出特徵則是雜禮書的增加，同時又處在宋、元禮學傳統的延長綫上。③

表 0-2　《三禮研究論著提要》三禮文獻統計表

	《周禮》	《儀禮》	《禮記》	《大戴禮記》	三禮總義	通禮	雜禮書	總計
漢	16	15	13	2	7	2		55
魏晉	15	39	27	1	3	9	5	99
南北朝	15	71	32	1	8	51	9	187

---

①　經部分類中的"通禮"是一個後起的概念，南北朝時期顯然沒有"通禮"之説。經部禮類"通禮"與史部政書類作爲王朝禮典的"通禮"既有較大區別，也有緊密聯繫，清代大型通禮書如秦蕙田《五禮通考》即經史兼收並論，《四庫全書總目》所謂"輯通禮則歷代之制皆備焉"。中古時期的禮學與禮制，參閱張煥君：《情禮交融：喪服制度與魏晉南北朝社會》，商務印書館 2020 年版。范雲飛：《晉至唐禮議研究》，清華大學博士學位論文，2021 年。

②　劉豐先生認爲《周官新義》之後的宋代《周禮》學，存在一個"後《周官新義》"時代。參閱劉豐：《北宋禮學研究》，中國社會科學出版社 2016 年版，第 93～354 頁。

③　明清禮學轉型，張壽安先生解釋爲"從私家儀注的'家禮學'到以經典爲法式的'儀禮學'"，徐到穩先生則概括爲"從實踐禮學走向考證禮學"。實際上，家禮學或實踐禮學、儀禮學或考證禮學，各有源流與述求，雖同屬禮學範疇，但層級、對象、旨趣有異。學者的經典之學與經世之學各自發展，也並不矛盾。另一種思路是從社會變革入手，如周啟榮、王汎森等先生對晚明清初"禮教主義""禮治社會"思想的考察。張壽安：《十八世紀禮學考證的思想活力：禮教論爭與禮秩重省》，北京大學出版社 2005 年版，第 19～85 頁。徐到穩：《明清時期實踐禮學的興衰：一種基於版本數量統計的分析》，《清史論叢》2019 年第 2輯，社會科學文獻出版社 2020 年版。趙克生、安娜：《清代家禮書與家禮新變化》，《清史研究》2016 年第 3 期。王汎森：《清初"禮治社會"思想的形成》，《權力的毛細管作用：清代的思想、學術與心態(修訂版)》，北京大學出版社 2015 年版，第 36～77 頁。周啟榮：《清代儒家禮教主義的興起：以倫理道德、儒學經典和宗族爲切入點的考察》，毛立坤譯，天津人民出版社 2017 年版。

續表

	《周禮》	《儀禮》	《禮記》	《大戴禮記》	三禮總義	通禮	雜禮書	總計
隋		3	4		2	9		18
唐	5	11	27		5	14	2	64
宋	**104**	55	124	6	23	24	11	347
遼金	1			1		1		3
元	21	12	39	5	8	3	11	99
明	91	68	192	8	21	19	**58**	457
清	**252**	225	249	113	118	65	65	1087
總計	520	499	707	137	195	197	161	2416

　　傳世禮學文獻的數量，大致也能佐證上述結論。《中國古籍總目·經部》統計民國以前現存禮類文獻有近 1200 種（參表 0-3）。① 其間以"世近"之清代文獻最夥，占總數的七成。明人著述則占剩餘數量的一半，以比重論，又以《儀禮》類傳世最少，通禮、雜禮類傳世最多。明人《儀禮》類著述，據王書，除經解 24 種外，尤以射、鄉禮 22 種居多（受政治推動，有明顯的時代特徵），喪禮 11 種其次，以及冠、昏、相見諸禮 6 種，與雜禮書相類；另有《儀禮》逸經類 5 種，承吳澄《儀禮逸經》、汪克寬《經禮補逸》而來，自成一派（又見於總義、通禮類著述）。《四庫全書》未列任何一部明人《儀禮》著作，只存目 4 種，評述之中也以明代《儀禮》學最陋。而《中國古籍總目》所列唐以前禮學文獻，基本都出自清人輯佚，且集中於王謨（1731—1817）《漢魏遺書鈔》、馬國翰（1794—1857）《玉函山房輯佚書》、黃奭（1809—1853）《漢學堂經解》、王仁俊

----

　　① 中國古籍總目編纂委員會編：《中國古籍總目·經部》，中華書局 2012 年版，第 419~537 頁。以上統計諸表，皆未合計禮緯類、樂類文獻，分類也不完全合轍，且因標準不盡相同以及學界研究在時代與類別上也不甚平衡（如宋代、清代禮學研究成果遠較唐前、元明爲多），數據會有一定差異，但禮學文獻的基本規模已較爲清晰。

（1866—1913）《經籍佚文》等大型輯佚叢書。①

表 0-3　《中國古籍總目》禮學文獻統計表

	《周禮》	《儀禮》	《禮記》	《大戴禮記》	三禮總義			總計
					總義	通禮	雜禮	
漢	9	10	7	4	6			36
魏晉	5	15	7		5		3	35
南北朝	3	9	7	1	10			30
唐	2	1	3		3	1		10
宋	13	6	9	3	4	5	5	45
元	4	4	2		4			14
明	41	12	73	4	10	14	20	174
清	195	181	180	84	150	20	31	841
總計	272	238	288	96	192	40	59	1185

　　隨着信息時代文獻的數字化以及古籍統計、流通的越發便捷，傳統禮學文獻的著録總量與傳世數量還會增加，尤其是清人的著述體量，但傳統禮學的基本特徵與格局當不至發生全局性的改變。至於學者常用、易見的禮學文獻，以"四庫"系列叢書（《四庫全書》《四庫全書存目叢書》《四庫禁

---

　　①　清代輯佚學研究，可參曹書杰：《中國古籍輯佚學論稿》，東北師範大學出版社 1998 年版，第 129～216 頁。曾聖益：《乾嘉時期之輯佚書與輯佚學》，《漢書藝文志與書目文獻論集》，臺灣文史哲出版社 2013 年版，第 202～306 頁。郭國慶：《清代輯佚研究》，民族出版社 2010 年版。喻春龍：《清代輯佚研究》，上海古籍出版社 2010 年版。陳惠美：《清代輯佚學》，臺灣中國文化大學博士學位論文，2004 年。其中尤以喻書總結諸家輯佚成果最詳。相關輯佚成果，可參孫啓治、陳建華編撰：《中國古佚書輯本目録解題》，上海古籍出版社 2009 年版，第 1～139 頁。古風主編：《經學輯佚文獻彙編》，國家圖書館出版社 2010 年版。

毀書叢刊》《四庫未收書輯刊》《續修四庫全書》)所收爲例，大致有 400 種。①
其間精華，四川大學《儒藏·經部·三禮類》列目 150 種②，北京大學《儒藏
(精華編)·經部·禮類》則精簡至 26 種③。從著錄到傳世，再到篩選，以至
精選，禮學文獻以及學術的大致歷史面貌，已可得觀。

　　古書流傳不易，清以前能夠傳世的禮學文獻不足歷代著錄總量的三成，
去除唐以前大量輯本，更是不足兩成，可見輯佚之重要。傳統經學輯佚肇端
於宋人，如王應麟曾輯《三家詩考》《周易鄭康成注》等，《玉海》《困學紀聞》
中尤多散見者，後世至有不少託名王氏輯佚的作品。而且宋人"集注""集
傳""集說""集釋"經學體式的確立與盛行，也方便輯佚的開展。《四庫全
書》中，如王與之《周禮訂義》"所采舊說凡五十一家"，雖四十五家皆宋人，
有"貴近賤遠"之嫌，但"今佚其十之八九，僅賴是編以傳"；毛應龍《周官集

---

① 四庫系列另有《四庫提要著錄叢書》，與《四庫全書》文獻版本有關，重在未經四庫
館臣篡改、刪節和重寫的存世"原生態"典籍，並不涉及文獻數量的變化。四庫系列中，
《續修四庫全書》較之前書略有重復，但大體規模不受影響。列表如下：

	《周禮》	《儀禮》	《禮記》	《大戴禮記》	三禮總義	通禮	雜禮書	總計
四庫	22	24	20	2	6	4	5	83
四庫存目	30	7	38	3	16	6	14	114
四庫禁毀		1						1
四庫未收	8	2	5	3	6		4	28
續修四庫	47	43	32	13	27			162
總計	107	77	95	21	55	10	23	388

　　民國《續修四庫全書總目提要·經部》，共收錄禮學文獻 404 種(以清人著述爲主，並
包含數量不少的清人輯漢魏古注)，其中《周禮》類 86 種、《儀禮》類 93 種、《禮記》類 148
種、三禮總義類(含通禮)63 種、雜禮類 14 種。中國科學院圖書館整理：《續修四庫全書總
目提要·經部》，中華書局 1993 年版，第 457~638 頁。
　　② 《周禮》類 47 種、《儀禮》類 42 種(内設"逸禮之屬"，收書一種，即劉師培《逸禮
考》)、《禮記》類 47 種、通禮雜禮類 14 種。
　　③ 《周禮》類 3 種(賈公彥、王安石、孫詒讓)、《儀禮》類 8 種(賈公彥、李如圭、楊
復、敖繼公、張爾岐、吳廷華、程瑤田、胡培翬)、《禮記》類 7 種(孔穎達、衛湜、陳澔、
孫希旦、盧辯、孔廣森、王聘珍)、通禮類 6 種(陳祥道、朱熹、秦蕙田、黃以周、凌廷
堪、曹元弼)、雜禮類 2 種(司馬光、朱熹)。

傳》"引據頗博"，而"宋以來諸家散佚之説，尚因是以存其厓略"；衛湜《禮記集説》"所取凡一百四十四家"，堪稱"禮家之淵海"，並以説《禮記》者"宋代莫善于衛湜"（陳澔《雲莊禮記集説》提要），① 皆因蒐羅宏富而得清人贊譽。再如王安石《周官新義》、易祓《周官總義》、毛應龍《周官集傳》、張淳《儀禮識誤》、李如圭《儀禮集釋》《儀禮釋宮》、張虙《月令解》等書，又皆是輯自《永樂大典》。②

　　但清人經學輯佚的重心明顯不是宋明經説，而是漢魏古義。《四庫全書》經部《易》類收王應麟、惠棟輯《周易鄭康成注》、姚士粦輯《陸氏易解》，五經總義類收鄭玄《駁五經異義》及《鄭志》輯本，才更能體現清儒的經學轉向。有清一代，鄭學輯佚更是長期受重視，出現了孔廣林（1746—1814）《通德遺書所見録》、③ 王復（1747—1797）《鄭氏遺書》、袁鈞（1751—1805）《鄭氏佚書》、黃奭《高密遺書》等多種輯佚叢書，④ 以及皮錫瑞（1850—1908）、曹元弼（1867—1953）等人的多種鄭學疏證，充分顯示出清學崇尚"古義"的基本特徵。孫啓治、陳建華《中國古佚書輯本目録解題》著録的經部佚書輯本（時代限定於隋代之前），幾乎全是出自清人之手，可見清人用心用力之勤。⑤ 而本書所述"佚禮"，與清儒所謂"古義"並不完全等同，主要集中在《中國古佚書輯本目録解題》所示佚經佚記類（參表 0-4）。

<hr />

　　① 郭超穎、王域鋮：《四庫經部禮類提要彙輯校訂》，廣陵書社 2020 年版，第 32～33、47、200、208 頁。

　　② 《欽定三禮義疏》的編撰同樣受惠於《永樂大典》，今存有部分檔案。張濤：《三禮館輯録〈永樂大典〉經説考》，《故宮博物院院刊》2011 年第 6 期。

　　③ 孔廣林輯佚叢書先後有《北海經學七録》（輯於乾隆三十九年，似僅刻有《鄭志》一種）、《鄭學十八種》（今中國國家圖書館藏有清抄本兩種，當成於乾隆四十二年）、《通德遺書所見録》（刻本，成於嘉慶十八年）三種，前後跨度近四十年，內容並不完全一致。其族叔孔繼涵亦抄藏有《鄭學五種》（中國國家圖書館藏有抄本），抄於乾隆四十一年（1776），與孔廣林《鄭學十八種》時間相近，但二者並無特別關聯。孔廣林生平，參閲林存陽、李文昌：《清儒孔廣林生卒年考》，《中國史研究》2014 年第 3 期。

　　④ 邵傑、何啓鋒：《鄭玄著述輯佚的回顧與展望》，《山東社會科學》2016 年第 3 期。吳怡青：《清代鄭玄著作輯佚之研究——以輯佚類叢書爲中心》，臺北大學碩士學位論文，2009 年。劉欣怡：《清代"鄭志"輯本及其"鄭學"之研究》，臺北大學碩士學位論文，2010 年。范雪梅：《清代鄭玄之學研究》，山東師範大學碩士學位論文，2015 年。

　　⑤ 《中國古佚書輯本目録解題》原題《古佚書輯本目録》（中華書局 1997 年版）。孫啓治、陳建華編撰：《中國古佚書輯本目録解題》，上海古籍出版社 2009 年版，第 1～139 頁。

表0-4 《中國古佚書輯本目錄解題》禮學輯佚表

	經記	傳注			音
		漢	魏晉	南北朝	
《周禮》	周禮遺官、周禮遺文、考工記遺職、考工記遺文王朝集	杜子春注馬國翰、鄭興解詁馬國翰、鄭眾解詁馬國翰、賈逵解詁馬國翰、班固傳王仁俊、孫詒讓、馬融傳王仁俊、黃奭、馬國翰、鄭玄《答臨碩周禮難》黃奭、皮錫瑞、孫詒讓、《周禮序》盧文弨、孫詒讓	干寶注王謨、黃奭、馬國翰、孫詒讓、陳邵《周官禮異同評》馬國翰	沈重《義疏》馬國翰	鄭玄馬國翰、李軌馬國翰、徐邈馬國翰、劉昌宗馬國翰、聶口馬國翰、戚袞馬國翰、吳蕃
《儀禮》	儀禮逸經吳澄、逸禮逸文閻若璩、儀禮逸文顧觀光、逸禮黃奭、儀禮逸篇、儀禮逸文王朝集、佚經丁晏、逸禮經輯本汪宗沂、逸禮考劉師培、皇覽逸禮王謨、丁晏、劉師培、中霤禮王謨	班固義王仁俊、馬融《喪服注》王謨、黃奭、戴德《喪服變除》洪頤煊、馬國翰、王謨、鄭玄《喪服變除》洪頤煊、丁晏、馬國翰、丁晏、孔廣林、何休《冠禮約制》馬國翰、丁晏、鄭眾《婚禮謁文》馬國翰、丁晏、王仁俊、劉表《新定禮》馬國翰	王肅《喪服注》臧庸、《喪服要記》王謨、馬國翰、黃奭、馬國翰、王仁俊、杜預《喪服要集》馬國翰、袁準《喪服傳》馬國翰、孔倫《集注喪服》馬國翰、劉智《喪服釋疑》馬國翰、王謨、馬國翰、賀循《喪服譜》馬國翰、《喪服要記》嚴可均、王仁俊、《喪服要記》馬國翰、蔡謨《喪服譜》嚴可均、射慈《喪服變除圖》馬國翰、黃奭、馬國翰	謝徽《喪服要記注》馬國翰、陳銓《喪服記》馬國翰、裴松之《喪服傳》馬國翰、雷次宗《喪服注》王謨、黃奭、馬國翰、崔凱《喪服問難》王謨、周續之《喪服答問》馬國翰、王儉《喪服古今集記》馬國翰、王逡之《集服》行要記馬國翰、顏延之《逆降義》馬國翰	

續表

	經記	傳注			音
		漢	魏晉	南北朝	
《禮記》	禮逸篇未彙等 禮記、大戴禮記逸文顏觀光 禮記遺篇、禮記遺文王朝渠 佚記、佚文丁晏 禮記佚文、月令佚文王仁俊 月令佚文馬國翰 夏大正逸文改孫國仁 大戴禮逸文《說祁》臧 王度記、三正記記王謨	馬融注王謨、馬國翰、盧植解 詁臧庸、黃奭、馬國翰、 蔣元慶、荀爽《禮傳》馬國翰、 王仁俊 蔡邕《月令章句》臧庸、王謨、 蔡義、黃奭、陸臭秦、馬國翰、 王仁俊、曹元忠、陶藩宣、黃德 輝、王謨、黃奭、陸臭秦、嚴可 均、《明堂月令論》臧庸、馬國 翰、《月令問答》黃奭、陸臭秦 《月令》蔡邕、黃奭、蔡邕、嚴可 均、馬國翰	嚴可均、葛洪《喪服變除》馬國翰 王廣《出後者爲曾祖父母服議》王仁俊、何琦《爲曾祖後服議》嚴可均、 孔衍《凶禮》馬國翰、賀循《葬禮》馬國翰、嚴可均 王肅注馬國翰、孫炎注馬國翰	庾蔚之《略解》馬國翰、何胤《隱義》馬國翰、劉賢衲、王仁俊、皇侃《義疏》馬國翰、劉芳《義疏》馬國證》馬國翰、沈重《義疏》馬國翰、熊安生《義疏》馬國翰 賀瑒《新義疏》馬國翰、義《義	射慈《音義》黃 隱》王謨、音 謝口《音 義隱》馬國翰、王仁 俊、范宣馬國 翰、徐邈劉宗昌馬 國翰

續表

	經記	傳注（漢）	傳注（魏晉）	傳注（南北朝）	音
樂	樂遺句未彙考　樂經、樂記馬國翰、樂遺篇王朝集	《樂元語》王謨、馬國翰、陽城衡《樂經》王謨、張澍、揚雄《琴清英》王謨、馬國翰、嚴可均、劉歆《鐘律書》王謨、嚴可均、黃奭		信都芳《樂書》馬國翰、梁武帝《樂社大義》馬國翰、《鐘律緯》馬國翰、嚴可均、沈重《樂律義》馬國翰	
三禮總義		《石渠禮論》王謨、洪頤煊、馬國翰、丁晏　鄭玄《魯禮禘祫義》王謨、馬國翰、黃奭、孔廣林、皮錫瑞《三禮目錄》王謨、吳騫、黃奭、孔廣林、胡匡衷　鄭玄、阮諶、梁正等《三禮圖》馬國翰、王謨、孫彤、黃奭	孫毓《五禮駁》王謨、嚴可均、吳商　范寧《禮雜問》馬國翰、《雜禮議》馬國翰、范宣《禮論難》馬國翰	徐廣《禮論答問》馬國翰、何承天《禮論》馬國翰、任預《禮論條牒》馬國翰、王儉《禮義答問》馬國翰、荀萬秋《禮統》馬國翰、賈述《禮述》馬國翰、周捨《禮疑義》馬國翰、崔靈恩《三禮義宗》馬國翰、黃奭、李謐《明堂制度論》馬國翰、王仁俊	

第二節 “佚禮”釋義

清人經學輯佚重在漢魏古注，同時也關注到唐以前文獻中還存在一定數量的佚經佚記。但這部分內容以及輯佚本身較少受到學者關注，孫筱先生即言：

> 有清一代，經書輯佚與其他輯佚一樣比較繁榮，經過四庫館臣和王謨、章宗源、嚴可均、馬國翰、黃奭等學者的努力，得到整理的佚經數以百計，取得了比較輝煌的成就，社會對佚經整理的認識逐漸提升。但是，我們應該看到，作爲文獻學的一個學科，輯佚的影響遠遠不如目錄、訓詁和校勘，其影響的範圍僅在本學科內。整理出來的佚經，並沒有得到學術界的共識，以及作爲歷史學與經學研究的基礎資料。而且，從佚經的整理看，前人和今人確實已經取得了巨大成就，但尚有很多漢代文獻仍處於無整理的散亂狀態。而且前人所爲受時代、個人或資料條件的限制，往往不能盡如人意，也有待於拾遺補闕，匡謬正訛，重新整輯。……佚經具有很高的史料價值，沒有得到重視是不應該的。現在研究經學史、漢魏史徵引的佚經資料十分有限，很多文章和著作幾乎基本不引用這方面的資料，反映了學者對這些資料沒有信心。①

孫先生對佚經作用的期待（舉例集中於三家《詩》與伏生《尚書》學），可能還需要進一步論證。但轉換視角，尤其是在近百年出土文獻不斷出現的前提下，傳統輯佚學對佚經文本的關注，可以在寫本文獻與“經典化”的視域中得到更深入的理解與定位，更可以在日益深化的早期經學研究領域中得到更有效地利用與評價。本書所謂“佚禮”即聚焦於三禮經典的佚文，尤其是《儀禮》與二戴《記》。在清人輯佚的基礎上，本書試圖考證相關佚文的可靠性與準確性，重視區分經文與經說、漢代經學與清代經學的差異與聯繫，並對相關學術史話題進行綜合分析。

---

① 古風主編：《經學輯佚文獻彙編》第 1 冊，國家圖書館出版社 2010 年版，第 10~11頁。

"佚禮"連用，漢時已見，專指《禮經》亡失篇目，僅見於王充《論衡》，①特發漢世經學文本流傳之異説：

> 宣帝之時，河內女子壞老屋，得《易》一篇，名爲何《易》？……宣帝時，河內女子壞老屋，得佚《禮》一篇，十六篇中，是何篇是者？《論衡·謝短》
>
> 孝武皇帝封弟爲魯恭王。恭王壞孔子宅以爲宮，得佚《尚書》百篇、《禮》三百、《春秋》三十篇、《論語》二十一篇。《論衡·佚文》
>
> 至孝宣皇帝之時，河內女子發老屋，得逸《易》《禮》《尚書》各一篇，奏之。宣帝下示博士，然後《易》《禮》《尚書》各益一篇，而《尚書》二十九篇始定矣。《論衡·正説》

王充所論，與《漢書·藝文志》《儒林傳》有關古書現世的記載差異很大，不唯史實有誤(如魯恭王實封於景帝時)，魯恭王得孔壁古文書篇目也相差懸殊(參表0-5)，河內女子更惹人生疑，漢代文獻別無所見。且《論衡》對得古書、

表 0-5　漢代古文經來源表

	魯本 (孔壁本、孔氏本、淹中本)	河間本	民間本 (傳經譜系)	其他
《易》	唯費氏經與魯古文同《漢紀·成帝紀》		唯費氏經與古文同《漢書·藝文志》、費直—王璜《漢書·儒林傳》 沛人高相"專説陰陽災異"《漢書·藝文志》《儒林傳》 宣帝時，河內女子發老屋，得逸《易》一篇《論衡·正説》	劉向以中古文《易經》校施、孟、梁丘經《漢書·藝文志》 《易》孟氏《説文解字序》

----

① 《論衡》文本在流傳過程中，訛誤叢生，今從整理本所定。黃暉：《論衡校釋(附劉盼遂集解)》，中華書局1990年版，第560~562、860~861、1124頁。

續表

	魯本 （孔壁本、孔氏本、淹中本）	河間本	民間本 （傳經譜系）	其他
《書》	《古文尚書》十六篇《漢書·藝文志》《楚元王傳》《漢紀·成帝紀》《說文解字序》 佚《尚書》百篇《論衡·佚文》《正說》	《尚書》《漢書·景十三王傳》	孔安國—司馬遷、都尉朝—庸生—胡常—徐敖—王璜、塗惲—桑欽《漢書·儒林傳》 宣帝時，河內女子發老屋，得逸《尚書》一篇《論衡·正說》 民間得《泰誓》《六藝論》	劉向以中古文校歐陽、大小夏侯三家經文《漢書·藝文志》 《書》孔氏《說文解字序》
《詩》		立毛氏《詩》博士《漢書·景十三王傳》《藝文志》《漢紀·成帝紀》《六藝論》	毛公—貫長卿—解延年—徐敖—陳俠《漢書·儒林傳》	《詩》毛氏《說文解字序》
《禮》	《禮記》《禮古經》《漢書·藝文志》《漢紀·成帝紀》《說文解字序》《六藝論》、《逸禮》三十九《漢書·楚元王傳》 《禮》三百《論衡·佚文》 《周官》壁中所得六篇《六藝論》	《周官》《禮》《禮記》《漢書·景十三王傳》 《樂記》《漢書·藝文志》《漢紀·成帝紀》 采禮樂古事，稍稍增輯，至五百餘篇《漢書·禮樂志》	宣帝時，河內女子壞老屋，得佚《禮》一篇《論衡·謝短》《正說》	劉向校秘書，得《古樂記》二十三篇《漢紀·成帝紀》 禮《周官》《說文解字序》
《春秋》	佚《春秋》三十篇（《左傳》）《論衡·佚文》《案書》《說文解字序》	立《左氏春秋》博士《漢書·景十三王傳》	張蒼、張敞、劉公子、賈誼—貫公—貫長卿—清河張禹—尹更始—尹咸、翟方進、胡常—劉歆、賈護—陳欽—王莽《漢書·儒林傳》	《春秋》左氏《說文解字序》

續表

	魯本 (孔壁本、孔氏本、淹中本)	河間本	民間本 (傳經譜系)	其他
《論語》	《論語》二十一篇《漢書·藝文志》《漢紀·成帝紀》《論衡·佚文》《説文解字序》	河間九篇《論衡·正説》 (《孟子》《老子》《漢書·景十三王傳》)	孔安國—扶卿《論衡·正説》	《論語》《説文解字序》
《孝經》	《孝經》一篇二十二章《漢書·藝文志》《漢紀·成帝紀》《説文解字序》			《孝經》《説文解字序》

興古學的河間獻王甚少提及，僅有所謂《論語》“河間九篇”，都讓人懷疑王充之説是否可靠合理。而其所論“佚《禮》”，也就是“逸《禮》”，即散佚的《禮經》（後世稱《儀禮》）。① 《禮經》之散亡，漢代又有所謂“《逸禮》”三十九篇，② 鄭玄基於經曲之辨而稱“《逸曲禮》”，③ 吳澄則名爲“《儀禮》逸經”。《逸禮》三十九篇，以劉歆主張立於學官而著名：

及歆親近，欲建立《左氏春秋》及《毛詩》《逸禮》《古文尚書》皆列於學官。哀帝令歆與五經博士講論其義，諸博士或不肯置對，歆因移書太常博士，責讓之曰：……及魯恭王壞孔子宅，欲以爲宮，而得古文於壞壁之中，《逸禮》有三十九，《書》十六篇。天漢之後，孔安國獻之，遭巫蠱倉

---

① 《儀禮》重返“經禮”的地位，與朱子關係甚大，至清儒遂有“禮經”之稱，如淩廷堪（1757—1809）《禮經釋例》、邵懿辰（1810—1861）《禮經通論》等，與漢世習稱同。參閲（清）皮錫瑞：《經學通論》，吳仰湘編：《皮錫瑞全集》第 6 册，中華書局 2015 年版，第 369~371 頁。段熙仲：《禮經十論》，《文史》第 1 輯，中華書局 1962 年版。

② “逸禮”名詞的使用，凡明確指向漢代三十九篇古文經者皆以《逸禮》標示，“逸《禮》”或“佚《禮》”表示散佚的《禮經》（如王充《論衡》所論）；“逸禮”範圍略廣，不限於經文，也包括記文、佚文，即本書所謂“佚禮”。

③ 任銘善：《禮記目録後案》，《無受室文存》，浙江大學出版社 2005 年版，第 110 頁。

卒之難，未及施行。及《春秋》左氏丘明所修，皆古文舊書，多者二十餘通，臧於祕府，伏而未發。孝成皇帝閔學殘文缺，稍離其真，乃陳發祕臧，校理舊文，**得此三事**，以考學官所傳，經或脫簡，傳或間編。傳問民間，則有魯國桓公、趙國貫公、膠東庸生之**遺學**與此同，抑而未施。此乃有識者之所惜閔，士君子之所嗟痛也。往者綴學之士不思廢絶之闕，苟因陋就寡，分文析字，煩言碎辭，學者罷老且不能究其一藝。信口説而背傳記，是末師而非往古，**至於國家將有大事，若立辟雍、封禪、巡狩之儀，則幽冥而莫知其原**。猶欲保殘守缺，挾恐見破之私意，而無從善服義之公心，或懷妬嫉，不考情實，雷同相從，隨聲是非，**抑此三學**，以《尚書》爲備，謂左氏爲不傳《春秋》，豈不哀哉！①

《漢書・藝文志》載"《禮古經》五十六卷，《經》十七篇"，② 今文經並有后氏、戴氏本。王充以十七篇是宣帝時增補河内女子一篇所成，即是今文佚篇，不甚可信。古文經有十七篇與今文相似，所遺三十九篇便是《逸禮》。成帝時劉向、劉歆父子校書中秘，得以重整古文經典，據《漢書・藝文志》實不止《逸禮》《古文尚書》《左傳》"三學"，只是三者與既有今文經典差別最大，能補今文典籍之闕。其中，《逸禮》的現實功用最明顯，可以佐證"國家將有大事，若立辟雍、封禪、巡狩之儀"。哀帝時，劉歆批判今文經師的結果是"諸儒皆怨恨""爲衆儒所訕"，故而争立古文學官未獲成功。平帝時雖立於學官，但《逸禮》並無師説，王莽還曾特別尋找"通知其意者"。③ 此後，《逸禮》三十九篇逐漸散佚，命運與《古文尚書》《左傳》之流行迥殊，在宋以後日益成爲"佚禮"的核心話題，後世佚禮輯佚亦多將佚篇視作古文。

《逸禮》本屬《禮古經》，在朱子重提《儀禮》"經禮"名義之後，《逸禮》即天

---

① （漢）班固：《漢書》卷36《劉歆傳》，中華書局1962年版，第1967~1970頁。桓譚《新論・正經》言"古佚禮記有五十六卷"，朱彝尊《經義考》引作"古佚禮記有四十六卷"。朱謙之校輯：《新輯本桓譚新論》卷9，中華書局2009年版，第38頁。

② 張舜徽言："'禮'字當自爲句，與上文《易》《書》《詩》例同。先以'禮'字冠首，而後云《古經》若干卷，《經》若干卷。"亦可從。又李零認爲篇以文字言，爲竹書；卷以載體言，爲帛書帛圖，禮類中僅有《禮古經》爲帛書。張舜徽：《漢書藝文志通釋》，華中師範大學出版社2004年版，第209頁。李零：《蘭台萬卷：讀〈漢書・藝文志〉（修訂版）》，生活・讀書・新知三聯書店2011年版，第10頁。

③ （漢）班固：《漢書》卷99《王莽傳》，中華書局1962年版，第4069頁。

然具備"禮經"而非"曲禮"的性質。《四庫全書》在《儀禮》之屬中，收元代吳澄《儀禮逸經》、汪克寬《經禮補逸》，清代諸錦《補饗禮》、任啓運《肆獻祼饋食禮》，便展現了宋以降《儀禮》學的一種新風氣。但諸書實際上是一種補經甚至擬經的行爲，只是在清人話語中，賦予了"精密"（吳氏、任氏書提要）、"議論尚不失醇正"（汪氏書提要）、"足資考證"（諸氏書提要）的色彩，從而與"空談臆斷之學"（諸氏書提要）區別開來。① 劉兆祐編《儀禮論著目録》、《中國古籍總目》、四川大學《儒藏》等皆設"逸禮之屬"②，成書、存書卻不多，局限也相對明顯，如内容體量較小，方法較爲單一，多是排比貫串、選擇去取之功。因此，我們需要將之放到禮學史的總體脈絡中予以定位，如元明人的禮書編纂學、《逸禮》的辨僞及其思想史意義等，③ 同時也要擴充"佚禮"的研究範圍。

後世使用"佚禮"者，以清儒丁晏（1794—1876）《佚禮扶微》含義最廣，不限於"經"，内涵更爲豐富，本书即是在丁氏基礎上進行梳理、考察和闡發。嘉慶二十三年（1818）十月，丁晏作《佚禮扶微敍》，時年二十五歲，其言該書結構與得名之由：

> 蒙暇日瀏覽羣書，左右采獲，久之成袠，乃重加排纂，系以鄙説。首佚經，次佚記，次佚文，次附録。取東漢章帝詔書"扶微學"之語，命之

---

① 郭超穎、王域鋮：《四庫經部禮類提要彙輯校訂》，廣陵書社2020年版，第119、128、155、168頁。

② 四川大學《儒藏》"逸禮之屬"僅收劉師培《逸禮考》一種，吳澄《儀禮逸經》、汪克寬《經禮補逸》又列於"傳説之屬"，不甚合理。劉兆祐録金德建《淳于髡作王度記考》《王度記天子駕六與漢今古文經説》，又以《王度記》爲《逸禮》篇目。劉兆祐編：《儀禮論著目録》，臺灣洪葉文化事業有限公司2000年版，第52~53頁。中國古籍總目編纂委員會編：《中國古籍總目·經部》，中華書局2012年版，第470~471頁。

③ 《逸禮》辨僞以清儒邵懿辰之説影響最大，代表了今文學對《禮經》十七篇整全意義的思考與建構，並引出本書對大戴《禮經》家法的關注。（清）邵懿辰：《禮經通論》卷上，黃銘、秦婷點校，丁耘編：《思想史研究（第七輯）》，上海人民出版社2009年版，第372~408頁。（清）皮錫瑞：《經學通論》，吳仰湘編：《皮錫瑞全集》第6冊，中華書局2015年版，第390~392頁。王汎森：《清季的社會政治與經典詮釋——邵懿辰與〈禮經通論〉》，《中國近代思想與學術的系譜（增訂版）》，上海三聯書店2018年版，第38~54頁。另參張心澂：《僞書通考》，上海書店出版社1998年版，第280~282、342~344頁。鄭良樹：《續僞書通考》，臺灣學生書局1984年版，第649~653頁。張書列有《禮古經》《儀禮逸經》，鄭書側重《大戴禮》與《王度記》。

曰《佚禮扶微》。其不曰"逸"而曰"佚"者，何也？《尚書·無逸》，《史記》作《無佚》，漢熹平石經《書》"逸"字皆作"佚"。《說文》不載"逸"字，當從古文作"佚"也。①

丁晏將佚經、佚記、佚文以及附錄諸禮說、禮論，皆置於"佚禮"名義下，極大拓展了"佚禮"的範圍，並有漢章帝建初四年(79)十一月白虎觀之會"扶進微學，尊廣道蓺"之意。② 但丁晏以"逸""佚"二字流變論書名來源，並不準確。《說文解字》兔部明有"逸"字，丁氏可能未及細察。又以"佚"字爲古文，其根據《史記》尚有可說，如太史公曾求學於孔安國；並以今文熹平石經爲據，則難免自相矛盾(石經《尚書》"無逸"作"毋劮"，"劮"與"逸""佚"字通，但許慎《說文解字》不取，丁氏亦未能細察)。③ 因是自覺敘中存在錯誤，丁氏曾另撰敘文，後收入《頤志齋文集》，文字出入較大，附引如下：

　　蒙暇日采獲羣言，詳加甄録，以補二公之所未備。**首列逸經，次佚記**，凡《五帝記》《號諡記》《親屬説》《別名説》《王度記》《三正記》《王霸記》《青史氏記》《昭穆篇》《本命篇》《瑞命篇》《禮服傳》，許慎《五經異義》又引《盛德記》《三朝記》，皆今《大戴》之文，不復述也。**其散句無篇名者，別爲佚文綴於後，義有隱略則爲圖説以表明之。附以《管子·**

---

① 本書使用的《佚禮扶微》版本，主要是師顧堂影印民國二十九年(1940)董康珂羅版《景宋八行本周禮疏》(貴州教育出版社 2020 年版)時的附贈品，無版權頁，底本爲《南菁書院叢書》本，並據丁書抄本補齊目録與嘉慶二十三年(1818)張珣跋文，又附今人喬秀岩《小識》，頗便使用。(清)丁晏：《佚禮扶微》，師顧堂影印《南菁書院叢書》本，2020 年，第 3 頁。

② 章帝詔書"扶微學"之語主要言宣帝、光武帝立諸經博士之深意。(南朝宋)范曄：《後漢書》卷 3《章帝紀》，中華書局 1965 年版，第 138 頁。

③ 熹平石經《尚書》或說爲小夏侯本，或說爲歐陽本，爲今文則無疑義。屈萬里：《漢石經尚書殘字集證》卷 2，臺灣聯經出版事業公司 1984 年版。周鳳五：《新出熹平石經〈尚書〉殘石研究》，虞萬里編著：《二十世紀七朝石經專論》，上海辭書出版社 2018 年版，第 424～436 頁。虞書另有吳承仕《新出僞熹平石經〈尚書〉殘碑疏證》、羅振玉《記小夏侯〈尚書〉》、朱廷獻《由漢石經殘字看今文〈尚書〉》、許景元《新出熹平石經〈尚書〉殘石考略》、呂振端《漢石經〈尚書〉殘字異文考》等皆與《尚書》有關。另參虞萬里：《〈尚書·無逸〉篇今古文異同與錯簡》，臺灣《"中央研究院"歷史語言研究所集刊》第 87 本第 2 分，2016 年。

弟子職》《荀子·禮論篇》，貫子《容經》、《漢石渠禮論》、叔孫通《禮器制度》、戴德《喪禮變除》、鄭康成《喪服變除》、何休《冠儀約制》等篇，**皆漢儒説經之文，其視劉敞之《義》爲近古矣**。刜始於著雍攝提格，遞有增益，閲二載而成。取漢章帝詔書"扶微學"，總題曰《佚禮扶微》。其諸斷圭碎璧之是寶，片言隻字之不遺乎？至若淹中已亡，河内久佚，《孔叢子》之軍禮，大抵僞文；劉有年之佚經，無非依託，又輯佚禮者所不取也。①

所謂"閲二載而成"，即新敍當成於嘉慶二十五年(1820)。兩敍相較，《佚禮扶微》亦有新定本，卻未見傳世。雖然前後内容"遞有增益"，但主體結構並未發生大的變化，佚經(新敍稱"逸經")、佚記、佚文，仍是"佚禮"最核心的内容。其中，佚經、佚記可直接關聯《漢書》所見《逸禮》三十九篇、《記》百三十一篇(丁氏在百三十一篇之外，又對接《漢志》"《明堂陰陽》三十三篇，《王史氏》二十一篇")。但與前述"逸禮之屬"的分類與輯佚相比，"《記》百三十一篇"的爭論與蒐輯，並未形成一個單獨的話題領域，且與二戴《記》頗多糾纏，異説較多。因此，清人又將《逸禮》、逸《記》同時納入《大戴禮記》佚篇的討論之中。其間，經與記、今文與古文的分梳、錯位以至融合，尤其引人注目。

佚文則多蒐羅其他典籍引"禮"之文，形式如"禮曰""禮也"云云，主要是漢人書説，尤以《公羊》何注最夥。推而廣之，不同經典、不同經師之間，對禮的認知與闡釋互有同異，因此不僅形成了複雜的經説譜系，也構築了豐富的經學義理世界。如禮的形式與言説廣見於諸經文本，後世遂有禮徵、禮證的著述體裁，與三禮可互證，亦有旁出，更有主次之分。而經學家之間，如許慎、何休、鄭玄對"禮"，尤其是"周禮"的定義明顯不同，但都將自己的論據歸於"禮"的正統言説。故而如何理解、協調、彌縫乃至運用經文之間的矛盾、經説之間的異同，便成爲經學史以及禮制史需要謹慎對待的基礎問題。丁書所言

---

① (清)丁晏：《頤志齋文集》卷2，《清代詩文集彙編》第587冊，上海古籍出版社2010年版，第96~97頁。此敍又録於丁壽恒等編《柘唐府君年譜》，文字又有出入，如"佚"字皆作"逸"，分析詳見第一章。(清)丁壽恒等編：《柘唐府君年譜》，四川大學古籍整理研究所編：《儒藏·史部·儒林年譜》第45冊，四川大學出版社2007年版，第469~471頁。

“附録”，另有“補遺”，亦多是漢人禮學遺珍，顯示出禮論、禮説以及補作在禮學中的地位，亦可見禮學運用的諸多層面。當然，本書並不可能一一詳盡討論，而是更多集中於佚經、佚記、佚文相關的學術史話題。①

① 《中國古佚書輯本目録解題》所録禮類經記逸篇、逸文的輯佚，較爲全備，按圖索驥，頗便利用。但仍有遺漏，如清人筆記、文集中也有不少對逸經、逸記篇目的討論，只是並非專門輯佚；又如林春溥《古書拾遺》亦輯“禮逸篇”“禮逸文”，《中國古佚書輯本目録解題》未著録；另如以《一瓻筆存》之《逸禮經》一卷爲汪宗沂《逸禮經輯本》，則不知何據。孫啓治、陳建華編撰：《中國古佚書輯本目録解題》，上海古籍出版社 2009 年版，第 39～40、45、49 頁。

李文武先生已注意到《逸禮》輯佚的源流，涉及宋代朱子、王應麟，元代吳澄、汪克寬，清代朱彝尊(附馮登府《逸經補正》)、閻若璩、臧琳《經義雜記》(附陳壽祺)、王鳴盛《蛾術編》、趙翼《陔餘叢考》、孫希旦《禮記集解》、王聘珍《大戴禮記解詁》、孔廣森《大戴禮記補注》、宋翔鳳《過庭録》、丁晏、呂調陽《逸經》、汪宗沂《逸禮大義論》、孫詒讓《周禮正義》以及近人劉師培、黃侃等。李先生並言“有關歷代《逸禮》輯佚和研究(包含輯佚各家之出發點、所采用資料、禮學觀念等方面)的更詳細的討論載於拙文《歷代〈逸禮〉輯佚述略》(約 2 萬字，審稿中)”，今尚未見出版，但已可想見其頗有統系。若從所列諸家看，恐仍有遺漏。如明代及清初綜合類禮書(四庫分列禮類“三禮總義”與“通禮”兩小類，實際上都受到朱子《儀禮經傳通解》的影響)，如湛若水《二禮經傳測》、貢汝成《三禮纂注》、李經綸《禮經類編》、姜兆錫《儀禮經傳内編》等，皆曾涉及逸經話題。李文武：《〈逸禮〉篇目考辨》，《中國典籍與文化》2019 年第 4 期。

第一章　丁晏《佚禮扶微》述略

　　梁任公在梳理"清代學者整理舊學之總成績"時，特列"輯佚書"一項，於三禮輯佚便列有丁晏《佚禮扶微》一書。① 丁書體例完備，蒐羅甚廣，特有益於"佚禮"研究，胡玉縉贊許其書"補苴罅漏，張皇幽渺，講求佚禮者，要必以是爲淵藪焉"②。皮錫瑞言"國朝經師有功於後學者"三事，亦列"輯佚書"，與"精校勘""通小學"並舉③；但其所重在漢魏六朝經説，並不推崇《佚禮扶微》，且基於今文立場支持邵懿辰《禮經通論》以《禮經》十七篇本無殘缺的觀點，質疑"丁氏能證古文《尚書》之僞，而必信《逸禮》爲真"④。丁氏晚年其實也受到邵懿辰《禮經通論》的影響，甚至推翻了早年撰著《佚禮扶微》的意義，自言"後人於亡佚之餘，拾取《逸禮》，既無補於正經，增多僞書，反有害於正學"⑤，

---

　　① 梁氏稱丁氏此書"輯西漢末所出《儀禮》逸篇之文"，不甚準確。丁氏書中實不止《儀禮》逸篇，《儀禮》逸篇也非出自西漢末（蓋因《別錄》《七略》爲説，但易引人誤解）。梁啓超：《中國近三百年學術史》，俞國林校，中華書局 2020 年版，第 430~446 頁；《清代學術概論》，俞國林校，中華書局 2020 年版，第 102~103 頁。孫欽善先生總結"清代考據學成就"，亦有"輯佚學"。孫欽善：《清代考據學》，中華書局 2018 年版，第 346~377 頁。

　　② 胡氏言"前有道光戊寅自序"，不確，道光無戊寅年，當是嘉慶二十三年（1818）。胡玉縉：《許廎學林》卷 17，王欣夫輯，中華書局 1958 年版，第 421 頁。

　　③ （清）皮錫瑞：《經學歷史》，周予同注釋，中華書局 2004 年版，第 241~245 頁；吳仰湘編：《皮錫瑞全集》第 6 册，中華書局 2015 年版，第 92 頁。

　　④ 見《經學通論》"論邵懿辰以逸禮爲僞，與僞古文書同，十七篇並非殘闕不完，能發前人之所未發"條。又吳仰湘師點讀作"逸《禮》"，本書凡以"逸禮"明確指向《禮古經》所遺三十九篇者，皆作"《逸禮》"，視爲書名。（清）皮錫瑞：《經學通論》，吳仰湘編：《皮錫瑞全集》第 6 册，中華書局 2015 年版，第 391~392 頁。參閲虞萬里：《以丁晏〈尚書餘論〉爲中心看王肅僞造〈古文尚書傳〉説——從肯定到否定後之思考》，臺灣《中國文哲研究集刊》2010 年第 37 期。

　　⑤ （清）丁晏：《頤志齋文集》卷 7《邵位西禮經通論跋》，《清代詩文集彙編》第 587 册，上海古籍出版社 2010 年版，第 194 頁。

是皮氏又未及相知。正反評價之間，恰能體現丁晏《佚禮扶微》在嘉道至同光思想光譜中的獨特意義。但就"佚禮"輯佚與研究而言，丁氏此書確實堪稱基石與"淵藪"。

第一節　佚逸之間：《佚禮扶微》的成書與改寫

山陽丁晏（1794—1876），字儉卿，號柘唐，晚號石亭居士。① 丁氏曾求學江藩，一生著述頗多，遍及四部，凡 61 種 151 卷，其中經部有 26 種 58 卷②，而思想前後數變，處於清代學術、政治與社會轉變的特殊時刻③。丁氏禮學著作，除《佚禮扶微》外，尚有《禮記釋注》《周禮釋注》《儀禮釋注》等書，皆成於三十歲之前，意在"解釋鄭意""闡發鄭旨"。④ 丁氏年譜（如《歷年紀略》《柘唐府君年譜》）記諸禮學著述皆成於道光二年（1822），但觀諸書自敘，只有《禮記釋注自敘》作於道光二年夏四月，而《周禮釋注自敘》《儀禮釋注自敘》作於道光三年（1823）八月，《佚禮扶微自敘》則最早成於嘉慶二十三年（1818）十月，後又有改訂。其中，《佚禮扶微》成書最早，傳世所見即嘉慶二十三年寫定本（光緒時《南菁書院叢書》據此刊刻），但丁氏後學皆記其成於道光二年，卻世無傳本。自戊寅（1818）至壬午（1822）四年之間，從稿本、年譜所錄自敘看，《佚禮扶微》的內容確實發生了變化。而丁氏文集所錄自敘雖與年譜所見大體相同，亦有"佚""逸"用字上的變化，是戊寅、壬午間的過渡文字。因此，在稿抄本

① 丁晏卒於光緒元年十二月（公曆已入 1876 年）。丁氏生平，可參多種年譜，如清代丁一鵬編《歷年紀略》、清代丁壽恒等編《柘唐府君年譜》等，尤以曹天曉《清儒丁晏年譜》最爲詳實。曹天曉：《清儒丁晏年譜》，南京師範大學碩士學位論文，2018 年。

② 曹天曉：《清儒丁晏年譜》，南京師範大學碩士學位論文，2018 年，第 276～291 頁。

③ 據嚴壽澂研究，丁晏少時服膺陽明之學，後卻以經學考證名家，垂暮之年則趨於宋儒義理身心之學，洪楊亂後終歸王陽明、呂坤之學。嚴壽澂：《嘉道以降漢學家思想轉變一例——讀丁晏〈頤志齋文集〉》，《近世中國學術思想抉隱》，上海人民出版社 2008 年版，第 250～265 頁。丁氏思想的變化並非由此及彼地綫性呈現，實際上是一個複雜的綜合體。

④ 丁氏於諸禮學著述成書數年左右又撰有《論語孔注證僞》《毛鄭詩釋》《鄭氏詩譜攷正》《詩攷補注補遺》《周易解故》《孝經徵文》《説文舉隅》等書。曹天曉：《清儒丁晏年譜》，南京師範大學碩士學位論文，2018 年，第 56～61 頁。

（刻本）、文集、年譜間，存在三個不同版本的《佚禮扶微自敘》，但世所流行者卻爲内容有誤的最早稿抄本。

《佚禮扶微》現存稿抄本四種、刻本一種（《南菁書院叢書》本），稿抄本皆爲兩卷（另附録一卷），刻本則爲五卷。① 稿抄本中，中國國家圖書館藏兩種，上海圖書館藏兩種。中國國家圖書館藏兩種行款不同，一種半葉九行，行二十字，有"丁晏""山陽丁晏圖書""丁晏圖書""修學好古""延古堂李氏珍藏"印（善本書號：A01974），《續修四庫全書》即據此影印；② 一種半葉十三行，行二十四字（善本書號：12037）。上海圖書館藏兩種皆九行二十字，一種内容完備，有"吳興劉氏嘉業堂藏書記"印（索書號：793647-50）；一種只存一卷，有"丁晏""山陽丁晏圖書""儉卿""潤州吳庠眉孫藏書"印（索書號：821460）。"延古堂李氏"指天津李士銘（1849—1925）、李士鉁（1851—1926）兄弟，"吳興劉氏"即南潯劉承幹（1881—1963），"潤州吳庠"即鎮江吳庠（1878—1961），可見丁氏九行本有多個藏本，並非稀見。而光緒十四年（1888）《南菁書院叢書》又據九行本梓行，只是變上下二卷爲五卷，此後《叢書集成初編》《清經解三編》《古籍佚書拾存》以及師顧堂等皆據此影印。

師顧堂影印本已對中國國家圖書館藏十三行、九行稿抄本及《南菁書院叢書》本的關係有所論定，言"十三行本爲增訂初稿或其録副，九行本爲手訂稿本，《叢書》本即據九行本或其録副本謄清刊刻"，並對比諸本内容上的差異：

> 十三行本最爲原始，無《補遺》，無《附録》末之"后蒼《禮記》本四十九篇大小戴共傳其學非小戴刪取《大戴禮》論"條，然正文已有增改。九行本增入《補遺》及《附録》末條，並續加訂補。舉凡九行本訂補之處，《叢書》本全部吸收。惟兩部稿本都分爲兩册，其中《佚經》《佚記》爲一册，餘篇爲一册，故目録依之分爲上、下；而《叢書》本則篇各爲卷，故作五卷，**非作者本意如此**。另外，兩部稿本《附録》後均有嘉慶二十三年**張珣跋**，

---

① 王鍔：《三禮研究論著提要（增訂本）》，甘肅教育出版社 2007 年版，第 421 頁。中國古籍總目編纂委員會編：《中國古籍總目·經部》，中華書局 2012 年版，第 470 頁。上海圖書館藏信息，得自"上海圖書館古籍目録"（https：//gj. library. sh. cn/org/shl），未及寓目。中國國家圖書館藏兩種稿抄本皆已於"中國古籍資源庫"公開。

② （清）丁晏：《佚禮扶微》，《續修四庫全書》第 110 册，上海古籍出版社 2002 年版，第 607~669 頁。

惟十三行本殘闕文末時間署名，而刻本無此跋。①

　　諸本異同，大致顯示出《佚禮扶微》有從十三行本到九行本寫定，再到《南菁書院叢書》刊刻的定型過程（參表 1-1）；其中也有九行本誤而十三行本、《叢書》本不誤者，如目次中"佚記"下"迎禮"，九行本作"迎親禮"，便係筆誤。三本皆有戊寅（1818）十月丁晏自敘，十三行本、九行本又都有同年十月張珣跋文。張跋贊許時年二十五歲的丁晏"英年篤學，實事求是"，而著述"雅材好博，卓然可傳"，而《佚禮扶微》"蒐羅賅備，部居不厠，淹貫群書，論辨多美，不覺有積薪之嘆矣"，但並未察覺丁氏嘉慶二十三年戊寅自敘的内在矛盾與錯誤，② 前文緒章已有論及。

　　《頤志齋文集》所載《佚禮扶微自敘》言"粉始於著雍攝提格，遞有譖益，閲二載而成"，"著雍攝提格"即戊寅，是《佚禮扶微》改定本當完成於嘉慶二十五

---

① （清）丁晏：《佚禮扶微》，師顧堂影印《南菁書院叢書》本，2020 年，第 2 頁。

② 除《佚禮扶微》外，張氏又列丁著十種，參諸年譜、自敘，先於戊寅（1818）《佚禮扶微》成書者僅有《論語孔注證僞》《柏塘脞録》（當即《淮陰脞録》）二書，年譜所記，皆成於嘉慶二十二年（1817）。有五種成於戊寅《佚禮扶微》之後，年譜記《毛鄭詩釋》《詩攷補遺》（全名當是《詩攷補注補遺》）成於嘉慶二十五年（1820），但前者自敘作於道光二年（1822）八月，後者作於道光三年（1823）十月；《今文孝經徵文》（當即《孝經徵文》）年譜中成於道光三年，自敘又在道光二年；《楚辭天問疏》（即《楚辭天問箋》）自敘言創始於嘉慶二十二年（1817），"屬草粗具，藏於篋中"，直至咸豐四年（1854）方"覆加審定，繕寫成書"，參諸張跋，創始之言不虛；《頤志齋詩文集》成書更複雜，丁氏自編詩文集時間較早，如《頤志齋詩草》有道光四年（1824）盛大士序，又有道光十二年（1832）自序，《柏唐府君年譜》記道光十三年（1833）秋"自編録詩文成集"，並言"自是壹意著述，進取之志日隳"，實際上編纂仍持續至晚年。餘《學易巵聞》《今文尚書訓纂》《鄭箋破字辨》三種則無書傳世，年譜記《周易解故》成於道光三年（1823），《頤志齋文集》所載自敘同，但《廣雅叢書》本自敘撰於嘉慶二十四年（1819），《學易巵聞》或與之有關；《今文尚書訓纂》無考，丁氏另有《尚書餘論》撰於咸豐五年（1855），其兄丁智倒是撰有《尚書今古文注》；《鄭箋破字辨》亦未有成書，當是已融入《毛鄭詩釋》中。諸書雖成書時間有先後，但構思草創較早，可見丁氏青年時著述之勤。另十三行本所録諸書名有誤，九行本有改正，如"孝經徵文"原作"孝經攷證"，"毛鄭詩釋"原作"毛鄭詩弼"，"詩攷補遺"原作"詩攷摭遺"，"柏塘脞録"原作"柏塘閒話"，"頤志齋詩文集"原作"枕經堂詩文集"。（清）丁晏：《佚禮扶微》，《續修四庫全書》第 110 册，上海古籍出版社 2002 年版，第 665 頁。另參（清）丁壽恒等編：《柏唐府君年譜》，四川大學古籍整理研究所編：《儒藏·史部·儒林年譜》第 45 册，四川大學出版社 2007 年版，第 445、483 頁。曹天曉：《清儒丁晏年譜》，南京師範大學碩士學位論文，2018 年，第 313~320 頁。

年(1820)。敘中不僅删去了解釋"逸""佚"用法的文字，還二字混用，又將王應麟、吳澄輯佚的不足作了詳實的説明，更是詳細分梳了《佚禮扶微》的文本結構，顯然與稿本、刻本的面貌有異。雖然主體結構並未發生大的變化，如佚經(新敘稱"逸經")、佚記、佚文，仍是"佚禮"最核心的内容，但前後内容"遞有增益"，内部細節已發生改變，如戊寅本見於"補遺"的叔孫通《漢禮器制度》、鄭玄《喪服變除》，此時皆在附録。又如所列"佚記"篇目，數量更是少於戊寅本。而《歷年紀略》《柘唐府君年譜》又記《佚禮扶微》成書於道光二年(1822)，《柘唐府君年譜》並録有《佚禮扶微敘》。此敘在庚辰自敘基礎上又有變化，主要是改全部"佚"字爲"逸"，文中甚至改稱《逸禮扶微》，與戊寅敘言書名用"佚"不用"逸"，截然相反。但同治二年(1863)《頤志齋叢書》所列書名以及丁晏《柘翁七十自敘》，仍稱《佚禮扶微》。然丁一鵬"侍先生最早且久"，丁壽恒爲丁晏三子，諸人所編年譜當亦有據。

《佚禮扶微》一書出現了戊寅、庚辰、壬午三敘，後二敘内容大體相近，只用字有異(參表1-2)。從戊寅到庚辰，兩年之間《佚禮扶微》的内容肯定有調整，且至少在同治二年以前似仍稱"佚禮扶微"，惜無傳本可見。而戊寅敘言書名用"佚"而不用"逸"，庚辰敘"佚""逸"兼用("逸"專用於"逸經"，當承自吳澄《儀禮逸經傳》，亦稱"佚經"；戊寅敘也用"逸"字，但無"逸經"用例)，至於壬午之敘則用"逸"而不用"佚"。丁氏及其後學兢兢於二字之别，顯然主要是爲了修正戊寅敘的錯誤。前文已述，戊寅敘中，丁晏誤解《説文解字》有"佚"無"逸"，且以今文熹平石經"佚"爲古文。丁氏此處雖有疏漏，但其研讀《説文》前後十餘年，用力甚勤也是事實。

《頤志齋叢書》統計丁氏著述，刻印者凡二十二種四十一卷，未刻繕稿者計二十五種共九十五卷，其中有《説文舉隅》一卷。據丁氏年譜，《説文舉隅》撰於道光三年(1823)，與《佚禮扶微》時間相近。今中國國家圖書館藏稿抄本兩種，一或爲丁晏手稿本(善本書號：10759，有"丁晏圖書""丁賜福讀書記"等印)，一爲其孫丁賜福民國十二年(1923)七十一歲時所抄(善本書號：14010，有"丁賜福讀書記""南通馮氏景岫樓藏書"等印)。國圖又藏丁晏《説文脞語》稿本一種(善本書號：10758，封面題"敝帚千金""頤志齋"，有"頤志齋主人珍藏"等印)，似無甚義例。丁氏又有《説文通説》一種(其兄丁智亦著有《説文指掌》四種)，爲丁氏弟子段朝端(1843—1925)抄録，今藏於湖北省圖書館(索書號：善/2298)，前有丁晏序文。

表 1-1　《佚禮扶微》版本對比表

	戊寅（1818）敍		南菁書院叢書（1888）	庚辰（1820）敍 《頤志齋文集》	壬午（1822）敍 《柘唐府君年譜》
	十三行本（國圖）	九行本（國圖）			
目次	佚禮扶微目次 迎禮	佚禮扶微目次 迎親禮	闕卷二《佚記》"禮運記"至卷五《補遺》"大平御覽引逸禮"	《佚禮扶微》	《逸禮扶微》
佚經	佚經 卷上	佚經 卷上	卷一 佚經	逸經	逸經
佚記	佚記（未筆"卷中"）	佚記	卷二 佚記	佚記《親屬說》《別名說》，似魚《昏支記》《祭典》《聘禮志》《大學志》《逸禮》《迎禮》《親迎禮》《魯郊禮》（或省）	逸記
佚文	佚文 卷下 無"《齊民要術》引禮外篇"	佚文 卷下	卷三 佚文	佚文 義有隱略則爲圖說以表明之	逸文

續表

	戊寅(1818)敍			庚辰(1820)敍	壬午(1822)敍
	十三行本(國圖)	九行本(國圖)	南菁書院叢書(1888)		
附錄	無"后蒼禮記本四十九篇大小戴共傳其學非小戴刪取大戴禮論"	附錄	卷四　附錄	《頤志齋文集》	《柘唐附君年譜》
補遺		無《內則記》，叔孫通《漢禮器制度》無案語	卷五　補遺	叔孫通《禮器制度》、鄭玄《喪服變除》（本在"補遺"）	鄭玄《喪服變除》
跋	張鈞戊寅跋（有誤）	張鈞戊寅跋（有改動）			
鈐印		"丁晏""山陽丁晏圖書""丁晏圖書""儉卿""延古堂李氏珍藏"			
影印		續修四庫全書	叢書集成續編、清經解三編、古籍佚書拾存、師顧堂	（無傳，據敍文推測）	（無傳，內容與庚辰敍同）

表 1-2　丁晏《佚禮扶微》三敍對比表

戊寅（1818）敍（稿抄本、刻本）	庚辰（1820）敍（文集）	壬午（1822）敍（年譜）
輯佚禮何仿也？仿於宋之王厚齋，元之草廬先生也。厚齋《困學紀聞》云："《天子巡狩禮》《朝貢禮》《王居明堂禮》見於《烝嘗禮》《朝事儀》，《學禮》見於賈誼《書》，《古大明堂之禮》見於蔡邑《論》，雖寥寥片言，如斷圭碎璧，猶可寶也。"	輯佚禮何仿也？仿於宋之王厚齋，元之吳草廬也。王氏《困學紀聞》云："《天子巡狩禮》《朝貢禮》《王居明堂禮》見於《三禮注》，《烝嘗禮》《朝事儀》見於賈誼《書》，《學禮》見於《古大明堂之禮》見於蔡邑《論》，雖寥寥片言，如斷圭碎璧，猶可寶也。"	輯逸禮何仿也？仿於宋之王厚齋，元之吳草廬也。王氏《困學紀聞》云："《天子巡狩禮》《朝貢禮》《王居明堂禮》見於《三禮注》，《烝嘗禮》《朝事儀》見於賈誼《書》，《學禮》見於《古大明堂之禮》見於蔡邑《論》，雖寥寥片言，如斷圭碎璧，猶可寶也。"
草廬采《小戴·投壺》《奔喪》《大戴·公冠》《諸侯遷廟》《諸侯釁廟》及鄭注引《中霤》《儀禮逸經》《禘於大廟》《王居明堂禮》合爲《儀禮逸經》八篇，自敍謂："片言隻字之未泯者，猶必收拾而不敢遺，亦我愛其禮之意也。"	吳氏采《小戴·投壺》《奔喪》《大戴·公冠》《諸侯遷廟》《諸侯釁廟》及鄭注引《中霤》《儀禮逸經》《禘於大廟》《王居明堂禮》合爲《儀禮逸經》八篇，自敍謂："片言隻字之未泯者，猶必收拾而不敢遺，亦我愛其禮之意也。"	吳氏采《小戴·投壺》《奔喪》《大戴·公冠》《諸侯遷廟》《諸侯釁廟》及鄭注引《中霤》《儀禮逸經》《禘於大廟》《王居明堂禮》合爲《儀禮逸經》八篇，自敍謂："片言隻字之未泯者，猶必收拾而不敢遺，亦我愛其禮之意也。"

續表

戊寅（1818）敘（稿抄本、刻本）	庚辰（1820）敘（文集）	壬午（1822）敘（年譜）
然《朝事儀》見於《大戴記》，《學禮》亦見《保傅篇》，非逸禮也，而厚齋逸之，失矣	然《朝事儀》見於《大戴記》，《學禮》亦見之《保傅》篇，厚齋以為逸，失之矣。《毛詩·時邁》正義亦引《天子巡狩禮》，不僅見於《禮注》，而《周禮·士師》注引《軍禮》，又厚齋所未及也	然《朝事儀》見於《大戴記》，《學禮》亦見《保傅》篇，非逸禮也，厚齋以為逸，失之矣。《毛詩·時邁》正義亦引《天子巡狩禮》，不僅見於《禮注》，而《周禮·士師》注引《軍禮》，又厚齋所未及也
《巡守》《朝貢》《烝嘗》之禮近載鄭注，然則草廬不逸之，又失矣。然則收片賣斷圭牟璧者，愛王裝宿而誤鼠腊，言隻字者，掎星義娥。二公之所逸，未能盡其逸也	吳氏纂次佚經，《巡守》《朝貢》《烝嘗》《軍禮》皆近載鄭注，而草廬未之及。《中雷禮》僅據《月令注》，而《周禮·司巫》注，《公羊桓八年疏俱引《中雷禮》，草廬亦未之及，其失三也。《王居明堂禮》僅據《記》注，而《續漢書·祭祀志》僅據《王居明堂禮》，草廬俱未之及，其失四也。《祫於太廟佚禮》，《王制正義》，《祫祫上》引《祫於太廟之禮》，《通典》，《祫祫上》引《祫於太廟之禮》，草廬又未之及，其失五也	吳氏纂次逸經，《巡守》《朝貢》《烝嘗》《軍禮》皆近載鄭注，其失一也。《逸奔喪禮》近載鄭注，而草廬未之及，其失二也。《中雷禮》僅據《月令注》，而《周禮·司巫》注，《公羊桓八年疏俱引《中雷禮》，草廬亦未之及，其失三也。《王居明堂禮》僅據《記》注，而《續漢書·祭祀志》注引《王居明堂禮》，草廬未之及，其失四也，《祫於太廟佚禮》《聖證論》引《祫於太廟之禮》，草廬又未之及，其失五也

續表

戊寅(1818)敍(稿抄本、刻本)	庚辰(1820)敍(文集)	壬午(1822)敍(年譜)
蒙暇日瀏覽羣書,左右采獲,久之成表,乃重加排纂,系以鄙說。首佚禮經,次佚記,次佚文,次佚禮,取東漢章帝詔曰"扶微學"之語,命之曰《佚禮扶微》。其不曰"逸"而曰"佚"者,何也?漢《尚書》、《無逸》,《史記》"逸"皆作"佚",纂平石經《書》"逸"當從古文作"佚"也,《文》不戴"逸"字。語曰:拙始者因人成事,繼事者易爲功。嘺嘺者因人自愧,良用自愧,繼事者有椎輪,若二公者,其猶大略著雍攝提格之歲陽月既生霸朐陽丁晏撰	蒙暇日采獲羣言,詳加甄錄,次佚記,凡《王度記》《三正記》《青史氏記》《別名說》《王霸記》《瑞命篇》《禮服傳》,許慎《五經異義》又引《大戴》之文,皆今《大戴》之文,不復述也。其散句無篇名者,別爲佚文級於後,義有隱略則爲佚文級以表明之。附以《管子·弟子職》、《荀子·禮論篇》,賈子《容經》,叔孫通《禮器制度》,戴德《喪禮變除》,鄭康成《喪服變除》,何休《冠儀約制》等篇,皆漢儒說經之文,其視劉歆之《義》爲近古矣。挪始於著雍攝提格,閱二載而成。取漢章帝詔書"扶微學",遞有增益,總題曰《佚禮扶微》。其諸斷圭碎璧之是賞,片言隻字不遺乎?至若庵中已亡,河内久佚,劉有年之佚經,大抵僞文,無非依託,又輯佚禮者所不取也	蒙暇日采獲羣書,詳加甄錄,以補二公之所未備。首列逸經,次逸記,凡《王度記》《三正記》《號諡記》《親屬說》《別名說》《青史氏記》《昭穆篇》《本命篇》《端命篇》《盛德記》《三朝記》,皆今《大戴》之文,不復述也。其散句無篇名者,別爲逸文級於後,義有隱略則爲圖說以表明之。附以《管子·弟子職》、《荀子·禮論篇》,賈子《容經》,叔孫通《禮器制度》,戴德《喪禮變除》,鄭康成《喪服變除》,何休《冠儀約制》等篇,皆漢儒說經之文,其視劉歆之《義》爲近古矣。挪始於著雍攝提格,閱二載而成。取漢章帝詔書"扶微學",遞有增益,總題曰《佚禮扶微》?至若庵中已亡,河内久佚,《孔叢子》之軍禮,大抵僞文,劉有年之逸經,無非依託,又輯逸禮者所不取也

蒙年十四，始見《説文五音韻譜》，越五年，乃購得始一終亥原書。沉潛反復，沿波溯源，如是者十餘年，久而識其恉要，於是書粗有得焉。不揣檮昧，欲爲後生晚學觀其會通，祛其疑滯，兹特條舉而析言之。①

據丁氏説，嘉慶十二年（1807）得見宋代李燾《説文解字五音韻譜》，嘉慶十七年（1812）購得《説文解字》全書。至其撰著《佚禮扶微》戊寅（1818）敘時，研讀《説文》已有六年，後五年（1823）又成《説文舉隅》一書。趙鉾推測《説文通説》成書於道光五年（1825）前後，距嘉慶十七年確有"十餘年"。而在《説文舉隅》《説文通説》成書之前，嘉慶二十五年（1820）十月丁晏作《吳山夫先生説文引經攷跋》，已言"蒙末學膚受，譾陋寡聞，然從事於《説文》者蓋亦有年"②。《説文舉隅》正是補苴山陽吳玉搢《説文引經考》而作。在戊寅版《佚禮扶微》中，丁氏對"《説文解字》引禮"也有獨到分析（𢧵、瓉、菹、鷊、欒、墀等字），並駁正南城吳照《説文引經考異》：

　　近南城吳氏照輯《説文引經考異》夆庆頗夥，稱《逸禮》"銅芼牛藿，羊苲豕薇"。考《儀禮·公食大夫》記云："銅芼牛藿，羊苦豕薇。"鄭注："今文苦爲苲。"許君據高堂生今文，故作"羊苲"，其艸部"苲"字注明稱"禮記"，即《公食》記文，吳氏以爲《逸禮》，誤矣。③

丁氏《吳山夫先生説文引經攷跋》也舉有"豕薇羊苲"的例子，只是《佚禮扶微》所論略早，不知當時丁晏是否已通覽鄉賢之書。丁氏對"許書之通例"的重視，也能體現其《説文》學的造詣。《説文通説》中歸納"引經以廣異義""引經直稱經曰"等義例，《頤志齋文集》亦有《説文引經説直稱經考》，與"引經直稱經曰"例大體相同。④ 這些認識，又都會影響其對《説文解字》引"禮"的分析。觀其論説《説文》，實難想象丁氏在戊寅敘中爲何失誤，蓋爲智者千慮之失。

───────────

① （清）丁晏著，（清）段朝端釋：《説文通説》，湖北省圖書館藏清鈔本。另參趙鉾：《從兩個未刊本看丁晏的説文學研究》，南開大學中國文字學研究中心編：《説文學研究》第3輯，江西教育出版社2008年版，第253頁。

② （清）丁晏：《頤志齋文集》卷3，《清代詩文集彙編》第587冊，上海古籍出版社2010年版，第117頁。據趙鉾文，安徽師範大學圖書館藏有吳玉搢《説文引經考》道光元年（1821）本丁晏的批校題跋，未及睹見。

③ （清）丁晏：《佚禮扶微》卷3，師顧堂影印《南菁書院叢書》本，2020年，第94~95頁。

④ （清）丁晏：《頤志齋文集》卷3，《清代詩文集彙編》第587冊，上海古籍出版社2010年版，第115頁。

《佚禮扶微》數年之間不斷改換自敘，似乎也預示了該書在丁氏生前持續改變面貌與認知的遭遇。咸豐二年（1852）聊城楊以增因丁晏"篤好鄭學"，而"録其釋《詩》《禮》者，彙刻《六藝堂詩禮七編》"。"七編"即《毛鄭詩釋》《鄭氏詩譜攷正》《詩攷補注》《詩攷補遺》《周禮釋注》《儀禮釋注》《禮記釋注》，意在"翼贊箋注，嘉惠來茲，而鄉先生北海之學亦藉是以闡明也已"①。《佚禮扶微》與鄭學關聯較小，顯然不會收入"七編"。同治二年（1863）刊印《頤志齋叢書》，收書二十二種（包括《六藝堂詩禮七編》），亦無《佚禮扶微》，但屬於"未刻繕稿"二十五種之一。張之洞《書目答問》刊行於光緒二年（1876），經部列有丁晏書數部，或言"六藝堂自刻本"，或言"六藝堂本"，實即《頤志齋叢書》。②《書目答問》又録有吳澄《儀禮逸經傳》、諸錦《饗禮補亡》，言爲"補《儀禮》之逸"。《佚禮扶微》其時並未梓行，自然也未提及，直至光緒十四年（1888）收入《南菁書院叢書》，因此蒙文通有案語"山陽丁晏《佚禮扶微》五卷"以補《書目答問》。③ 而《南菁書院叢書》刊印《佚禮扶微》五卷，並不符合丁晏原稿上下二卷的原貌，也未改換丁氏前後數變的自敘，更可能與丁氏晚年對此書的態度矛盾有關。

第二節　正僞之間：丁晏晚年對《逸禮》的矛盾態度

同治二年（1863）八月，時年七十歲的丁晏，撰著《柘翁七十自敘》時，尚稱"佚禮古經，用扶微學，裨益草廬，淹中覼索，著《佚禮扶微》二卷"④。但到同年十二月時，丁晏對"佚禮"已經有了更深入且略顯矛盾的看法。丁晏此時受邵懿辰《禮經通論》的影響，堅定了《儀禮》十七篇爲完書的觀點，同時又未全部接受邵氏"論《逸禮》三十九篇不足信"的説法。其在同治二年十二月二十日所作《禮經通論敘》中，認爲邵懿辰"啓二千年儒先未發之覆"的禮學新説

---

① （清）楊以增：《〈六藝堂詩禮七編〉序》，周廣騫、丁延峰校注：《海源閣楊氏詩文校注》，國家圖書館出版社 2020 年版，第 101～103 頁。

② 《書目答問》以丁晏《尚書餘論》爲"自著六藝堂詩禮七編本"，不確，"七編"中無《尚書餘論》，當是《頤志齋叢書》。又《書目答問》以《詩攷補注補遺》爲林伯桐著（修本堂本），亦誤。來新夏、韋力、李國慶匯補：《書目答問匯補》，中華書局 2011 年版，第 46、47、55、57、65、75、88、193 頁。

③ 來新夏、韋力、李國慶匯補：《書目答問匯補》，中華書局 2011 年版，第 91 頁。

④ 《柘翁七十自敘》現藏南開大學圖書館，筆者無緣得見，特別感謝曹天曉先生無私賜示整理文本。（清）丁晏：《柘翁七十自敘》，南開大學圖書館藏清同治二年（1863）丁氏家刊本（曹天曉整理録文）。

("《禮經》之十七篇，依鄭《目録》大戴十七篇之次，本末精粗粲然具備，《禮》本經十七篇未嘗不完，《大戴》八十五篇各有所附")，"信不虚也"，賛許邵氏此書"文字精密，義藴閎深，非掊摭考據家所及，明聖道而翼世教，胥有賴焉"。① 丁晏又在邵懿辰基礎上，"更引伸其論，闡發益明"，表達自己對相關問題的進一步思考，只是"惜不得位西而就正之也"。

如其論《儀禮》爲完書，言道光二年(1822)著《儀禮釋注》時已有此疑問：

> 余嚢著《儀禮釋注》，序言《禮經》漢初魯共王、河間獻王、大毛公皆傳其文，班書稱高堂生及二戴、慶氏三家遞相授受。迄於漢季，劉向《别録》備載十七篇之目，鄭君始爲作注，具列古文、今文之學。後之學者當考其淵原，識其爲孔子七十子之傳，尊信古經，以祛俗儒疑經之妄。**余之所見如此，其時已疑《禮經》爲全書。**

今讀《儀禮釋注自敘》，丁晏分梳古文之學、今文之學(大戴之學、小戴之學、慶氏學)甚明，而"詳列古文今文之學兩漢經師之授受"的目的似僅在"祛俗儒疑經之妄"②，實無"疑《禮經》爲全書"之意。丁氏繼言有"三十年之疑"，即漢代《禮經》爲何稱"士禮"，但與邵氏説不同：

> 專言《士禮》者何？ 天下無生而貴者，自天子以至庶人入學習禮，統乎士也。由士而上及大夫、諸侯，則有聘、射、喪、祭、鄉飲、公食之禮，而不言天子之禮，王天下然後議禮，聖人何敢僭言。至《大戴記》上及公冠、天子之冠禮，《小戴記》上及郊禘、明堂大饗之禮，而《禮經》略不之及，非闕也。執禮雅言，執止此也，約禮善誘，約僅此也，**聖人之教綜十七篇而體用該矣。** 太史公《儒林傳》言"於今獨有《士禮》，高堂生能言之"，《七略》言"后蒼等推士禮而致之天子之説"，是漢初儒者所見，即此《士禮》之經也，而猶未敢定爲完衺。今見邵先生之論，**積三十年之疑，**

---

① 丁氏此敘不見於年譜、文集，見於邵懿辰《禮經通論》同治三年(1864)六月望三益齋刻本(時間據孫殿起《販書偶記》説)。(清)邵懿辰：《禮經通論》卷上，黄銘、秦婷點校，丁耘編：《思想史研究(第七輯)》，上海人民出版社2009年版，第374頁。孫殿起：《販書偶記》，中華書局1959年版，第30頁。

② 《儀禮釋注自敘》作於道光三年(1823)八月，言："蒙既篤好鄭學，紬繹注文，博玫而研究之，爲《釋注》二卷。復詳列古文今文之學兩漢經師之授受，庶後之學者覽其淵源，尊信古禮，識其爲周公孔子七十子之傳，以祛俗儒疑經之妄，爲鄭學者其亦有取乎此也。"(清)丁晏：《儀禮釋注》，《續修四庫全書》第93册，上海古籍出版社2002年版，第238頁。

一朝而豁然解，始知《禮經》爲古完書，而後人或疑其闕殘，或疑其誣僞，則不學之過也。

邵懿辰對漢世稱“士禮”的解決方式，是懷疑太史公“疏略”，其言“高堂生至后蒼未必自以爲所傳皆士禮也”也是疑似之辭。丁晏之論並不以史傳記載爲疑，而有漢初儒者“未敢定爲完袤”之説，與邵氏以《禮經》爲完書之識斷有别；又申發“天下無生而貴者，自天子以至庶人入學習禮，統乎士也”之義，較邵氏之疑更爲合理。如果説以《儀禮》爲完書，丁晏尚有《儀禮釋注》作爲鋪墊，而在論述二戴《記》的内容與關係時，丁晏則直接改變了早年的説法：

> **余因悟經既完書，即記亦爲原本。**《漢志》禮家：“《記》百三十一篇。”自注：“七十子後學者所記。”《大戴記》八十五篇，《小戴記》四十九篇，《曲禮》《檀弓》《雜記》分爲上下，實止四十六篇，合二戴之《記》，正符百三十一篇之數，則漢以前相傳之《記》本如是也。《小戴》四十九篇，東漢橋仁有《禮記章句》四十九篇，曹褒傳慶氏禮，亦四十九篇，可見《小戴》之文亦原書而無殘闕。**《大戴記》今存四十篇，其缺者爲《小戴》之所取。《大戴·哀公問》《投壺》二篇與《小戴記》同，《曾子大孝》篇與《小戴·祭義》同，《禮察》篇與《小戴·經解》同。除去四篇，實得三十六篇，合之《小戴》四十九篇，適符八十五篇之數，晉陳邵謂小戴删取大戴，其説是也。**二戴《記》傳自孔門，《隋志》妄謂《月令》《明堂位》《樂記》三篇爲馬融所作，不知《月令》見《吕覽》之書，《樂記》見劉向之《録》，非自季長始傳，前儒糾之當矣。**經記皆爲完書，而非漢儒所能附益。**

邵懿辰對二戴《記》整體的分析，今存《禮經通論》上卷有“論大小戴傳《禮記》”“論漢初經記分而不分”“論記傳義問四例”諸條，明確反對調和二戴《記》篇數的説法。① 丁晏則仍是以二戴《記》篇數之合爲依據，論證小戴删取大戴

---

① 邵懿辰《禮經通論》下卷今存其目十一篇，見於高均儒《與張銘齋書》，與二戴《記》關係較大：論《禮記》分附經後，論十七篇之次序，論《曲禮》《玉藻》《内則》《少儀》等篇爲總記與經切附，論《冠義》等十一篇宜分附於經，論《禮運》等七篇爲《禮》通論宜總附經曲之後，論《大戴·公冠》篇宜附《士冠禮》作記，論《文王世子》《保傅》《學記》《大學》，論《曾子》十篇、《子思子》四篇，論雜篇，論《將軍文子》《儒行》《哀公問五義》，論五經中《禮》當合二戴《記》共爲《禮經》。邵氏另有《與張銘齋書》亦論及二戴《記》，此不贅述，後文有分析。(清)邵懿辰：《禮經通論》卷上，黄銘、秦婷點校，丁耘編：《思想史研究(第七輯)》，上海人民出版社 2009 年版，第 377 頁。

之説爲是。其説二戴《記》篇數，早在撰著《佚禮扶微》時已有巧思，只是篇數分合有異。《佚禮扶微》中有"后蒼《禮記》本四十九篇大小戴共傳其學非小戴删取大戴禮論"，其言：

> 然則此四十九篇之文，固兩漢所盛行，其自朝廷章奏以至史官之紀録、學士之誦説，莫不徵引，固非私儒所敢損益也。善夫《六藝論》之言曰：戴德傳《記》八十五篇，則大戴禮是也；戴聖傳《記》四十九篇，則此《禮記》是也。據此則大小戴《記》各自傳述，**非大戴删取古禮，亦非小戴删取大戴**，鄭君之論可謂明且確矣。小戴所傳四十九篇，《曲禮》《檀弓》《雜記》皆分爲上下，實止四十六篇。大戴所傳八十五篇，今本起《主言》第三十九，終《易本命》第八十一，**實存三十九篇**。嘗謂今大戴本無闕文，二戴同受自后蒼，疑大戴亦傳今《禮記》，**以大戴三十九篇合於《禮記》四十六篇**，適得八十五篇，以大戴八十五篇合於小戴四十六篇，適得百三十一篇，正《漢·藝文志》稱"《記》百三十一篇，七十子後學者所記"是也。竊以大戴本書既有《禮記》，又益以記若干篇，其書或分或合，分之爲四十九，所以重師傳；合之爲八十五，所以廣異義也。後人見《大戴記》中亦有四十九篇文，又多於小戴，故疑小戴删大戴而爲之，而不知后蒼之師法，實原止四十九篇也。①

此論以《大戴禮記》實存三十九篇，《禮經通論敘》則言《大戴禮記》今存四十篇，除與《小戴禮記》相似四篇外，實得三十六篇。因此，八十五篇的算法也由《佚禮扶微》時的《大戴》三十九篇與《小戴》四十六篇，變成《大戴》三十六篇與《小戴》四十九篇之和。雖皆以《大戴》八十五篇與《小戴》四十六篇合《記》百三十一篇，但《禮經通論敘》所言《小戴》篇數實則無定。總體而言，《佚禮扶微》之論尚有新義，以后蒼、二戴皆傳四十九篇，暗合今文家法，而《大戴禮記》實爲增廣異義之作；及至《禮經通論敘》之説，則二戴《記》篇數分合無定，去取隨意，實難稱"闡發益明"。更值得留意者，乃是丁晏對《逸禮》三十九篇的態度，在評説邵懿辰《禮經通論》時，前後略顯矛盾，其中激進之説甚至推翻了早年撰著《佚禮扶微》的意義。

邵懿辰以《逸禮》三十九篇不足信，《禮經通論》中有丁晏之附記，與邵氏

---

① （清）丁晏：《佚禮扶微》，師顧堂影印《南菁書院叢書》本，2020 年，第 147～148 頁。

説不同，仍取折衷之義：

> 《逸禮》三十九篇即《禮古經》之文，合《禮經》十七篇及三十九篇，《班志》《七略》所云"《禮古經》五十六篇"，具有明文。《逸禮》之三十九篇，猶《逸書》之十六篇，皆古經之巋存者，漢世未有師説。惟《儀禮》十七篇、《今文尚書》二十八篇，漢儒傳授其學，鄭君皆爲之作注。**位西此論謂《逸禮》不足信，過矣。當依草廬吳氏別存《逸禮》爲允。至斥《逸禮》爲劉歆誣僞，頗嫌肊斷。**且《逸禮》古經，漢初魯共王得於孔壁，河間獻王得於淹中，《朝事儀》見於《大戴禮》，《學禮》見於賈誼《書》，皆遠在劉歆之前，未可指爲歆贗作也。①

丁晏以邵懿辰《逸禮》疑僞説"過矣""頗嫌肊斷"，仍取吳澄《儀禮逸經傳》"別存《逸禮》爲允"。但在《邵位西禮經通論跋》中，他則表述了截然相反的看法：

> 《逸書》絶無師説，猶《逸禮》不立學官。**後人於亡佚之餘拾取《逸禮》，既無補於正經，增多僞書，反有害於正學。《禮經》當專求之十七篇，《尚書》當專求之二十八篇，聖學之傳如是而已。**竊謂學者從事五經，《易》《詩》《春秋》皆完書，《儀禮》古經、《尚書》今文皆真古文也。《禮記》之四十九篇，七十子後學之傳，或疑爲雜出漢儒，亦考之不審耳。誠得好學深思者，頤門五經，反復而紬繹之，其旨賅而其學邃矣。《語》云："述而不作，信而好古。"余年逾七旬，墨守經訓，**深慨夫博涉旁支，妄疑肊造，徒滋繁詞，無裨實事**，故因邵氏之論而約言之，以諗後之學者。②

前尚論"別存《逸禮》"，此已是"既無補於正經，增多僞書，反有害於正學"，如是則《佚禮扶微》仿吳澄之書便無甚意義。其觀念變化之劇烈，似就在數月之間。《禮經通論敍》撰於同治二年十二月，言"今漕帥吳仲宣先生已印行

---

① （清）邵懿辰：《禮經通論》卷上，黃銘、秦婷點校，丁耘編：《思想史研究（第七輯）》，上海人民出版社 2009 年版，第 390 頁。
② （清）邵懿辰：《禮經通論》卷上，黃銘、秦婷點校，丁耘編：《思想史研究（第七輯）》，上海人民出版社 2009 年版，第 408 頁。（清）丁晏：《頤志齋文集》卷 7《邵位西禮經通論跋》，《清代詩文集彙編》第 587 冊，上海古籍出版社 2010 年版，第 194~195 頁。

胡氏書，復刊邵氏《通論》上卷"。《販書偶記》以吳棠（1813—1876）望三益齋刻《禮經通論》，成於同治三年（1864）六月，丁跋或與敘文非同時而作。同治四年（1865）初秋，丁晏又作《邵位西恌行錄序》，述及與邵懿辰的交集：

> 己未江南借浙闈舉鄉科，三兒壽恒往應秋試，得見位西，衮衮論學，備詢余所著書，以未及識面爲歉。次年，賊陷浙省，位西杳然無聞。迨伯平轉徙至淮，始得見《禮經通論》遺稿半部及遺文數十篇。①

丁壽恒鄉試在咸豐九年（1859），其間與邵懿辰有交流。咸豐十年（1860）二月太平軍攻杭州，該年邵懿辰輾轉海昌、紹興、祁門、杭州數地，並始撰《禮經通論》。咸豐十一年（1861）七月，《禮經通論》寫就十八篇，十月又重編《禮經通論》；十一月杭州失守，文瀾閣、孫氏壽松堂、錢唐汪氏振綺堂等藏書皆被毀，巡撫王有齡殉難，十二月初一日邵懿辰殉節。② 及至同治二年（1863），丁晏方看到邵氏摯友高均儒（1811—1868）所藏《禮經通論》等書，即《禮經通論敘》所言"吾友高君伯平與位西至交，藏有《通論》上卷，鈔以示余，其下卷燬於浙烽，此幸而存者，重可寶也"。吳棠望三益齋刊刻《禮經通論》，丁晏校訂時尚認爲當存《逸禮》，但作跋時已有"博涉旁支，妄疑肊造，徒滋繁詞，無裨實事"之歎，不知是否有感於時局之動亂。丁氏《柘翁七十自敘》言"四十以前，訓詁考索；六旬以後，義理研求"，六旬（1853）正值太平軍攻克南京之時，所謂"粵匪披猖"一直持續至同治年間，其間咸豐十年（1860）又有"捻匪交攻"。③ 時勢變換，可能極大影響了丁晏思想的變化，數月之間，其對《逸禮》卻有了截然相反的認識，個中詳情，今已難詳。④ 若以時間論，晚於《禮經通論敘》以及附記的《禮經通論跋》，或許是丁氏晚年定論。如果皮錫瑞曾讀到丁氏《禮經通論跋》，也許就不會再生"必信

---

① （清）丁晏：《頤志齋文集》卷5，《清代詩文集彙編》第587冊，上海古籍出版社2010年版，第147~148頁。

② 吳瑞荻：《邵懿辰年譜》，華東師範大學碩士學位論文，2018年，第95~103頁。

③ （清）丁晏：《柘翁七十自敘》，南開大學圖書館藏清同治二年（1863）丁氏家刊本（曹天曉整理錄文）。

④ 吳棠又涉及當時清廷與湘淮集團在兩江地區的權力之爭，咸豐十一年（1861）擢江寧布政使，兼署漕運總督，同治二年（1863）十一月署江蘇巡撫，是清廷在兩江牽制湘淮集團的重要力量。參閱邱濤：《咸同之際清廷與湘淮集團的江浙控制力之爭》，《清史研究》2020年第4期。

《逸禮》爲真”的質疑。①

第三節　漢宋之間：《佚禮扶微》的宋學淵源

丁氏晚年雖受邵懿辰影響，改變了對《儀禮》《逸禮》以及二戴《記》的看法，但今文色彩遠不如邵氏。丁氏身後，概述其學術者，也只是多言其學兼重漢宋：

> 生平讀書爲學，篤守有恒之訓，治一書已，方治他書。躬自校訂，丹墨不去手。嘗謂學者讀書，當從漢儒以正故訓，故訓定而後義理顯，從宋儒以析義理，義理明而後故訓確。故所著論，於漢學特精，於宋儒亦無所違焉。《光緒淮安府志·丁晏傳》(光緒十年刊本)
>
> 然晏治經學不掊擊宋儒，嘗謂漢學、宋學之分，門戶之見也。漢儒正其詁，詁正而義以顯；宋儒析其理，理明而詁以精，二者不可偏廢。《清史稿·丁晏傳》
>
> 柘唐覃精研思，諸經皆有譔述。晚年治《易》，尤嗜《程傳》，爲《述傳》一書，於治亂消長，獨見徵兆，而不雜以空疏無當之辭，最得漢經師遺意。論者謂道咸以來，惟柘唐爲能以漢學通宋學焉。《清儒學案·柘唐學案》
>
> 道咸以來，治學之儒多以漢學爲破碎，于是調停漢宋，不名一家，其有立志遠大者，則又推理學以爲世用，如山陽學派是也。劉師培《近儒學案序》②

丁氏《周易述傳》成於咸豐五年(1855)，符合《柘翁七十自敍》(1863)“六旬以後，義理研求”的自述，再如《詩集傳坿釋》《書蔡傳坿釋》《禹貢蔡傳正誤》《春秋胡傳申正》等書皆成於六旬以後。而“四十以前，訓詁考索”之言，也大致可對應丁氏“篤好鄭學”著述，如《六藝堂詩禮七編》所錄諸書。但丁氏兼

---

①　皮錫瑞所讀邵懿辰《禮經通論》當是《皇清經解續編》本，該本依例刪去了書前後的序跋，故而皮氏未及相知。

②　曹天曉：《丁晏評傳資料集錄》，《清儒丁晏年譜》，南京師範大學碩士學位論文，2018年，第333~345頁。

重漢宋並非如四十(1833)、六十(1853)斷然可分，只不過在著述内容上有分布性特徵。四十與六旬二十年間，丁氏成書較少，但道光十年(1830)，丁晏主講鹽城表海書院時，特著《讀經説》以示爲學門徑，已完整展現了丁氏的漢宋"經學"觀：

> 自漢立五經博士，師法傳授，不顓一家。唐時立九經於學官，孔賈爲之《正義》。明神宗時，薈萃兩漢魏晉之注及唐宋疏釋諸家，鋟板雍學，未嘗詔人之誦習也。我朝崇尚經學，欽定諸經昭示萬古，十三經注疏頒在學宫，尊經之義大矣。**竊謂爲學之道，莫先於讀經。讀經之法，莫先於讀注疏。注疏之學，朱子教人之學也。**朱子《論孟精義序》云："漢魏諸儒正音讀，通訓詁，考制度，辨名物，其功博矣。學者苟不先涉其流，則亦何以用力於此。"《答李季章》云："漢儒之學，有補於世教者不少。"又曰："《周禮》也，且循注疏看去。"又曰："五經疏，《周禮》最好，《詩》《禮記》次之，《書》《易》爲下，《儀禮疏》不甚分明。"夫以朱子掔究注疏如此，而後之爲宋學者撥棄訓故，**空言心性以自文其寡陋，豈朱子之意哉！**於是矯其弊者，又倡爲漢學，其始劦於一二好古之儒，廣異扶微，甚有禅於學者，**其流至於專己守殘，支離傅會，掊擊宋儒，學愈歧而經愈晦矣。**余謂漢學、宋學之分，門户之見也。漢儒正其詁，詁定而義以顯。宋儒析其理，理明而詁以精。**二者不可偏廢，統之曰經學而已。**①

丁晏不分漢宋門户，且推崇朱子，借朱子之言以興起注疏之學，並反思漢學出現的弊端(江藩撰著《國朝漢學師承記》，丁晏又曾受學江氏)，與當時出現的漢學反思同轍；六旬以後江南局勢驟變，又加深了丁氏的反思力度，《禮經通論敘》言"非捃摭考據家所及"，只是與邵懿辰重今文學略異，丁晏實際上不分漢宋，亦不分今文古文。襄助張之洞完成《書目答問》的繆荃孫，曾受學於丁晏，後又撰丁氏傳記，因而《書目答問》中丁晏的形象並非漢學專門。柳詒徵遂言"固合義理考據而一之，不分門户，視皖蘇諸經師翹舉徽幟，及蕭山河間之集矢宋儒者，迥乎不侔""博聞精識，左右采獲，折衷貴當，故不屑姝姝暖暖於一先生之言"，也因此《書目答問》"不遽以丁先生比次

---

① (清)丁晏：《讀經説》，《叢書集成續編》第 15 册，臺灣新文豐出版公司 1988 年版，第 239 頁。

於漢學專門諸大師"。①

如果從漢宋的角度看,《佚禮扶微》實際上已經展現了這種傾向。丁晏《佚禮扶微自敘》首言"緝佚禮何仿也？仿於宋之王厚齋,元之草廬先生也",並引王應麟《困學紀聞》、吳澄《儀禮逸經傳序》,申言戊寅敘"寶斷圭碎璧""收片言隻字"之義(庚辰、壬午敘則言"斷圭碎璧之是寶,片言隻字之不遺")。禮學輯佚,王應麟並無專門著述,所論除《困學紀聞》外,又見於《玉海·藝文志》《漢藝文志考證》等書;吳澄則有《儀禮逸經傳》傳世,因而《柘翁七十自敘》言"裨益草廬"。顧頡剛先生也有"《佚禮扶微》之宋學淵源"説,言"清學承宋學",只不過"宋學創始,自然粗疏;清學繼事,因得精密"而已,而丁晏"此文亦將清學承宋學之事實説出",並對"學者以治經爲不急之務,聽其廢置"的現狀,興"抱簡册而徬徨"之歎。②

今考王應麟所輯佚禮,如《困學紀聞》"漢逸禮"條言:

> 《藝文志》謂之《禮古經》,未有《儀禮》之名。張淳云:"疑後漢學者見十七篇中有儀有禮,遂合而名之。"孔壁古文多三十九篇,康成不注,遂無傳焉。**《天子巡狩禮》《朝貢禮》《王居明堂禮》《烝嘗禮》《朝事儀》**見於《三禮注》,**《學禮》**見於賈誼書,**《古大明堂之禮》**見於蔡邕《論》,雖寂寥片言,斷圭碎璧,尤可寶也。③

此列王氏認定的《逸禮》篇名七篇,吳澄《儀禮逸經》有《王居明堂禮》,《朝事義》則爲《儀禮傳》十篇之一,不爲經屬。丁晏《佚禮扶微》戊寅敘言"《朝事儀》見於《大戴記》,《學禮》亦見《保傅篇》,非逸也"。王氏《玉海·藝文》亦有"漢逸禮"條,較《困學紀聞》略詳,贅引如下:

> 《周禮疏》:半璧曰璜者,逸《禮記》文。《大宗伯》烝嘗之禮有射豕者,據逸《烝嘗禮》而知。《射人》
> 《記·月令》注:"《王居明堂禮》。"《正義》云:"《逸禮》篇名。""凡祭

①　柳詒徵:《劬堂序跋集》,楊共樂、張昭軍主編:《柳詒徵文集》卷8,商務印書館2018年版,第435頁。

②　顧頡剛:《湯山小記》,《顧頡剛讀書筆記》卷9,中華書局2011年版,第9頁。

③　(宋)王應麟:《困學紀聞(全校本)》卷5,欒保群、田松青、呂宗力校點,上海古籍出版社2008年版,第572頁。

五祀於廟，用特牲，有主有尸，皆先設席于奧。"《正義》云："皆《中霤禮》。""行在廟門外之西。"《正義》云："皆《中霤禮》文。"《泉水》正義有"中霤之禮"。《禮記注》亦引《逸禮》。《記·奔喪》正義引《逸禮》。

《王制》疏：《逸禮》云："皆升合於太祖。"

《文選》注：《逸禮》曰："三皇禪云云，五帝禪亭亭。"

《論衡》：宣帝時，河內女子壞老屋，得佚《禮》。

《後漢·輿服志》注引《逸禮王度記》。

蔡邕《明堂論》引《禮記·保傅篇》《古大明堂之禮》《王居明堂之禮》《大學志》《昭穆篇》《月令記》。

《通典》引《逸禮本命篇》。

《天官·內宰》注引《天子巡狩禮》。《聘禮》注引《朝貢禮》。《覲禮》注引《朝事儀》。《詩正義》引《雜問志》云："《天子巡守禮》無六軍之文。"《漢書》引《禮明堂記》曰：周公朝諸侯於明堂。《賈誼傳》引《學禮》。《論衡》"案《禮記瑞命篇》"。《禮記正義》"案《大戴禮·釁廟篇》"。《荀子》引《聘禮志》。①

此條未分經記，但王氏實際上有明確的區別意識，如《玉海·藝文》記志類另有"漢逸禮王度記"（又列《文王世子記》引"世子之記"、《學記》引"記"）、"禮三正記"（又列《白虎通》引《別名記》《親屬記》《禮運記》《五帝記》，《夏官》注引《王霸記》，《文選》注引《瑞命記》）、"蔡氏辨名記"諸條，並有輯佚。②王氏又在《漢藝文志考證》中更加完整地對散佚之禮經、禮記予以說明，後世禮學佚經、佚記的輯佚篇目即多在此範圍內反復調和。其於《漢書·藝文志》"《禮古經》五十六卷"言：

今其篇名頗見於他書，若《學禮》《賈誼傳》、《天子巡狩禮》《內宰》注、《朝貢禮》《聘禮》注、《朝事儀》《覲禮》注、《烝嘗禮》《射人》疏、《中霤禮》《月令》注疏、《詩·泉水》疏、《王居明堂禮》《月令》《禮器》注、《古大明堂禮》《昭穆篇》蔡邕《論》、《本命篇》《通典》、《聘禮志》《荀子》。又有《奔喪》《投壺》《遷廟》

———————

① （宋）王應麟：《玉海藝文校證》卷5，武秀成、趙庶洋校證，鳳凰出版社2013年版，第197~198頁。

② （宋）王應麟：《玉海藝文校證》卷5，武秀成、趙庶洋校證，鳳凰出版社2013年版，第1123~1125頁。

《虋廟》《曲禮》《少儀》《內則》《弟子職》,諸篇見大小戴《記》及《管子》。

吳澄《儀禮逸經》八篇,唯有《禘于太廟禮》《公冠禮》不見於王氏考證,而王氏所列《曲禮》《少儀》等《禮記》篇目,吳澄又有新的安排(見《禮記纂言》)。丁晏並不完全認同王氏認定的《逸禮》篇目,除《學禮》《朝事儀》外,《昭穆篇》《本命篇》《聘禮志》皆列於佚記,《曲禮》《少儀》《內則》也不列於經(補遺有《內則記》),《弟子職》則列於《附錄》,並言"迨宋朱子錄入《小學》,遂與《內則》《少儀》同爲經曲之節,而《儀禮經傳通解》亦載其文,固入學者所宜首事也"。①

《佚禮扶微》庚辰敘對王氏《困學紀聞》還有兩條批評,因未及王氏其他撰述,實則都難以成立:一爲"《毛詩·時邁》正義亦引《天子巡狩禮》,不僅見於《禮注》",上引《玉海·藝文》"漢逸禮"條"《詩正義》引《雜問志》"即是;二爲"《周禮·士師》注引《軍禮》,又厚齋所未及也",《漢書·藝文志》"《軍禮司馬法》百五十五篇",王氏《考證》明言"《周禮注》引《軍禮》'無干車,無自後射',豈即此書所載歟"②,與丁氏同。

王應麟又於《漢書·藝文志》"《記》百三十一篇"下言"逸篇":

> 今逸篇之名可見者有《三正記》《別名記》《親屬記》《明堂記》《曾子記》《禮運記》《五帝記》《白虎通》、《王度記》《禮記注》《禮記》《周禮》疏、《後漢·輿服志》注、《王霸記》《夏官》注、《瑞命記》《文選》注、《論衡》、《辨名記》《春秋疏》、《孔子三朝記》《史記》《漢書注》、《月令記》《大學志》蔡邕《論》。

吳澄《儀禮傳》不收佚記,但以劉敞所補《士相見義》《公食大夫義》與《禮記·冠義》《昏義》諸篇同列。丁晏則列劉氏二義入附錄,王氏所列篇目並悉數納入佚記,只是以《別名記》《辨名記》二篇相同(王氏《玉海·藝文》有"蔡氏辨名記"),又以《月令記》與《明堂月令》爲一。丁氏又將《明堂陰陽》《王史氏》二書納入佚記對應的範圍,但未分析其中的矛盾之處,後章"佚記"部分有詳述。王氏說《明堂月令》,見於《漢書·藝文志》"《明堂陰陽》三十三篇"的考證:

> 隋牛弘曰:"案劉向《別錄》及馬宮、蔡邕等所見,當時有《古文明堂

---

① (清)丁晏:《佚禮扶微》,師顧堂影印《南菁書院叢書》本,2020 年,第 114 頁。

② (宋)王應麟:《漢藝文志考證》卷 2,尹承整理,王承略、劉心明主編:《二十五史藝文經籍志考補萃編》第 1 卷,清華大學出版社 2014 年版,第 161 頁。

禮》《王居明堂禮》《明堂圖》《明堂大圖》《明堂陰陽》《泰山通義》、魏文侯《孝經傳》等並說古明堂之事。其書皆亡。"《唐會要》引《禮記明堂陰陽錄》，牛弘亦引《明堂陰陽錄》，今《禮記·月令》於《別錄》中屬"明堂陰陽記"，故謂之《明堂月令》，《說文》引《明堂月令》。①

以《漢書·藝文志》所論，《明堂陰陽》三十三篇與《記》百三十一篇明顯不同，《隋書·藝文志》言馬融增《月令》《明堂位》《樂記》三篇以足《禮記》四十九篇，即與《月令》《明堂位》的"明堂陰陽"性質相關（《漢書·藝文志》亦單列"《樂記》二十三篇"）。牛弘所論明堂諸書，有經有記有義，蓋古人對明堂一類神聖建築尤爲用心。丁晏所輯《明堂月令》多出自《說文解字》，與王氏說亦同。總體而言，王應麟所論佚經、佚記篇目都被丁晏接受，只是在經、記性質上有所調整。

與丁氏對王氏的批評並不妥當不同，丁晏對吳澄《儀禮逸經》的批評，確實符合《柘翁七十自敘》"裨益草廬"的言說。《佚禮扶微》戊寅敘尚只言吳澄僅收見於鄭注之《中霤禮》《禘於太廟禮》《王居明堂禮》（王應麟不言《禘於太廟禮》，《玉海·藝文》錄《王制》疏引《逸禮》一條與之相關，但不言經名），而不及亦見於鄭注之《巡守》《朝貢》《烝嘗》諸禮（庚辰敘增入《軍禮》）。庚辰敘另添四失，多論吳澄已有篇目引證不完備，涉及《奔喪禮》《中霤禮》《禘於太廟禮》《王居明堂禮》四篇。從結構而言，《佚禮扶微》"裨益草廬"者僅在《儀禮逸經》。吳澄《儀禮傳》的設計與輯佚無關，是朱子以《禮記》解《儀禮》思路的延續，從而重新賡續了自孫炎、魏徵以來的《禮記》類纂傳統。同樣，丁晏《佚禮扶微》的宋學淵源，從自敘看雖直接承自王應麟、吳澄，但更深的淵源實際上是朱子及其《儀禮經傳通解》。王應麟《困學紀聞》"漢逸禮"條明引"朱氏"之言，出自《儀禮經傳通解》：

> **經禮**固今之《儀禮》，其存者十七篇。而其逸見於它書者，猶有《投壺》《奔喪》《遷廟》《釁廟》《中霤》等篇。其不可見者，又有古經增多三十九篇。而《明堂陰陽》《王史氏記》數十篇，及河間獻王所輯禮樂古事多至五百餘篇，儻或猶有逸在其間者，大率且以《春官》所領五禮之目約之，則其初故當有三百餘篇亡疑矣。所謂**曲禮**，則皆禮之微文小節，如今《曲

① （宋）王應麟：《漢藝文志考證》卷2，尹承整理，王承略、劉心明主編：《二十五史藝文經籍志考補萃編》第1卷，清華大學出版社2014年版，第156~157頁。

禮》《少儀》《内則》《玉藻》《弟子職》篇所記事親事長、起居飲食、容貌辭氣之法，制器備物、宗廟宮室、衣冠車旗之等，凡所以行乎經禮之中者，其篇之全數雖不可知，然條而析之，亦應不下三千有餘矣。①

王氏與朱子不同者，乃以《投壺》《奔喪》諸篇（包括《曲禮》《少儀》等篇）屬之《逸禮》三十九篇，朱子則以《逸禮》三十九篇爲"不可見"，並申言經曲之辨中三百、三千的實際意義。而吳澄《儀禮逸經》諸篇，朱子至少已言及五篇；《儀禮傳》的設計更是直接仿照《儀禮經傳通解》。雖然朱子並無輯佚《逸禮》三十九篇之意，但啓發了後人對相關話題的追索，尤以受《儀禮經傳通解》影響甚大的明代通禮書編纂最爲明顯，但並未受到清人的重視。王應麟、吳澄佚禮輯佚的脈絡正處於朱子禮學的延長綫上，只是清人輯佚尤重徵實，對佚禮可能涉及的政治、社會話題則不甚措意，當然也有前述邵懿辰的《逸禮》疑僞説以及汪宗沂《逸禮大義論》之作，但更受到時局時勢的影響。

丁晏將佚禮輯佚溯源至宋元人，並在其基礎上增補改正，雖未提及朱子，但丁氏對朱子禮學的影響肯定有所認識，並有逐漸加深的過程。丁晏早年撰著《讀經説》時（1830），主張漢宋兼采，似尚未特別重視朱子禮學，但也論及《儀禮經傳通解》：

> 《周禮》則兼取王與之《訂義》，而以惠氏《禮説》、戴氏《考工》、沈氏《禄田》及江永《疑義》參之。《儀禮》則兼取李如圭《集釋》，而以張爾岐《句讀》、淩廷堪《釋例》及江氏《釋宫注》參之。《禮記》則兼取衛湜《集説》，而以納喇性德《補正》、江氏《擇言》及任大椿《弁服釋例》參之。……益以陳祥道《禮書》、**朱子《經傳通解》**、秦蕙田《五禮通考》、惠氏《九經古義》、江氏《羣經補義》、余蕭客《古經解鉤沉》，皆當博采。②

及至晚年，丁氏在《禮經通論敍》（撰著時已是公曆 1864 年）中，則特別表彰朱子重興《儀禮》"禮經"之功：

---

① （宋）朱熹：《儀禮經傳通解（壹）》，王貽樑校點，朱傑人、嚴佐之、劉永翔主編：《朱子全書（修訂本）》第 2 册，上海古籍出版社、安徽教育出版社 2010 年版，第 28 頁。

② （清）丁晏：《讀經説》，《叢書集成續編》第 15 册，臺灣新文豐出版公司 1988 年版，第 239~240 頁。

　　嘗論《禮經》之學，**兩漢以來，至朱子而大箸於世**，黄氏榦、楊氏復承其師説而發明之。自王氏《新經》出，《儀禮》就湮，陳用之《禮書》違鄭肛説，元之敖繼公鑿空回穴，説亦多歧，有明一代無傳《禮經》之人。我朝經學昌明，亭林、蕭菴、鄞萬氏、崑山徐氏暨安溪、望溪、慎修諸子纘述發撝，績溪胡氏萃爲《儀禮正義》，微言大義昭若發矇，《禮經》古書得所取正。①

　　其論"有明一代無傳《禮經》之人"，是未認識到明人禮學的基本特徵，《儀禮》學從朱子及其門人直接跳至清儒顯然也不現實，但其將清人《禮經》學溯源至朱子則是通人之論。因此，《佚禮扶微》也有朱子禮學的遺澤蘊藏其中，而不僅僅是王應麟、吳澄的影響。如前所述，相較王應麟、吳澄所輯所列，丁晏對佚禮篇目與逸文的輯佚顯然更爲全面、完備而有條理（參表1-3）。但正如顧頡剛先生所言，清人學術中的宋學淵源或因素，同樣也不容忽視。《佚禮扶微》明顯有清人"漢學"或"考據學"的風格，如書中附有大量丁氏案語，即是明證。但從源頭論，宋人已經爲清人預備了大量話題，並已有相當充分的展開。至少在佚禮輯佚的過程中，後世並未跳出朱子、王應麟等人奠定的思路與框架。

　　當然，深入丁氏學術與思想的内部，漢宋之間仍只是一方面。漢學訓詁與宋學義理，顯然只是方便法門與簡易分梳而已。丁晏將漢宋學視作一體，並同時反思漢宋學的不足。咸豐四年（1854），丁氏《吳仲宣大令讀詩一得序》即言"余少好章句之學，然訓詁瑣碎，義理空虚，二者皆無益實用"；咸豐八年（1858），《重刻韓樂吾先生遺稿序》又言"夫學之不講久矣，肆辭章者其學浮，考訓故者其學瑣，二者皆無用之學也"。其中，關注"實用"的言論明顯與時局有關，這同樣引發了丁晏對少時研讀王陽明文集的感歎，《重刻韓樂吾先生遺稿序》便謂"余自少時篤嗜陽明先生全集，反復究心，嘆其功業文章，真能有用于世。以爲大儒之賢且仁者，莫先生若也"。這與道光五年（1825）丁晏《答吳春畦書》稱《程氏易傳》"言近指遠，垂戒至深"，並"可以考見義理，有裨實用，即以是爲聖人之心可也"義近。② 此並非言道光五年陽明學影響丁氏若何，

---

　　① （清）邵懿辰：《禮經通論》卷上，黄銘、秦婷點校，丁耘編：《思想史研究（第七輯）》，上海人民出版社2009年版，第373~374頁。

　　② （清）丁晏：《頤志齋文集》卷5、卷8，《清代詩文集彙編》第587册，上海古籍出版社2010年版，第135、144、204~205頁。

表 1-3　王應麟、吳澄、丁晏佚禮篇目表

		經		記	
		見於他書	二戴相關	見於他書	二戴相關
王應麟		《學禮》《天子巡狩禮》《朝貢禮》《燕禮》《中霤禮》《王居明堂禮》《古大明堂禮》《昭穆篇》《聘禮志》	《朝事儀》《奔喪》《投壺》《遷廟》《釁廟》《曲禮》《少儀》《內則》《本命篇》《弟子職》	《三正記》《別名記》《親屬記》《五帝記》《王度記》《王霸記》《瑞命記》《辨名記》《大學志》	《明堂記》《曾子記》《禮運記》《月令記》《孔子三朝記》
吳澄		《中霤禮》《祫于太廟禮》《王居明堂禮》	《投壺禮》《奔喪禮》《公冠禮》《諸侯遷廟禮》《諸侯釁廟禮》		《冠義》《昏義》《鄉飲酒義》《燕義》《聘義》《鄉射義》《大射義》《土相見義》《公食大夫義》《朝事義》
丁晏	佚經／佚記	《天子巡守禮》、《王居明堂禮》（古大明堂之禮）、《朝貢禮》、《軍禮》、《祫於大廟禮》、《燕嘗禮》、《中霤禮》、《奔喪禮》	《奔喪》《投壺》諸侯釁廟、諸侯遷廟、《夏小正》《公冠》《樂經》	《五帝記》《號諡記》（諡法記）《別名記》《親屬記》《三正記》《王度記》《晉史氏記》《青史記》《祭典》《聘禮志》《大學志》《昭穆篇》瑞命記《本命篇》《大戴禮記敘錄》《親迎禮》《遇禮》《魯郊禮》	《禮服傳》《禮傳》《檀弓》《禮制》《明堂月令》（月令記）《曾子記》《王制》《文王世子》，《禮運記》《王霸》《大傳》《雜記》《本命篇》《三朝記》《大戴禮記敘錄》《樂記元語》《樂記敘錄》
	補遺	賈誼《答經》	《管子·弟子職》		劉歆《土相見義》《公食大夫義》
	附錄	《皇覽》引逸經、《太平御覽》引逸經、《藝文類聚》引逸禮《司馬法》			《內則記》

而是其關注"實用""實事"的觀念終其一生都未有變改，如《邵位西禮經通論跋》（大約作於 1864 年）中亦有"墨守經訓，深慨夫博涉旁支，妄疑肛造，徒滋繁詞，無裨實事"之說。

因此，如果僅以傳世可見《佚禮扶微》以及其他經學著述論丁氏學術，顯然只能看到其漢宋兼采的一面。丁晏早年撰著《佚禮扶微》，嘉道之間變改自敘，明顯是爲了改正説解《説文解字》"逸""佚"二字的錯誤；同治初年又受邵懿辰《禮經通論》影響，初仍以存《逸禮》爲允，最後甚至以之"既無補於正經，增多僞書，反有害於正學"，思想變化劇烈。這很可能影響了《佚禮扶微》的流傳，即只有最早的戊寅版稿抄本傳世，庚辰敘及壬午敘所見的改定本則無有傳世；且丁晏七十歲之後至辭世十餘年間，也無將《佚禮扶微》刊刻的計劃，但或如《説文胜語》一樣"敝帚千金"，也無毀棄之念。而光緒間王先謙以流傳之稿抄本二卷而爲刻本五卷，實際上仍是在凸顯丁晏的"漢學"屬性，並不關注丁晏個人思想的可能變化。這提醒我們，在討論學者思想時，並不能平面地觀察學者的著述與言論，也不能只是簡單地塑造出學者觀念的綫性變化。學者在面對複雜的現實世界時，不同時間、不同場合，言語表達、思想觀念都會發生一定程度的變形，同時又沒有擺脱已有的思維方式與形態，最終成了一個複雜且矛盾的綜合體。

第四節　經記之間：《佚禮扶微》禮學輯佚的得失

丁晏早年撰著《佚禮扶微》，是清人三禮輯佚的代表作，傳世者爲嘉慶戊寅（1818）寫定本（光緒間《南菁書院叢書》據此刊刻），但該書自敘卻存在稿抄本（戊寅）、文集（庚辰）、年譜（壬午）三個版本，且後二者顯示該書在結構、內容上已經發生了變改，惜無傳本可見。同治初年，丁氏又受邵懿辰《禮經通論》影響，在《逸禮》問題上經歷了從"別存"到"有害於正學"的認知變化，幾乎推翻了早年撰著《佚禮扶微》的意義。丁氏思想前後的劇烈變化，顯示出嘉道、咸同間思想世界與現實局勢的複雜局面，也顯示出學者自身思想的矛盾與多變。雖然此書在丁晏思想中經歷了數次變化，以至於"冷藏"，但在"佚禮"輯佚的學術史中，仍是最爲重要的著作，如胡玉縉、梁啓超諸先生所言，可見其有用。而顧頡剛先生所言"宋學淵源"，也展現了"佚禮"輯佚話題的歷史深度。具體到《佚禮扶微》輯佚本身，因其佚經、佚記、佚文的結構與本書密切相關，因而還要考察該書的結構特徵及其學術得失。

丁晏的禮學輯佚，明顯受到王應麟、吳澄的直接影響。實際上，王應麟對

《漢書·藝文志》所載《禮古經》五十六篇(《逸禮》三十九篇)、《記》百三十一篇的分析，是後世禮學逸篇輯佚最基本的框架。但相對來説，《逸禮》三十九篇受到的關注更多，如鄭玄有"逸曲禮"之説，吴澄有"《儀禮》逸經"之論。《記》百三十一篇則與二戴《記》分合聯繫緊密，如錢大昕以二戴《記》正合百三十一篇之數，丁晏亦從此説，但更爲細緻(前文已述，有所謂"重師傳"與"廣異義"之分，晚年又有論説略異)。① 甘鵬雲《經學源流考》在梳理《儀禮》學源流時，於兩漢六朝隋唐《儀禮》學流派、宋元明《儀禮》學流派、清《儀禮》學流派中皆特別注意《逸禮》輯佚的脈絡，其論實則本自朱彝尊《經義考》以及《四庫全書總目》，然頗有條理，贅引如下：

其《逸禮》三十九篇，劉歆欲列於學官，曾移書太常博士言之，《儒林傳》贊稱平帝時，嘗立《逸禮》。朱子謂班固時，其書尚存，鄭康成亦及見之。《玉海》引朱氏之言，謂河間獻王所輯五百餘篇，疑或有《逸禮》在其間。王氏歷引《逸禮》之見於他書者，其言有云："《論衡》：宣帝時，河内女子壞老屋，又得佚《禮》一篇，合五十七篇，斷珪碎璧，皆可寶貴。"吴草廬氏謂："三十九篇，唐初猶存，諸儒曾不以爲意，遂至於亡。"何異孫據疏中有援引，謂開元時猶在，皆佚禮漸歸散亡之説也。近儒邵懿辰則謂《逸禮》之説不可信，又力斥爲劉歆所誣偽。丁晏則謂魯共王得於孔壁，河間獻王得於淹中者，見於《大戴禮》、賈誼書，遠在劉歆前，未可指爲歆贗作，當依草廬吴氏別存逸經爲允。此《逸禮》流傳之公案也。

元明兩朝爲《儀禮》逸經學者頗盛，其始創自吴澄《儀禮逸經》八篇、傳十篇，并《三禮敘録》，皆取諸《二戴記》并鄭注及劉敞所補。汪克寬繼之，爲《經禮補逸》九卷，論者謂其條理不及吴之精密。元至正時，司業李俊曾刻《逸禮》於太學。見童承敘《三禮圖序》。明永樂中，劉有年所上之《儀禮逸》十八篇，朱竹垞以爲即吴草廬本也。黄潤玉《儀禮戴記附注》取《周官》大田禮以補軍禮，蓋亦吴、汪流亞。其程敏政《儀禮逸經》《經禮補逸》、湛若水之《儀禮補逸經傳測》、胡纘《儀禮鄭注附逸禮》，皆其流也。

其補逸者，有任啓運《肆獻祼饋食禮纂》、諸錦《饗禮補亡》二家。②

甘氏所言《逸禮》流傳公案與吴澄《儀禮逸經傳》在明代的流傳，已較爲詳

---

① 《漢書·藝文志》"《記》百三十一篇"與二戴《記》四十九篇、八十五篇的關係，儒者論説各有不同，一種主流的看法是三者層層删述精簡説，詳參後文有關《大戴禮記》佚篇的討論。

② 甘鵬雲：《經學源流考》卷4，臺灣廣文書局1977年版，第134~135、139、144頁。

細，清代部分則未論及丁晏。另從輯佚體式而言，甘氏所論又稍顯籠統，未能進一步分梳其中的不同。如吳澄《儀禮逸經傳》與汪克寬《經禮補逸》在結構與輯佚過程上，就存在明顯差異。吳澄乃是以朱子所論《儀禮》《禮記》經傳關係爲本(兼及重纂《禮記》)，汪克寬則以《周禮》五禮爲綱，部分調整和補充了《儀禮》等級禮制中未能充分展示的內容。而任啓運、諸錦的"補逸"之作，更近似擬經、補經。因此，佚禮輯佚(核心是"逸禮")大致也可分爲三種模式，其間當然也有交叉。

一是經記模式，以輯佚佚禮篇目爲主，如王應麟、吳澄(1249—1333)、朱彝尊(1629—1709)、閻若璩(1636—1704)、丁晏等皆是如此(丁晏另有"佚文"輯佚較爲新穎)。吳澄《儀禮逸經傳》影響較大，李俊、劉有年、程敏政實則皆以吳書爲據(今中國國家圖書館藏有程敏政刻吳氏《儀禮逸經傳》)。① 此類輯佚範圍較爲固定，多以唐前文獻所載逸篇逸文爲主。其中，以丁晏《佚禮扶微》最爲齊備，經記分合亦有章法(除輯佚文本本身的問題之外，同樣也有不妥之處，詳見下文)。另如王朝梧、林春溥(1775—1861)等也有較爲完整的輯佚，但論述簡略，未如丁氏案語考證之精詳。② 劉師培

---

① (元)吳澄：《儀禮逸經傳》，《四庫提要著錄叢書·經部》第 17 冊，北京出版社 2011 年版，第 31~54 頁。

② 明人周應賓《九經逸語》曾輯"逸禮記"十五條，亦可參看。(明)周應賓：《九經逸語》，《四庫全書存目叢書·經部》第 150 冊，齊魯書社 1997 年版，第 584~585 頁。(清)朱彝尊撰，林慶彰等主編：《經義考》卷 262，上海古籍出版社 2010 年版，第 4695~4705 頁。(清)馮登府：《逸經補正》卷下，《叢書集成續編》第 16 冊，上海書店 1994 年版，第 555 頁。(清)閻若璩：《尚書古文疏證》卷 2，黃懷信、呂翊欣校點，上海古籍出版社 2013 年版，第 81~85 頁。(清)王謨：《漢魏遺書鈔》，《續修四庫全書》第 1199 冊，上海古籍出版社 2002 年版，第 683~685 頁。(清)王朝梧：《十三經拾遺》卷 8～卷 11，《四庫未收書輯刊》第 1 輯第 9 冊，北京出版社 2000 年版，第 197~234 頁。(清)林春溥：《古書拾遺》卷 2，《叢書集成三編》第 5 冊，臺灣新文豐出版公司 1997 年版，第 165~170 頁。(清)管庭芬：《一甖筆存》，天津圖書館編：《中國古籍珍本叢刊·天津圖書館卷》第 59 冊，國家圖書館出版社 2013 年版，第 493~495 頁。(清)黃奭：《漢學堂經解·逸禮》，《叢書集成三編》第 4 冊，臺灣新文豐出版公司 1997 年版，第 747~752 頁。(清)呂調陽：《逸經釋》，《叢書集成續編》第 15 冊，臺灣新文豐出版公司 1989 年版，第 381~402 頁。(清)王仁俊：《經籍佚文》，《續修四庫全書》第 1211 冊，上海古籍出版社 2002 年版，第 649~650 頁。《經學輯佚文獻彙編》禮類收錄吳澄、朱彝尊、閻若璩、丁晏、王朝梧、黃奭、王仁俊、劉師培、王謨等人佚禮輯佚成果，其中王仁俊有《禮記佚文》兩篇，言一出《經籍佚文》，一出《十三經漢注》，實則皆見於《經籍佚文》。管庭芬所錄《逸禮經》有案語"此卷載《經餘必讀三集》"，今觀《經餘必讀三集》則爲趙在翰所輯。《周禮》輯佚以宋世"《冬官》不亡"説最爲著名，本書暫不涉及。又中國國家圖書館藏徐時棟《朱氏逸經補正》未及禮文，此不贅述。另《中國古佚書輯本目錄解題》所示輯佚諸家，惟顧觀光《武陵山人遺稿·古書逸文》殊不易得，未及睹見，然《解題》已述其梗概，可參其説。

《逸禮考》則分梳"逸禮"稱名，更爲審慎地蒐輯整理了《逸禮》與"逸禮"佚文，倫序秩然可觀，但範圍不若丁氏之廣。① 《中國古佚書輯本目録解題》詳析各家輯佚異同，要言不煩，可見丁晏《佚禮扶微》之定位與地位，具引如下，其於《儀禮》類言：

> 《漢書·儒林傳》稱平帝時《逸禮》立於學官，鄭玄三《禮》注及蔡邕《明堂論》亦均引《逸禮》之文，則漢時此三十九篇皆存。劉師培謂《逸禮》三十九篇之亡蓋在東晉以前，至唐人經疏間亦引之者，乃轉述漢人所引，未必實見其文。宋王應麟《困學紀聞》據鄭玄、蔡邕所引舉出《逸禮》篇目七則，元吳澄始輯出八篇（有佚文者實三篇，餘五篇悉録自大、小戴《禮記》，詳下）。清朱彝尊、閻若璩、王朝榘皆先後爲輯，閻氏據鄭玄三《禮》注輯出八篇凡二十五節佚文，雖未加編次，然已草具規模（朱輯兼採《逸記》，且以《記》爲主，故著録於《禮記》類）。以上諸家皆不及丁晏、劉師培所採爲備。至王朝榘又別採遺句，不過爲今本《儀禮》之異文，與佚篇絶無涉。丁晏輯出自《天子巡守禮》至《樂經》八篇之佚文，凡三十六節，多採自鄭玄三《禮》注及《白虎通》等。又《禮記·奔喪》《投壺》二篇及《大戴禮記》之《諸侯遷廟》《諸侯釁廟》《公冠》三篇，吳澄取之以爲《逸禮》三十九篇之文羨入大、小戴《禮記》者，丁氏從其説存目，並增《夏小正》一目，又採《奔喪》《夏小正》佚文數節附焉。按丁氏每篇皆爲考證，其考吳氏所取之五篇爲《逸禮》之篇甚詳。唯丁輯《樂經》一篇，似非《逸禮》之屬。至以《夏小正》爲"夏后授時之大典"，乃歸之《逸禮》，升附於經，未免失之濫。劉師培所輯不取《夏小正》《樂經》，而多《魯郊禮》一篇。劉氏所採各篇佚文與丁輯相當，間有一二節互爲有無，如丁採《奔喪》佚文多《白虎通》引一節，劉採《軍禮》多《左傳正義》引一節。大抵劉氏取捨較審慎，如丁氏於《天子巡守禮》採《文選》李善注等引《禮記逸記》二節，於《中雷禮》據《公羊注疏》説採何休注一節，於《禘於太廟禮》採《漢書》注、《後漢書》注各引一節，皆有疑義者。凡此類劉氏皆附録於後，或僅加案語識之，不入於正文。顧觀光輯本屬草未定，所採不出丁、劉之外，而缺

---

① 劉師培：《逸禮考》，四川大學古籍整理研究所編：《儒藏·經部·三禮類》第 23 册，四川大學出版社 2016 年版，第 128～135 頁。

《魯郊禮》《禘於太廟禮》《投壺禮》三篇。①

於《禮記》類言：

　　《白虎通》《風俗通義》每引佚《記》及今《禮記》各篇之佚文，經疏、史注等亦引之，諸家皆據以採摭。朱彝尊輯得十二篇之佚文凡三十二節，又五篇無佚文，但存其目，其餘無篇目可考者悉輯爲《遺句》附焉。按朱輯《秋官》一篇乃《周禮》之屬。又《王居明堂禮》《中霤禮》《袷於太廟禮》三篇乃逸《禮》之屬，參《儀禮逸經》。王朝榘所輯《遺篇》稍多於朱輯。至王氏所輯《遺句》，乃據《唐石經》及山井鼎《七經孟子考文》採摭今《禮記》之異文，與佚文殊無涉。丁晏〔禮〕佚記》輯出自《五帝記》至《禮傳》凡二十一篇之佚文五十七節，並《禮記·檀弓》至《雜記》凡九篇之佚文二十四節，又《大戴禮·孔子三朝記》之佚文一節。以樂統於禮，故更採《樂記》佚文八節及《樂元語》佚文三節附後。按丁氏所採勝於朱、王二輯，唯朱氏從《禮記疏》採得《大戴禮·盛德記》佚文一節，爲丁所未採。又丁輯所採《魯郊禮》，劉師培歸爲《逸禮》之篇，輯入《逸禮考》。丁氏又輯〔禮〕佚文》，採何休《公羊》注、《孟子》《荀子》《白虎通》《說文》等泛引《禮》之文，不分經、記，總爲一卷，凡得百三十餘節。顧觀光所輯《禮記佚文》大抵不出丁氏〔禮〕佚記》之外，而不及丁採爲備，間亦有溢出丁氏者，如所採《禮記·祭義》篇佚文三節即爲丁氏所無。至顧輯所附《逸句》，專採無篇名可考之佚文，範圍亦大抵未出丁氏《〔禮〕佚文》，其中多爲逸《禮》之屬，非《記》之佚文，又每將《皇覽逸禮》採入，頗失之濫。王仁俊《禮記佚文》有二。其一採得《月令》篇佚文三節及《曾子問》篇佚文一節。按所採《月令》三節，中一節從山井鼎《七經孟子考文》輯出，乃今本之異文，餘二節但注採自《會要》，實出《合璧事類》前集所引《宋會要》，沈濤以爲是《唐月令》也(《銅熨斗齋隨筆》)。又一輯則僅從《文選·頭陁寺碑文》李善注採得正文及鄭注各一節。按其文云"步中《武》《象》，驟中《韶》《濩》，所以養耳"，鄭玄注云："《韶》，舜樂也；《濩》，湯樂也。"考此文見《史記·禮書》，鄭注亦《史記

---

① 孫啓治、陳建華編撰：《中國古佚書輯本目錄解題》，上海古籍出版社 2009 年版，第 39 頁。

集解》所引，李善注蓋誤記《禮書》爲《禮記》耳。又《史記·禮書》此文本
《荀子·正論》篇，鄭玄不注《荀子》，《集解》所引實《周禮·大司樂》鄭
注，移以解此文也。王氏不察，所輯皆不足據。①

至於三禮注釋所及與他家筆記、札記所論，如孫希旦(1736—1784)、孔
廣森(1751—1786)、王聘珍、林昌彝(1803—1876)、黄以周(1828—1899)以
及臧琳(1650—1713)、王鳴盛(1722—1798)、戴震(1724—1777)、趙翼
(1727—1814)、宋翔鳳(1779—1860)等，多是分梳移易篇目，無甚輯佚之事，
且鮮有超出王應麟所述範圍者，其中僅有王聘珍以《大戴禮記》反推古文諸
《記》，思路較爲獨特。② 近人黄侃、劉咸炘、錢玄諸先生及民國以來多種經

---

① 孫啓治、陳建華編撰:《中國古佚書輯本目録解題》，上海古籍出版社 2009 年版，
第 45~46 頁。

② (清)孫希旦:《禮記集解》卷 1，沈嘯寰、王星賢點校，中華書局 1989 年版，第 2
頁。(清)孔廣森:《大戴禮記補注》，王豐先點校，中華書局 2013 年版，第 11 頁。(清)王
聘珍:《大戴禮記解詁》，王文錦點校，中華書局 1983 年版，第 1~9 頁。(清)林昌彝:《三
禮通釋》，《故宫珍本叢刊》，海南出版社 2000 年版，第 3~4 頁。(清)黄以周:《禮書通
故》卷 1，王文錦點校，中華書局 2007 年版，第 14~17 頁。(清)臧琳撰，梅軍校補:《經
義雜記》卷 20，中華書局 2020 年版，第 467~468 頁。(清)王鳴盛:《蛾術編》卷 6，陳文和
主編:《嘉定王鳴盛全集》第 7 册，中華書局 2010 年版，第 131~135 頁。(清)戴震:《經
考》卷 4，周兆茂整理，《戴震全書(修訂本)》第 2 册，黄山書社 2009 年版，第 280~286
頁。(清)趙翼:《陔餘叢考》卷 3，曹光甫校點:《趙翼全集》第 2 册，鳳凰出版社 2009 年
版，第 46~47 頁。(清)宋翔鳳:《過庭録》卷 10，梁運華點校，中華書局 1986 年版，第
178~181 頁。另以《逸禮》三十九篇不可信者，如邵懿辰、康有爲、廖平、皮錫瑞等，皆有
今文學背景(廖平思想前後變化劇烈，經學二變期有以《周禮》出《逸禮》而《逸禮》未嘗亡之
説)。姚際恒其實已發此疑，但邵懿辰《禮經通論》影響最大(下文有關大戴《禮經》家法的
考察，也源自邵氏之説)。參閲(清)姚際恒:《儀禮通論》，陳祖武點校，中國社會科學出
版社 1998 年版，第 5 頁。(清)邵懿辰:《禮經通論》卷上，黄銘、秦婷點校，丁耘編:《思
想史研究(第七輯)》，上海人民出版社 2009 年版，第 388~390 頁。(清)康有爲:《新學僞
經考》，姜義華、張榮華編校:《康有爲全集》第 1 册，中國人民大學出版社 2007 年版，第
391~392 頁。(清)廖平:《古學考》，楊世文校點，舒大剛、楊世文主編:《廖平全集》第 1
册，上海古籍出版社 2015 年版，第 146~147 頁。(清)皮錫瑞:《經學通論》，吳仰湘編:
《皮錫瑞全集》第 6 册，中華書局 2015 年版，第 387~392 頁。張心澂:《僞書通考》，上海
書店出版社 1998 年版，第 280~282、342~344 頁。

學史著述，亦多説篇目而已（參見表 1-4），但劉咸炘特別關注丁晏對"經""記"性質的判定，較有新義。①

此類輯佚實則受到朱子《儀禮經傳通解》以《禮記》爲傳的啓發，而接續朱子禮學思考的明代三禮總義、通禮書中也有逸經、逸記的内容，甘鵬雲所舉黄潤玉《儀禮戴記附注》、湛若水《儀禮補逸經傳測》、胡纘《儀禮鄭注附逸禮》（胡纘當爲胡纘宗）即是。黄、胡二氏書今皆不傳，湛氏書以"曲禮""儀禮"爲綱，"曲禮"分正經（《曲禮》《少儀》）、雜傳，"儀禮"分正經、逸經（在吴澄基礎上"補逸經篇名十有五"，主要是天子、諸侯、大夫之冠、昏、喪、祭四禮）、正傳、雜傳、逸經傳。另如舊題吴澄所纂《三禮考注》（分"周禮""儀禮""曲禮"三類，"儀禮"有"正經"與"逸經"，"逸經"包含《公符》《明堂》《諸侯遷廟》《諸侯釁廟》《奔喪》《投壺》）、貢汝成《三禮纂注》（分"周禮""儀禮""禮記"，以《王制》《月令》爲"周禮餘"，以《曲禮》《内則》《少儀》《玉藻》《深衣》《大傳》《郊特牲》《檀弓》爲"儀禮餘"，以《投壺》《奔喪》《文王世子》《明堂位》爲"儀禮逸經"）、鄧元錫《三禮編繹》（分"曲禮""儀禮""周禮""禮記"，"曲禮"有記，"禮記"還雜取《孝經》《孔子家語》等）、李經綸《禮經類編》以及應撝謙《禮學彙編》（凡五十八目，如其序説大致分《内則》《曲禮》等日用之禮、"行之有時"的冠昏喪祭之禮、朝聘喪祭等"國家之大禮"以及《論語》外編、《小戴禮》編餘）、胡掄《禮樂通考》、姜兆錫《儀禮經傳内外編》等皆受朱子、吴澄啓發（李經綸、胡掄、姜兆錫書，説見下文），乃至變亂經文不以爲異，

---

① 黄侃：《禮學略説》，滕志賢編：《新輯黄侃學術文集》，南京大學出版社 2008 年版，第 381~382 頁。劉咸炘：《舊書録》，《推十書（增補全本）·丁輯》，上海科學技術文獻出版社 2009 年版，第 364 頁；《舊書別録》，黄曙輝編校：《劉咸炘學術論集·子學編》，廣西師範大學出版社 2007 年版，第 342~346 頁。錢玄：《三禮通論》，南京師範大學出版社 1996 年版，第 15~16 頁。另參羅孔昭：《逸禮經記考略》，《志學》1945 年第 19、20 期。舒大剛：《逸禮考略》，《四川師範學院學報》（哲學社會科學版）1992 年第 5 期。李文武：《〈逸禮〉篇目考辨》，《中國典籍與文化》2019 年第 4 期。徐剛：《古文源流考》，北京大學出版社 2008 年版，第 80~97 頁。羅孔昭文乃爲補其師龔道耕《三禮述要》，龔書全本今未見（氏著《經學通論》論及逸經、逸記無甚申説）。李文武先生已注意到朱彝尊、馮登府、閻若璩、臧琳、王鳴盛、趙翼、孫希旦、王聘珍、孔廣森、宋翔鳳、丁晏、吕調陽、汪宗沂、劉師培、黄侃等人，但仍有遺漏，並且未將明代至清初三禮總義、通禮類著述納入觀察範圍。另《大戴禮記》佚篇的考證也涉及此類篇目，諸如臧琳、臧庸、陳壽祺、王仁俊、梁啓超、武内義雄及阮廷焯、劉曉東諸先生，皆有專説。

表 1-4　佚禮輯佚篇目表

	天子巡狩禮	朝貢禮	朝事儀	遇禮	禘於大廟禮	祫於大廟禮	烝嘗禮	王居明堂禮	古大明堂禮	中霤禮	迎禮	魯郊禮	軍禮	學禮
朱子										○				
王應麟	○	○	○				○	○	○	○	○			○
吳澄	○	○	◇		○		○	○	○	○				
三禮考注														
湛若水					○		○							
賈汝成														
朱彝尊					△		△			△				
閭若璩	○	○						○		○			○	
臧琳														
王鳴盛	○	○								○			○	
戴震	○	○					○	○	○	○				
趙翼					○					○				
王謨								○	○	△				
孫希旦										○				
孔廣森	○	○			○		○	○		○				
王聘珍	○	○			○		○	○	○	○			○	
林春溥										△				
宋翔鳳							○							
丁晏	○	○		◇	○		○		◇	◇	○			
林昌彝	○	○	○				○	○	○					○
黃奭					○									
趙在翰							○		○					
黃以周														
吕調陽														
孫詒讓	○						○		○				△	
劉師培	○	○			○		○	○	○				○	△
黃侃	○	○			○		○	○	○					
劉威忻	○	○			○		○	○	○					
羅孔昭	○			○										
錢玄	○	○			○						○			○
舒大剛	○	○					○	○	○	○				
徐剛	○	○	□		○		○	○	○	○		□	□	□
李文武	○	○			○								○	□

"○"表示逸經,"◇"表示逸記,"□"表示存疑,"△"表示未區分經記。其中如朱子分別"經禮""曲禮",表中皆以逸經視之;與二戴《記》相關的篇目,多表示傳世文獻中有"遺句"但並未見於現今傳本。

續表

名稱	昭/政穆篇	本命篇	聘禮志	逸奔喪禮	奔喪	投壺	諸侯遷廟	諸侯釁廟	公冠	夏小正	武王踐阼	明堂	曲禮	少儀	内則
李文武			◇												
徐剛	□	□	○		○	○	○	○	○				□	□	□
舒大剛															
錢玄	◇					○			○						
羅孔昭	◇	◇	◇	○	○	○	○	○	○						
劉咸炘	◇	◇		○	○	○	○	○	○						◇
黃侃				○	○	○	○	○	○						
劉師培					○	○	△	△	△						
孫詒讓															
呂調陽						○	○	○	○	○					
黃以周	◇					○	○								
趙在翰															
黃奭	○	○													
林昌彝	○	○	○		○		○	○							
丁晏	◇	◇	◇		○	○	○	○	○	○					◇
宋翔鳳	○	○				○				○					
林春溥	△														
王朝璩															
孔廣森					○	○	○	○	○						
孫希旦					○	○	○	○					○	○	○
王謨															
趙翼					○	○	○	○							
戴震	○				正	經	○	○					○	○	○
王鳴盛				○	○	○			○						
臧琳	◇					○									
閻若璩						○									
朱彝尊	△	△													
賈汝成					○	○							○	○	○
湛若水					○	○	○	○						○	
三禮考注					○	○	○	○	○			○			
吳澄					○	○									
王應麟	○	○	○		○	○	○	○					○	○	○
朱子					○	○	○	○					○	○	○

續表

輯者	王藻	弟子職	弟子籍	樂經	谷經	皇覽逸禮	公合諸侯之禮	伯子男會公禮	六瑑之禮	祀禮（格祀）	饗禮	釋禪之禮	誄	三正記	別名記	辨名記
李文武		□	□													
徐剛		□														
舒大剛											○					
錢玄	◇													◇	◇	
羅孔昭	◇													◇	◇	
劉咸炘		○			○									◇		
黃侃						○										
劉師培						△										
孫詒讓																
呂調陽		○														
黃以周														◇	◇	
趙在翰																
黃奭						○								○	○	
林昌彝		○												◇	◇	
丁晏	◇	□		○	□	□								◇	◇	
宋翔鳳		○												○	○	
林春溥														△	△	
王聘珍							○	○	○	○	○	○				
孔廣森																
孫希旦	○	○														
王謨						△								△		
趙翼																
戴震		○														
王鳴盛																
臧琳														◇	◇	
閻若璩																
朱彝尊						△								△	△	
賈汝成	○															
湛若水																
三禮考注																
吳澄																
王應麟		○												◇	◇	
朱子	○	○														

續表

篇名＼學者	親屬記	五帝記	號諡記	諡法記	王度記	王霸記	瑞命記	瑞命篇	大學志	嚳史記	青史氏記	祭典	親迎禮	秩官篇	王史氏記
李文武															
徐剛															
舒大剛															
錢玄	◇	◇	◇		◇	◇	◇			◇	◇				
羅孔昭	◇	◇	◇		◇	◇	◇		◇	◇	◇	○	○		
劉咸炘	◇	◇			◇	◇	◇		◇						
黃侃															
劉師培															
孫詒讓								◇							
呂調陽															
黃以周	◇	◇	◇												
趙在翰															
黃奭	○	○	○		○	○	○	○	○		○			○	○
林昌彝	◇	◇			◇	◇	◇		◇						
丁晏	◇	◇	◇		◇	◇	◇		◇	◇	◇	◇			
宋翔鳳	○		○		○	○			○						
林春溥	△		△		△	△				△					
王朝璩															
孔廣森															
孫希旦															
王謨				△											
趙翼															
戴震															
王鳴盛															
臧琳	◇	◇	◇		◇										
閻若璩															
朱彝尊	△	△	△		△	△	△		△	△				△	△
賈汝成															
湛若水															
三禮考注															
吳澄															
王應麟	◇	◇			◇	◇	◇		◇						
朱子															

續表

	明堂記/明堂位	曾子記	禮運記	月令記	禮服傳	文王世子（記）	禮傳	檀弓	王制	大傳	雜記	深衣	郊特牲
李文武													
徐大剛													
舒大剛													
錢玄		◇	◇			◇		◇	◇		◇		
羅孔昭		◇	◇		◇	◇	◇	◇			◇		
劉威炘													
黃侃													
劉師培													
孫詒讓													
呂調陽													
黃以周													
趙在翰													
黃奭						○							
林昌彝	◇	◇	◇	◇									
丁晏		◇	◇	◇	◇	◇	◇	◇	◇	◇			
宋翔鳳													
林春溥													
王朝棨						○							
孔廣森													
孫希旦													
王謨													
趙翼													
戴震													
王鳴盛													
臧琳													
閻若璩													
朱彝尊						△							
貢汝成	○					○				○		○	○
湛若水													○
三禮考注													
吳澄													
王應麟	◇	◇	◇	◇									
朱子													

續表

人名	檀弓	禮器	間傳	樂記	樂元語	孔子三朝記	盛德記	禮外篇	五帝德	帝系姓	五帝位	古虞禮	軍志
李文武						□			◇	◇			
徐剛													
舒大剛													
錢玄	◇	◇	◇										
羅孔昭						◇	◇						◇
劉咸炘													
黃侃													
劉師培													
孫詒讓													
呂調陽													
黃以周													
趙在翰													
黃奭							○	○					
林昌彝													
丁晏				◇	◇	◇							
宋翔鳳													
林春溥					△						△	△	
王朝璩													
孔廣森													
孫希旦													
王謨													
趙翼													
戴震													
王鳴盛													
臧琳		◇					◇						
閻若璩													
朱彝尊							△	△					
賈汝成	○												
湛若水三禮考注													
吳澄													
王應麟						◇							
朱子													

四庫館臣對此尤多批駁。① 諸家隨意去取、合併、拼湊經典原文，以類相從，賦予更爲顯白的義旨，在吸納"逸經""逸傳"的基礎上，完成了自身禮學體系的創制。

　　二是如汪克寬《經禮補逸》所示五禮模式，以輯佚吉、凶、賓、軍、嘉五禮細目爲主，後世以五禮爲綱之通禮書雖不以"補逸"爲説，但實質無甚不同（前述諸書以類相從者亦無不同）。② 汪氏書同樣受到朱子、吳澄的影響，分類更爲細緻，然所輯過於龐雜，且皆視爲"逸禮"，失之於泛濫。采五禮模式且與汪氏同病者，如李經綸《禮經類編》的編排更爲奇特，"經"就有禮胄之經（《大學》）、曲禮正經、別經、逸經、增經以及經禮之經（分吉、凶、賓、軍、嘉五經）、制禮之經（有所謂"治平之禮""齊家之禮""治國之禮""齊治禮""修治禮"）、禮籍之經（《中庸》），經禮又有變禮、曲禮、制禮與傳，還有三禮通傳、疵複之記。胡掄《禮樂通考》以通禮、五禮與樂爲綱，大體不出朱子《儀禮經傳通解》的範圍。姜兆錫則主要以《周禮·春官·大宗伯》五禮細目爲章，每章目下大體又以士、大夫、諸侯、王相區別。③ 另如江永在遵循《儀禮》劉向、

---

　　① 　舊題（元）吳澄：《三禮考注》卷34～卷39，《四庫全書存目叢書·經部》第104冊，齊魯書社1997年版，第115～125頁。（明）湛若水：《二禮經傳測》卷60～卷68，《四庫全書存目叢書·經部》第104冊，齊魯書社1997年版，第258、700～734頁。（明）貢汝成：《三禮纂注》卷26～卷29，《四庫全書存目叢書·經部》第105冊，齊魯書社1997年版，第230～266頁。（明）鄧元錫：《三禮編繹》，《四庫全書存目叢書·經部》第106、107冊，齊魯書社1997年版。（明）應撝謙：《禮學彙編》，《四庫全書存目叢書·經部》第110冊，齊魯書社1997年版，第1～2頁。郭超穎、王域鏗：《四庫經部禮類提要彙輯校訂》，廣陵書社2020年版，第446～448、452～455、457、472、474～475頁。應撝謙《禮學彙編》編次尤其不同，超出了經禮、曲禮二分，或《周禮》《儀禮》《禮記》三分以及五禮的架構，首有"用陳澔《禮記》注類編"之通論，日用之禮包括名稱（記親屬稱謂）、內則、內治、宗族、曲禮、士相見、威儀、學記、禮樂、樂義等（明顯取自《儀禮經傳通解》之家禮、學禮），國家大禮還包括王國、侯國、君臣、爵祿、服器、齊民、鄉飲、養老、興學、巡狩、刑禁、軍禮、制用、月令等（多取自《儀禮經傳通解》之諸侯禮、王朝禮），《論語》外編包括《相魯》《六本》《曾子》《哀公問》《顔子》《觀周》《坊記》《表記》《緇衣》等。
　　② 　（明）汪克寬：《經禮補逸》，《四庫提要著錄叢書》第14冊，北京出版社2011年版。
　　③ 　（明）李經綸：《禮經類編》，《四庫全書存目叢書·經部》第108冊，齊魯書社1997年版。（清）胡掄：《禮樂通考》，《四庫全書存目叢書·經部》第111冊，齊魯書社1997年版。（清）姜兆錫：《儀禮經傳內外編》，《四庫全書存目叢書·經部》第112冊，齊魯書社1997年版。

鄭玄篇次所示五禮順序之下(吉賓凶吉),同樣補足軍禮,又設通禮、曲禮與樂類兼容朱子禮學體系中的學禮。如朱子《儀禮經傳通解》有所謂"古經""補經",江書也有"補經"之説(主要指《投壺》《奔喪》《諸侯遷廟》《諸侯釁廟》四篇)。①

這種既認同朱子以《儀禮》爲經禮,又融會《周禮》五禮的方式,更容易歸納禮書内容,同時也與王朝五禮禮典創制保持一致。事實上,如此方式並不貼合《儀禮經傳通解》家國天下的禮學結構(朱子四書學影響下的真德秀《大學衍義》、湛若水《大學衍義補》更具有相似作用),而是部分回到了鄭玄以《周禮》整合三禮的傳統之路。此類通禮之書,學者較少注意到其中也有佚禮輯佚的内容,但性質與輯佚佚禮篇目逸文全然不同。經記篇目輯佚以著録徵引之書篇爲主,五禮輯佚則以施行之禮爲主,範圍更爲廣大,可以跳出文篇而以意分合,超出一般文獻輯佚的要求與意義,也因此更具系統性與隨意性(參表 1-5)。此類輯佚並非本書關注的核心話題,但容易被忽視,具有一定的參考價值。並且在經説譜系的意義上,這種放散性的輯佚方式實際上將典籍中的禮做了平面化、簡單化處理,也就失去了進一步討論的可能性。

三是補經模式,傳世所見主要以任啓運《肆獻祼饋食》、諸錦《補饗禮》二書爲主。前述三禮總義、通禮類禮書的諸禮歸納,其實也有補經的意味。而任、諸二書同樣是以經典中相近相似之文的排布整理爲主,無非是考辨更爲細緻、精核而已。任氏書主要還原《周禮》吉禮中最高級别的人鬼之禮,分爲祭統、吉蠲、朝踐、正祭、繹祭五篇,以補充《儀禮》僅有士、大夫饋食禮的不足;沈文倬先生亦有考述,並對任啓運之説有駁正。② 諸氏書主要分梳與燕禮、飲禮、食禮相近之饗禮,《四庫全書總目》言其"以《周官》爲宗"(賓客之禮)

---

① 清代徐乾學《讀禮通考》、秦蕙田《五禮通考》也受到朱子《儀禮經傳通解》的影響,但徐書僅涉及喪禮,秦書又以五禮爲綱,所設細目更接近王朝禮典,其目的亦在爲制禮作樂提供經典的、歷史的參考與合法性。江永《禮書綱目》也有類似的願望,但更偏重經書與經學本身。陳澧即認爲江永《禮書綱目》才真正完成了朱子的禮學創制,幾與《經籍籑詁》並稱,秦蕙田《五禮通考》則"兼史學","治經考禮"當以江書爲宗。(清)江永:《禮書綱目》,《叢書集成續編》第 11 册,上海書店 1994 年版。(清)秦蕙田:《五禮通考》,方向東、王鍔點校,中華書局 2020 年版。(清)陳澧:《東塾讀書記》卷 9,黃國聲主編:《陳澧集》第 2 册,上海古籍出版社 2008 年版,第 181 頁。

② 沈文倬:《宗周歲時祭考實》,《菿闇文存——宗周禮樂文明與中國文化考論》,商務印書館 2006 年版,第 378~390 頁。

表 1-5　佚禮輯佚五禮表

	汪克寬	李經綸	姜兆錫	汪宗沂
吉禮	郊祀、郊祀禖禮、祈穀禮、旅帝禮、祀五帝禮、四類禮、迎氣禮、祭寒暑禮、朝日月禮、祀日月星辰禮、祀司中司命風師雨師禮、救日月禮、祀社稷禮四、祀山川禮、祠禮、禴禮、嘗禮、烝禮、祫祠禮、祫禴禮、祫嘗禮、祫烝禮、天子大祫禮、大祫禮、諸侯大祫禮、饗先妣禮、繹禮、薦寢廟禮、天子遷廟禮、諸侯遷廟禮、釁廟禮、宗廟禮、齊禮、禮尸禮、旅酬禮、祭先帝禮、釋奠禮、釋菜美、祭樂祖禮、祭先農禮、祭爟禮、祭先卜禮、祭司民司祿禮、類禮、造禮、禬禮、攻禮、說禮、大蜡禮、檮祠禮、五祀禮、祭瘞禮、天子射耕禮、諸侯躬耕禮、后妃親蠶禮、夫人親蠶禮、祈年禮、祈麥禮、祈蠶禮、王居明堂禮、天子告朔禮、諸侯告朔禮、書雲禮、開氷禮	逸經七:郊天、《諸侯釁廟》、《諸侯遷廟》禮、諸侯相見告行禮、耕籍田禮、獻繭禮 祈經二:祀方明、不賓尸	享人鬼、祀天神、祭地示、因事之祭、類祭、因祭	吉禮郊祀篇、天子大社篇、明堂之祀篇、逸禮宗法篇、袷于大廟篇、逸中霤禮篇

續表

	汪克寬	李經綸	姜兆錫	汪宗沂
凶禮	大喪禮、后喪禮、世子喪禮、瞧喪禮、夫人喪禮、大夫喪禮、內子喪禮、復禮、承衾哭尸禮、主喪禮、沐浴尸禮、襲歛禮、小歛禮、大歛禮、殯禮、弔禮、臨喪禮、賵賻禮、喪襚禮、閉喪禮、奔喪禮、朝夕奠禮、祖奠禮、喪葬禮、遣奠禮、道齋禮、葬禮、塟祭禮、會葬禮、朝禮、遣行禮、道遇喪禮、天子虞禮、諸侯虞禮、大夫虞禮、小祥禮、大祥禮、禪祭禮、顧命禮、凶荒禮、大札禮、告饑禮、諸雜禮、歸禾禮、大災禮、弔救禮、致襘禮、伽禮、唁禮	逸經五：君薨世子生禮、道死禮、諸侯弔禮、諸侯弔君禮、臣弔禮、《奔喪禮》、雜記一：喪禮通紀	喪禮 荒禮 弔禮 襘禮 恤禮	大浸之禮篇 大夫以上喪禮篇 釋禫之禮篇 三年三十六月之喪篇 逸葬禮篇
軍禮	振旅禮、茇舍禮、治兵禮、大閱禮、蒐田禮、苗田禮、狩田禮、擱田禮、獺禮、祃禮、宜禮、造田禮、祭馬祖禮、祭先牧禮、祭馬步禮、祭馬社禮、致師禮、誓師禮、大合軍禮、大獻禮、大封禮、釋奠獻馘禮、大均禮、大役禮、大封告后土禮	補經四：振旅、茇舍、治兵、大閱	大封 大均 大田 大役 大師	逸軍禮上、中、下篇

續表

	汪克寬	李經綸	姜兆錫	汪宗沂
賓禮	朝禮、覲禮、宗禮、遇禮、時會禮、殷同禮、時聘禮、問同禮、賓貢禮、將幣禮、饗食禮、殷覜禮、錫命禮	增經一：天王即位禮。補經三：天王聽朔禮、天王合諸侯禮、諸侯相朝禮	朝覲　聘問	天子巡守禮篇　王居明堂禮篇　覲禮篇　宮禮篇
嘉禮	飲食禮、冠禮、三加冠禮、昏禮、問名禮、納幣禮、摯見禮、見舅姑禮、親迎禮、見廟禮、賓射禮、燕賓禮、燕饗禮、饋獻禮、擯相禮、祭侯禮、勞禮、致贈禮、賀慶禮、送逆禮、脤膰禮	逸經三：《公符》、接子禮、《投壺》	冠昏　飲食　饗燕　賓射　脤膰　賀慶	大夫以上昏禮篇
備注		曲禮有所謂正經、別經、逸經、增經。經禮五禮又各有變禮、曲禮、制禮及傳	每章目下總體上以士、大夫、諸侯、王相區別	通言五禮：周人明堂月令篇

而"古典所存，足資考證"。① 另如晚清汪宗沂曾撰著《逸禮大義論》，書雖以
五禮爲綱，但對所輯各禮的解讀多有別出心裁之處。如對逸軍禮、大夫以上昏
禮等篇的解讀，其言"封建之法，有必當行於極邊者""周召天下，八百年中無
母后臨朝之事，由胎教之禮俗通行，亦由三月廟見之界限不踰也"，② 就暗含
對邊疆、朝政時局的反思。在西學大規模傳入並產生巨大影響的前夜，汪氏對
"逸禮"的關注，實際上是對傳統思想資源的再發掘，與同時代興起的諸子學、
佛學目的一致，只是其將思緒置於佚禮之上。③

　　總體而言，三種"逸禮"輯佚的模式，都受到朱子《儀禮經傳通解》的影響。
甘鵬雲在論述元明《儀禮》逸經學之前，特設一則言"宋儒傳授禮家經傳，最盛
且廣者，莫如朱子之門""近儒治《儀禮》學，於釋例、繪圖、箋疏、通解之作，
均有發明，蓋皆朱學之流裔也"。正如劉豐先生以王安石《周官新義》之後，宋
代《周禮》學存在一個"後《周官新義》時代"，朱子禮學(《儀禮經傳通解》與《家
禮》皆影響較大，二者用意有別，各有流傳)以後，也存在一個"後朱子禮學"
時代。在筆者看來，甚至有堪比"禮是鄭學"的學術史意義。不僅僅是釋例、
繪圖、箋疏、通解之學受到朱子的影響，以《儀禮》逸經學爲代表的佚禮輯佚

---

① 沈文倬先生從歷史的角度，根據金文與傳世文獻，也討論了饗禮在先秦時期的施
行情況，並認爲有《饗禮》一篇存在。沈文倬：《略論禮典的實行和〈儀禮〉書本的操作》，
《菿闇文存——宗周禮樂文明與中國文化考論》，商務印書館 2006 年版，第 20~21、45 頁。
另參李志剛：《先秦燕饗禮研究》，武漢大學博士學位論文，2012 年。

② (清)汪宗沂：《逸禮大義論》，王欣夫編、吳格整理：《學禮堂經解》第 9 册，上海
人民出版社 2022 年版，第 4028、4083 頁。《學禮齋經解》所收汪書傳抄稿本，前有提要言
"其書於光緒季年進呈，今在故宮圖書館，余向傳鈔，又從章式之丈所藏手稿，校其誤脫，
並補首末兩序"，所補汪氏後序當作 1905 年("時年已六十有九")，末另附王先生己卯
(1939)跋；又有汪氏稿本《逸禮定論》五卷、《周人明堂月令篇》一卷，或即得自章鈺。提要
另言胡玉縉"謂昔年曾於琉璃廠見袁爽秋刻紅印樣本，今檢《漸西村舍叢書》中無之，蓋刻
而未傳，不知與此異同若何"，今可參《四庫未收書輯刊》影印舊鈔本《逸禮大義論》一卷
(有天子巡狩禮篇、學禮篇、秩官篇、大夫以上昏禮篇、王居明堂篇，末附《逸齊論語》一
卷)，末有光緒甲午(1894)汪宗沂後跋及袁昶後序，或即胡氏所言紅印樣本之底本。王欣
夫：《蛾術軒篋存善本書錄》，鮑正鵠、徐鵬標點整理，上海古籍出版社 2002 年版，第
1432~1433 頁。(清)汪宗沂：《逸禮大義論》，《四庫未收書輯刊》第 1 輯第 5 册，北京出版
社 2000 年版，第 423~448 頁。

③ "思想資源"説參王汎森：《中國近代思想中的傳統因素——兼論思想的本質與思
想的功能》《"思想資源"與"概念工具"——戊戌前後的幾種日本因素》，《中國近代思想與
學術的系譜(增訂版)》，上海三聯書店 2018 年版，第 152~180、203~216 頁。

同樣源自朱子的啓發。朱子《儀禮經傳通解》在家禮、鄉禮、學禮、邦國禮、王朝禮、喪禮、祭禮的系統之下，重新排布整合禮文並設置細目，自然也帶有輯佚的意味。因此在朱子以降長時段的禮學脈絡中，丁晏《佚禮扶微》的宋學淵源，實際上還有更宏大的意義與更廣泛的比較對象。以上是對丁氏書的宏觀定位，可以看到一條淵源有自的禮學輯佚脈絡，同時也是更大禮學傳統的組成部分。而丁書輯佚的内部結構與局限，學者亦有討論（主要是劉咸炘的反思與批評）。至於輯佚内容準確與否、是否缺漏，則有專章諸條予以討論。

王應麟、吳澄以及丁晏三家所輯篇目，按照篇目出處可分爲兩類，一是與二戴《記》相關，即二戴《記》傳世篇目不僅經、記兼收，還有散見佚文，清人有關二戴《記》關係、《大戴禮記》佚篇的討論多取之爲證；二是見於群書者，其間《白虎通》與鄭玄禮注所引最夥並有分布性特徵（佚經多見於鄭玄禮注，佚記多見於《白虎通》），而漢唐間徵引稱名的不同，也便於思考“逸禮”話語的變化，同時也有助於思考二戴《記》的成書、關係等問題。其中，有關經、記的區分，丁氏相對審慎，但仍有餘義，劉咸炘先生的批評也主要集中於此。

劉氏曾撰《輯佚書糾繆》，録入《目録學》（撰於 1928 年）一書中，其言輯書多漏、濫（肊斷附會、本非書文）、誤（不審時代、據誤本俗本）、陋（不審體例、不考源流、肊定次序）四弊，並有“近世此風大盛，而佳者實少”的評價：

> 輯書非易事也，非通校讎，精目録，則譌舛百出，近世此風大盛，而佳者實少。其最多者爲章宗源、馬國翰、黄奭，世稱馬竊章，而黄書亦多取孫星衍本，然章氏《隋志考證》今存者頗審備，馬、黄則多疏矣。①

章宗源輯佚多集中於史部，《隋經籍志考證》今存史部十三卷。馬國翰《玉函山房輯佚書》實輯 580 多種，黄奭《黄氏逸書考》輯書近 300 種。② 劉氏較爲推崇章宗源，於馬、黄二人則頗有糾正。其中，“馬竊章”與否實在疑似之間，但黄奭確有攘他人之善者，涉及孫星衍、孔廣林等人。至於丁晏，據劉氏之意，應無竊取之病，其失當在不審體例，即經、記之分合無定。劉咸炘在《舊

---

① 劉咸炘:《目録學》，《推十書（增補全本）·丁輯》，上海科學技術文獻出版社 2009 年版，第 247~250 頁。

② 喻春龍:《清代輯佚研究》，上海古籍出版社 2010 年版，第 377、429~430、441~442 頁。

書別録》辛酉(1921)"逸禮逸記"條有言:

> 輯《逸禮》《逸記》者,始於吳澄,而大備於丁晏。吾已據丁書列目於《録》矣,而其書多誤混及**不當引者**,因别辨之。丁氏之病,在於**不知經、記之分**。①

如前所言,吳澄並未輯"逸記",且王應麟輯佚更早(見於《玉海·藝文》)。劉氏所謂"列目於《録》"指《舊書録》(撰於1920年),對丁氏的評價略同:

> **丁氏未知經、記之分**,所輯記中往往有經體。又經記古多相連,如十七篇後多附記,故《奔喪》諸篇亦不盡經,是當以記附經,不宜别出。**丁氏所輯,尤多混雜**。小説訓詁及非書篇者,今皆不録,**詳辨於《别録》**。丁書卷三,輯諸記佚文不知篇名者。②

所謂"舊書"即"古文",旨在"於學者有一便焉,一覽而可知古書存數也。於學者有一戒焉,舍古書而致力於近世末流短書也",其中録輯佚"取整而多,足見大體者,其零碎不録"。《舊書録》"今合諸傳記定周人書",有"官禮之流",包括《夏小正》《時訓》《謚法》《王會》《内則》《儀禮》十七篇、《考工記》《司馬法》,另有《逸禮》存者五篇、遺文九篇、《弟子職》《容經》與之並列,後又專列《逸禮》《逸記》篇目,與丁晏所定有同有異,並十分重視經、記體式之分。

劉氏言經、記之分,在《舊書别録》中有三個層次,一論"逸經之在記中":

> 經、記之分,章先生、龔自珍已詳言之。今《禮》十七篇,《逸禮》卅九篇,所謂經也。體本典章,純記儀度,無議論之詞,亦無記二代異同之文,此與記之大别也。周末、秦、漢儒者傳習經文,或附記焉,故十七篇後多有記文。《投壺》《奔喪》《諸侯遷廟》《釁廟》《公冠》諸篇,**逸經之在記中者也**。③

---

① 劉咸炘:《舊書别録》,《推十書(增補全本)·乙輯》,上海科學技術文獻出版社2009年版,第186~187頁。

② 劉咸炘:《舊書録》,《推十書(增補全本)·丁輯》,上海科學技術文獻出版社2009年版,第363~364頁。

③ 劉咸炘:《舊書别録》,《推十書(增補全本)·乙輯》,上海科學技術文獻出版社2009年版,第186頁。

　　章學誠所論見《文史通義·經解》《傳記》諸篇，龔自珍所論見《六經正名》
《六經正名答問》等，① 前述邵懿辰《禮經通論》亦頗重視辨體。具體到佚禮，
此以二戴《記》中存有《逸禮》篇目，② 鄭玄論《禮記·奔喪》《投壺》即已發揮此
義。《舊書錄》言"《逸禮》存者五篇"即《奔喪》《投壺》《諸侯遷廟》《諸侯釁廟》
《公冠》，皆出自二戴《記》。

　　二論"經中有記"：

　　　　而《投壺》經記相雜，朱子《儀禮經傳通解》已分標。《公冠》後附漢孝昭冠
　　辭，今《奔喪》外又有《逸奔喪禮》《禮記》鄭注引及《奔喪記》《白虎通》引，丁氏
　　謂《曾子問》《雜記》中有《遷廟》《釁廟》記。以此推之，《周書·謚法》《王
　　會》《職方》皆古之典經也，而後皆有附記。莊述祖因復有附記，遂並以正文爲學
　　者所記，非也。《夏小正》丁氏謂當爲經，是也，而傳雜於其中，猶《喪服》
　　之附傳也。③

　　《儀禮》十七篇有記者十二篇，其中《士冠禮》《士昏禮》《鄉飲酒禮》《鄉射
禮》《燕禮》《聘禮》《公食大夫禮》《覲禮》《既夕禮》《士虞禮》《特牲饋食禮》十一
篇篇末有記，《喪服》篇中有記，並有傳。④ 以此類推，文中有記者多可歸入
經屬，且"以記附經，不宜別出"。故劉氏以《逸周書》有記諸篇爲"官禮之流"
（《舊書別錄》另有《周書》條論析全書甚詳），並分梳《逸禮》存者五篇之記。劉
氏贊同丁晏將《夏小正》列入佚經，但似不以之爲《逸禮》篇目。

　　劉氏對"經"的認定，《舊書錄》又有《逸禮》遺文九篇，其中《天子巡守

　　① （清）章學誠著，葉瑛校注：《文史通義校注》，中華書局 1985 年版，第 93～94、
102～103、110～112、248～250 頁。（清）龔自珍：《龔自珍全集》，王佩諍校，上海古籍出
版社 1999 年版，第 36～41 頁。

　　② 劉咸炘：《舊書錄》，《推十書（增補全本）·丁輯》，上海科學技術文獻出版社
2009 年版，第 363 頁。

　　③ 劉咸炘：《舊書別錄》，《推十書（增補全本）·乙輯》，上海科學技術文獻出版社
2009 年版，第 186 頁。

　　④ 若以《士喪禮》《既夕》爲一篇、《少牢饋食禮》《有司徹》爲一篇，篇數統計又有變
化，但事實相同。參閱葉國良：《論〈儀禮〉經文與記文的關係》，《禮學研究的諸面向》，臺
灣"清華大學出版社"2010 年版，第 44～64 頁。胡新生：《〈儀禮〉篇末"記"的編撰時代》，
《周代的禮制》，商務印書館 2016 年版，第 378～409 頁。

禮》、《王居明堂禮(古大明堂之禮)》、《朝貢禮》、《軍禮》(劉氏言"當以《司馬法》補")、《禘於太廟禮(祫於太廟禮)》、《烝嘗禮》、《中霤禮》見於丁氏輯佚經，另有《迎禮》《魯郊禮》二篇見於丁氏輯佚記。《舊書別錄》言"《皇覽》引《迎禮》，《五經異義》引《魯郊禮》，即《明堂月令》亦入佚記，則非也。《明堂月令》明附《月令記》，豈可同入記中乎?"《迎禮》《魯郊禮》以稱"禮"入經，《明堂月令》則因有記而符合"經中有記"的標準，但《舊書錄》"逸禮"名目下並無《明堂月令》，而是在"逸記"中改稱《明堂月令説》，是前後定性有變化。

另丁晏所輯佚記中稱"禮"者尚有《遇禮》《親迎禮》，劉氏並不以之爲經爲記，《舊書別錄》言"《公羊傳》及何氏《解詁》所述《遇禮》，《荀子》《説苑》所述《親迎禮》，皆但述其概，非引其文，不當以充亡書。即是亡書，亦不當入《逸禮》，何得入記乎?"劉氏以"遇禮""親迎禮"只是略述梗概，不能視爲古書，如是情形也可反思其他輯佚篇目，尤其是鄭注引《逸禮》之説實則多定自唐人，未必符合漢人引證之例。《舊書錄》"逸禮"名目下還列有《學禮》、諸錦《補饗禮》、任啓運《補肆獻祼饋食禮》，丁晏以《學禮》並未散佚，而《學禮》佚文實際上與《儀禮》諸篇體例不甚相似；後二書一般也歸類在《儀禮》逸經學中，但爲後人重纂，並有《周禮》學的影響，劉氏言"皆集三禮，未精"。

三論"記中有經"：

> 若記中引經，尤不可數，《朝事》篇其最多者也。後人稱引，尤多引記，而但言"禮"，不得據以爲經，雖相錯雜，而大體不可混也。①

王應麟即以《朝事》爲《逸禮》，吳澄列入《儀禮傳》，丁晏則因《朝事》存於《大戴禮記》而不以爲佚。觀劉咸炘之説，義同吳澄，亦以劉敞所補《公食大夫義》《士相見義》列諸《逸記》名目下備考(又有《投壺義》，吳澄不取)。② 劉氏對丁晏所定佚記篇目調整較大，除以《迎禮》《魯郊禮》入經、《遇禮》《親迎禮》

---

① 劉咸炘：《舊書別錄》，《推十書(增補全本)·乙輯》，上海科學技術文獻出版社2009年版，第186頁。

② 丁晏在《佚禮扶微·附錄》中承朱子《儀禮經傳通解》、吳澄《儀禮逸經傳》，亦收劉敞《士相見義》《公食大夫義》，但丁氏因"今《公是集》不可得，《投壺義》未知存亡，尚俟購訪續入以補記文之闕云"，並未見到《投壺義》。劉敞另有《致仕義》，與《儀禮》、二戴《記》關聯較小。(清)丁晏：《佚禮扶微》，師顧堂影印《南菁書院叢書》本，2020年，第142頁。葉國良：《關於劉敞的四篇禮"義"》，《禮學研究的諸面向》，臺灣"清華大學出版社"2010年版，第66~80頁。

不爲亡書、《明堂月令》改稱《明堂月令説》外，又將丁氏所列《瞽史記》《青史氏記(青史子)》《祭典》《聘禮志》《禮服傳》《禮傳》以及與二戴《記》相關者皆擯除，諸篇即有"混雜"之病:

> 至如《楚語》子木所稱《祭典》，必是古典，而亦入之記，春秋時豈有記哉？丁氏以漢儒引《祭法》稱"祀典"爲證，不知《祭法》述禮典，乃記中之經，不可與《祭典》比同也。……《晉語》公子董稱"瞽史"，蓋古者記言之書，且非書名。《青史氏記》即小説之《青史子》逸文，雖述禮典，而今不見全書，無由斷其非小説。丁氏概入之"佚記"，則徒以稱記而已，史家記載寧可全引乎？乃反詆班《志》爲誤收，謬矣。若《禮服傳》《禮傳》雖傳記通稱，同爲儒者之詞，然恐非百三十一篇所有，悉録爲記，稍傷濫矣。①

劉氏《舊書別録》並對丁晏將《本命篇》歸入佚記，而非王應麟所言《逸禮》，表示贊同，但不見於《舊書録》"逸記"，或是已歸入《大戴禮記》(有《本命》篇)。其與丁晏所定佚記相同無疑者，《舊書録》所載只有《五帝記》、《號諡記(諡法記)》、《親屬記》(劉氏以爲即《爾雅‧釋親》)、《別名記(辯名記)》、《王度記》、《三正記》、《王霸記》、《大學志》、《昭穆篇(政穆篇)》、《瑞命記》十篇(另有《明堂月令説》)，其中《五帝記》《王霸記》《三正記》等又多出自《白虎通義》徵引，劉氏有言:

> 夫今經、逸經皆出淹中，蓋非周公之舊典矣。記尤多漢儒之説，逸記之可考者，《親屬記》即《爾雅‧釋親》。《別名記》亦訓詁之類，蓋古之所謂記者，該漢世內外傳、微説諸體矣。《五帝記》《王霸記》《三正記》《瑞命記》，蓋有漢世博士《公羊》家説矣，此《白虎通義》所以屢稱也。由是觀之，佚記固不如存者之多粹美歟。②

《白虎通義》多今文家通義，《公羊》學尤爲當世顯學，故劉氏論《白虎通

---

① 劉咸炘:《舊書別録》，《推十書(增補全本)‧乙輯》，上海科學技術文獻出版社2009年版，第186~187頁。

② 劉咸炘:《舊書別録》，《推十書(增補全本)‧乙輯》，上海科學技術文獻出版社2009年版，第187頁。

義》所引諸佚記或與《公羊》相通，確爲洞見。又言"佚記固不如存者之多粹
美"，實則也是佚經的困境，因此丁晏《佚禮扶微》庚辰敘才有"斷圭碎璧之是
寶，片言隻字之不遺"的言説，晚年甚至有"《禮經》當專求之十七篇，《尚書》
當專求之二十八篇，聖學之傳如是而已"的慨歎。佚禮經記所存，多破碎片
段，難成體系，漢世無有師説，是否"粹美"可能的確爲一種選擇標準。① 皮
錫瑞《經學通論》"論邵懿辰以逸禮爲僞，與僞古文書同，十七篇並非殘闕不
完，能發前人之所未發"條，亦有論説：

> 《逸禮》即非歆贗作，亦不得與十七篇並列。邵氏云"就令非僞，亦孔
> 子定十七篇時刪棄之餘"，"大抵禿屑叢殘，無關理要"，其説最爲確當。
> 《逸禮》三十九篇，猶逸《書》十六篇也，皆傳授不明，又無師説，其真其
> 贗，可以勿論。學者於二十九篇《書》、十七篇《禮》未能發明，而偏好於
> 逸《書》、《逸禮》，拾其殘膡，豈可謂知所先務乎？邵氏據諸書所引而斥
> 其不足信，又謂《王居明堂禮》出於伏《傳》，比於《武成》出於《世俘》，可
> 謂卓識。丁氏能證古文《尚書》之僞，而必信《逸禮》爲真，何也？②

邵懿辰以《逸禮》三十九篇不可信，丁晏晚年同樣受其影響，只是皮氏未
及見知。從邵懿辰到晚年丁晏，再到皮錫瑞、劉咸炘，都對佚禮的思想性提出
了疑問，可謂切中要害。丁晏早年撰著《佚禮扶微》時，在佚經、佚記之外，
另設"佚文"一類，試圖拓展佚禮輯佚的範圍，不知是否與類似的感受有關。
限於體例，丁氏對諸書引"禮"的現象未作深入分析，但與皇侃論"六經其教雖
異，總以禮爲本"（《禮記·經解》孔疏）有相通之妙。

《佚禮扶微·佚文》除《説苑·貴德篇》引《禮記》、《齊民要術》引《禮外篇》
外，其他皆爲引"禮"之文，先秦兩種（《孟子》《荀子·大略》）、東漢五種（《白
虎通》《漢書》《説文解字》《公羊解詁》《風俗通》）、唐代兩種（《通典》《文選
注》），其中東漢諸書也是佚經、佚記的主要來源之一。至於《佚禮扶微》附錄、
補遺所錄，頗無倫次，如附錄中有《管子·弟子職》、賈誼《容經》，補遺中有

---

① 劉咸炘對禮記之"存者"，另有《治記緒論》總結《禮記》重纂之學的總結，刊於民
國十七年（1928）。劉咸炘：《治記緒論》，《推十書（增補全本）·己輯》，上海科學技術文
獻出版社 2009 年版，第 213~231 頁。

② （清）皮錫瑞：《經學通論》，吳仰湘編：《皮錫瑞全集》第 6 册，中華書局 2015 年
版，第 392 頁。

《司馬法》、《皇覽》引逸經、《太平御覽》引逸經、《藝文類聚》引逸禮，皆與經相類；附錄中有劉敞《士相見義》《公食大夫義》，並有《后蒼禮記本四十九篇大小戴共傳其學非小戴刪取大戴禮論》特爲大戴增廣小戴新説，補遺中則有《内則記》（僅列目，若依劉咸炘之論，《内則》爲"官禮之流"，與《儀禮》十七篇相似），皆與記相關；附錄中另有戴德《喪服變除》、何休《冠儀約制》，鄭玄《喪服變除》則入補遺；附錄又有《荀子·禮論》《石渠禮論》涉及禮議，叔孫通《漢禮器制度》亦入補遺。可見，附錄、補遺所録雖"可與佚禮參觀"①，但並非《佚禮扶微》的重點，故而時間、分類無甚統系。

丁晏在《佚禮扶微》庚辰敘中，對結構與所輯篇目也有調整：

> 首列逸經，次佚記，凡《五帝記》《號謚記》《親屬説》《別名説》《王度記》《三正記》《王霸記》《青史氏記》《昭穆篇》《本命篇》《瑞命篇》《禮服傳》。許慎《五經異義》又引《盛德記》《三朝記》，皆今《大戴》之文，不復述也。其散句無篇名者，別爲佚文綴於後，義有隱略則爲圖説以表明之。附以《管子·弟子職》《荀子·禮論篇》，賈子《容經》、《漢石渠禮論》、叔孫通《禮器制度》、戴德《喪禮變除》、鄭康成《喪服變除》、何休《冠儀約制》等篇，皆漢儒説經之文，其視劉敞之《義》爲近古矣。②

如丁氏所言，除改稱"佚經"爲"逸經"外，從戊寅到庚辰，《佚禮扶微》的結構似已無"補遺"一類，叔孫通《漢禮器制度》、鄭玄《喪服變除》都已從戊寅本"補遺"調整至庚辰本所附"漢儒説經之文"中。而"佚記"的篇目也有變化，諸如《瞽史記》《祭典》《聘禮志》《大學志》《遇禮》《迎禮》《親迎禮》《魯郊禮》《禮傳》等皆未列敘中；又特別提及許慎《五經異義》所引《盛德記》《三朝記》，則是補充説明，觀今本《佚禮扶微》所輯《三朝記》，乃是出自《文選注》。至如其言佚文中"義有隱略則爲圖説以表明之"，諸書引"禮"之文到底何處需要並如何"圖説"，頗有意趣，但今已無可見，倒是附錄中戴德《喪服變除》（庚辰敘稱《喪禮變除》）、鄭玄《喪服變除》一類文本更能利用圖説的形式。③　庚辰改定

---

① （清）丁晏：《佚禮扶微》，師顧堂影印《南菁書院叢書》本，2020 年，第 138 頁。

② （清）丁晏：《頤志齋文集》卷 2，《清代詩文集彙編》第 587 册，上海古籍出版社 2010 年版，第 96~97 頁。

③ 大戴《喪服變除》的研究，可參馬曉玲：《戴德〈喪服變除〉佚文校勘整理與研究》，《國學學刊》2015 年第 2 期。

之本今無所傳，已難知丁氏是否還有更加具體的改變。而前述壬午之敘又改
"佚"爲"逸"，是否又別有旨趣，因無傳本，亦難推想。丁氏晚年思想變化頗
爲複雜，甚至有推翻《逸禮》輯佚意義的言説。因此，藉助《佚禮扶微》今傳本
研究佚禮輯佚的學術史脈絡，首先需要探明這一文本在丁氏學術中的定位與變
化，繼而才能以此爲坐標，而收胡玉縉所説"補苴罅漏，張皇幽渺，講求佚禮
者，要必以是爲淵藪焉"之效。①

---

① 胡玉縉：《許廎學林》卷 17，王欣夫輯，中華書局 1958 年版，第 421 頁。

第二章 "佚經"考源

　　丁晏《佚禮扶微》的主體內容分佚經、佚記、佚文三部分，另有多爲"漢儒說經之文"的附錄與補遺，較爲全面展示了"佚禮"的基本內容。雖然邵懿辰、皮錫瑞等人(包括晚年丁晏)對"佚禮"的思想性表示質疑，但"佚禮"輯佚的學術史脈絡本身，不僅需要廓清與分梳，同時也關聯諸多禮學公案；並且在長時段的禮學史演變中，更是與宋學緊密相關。在完成對丁晏《佚禮扶微》一書的梳理之後，需要繼續對其輯佚內容做史源學考察，以便深入理解"佚禮"話題的內涵。上章考察了丁氏此書的成書與流傳過程、體例與結構來源，其間頗可見丁氏自身思想的變遷軌跡。下文則重在梳理《佚禮扶微》佚經、佚記、佚文的內容，考察輯佚條目的文獻來源，[①] 並尤其注意諸經、記篇目在不同歷史時間的稱名，以便明確"逸禮""逸記"在流傳過程中的性質變化，進而更好地理解"佚禮"的輯佚與三禮以及其他經學原典之間的關係等問題。

　　《佚禮扶微》所列佚經、佚記，以是否與二戴《記》有關聯，可分爲兩組予以討論。與二戴《記》關聯較少的一組，又可以主要出處分爲兩類，如"佚經"與鄭注(主要是禮注)、"佚記"與《白虎通義》(與二戴《記》關係較大的"佚記"同樣多出自於此)關係較大，便自成一類。本章主要討論"佚經"部分，在內容相近或相關的前提下，亦將部分"佚記"同時納入考察。"佚經"緣起於《漢書·

　　[①] 喬秀岩先生認爲"丁氏的工作尚待補苴"，並對丁晏所輯《別名記》《三正記》《迎禮》、戴德《喪服變除》、《司馬法》、叔孫通《漢禮器制度》等有所補正，意在評判丁氏所輯完備、準確與否(如諸篇有丁氏漏記者，又如《三正記》輯文有誤以賈疏案語爲記文者)，見於師顧堂影印本書末《小識》。本書重點不在於此，但在考證文獻淵源的同時，也會隨文指出丁氏輯佚的疏漏與錯誤。(清)丁晏：《佚禮扶微》，師顧堂影印《南菁書院叢書》本，2020年，第163~167頁。

藝文志》所載"《禮古經》五十六卷",尤其是劉歆所言古文《逸禮》三十九篇。①
丁晏輯"佚經"本意重在"古學",其言"漢初古學漸興,好之者有獻王,得之者
有安國。然今所傳者,僅有《儀禮》《周官》及《毛詩》《左氏傳》耳,若孔壁之
《論語》《孝經》,已歸烏有"②,故而其所謂"佚經"實際上等同於三十九篇之
《逸禮》。但"逸禮"(經、記皆有,即"佚禮")與"《逸禮》"(古經之屬)顯然有
區別,諸家輯佚多混爲一談,因此諸篇稱"逸"的時代與性質,便須特別重視。

第一節　二戴《記》中的"佚經"

丁晏輯"佚經"篇目出自二戴《記》者凡六篇,《奔喪》《投壺》出於《禮記》
(《大戴禮記》亦有《投壺》),《諸侯遷廟》《諸侯釁廟》《公冠》《夏小正》出於《大
戴禮記》。另《樂經》的爭論與《禮記·樂記》相關,並與《周禮·春官·大司
樂》關係緊密。《禮記》中又有《曲禮》《少儀》《內則》等篇,朱子以爲即"曲禮三
千"之"曲禮",後世不少學者亦認爲可視作《逸禮》篇目,本章則將之納入第三
節有關《學禮》篇的考證中一併討論(丁晏則不以《學禮》爲佚)。

一、《奔喪》(附論《逸奔喪禮》《禮服傳》)

以《奔喪》爲《逸禮》篇目,源自鄭玄《禮記目録》:

> 名曰"奔喪"者,以其居他國聞喪奔赴之禮。此於《別録》屬喪服之禮
> 矣,實《逸曲禮》之正篇也。漢興後得古文,而禮家又貪其說,因合於《禮
> 記》耳。《奔喪》禮屬凶禮也。③

---

① 《禮記·奔喪》孔疏(丁晏作《投壺》孔疏,誤)引《漢書·藝文志》與鄭玄《六藝論》,
言《古禮》有五十七篇,與《禮記正義》開篇"禮記"大題孔疏引作五十六篇不同。《奔喪》孔
疏或是誤文,丁晏則據以論《逸禮》四十篇,即《漢書》所見孔壁三十九篇與《論衡》所言河
內女子一篇,實則並不符合王充本義(王氏乃是以河內女子一篇足今文《禮經》十七篇之
數)。丁氏輾轉爲說,臆測居多,恐不足信據。

② (清)丁晏:《佚禮扶微》,師顧堂影印《南菁書院叢書》本,2020年,第10頁。丁
氏另有《論語孔注證僞》《孝經徵文》之作,皆與其禮學著述成於同一時期。

③ (唐)孔穎達等:《禮記正義》卷63,郜同麟點校,浙江大學出版社2019年版,第
1330頁。

鄭玄"禮家又貪其説"之論，應該啓發了晉代陳邵小戴删大戴、大戴删古禮的經典論述(鄭玄《六藝論》《三禮目録》並無此説)。與鄭説不同，《孔子家語後序》對"禮家"又有新的論斷。《孔子家語後序》今存兩種，一題孔安國撰(漢武帝時)，一題孔安國之孫孔衍撰(漢成帝時)，但内容並不十分可靠。序中數言《孔子家語》與禮學經典(主要是《禮記》或《禮記》篇目)的關係：

孝景皇帝末年，募求天下禮書，於時士大夫皆送官，得吕氏之所傳《孔子家語》，而與諸國事及七十二子辭妄相錯雜，不可得知，以付掌書，**與《曲禮》衆篇亂簡合而藏之秘府**。元封之時，吾仕京師，竊懼先人之典辭將遂泯滅，於是因諸公卿士大夫，私以人事，募求其副，悉得之，乃以事類相次，撰集爲四十四篇。又有《曾子問禮》一篇，自別屬《曾子問》，故不復録。題孔安國《孔子家語後序》

又戴聖近世小儒，以《曲禮》不足，而乃取《孔子家語》雜亂者，及子思、孟軻、孫卿之書以裨益之，總名曰《禮記》。今尚見其已在《禮記》者，則便除《家語》之本篇，是爲滅其原而存其末也，不亦難乎？題孔衍《孔子家語後序》①

孔氏序説應出自戴聖《禮記》廣爲流傳或備受重視之後。漢章帝時《白虎通義》已較多引證《禮記》篇目，但《禮記》真正受到士人普遍關注，恐在鄭玄確立"三禮"典範之後。而王肅確有依據《孔子家語》駁斥鄭玄禮説之舉，更顯孔氏二序之微妙。二序所論，戴聖《禮記》頗有出於《孔子家語》者，與鄭説《奔喪》出自古文《逸禮》不同(孔安國序以《孔子家語》漢初即已轉化爲今文)。其實質是《孔子家語》原本不止四十四篇，但二序前後不無矛盾，孔安國序僅以《曾子問禮》與《曾子問》同，孔衍序則以《禮記》頗有《孔子家語》"雜亂者"(孔安國序則表述爲"與《曲禮》衆篇亂簡")。今考《孔子家語》與《禮記》互見者(從出土文獻所揭示的古書規律看，"互見"並不意味着一定存在承傳、轉寫關係)，涉及《相魯》《大昏解》《儒行解》《問禮》《好生》《六本》《哀公問政》《五帝》《本命解》《論禮》《觀鄉射》《郊問》《刑政》《禮運》《冠頌》《廟制》《辯樂解》《問玉》《屈節解》《終記解》《正論解》《曲禮子貢問》《曲禮子夏問》《曲禮公西赤問》等半數篇

① 楊朝明、宋立林主編：《孔子家語通解》，齊魯書社 2009 年版，第 578～579、581 頁。

目，涉及《禮記》篇目雖然也有近半數，但尤以《檀弓》《雜記》互見最多。① 當然，這並不能證明《禮記》就是有取於《孔子家語》的，且如鄔可晶所論，《孔子家語》確實有後出的種種跡象與證據。但孔氏後序所謂戴聖"以《曲禮》不足"與鄭氏"禮家又貪其說"，致思路徑頗爲一致，都至少顯示出今文禮家撰集著述的方式與來源並不如何"保殘守缺"（劉歆語，至於是否"挾恐見破之私意，而無從善服義之公心，或懷妬嫉，不考情實，雷同相從，隨聲是非"，則是另一個問題），② 甚至有"貪"的一面。

劉向《別録》以《奔喪》爲"喪服之禮"，與《曾子問》、《喪服小記》、《雜記》上下、《喪大記》、《問喪》、《服問》、《間傳》、《三年問》、《喪服四制》諸篇爲"喪服"有別，可能啓發了鄭玄對《奔喪》"逸曲禮"的認識，自然也顯示出劉向其時並不以《周禮》"五禮"作爲分類的依據。"曲禮"之名，則是鄭玄以《周禮》爲"經禮"，以漢世《禮經》爲"曲禮"的結果，《儀禮》之名又後起。鄭玄《儀禮（曲禮）目録》對十七篇（實爲十五篇）的五禮屬性都有歸類，凶禮有《喪服》《士喪禮》《既夕》《士虞禮》，屬於《逸禮》的《奔喪》也屬凶禮。朱子纂修《儀禮經傳通解》，未及完成喪禮部分，後由弟子黄幹續成，但未設"奔喪"專目，似不合朱子以《奔喪》爲逸經之義。吳澄《儀禮逸經》第二篇爲《奔喪禮》，分節較細，大致有奔喪、葬後奔喪、聞喪不得奔、除喪後奔喪四種情況，又有父母喪、齊衰以下喪、小功以下喪、所識喪等不同對象。③ 江永《禮書綱目》承朱子《儀禮經傳通解》之緒，在"喪通禮"與"喪變禮"之間專設"奔喪"，稱"補經"，與朱子列《投壺》於《鄉禮》意近。④

《禮記·奔喪》鄭注另引《逸奔喪禮》四條（任銘善《禮記目録後案》言三引，

---

① 鄔可晶《〈孔子家語〉成書考》末附《〈家語〉與其他古書（含出土）材料互見表》，論列甚詳。據鄔氏統計，涉及《檀弓上》《哀公問》《儒行》《聘義》《雜記下》《中庸》《祭義》《月令》《仲尼燕居》《孔子閒居》《郊特牲》《射義》《鄉飲酒義》《禮器》《王制》《禮運》《祭法》《樂記》《經解》《檀弓下》《玉藻》《大傳》《曾子問》《文王世子》等《禮記》篇目。而《孔子家語》又有《王言解》《大昏解》《問禮》《五儀解》《致思》《好生》《觀周》《弟子行》《六本》《入官》《困誓》《五帝德》《執轡》《本命解》《五刑解》《冠頌》《七十二弟子解》等篇部分内容可與《大戴禮記》互見（涉及《主言》《哀公問於孔子》《哀公問五義》《勸學》《小辨》《保傅》《衛將軍文子》《曾子疾病》《子張問入官》《五帝德》《盛德》《易本命》《本命》《公冠》等篇）。鄔可晶：《〈孔子家語〉成書考》，中西書局 2015 年版，第 409~454 頁。
② （漢）班固：《漢書》卷 36《劉歆傳》，中華書局 1962 年版，第 1970 頁。
③ （元）吳澄：《儀禮逸經傳》，中國國家圖書館藏明弘治十年（1497）程敏政刻本。
④ （清）江永：《禮書綱目》卷 30，《叢書集成續編》第 14 册，臺灣新文豐出版公司 1988 年版，第 307 頁。

不確)，或稱"逸奔喪禮説"，孔疏言"此《奔喪禮》對十七篇爲《逸禮》内，録入於《記》，其不入於《記》者又比此爲逸也。故二逸不同，其實衹是一篇也"。丁晏雖取孔疏之義，但將《奔喪禮》與《禮記·奔喪》分列。任銘善則以孔説非是，言鄭氏所引"皆文字稍别，而其義或舛"，進而推測"鄭君時既見《古文禮經》，取以校十七篇，或從今文，或從古文，而於注中著其異焉"，可備一説。① 今觀鄭注引文，並與《奔喪》正文對讀(參見表 2-1)：

表 2-1

《禮記·奔喪》	《逸奔喪禮》
奔喪者不及殯，先之墓，北面坐，哭盡哀。……於又哭，括髮，成踊鄭注：又哭、三哭不袒者，哀戚已久，殺之也	不及殯日，於又哭猶括髮，即位不袒丁輯多"告事畢者，五哭而不復哭也"一句，誤引
哭父之黨於廟，母、妻之黨於寢，師於廟門外，朋友於寢門外，所識於野張帷	哭父族與母黨於廟，妻之黨於寢，朋友於寢門外，壹哭而已，不踊
聞遠兄弟之喪，既除喪而後聞喪，免，袒，成踊，拜賓則尚左手鄭注：尚左手，吉拜也	凡拜，吉喪皆尚左手
無服而爲位者，唯嫂、叔及婦人降而無服者麻鄭注：袒免，爲位哭也	無服袒免爲位者，唯嫂與叔。凡爲其男子服，其婦人降而無服者麻

　　"不及殯日，於又哭猶括髮，即位不袒""無服袒免爲位者"兩條與《奔喪》文大致相應，補足了《奔喪》禮文的信息，其中"凡爲其男子服"一句添入之後，孔疏即言"是男之於女，女之於男，皆無服而加麻"，《奔喪》原文此義並不顯豁。"哭父族與母黨於廟"條則與《奔喪》以母之黨哭於寢不同，皇侃以爲母存哭於寢、母亡哭於廟，熊安生以爲親母黨哭於廟、慈母繼母之黨哭於寢，皆調和之言；另《禮記·檀弓上》孔子言"師，吾哭諸寢"，與《奔喪》"師於廟門外"不同，後儒以孔子所言爲殷禮，而《奔喪》爲周禮。"凡拜，吉喪皆尚左手"條，《奔喪》禮文在除喪之後，故而吉拜，《逸奔喪禮》以喪亦尚左手，與《檀弓上》

――――――――――

　　① 任銘善：《禮記目録後案》，《無受室文存》，浙江大學出版社 2005 年版，第 110 頁。

孔子有姊之喪而"拱而尚右"（鄭注"喪尚右"）不同，任銘善言"故鄭君不從，而仍著其異文也"①。因此，《逸奔喪禮》與《奔喪》非是一篇，孔疏有誤。而鄭氏視《奔喪》爲"《逸曲禮》之正篇"，則是以《逸奔喪禮》有瑕疵，但仍有補於《奔喪》禮文。

丁氏又將《白虎通義・喪服》引"禮奔喪記"附於《奔喪禮》之後。《白虎通義・喪服》引"禮奔喪記"兩條，"以哭答使者，盡哀。問故，遂行"見於《奔喪》開篇（"問故"後少"又哭盡哀"四字）；"之墓，西鄉哭止"則不見於《奔喪》，《奔喪》記殯時"西鄉哭，成踊"、不及殯時"先之墓，北面坐，哭盡哀"，丁晏言"與班氏所引小異"，以此近似《奔喪》之文，實即以"禮奔喪記"爲《奔喪》（如此才將此文列於《奔喪禮》下），而不是劉咸炘理解的《奔喪禮》附經之"記"文。②

丁晏輯佚記中有《禮服傳》，與《儀禮・喪服》有關，附論於此。《喪服》稱"禮服"者，《漢書》言夏侯勝"善説禮服"，蕭望之又從夏侯勝問《論語》、禮服，並以之授皇太子，顏注皆言"禮之喪服也"。③《漢書・儒林傳》以"始昌通五經"，夏侯勝即從其受《尚書》及《洪範五行傳》。而今文后氏《禮》雖傳自孟卿，但后蒼又受《齊詩》於夏侯始昌，后氏禮學可能亦有夏侯始昌的影響。另如《石渠禮論》存世逸文亦多與喪服、喪禮有關，如《通典・繼宗子議》《諸侯之大夫爲天子服議》《初喪》《父卒爲嫁母服》《斬縗三年》《齊縗三月》《小功成人服五月》《緦麻成人服三月》《總論爲人後議》《爲姑姊妹女子子無主後者服議》《久喪不葬服議》諸條引《石渠論》皆是，可參《佚禮扶微・附錄》所輯《漢石渠禮論》。④ 再如戴德別撰《喪服變除》（鄭玄亦有《喪服變除》，丁晏亦輯二氏之文，

① 任銘善：《禮記目錄後案》，《無受室文存》，浙江大學出版社 2005 年版，第 112 頁。

② 陳立（1809—1869）《白虎通疏證》亦無説散佚之義，吳則虞標點作"《禮・奔喪》記"。（清）陳立：《白虎通疏證》卷 11，吳則虞點校，中華書局 1994 年版，第 531 頁。另參陳雄根、何志華編著：《先秦兩漢典籍引〈禮記〉資料彙編》，香港中文大學出版社 2012 年版，第 417 頁。《先秦兩漢典籍引〈禮記〉資料彙編》末附佚文，出自《白虎通》者亦無"之墓，西鄉哭止"句。

③ （漢）班固：《漢書》卷 75《夏侯勝傳》、卷 78《蕭望之傳》，中華書局 1964 年版，第 3155、3271 頁。

④ 丁氏所輯，《通典》又有論五祀之井條，另有許慎《五經異義》（論麟）、《續漢書・輿服志》劉昭注（論玄冠朝服）、《毛詩正義》（論祭天之尸）、《禮記正義》（論周七廟）、《政和五禮新儀》（論二十而冠、請賓）諸條。（清）丁晏：《佚禮扶微》，師顧堂影印《南菁書院叢書》本，2020 年，第 128~134 頁。

一於附録，一於補遺)①，皆可見漢人之重《喪服》②。

《白虎通義·王者不臣》引《禮服傳》"封君之子不臣諸父，封君之孫盡臣之"，實即《儀禮·喪服》成人大功"封君之子不臣諸父而臣昆弟，封君之孫盡臣諸父昆弟"；《嫁娶》引《禮服傳》"妾事女君與事舅姑同也"，實即《喪服》齊衰不杖期文"妾之事女君，與婦之事舅姑等"。③《白虎通義》另引《禮服傳》三條，丁氏言"孟堅所引亦古説《喪服》者之文"，陳立則多視爲"逸禮"。詳參此三條逸文，與《喪服》皆有對應，但多申言外之意，近似解經之文。如以丁晏論《説文解字》引經説亦稱經例説之，《白虎通義》所引未必真是《喪服》逸文，實爲漢人引經通則，不應以文字稍有出入而稱"逸"。

《禮服傳》論小宗可絶，《儀禮·喪服》無明文，只言支子後大宗、嫡子不得後大宗。《石渠禮論》戴聖之議與《禮服傳》同，聞人通漢則以嫡子不得絶小宗以後大宗，漢宣帝從戴議，至章帝時《白虎通義》亦取此説。戴聖與聞人通漢皆是后蒼弟子，但經説不同。《禮服傳》論子得爲父臣，《白虎通義》同篇又引《傳》言"子不得爲父臣"，《白虎通義》並無裁斷。《白虎通義》稱"傳曰"者，多指《公羊傳》，亦有言《喪服傳》者。此《傳》或出《公羊》，今本無聞，不知繫於何年。廖平解《穀梁傳》隱公元年"公子益師卒"，言"諸侯之子稱公子，公子之子稱公孫，公孫之子以王父氏爲字。凡公子，皆先君之子、時君之弟者，子不爲父臣也"，似出《穀梁》古義，實則不然。廖氏之説雜糅了《公羊傳》隱公元年何休注(言"諸侯之子稱公子，公子之子稱公孫"，文見《儀禮·喪服》)與《左傳》隱公八年杜預注(加言"公孫之子以王父氏爲字"，似本《公羊傳》成公十五年"孫以王父字爲氏"爲説)，而"凡公子，皆先君之子、時君之弟者，子

---

① (清)丁晏：《佚禮扶微》，師顧堂影印《南菁書院叢書》本，2020 年，第 120~126、158 頁。大戴《喪服變除》的研究，可參馬曉玲：《戴德〈喪服變除〉佚文校勘整理與研究》，《國學學刊》2015 年第 2 期。另參(清)黃以周：《喪服變除》，程繼紅輯箋：《黃式三黃以周禮學文獻輯箋》，鳳凰出版社 2017 年版，第 806~811 頁。

② 馬王堆漢墓出土《喪服圖》，時間在漢初。武威漢簡時間在西漢末期，與《喪服》相關者有甲、乙、丙三本，甲本、乙本爲《服傳》，丙本爲《喪服》經記，皆可見漢代《喪服》學流傳不輟。參閱徐淵：《禮典相關兩周秦漢出土文獻考疑》，復旦大學博士學位論文，2017年，第 141~170 頁。另參張煥君、刁小龍：《武威漢簡〈儀禮〉整理與研究》，武漢大學出版社 2009 年版。金濤：《武威漢簡〈儀禮〉校勘及王杖十簡集釋》，吉林大學碩士學位論文，2013 年。

③ (清)陳立：《白虎通疏證》卷 7、卷 10，吳則虞點校，中華書局 1994 年版，第 322~323、487 頁。

不爲父臣也"一句爲廖氏自家"推得",未言何據。①《白虎通義》引《禮服傳》論子生三月而父名於祖廟,同篇亦有"一説",言"名之于燕寢",説見《禮記·內則》。《白虎通義》亦無裁斷,但二説當不衝突,由名於寢而告於廟,世子還應告於四境(《白虎通義》引自《內則》,但不見於今本),可能只是時間先後次第的差異。②《禮服傳》三條逸文,論小宗當絶者今文《禮》學內部有爭議,論命名者與《內則》略異,論父臣者與《春秋傳》牴牾,然又都與今本《儀禮·喪服》相應又小異。(參見表 2-2)且表 2-2 引《儀禮·喪服》文,於武威漢簡甲本、乙本即已寫定,③ 此當視作漢人《服傳》經説爲宜,且是經過選擇的今文禮説。

表 2-2

《儀禮·喪服》	《禮服傳》	《白虎通疏證》
大宗者,尊之統也。大宗者,收族者也,不可以絶,故族人以支子後大宗也。適子不得後大宗齊衰不杖期	大宗不可絶,同宗則可以爲後爲人作子何?明小宗可絶,大宗不可絶。故舍己之後,往爲後於大宗。所以尊祖重不絶大宗也《白虎通·封公侯》引《禮服傳》	
是故始封之君不臣諸父昆弟,封君之子不臣諸父而臣昆弟,封君之孫盡臣諸父昆弟成人大功	封君之子不臣諸父,封君之孫盡臣之與《喪服》同 子得爲父臣者,不遺善之意《白虎通·王者不臣》引《禮服傳》	今《喪服傳》無此文,蓋逸禮也
故子生三月,則父名之,死則哭之,未名則不哭也殤大功	子生三月,則父名之於祖廟《白虎通·姓氏》引《禮服傳》,丁氏誤引《白虎通義》"於祖廟者,謂子之親廟也,明當爲宗祖主也"文	所引《禮服傳》,今無此文,蓋逸禮也

① (清)廖平:《穀梁春秋經傳古義疏》卷 1,舒大剛、楊世文主編:《廖平全集》第 6 册,上海古籍出版社 2015 年版,第 42 頁。

② (清)陳立:《白虎通疏證》卷 4、卷 7、卷 9,吳則虞點校,中華書局 1994 年版,第 151~153、323~324、406~407 頁。

③ 張煥君、刁小龍:《武威漢簡〈儀禮〉整理與研究》,武漢大學出版社 2009 年版,第 46、55~56、59、76、79、80 頁。

二、《投壺》

以《投壺》爲《逸禮》篇目，同樣源自鄭玄《禮記目録》：

> 名曰"投壺"者，以其記主人與客燕飲，講論才藝之禮。此於《別録》屬吉禮，亦實《曲禮》之正篇。是投壺與射爲類，此於五禮宜屬嘉禮也。或云宜屬賓禮。①

劉向《別録》以《投壺》爲"吉禮"，亦與《冠義》《昏義》《鄉飲酒義》《射義》《燕義》《聘義》諸篇爲"吉事"有別。劉向《別録》對《禮記》四十九篇的分類，稱"禮"者僅《奔喪》《投壺》兩篇，② 可見此二篇確實與其他篇性質有異。《投壺》禮儀過程略似射禮，與《儀禮·鄉射禮》《燕禮》《大射儀》有相近之處，同樣也與燕賓有關。因此《投壺》的五禮屬性，便在嘉禮與賓禮之間（《儀禮》賓禮之屬有《士相見禮》《聘禮》《覲禮》）。當然《周禮》五禮的分析模式，並非唯一的標準，劉向即與鄭玄不同。

二戴皆有《投壺》，《大戴禮記》所録較《禮記》稍略，但末附射事一章爲《禮記》所無。王聘珍言《大戴禮記》所載"篇中多闕文錯簡，恐出孔壁簡滅札爛，《小戴》取其明文者於篇，《大戴》則仍古本而存之，非盡亂於《大戴》既删之後也"③，又是以今古文爲説。除《投壺》篇外，《大戴禮記·哀公問孔子》與《禮記·哀公問》、《大戴禮記·曾子大孝》與《禮記·祭義》亦文多互見。後儒多以二戴《記》有互見之文篇，或推論二戴删述關係成立與否，或考察《大戴禮記》佚篇篇目多寡，實際上各有標準。

---

① 孔疏引《禮記目録》起訖諸家有不同，此處參考鄭玄《儀禮目録》的言説模式，對《投壺》的五禮屬性俱作交代。(唐)孔穎達等：《禮記正義》卷65，郜同麟點校，浙江大學出版社2019年版，第1369~1370頁。任銘善：《禮記目録後案》，《無受室文存》，浙江大學出版社2005年版，第117~118頁。

② 《禮記》四十九篇見於劉向《別録》，並不能有效證明《禮記》成書於劉向撰著之前，更不能有效解釋《漢書·藝文志》爲何不載二戴《記》，至於二戴《記》與《漢志》所載《記》百三十一篇的關係，實在疑似之間。

③ 方向東：《大戴禮記彙校集解》，中華書局2008年版，第1233~1234頁。

後世不乏專説投壺者，集大成者仍是丁晏。① 咸豐六年(1856)丁晏撰《投壺考原》，其敘言：

> 《投壺》，古禮之正經也。漢戴德、戴聖傳之，爲《大小戴記》。自朱子析分經記，吴草廬定爲禮之正經，即《逸禮》三十九篇之文，孔壁之《古禮經》也。古者射爲六藝之一，投壺又射之一事，漢魏以來，祭遵、袁紹戎馬之間猶習其藝。至如王輔嗣之《易》學，邵康節之數理，亦從事投壺之儀。元明以後，此事寖廢矣。宋司馬文正公有《投壺新格》，尚可仿而行之。雖未知於古禮何如，然告朔餼羊之存，不猶愈於樗蒲牧豬之戲乎？余徵之古籍，輯禮典、傳記、賦文、圖格四篇，共爲《考原》一卷，以備燕賓習射之娛，庶幾志正體直，反求諸身，考禮正俗，此其嚆矢也夫。②

朱子將《投壺》列於《儀禮經傳通解·鄉禮》，並"取《大戴》及《少儀》合之，以繼《士相見禮》之後"，分請投、就筵、請賓、作樂、請投視算、卒投飲不勝者、三投慶多馬等節。③ 吴澄《儀禮逸經》首篇即《投壺禮》，分節在朱子基礎上更爲細緻。④ 丁晏《投壺考原》分節從朱子，又雜引諸書説投壺之文，並作視算圖示，意在"考禮正俗"，説明投壺在士人群體中有一定的接受度，但與作爲"《曲禮》之正篇"的《投壺》當有明顯差距。

三、《諸侯遷廟》《諸侯釁廟》

漢儒明言"逸某某禮"者，似僅有鄭玄"逸曲禮""逸奔喪禮"之言，並指出《禮記》中實有經體"正篇"。但鄭玄未注《大戴禮記》，後世以鄭注及《禮記目

---

① 如魏晉時期有邯鄲淳《投壺賦》、虞潭《投壺變》(有馬國翰輯本)、郝沖《投壺道》、佚名《投壺經》等，唐代有上官儀《投壺經》、史玄道《續投壺經》等，宋代有卜恕《投壺新律》、鍾唐卿《投壺格》、劉敞《投壺義》、司馬光《投壺新格》、朱子《投壺説》、方承養《投壺圖》等，元代有熊朋來《投壺説》、王惲《投壺引》、《投壺考證》等，明代有李孝先《投壺譜》、周履靖《投壺儀制》、何宗姚《投壺新式》、汪禔《投壺節》、詹景鳳《投壺説》等，清代除丁晏外，又如周箕《投壺譜》等，皆是專説投壺之儀或戲。

② (清)丁晏：《投壺考原》，《續修四庫全書》第 1106 册，上海古籍出版社 2002 年版，第 475 頁。丁氏此書未入《續修四庫全書》經部，而是見於子部藝術類。

③ (宋)朱熹：《儀禮經傳通解(壹)》，王貽樑校點，朱傑人、嚴佑之、劉永翔主編：《朱子全書(修訂本)》第 2 册，上海古籍出版社、安徽教育出版社 2010 年版，第 34 頁。

④ (元)吴澄：《儀禮逸經傳》，中國國家圖書館藏明弘治十年(1497)程敏政刻本。

録》類推，除《投壺》外，遂懷疑《大戴禮記》中別有"逸禮"存篇，主要是《諸侯遷廟》《諸侯釁廟》《公冠》三篇。《諸侯遷廟》《諸侯釁廟》，朱子已視爲經，但篇幅較小（汪中、孔廣森、戴禮皆以之爲逸經）。亦有以二篇非經爲記者，如王聘珍以爲"諸侯遷廟""諸侯釁廟"者，皆《禮古經》五十六篇中之篇名，但《大戴》所録"乃其記也，亦如《儀禮》各篇之記然"。①《儀禮》十七篇（實則十五篇）附記者十二篇（其中《喪服》篇中有記，餘則見於篇末，僅《士相見禮》《大射儀》《少牢饋食禮》無記），王聘珍據以推論此二篇（《公冠》篇亦如此）爲經中之記，亦可從，皆不影響此二篇内容上與其他禮記確實有不少行文表述上的差異。

朱子生前並未完成《儀禮經傳通解》的祭禮部分，後由黄幹、楊復續成。長期以來學界多利用黄、楊二人合編的十三卷本（《朱子全書》本即此），而鮮知楊復曾重編一本（十四卷，有日本静嘉堂藏宋元間印本）。二本有明顯差異，如《諸侯遷廟》《諸侯釁廟》二篇，合編本見於"祭禮四"，重編本則録於"祭禮十六宗廟篇上"。② 二本皆無分節，至吳澄《儀禮逸經》時，則將《諸侯遷廟》分爲將遷、告遷、奉遷、已遷而告、已告而享、遷畢六節，將《諸侯釁廟》分爲釁廟、釁門、釁郊室、釁畢、記考寢、記釁器六節。丁晏則推論《禮記·曾子問》"古者師行必以遷廟主行"云云、《雜記下》"成廟則釁之其禮"云云（吳澄以爲二者"大同小異"），爲二篇之記，然無確據，更似以類相從。③

依五禮，二篇與《儀禮·特牲饋食禮》《少牢饋食禮》《有司徹》同爲吉禮，但都是諸侯之禮（《儀禮》中諸侯之禮集中於嘉禮、賓禮）。劉向《别録》以《投壺》爲吉禮，顯與《周禮》五禮體系不同，又另將《郊特牲》《祭法》《祭義》《祭統》諸篇歸入"祭祀"類。若依劉向標準，《諸侯遷廟》《諸侯釁廟》亦屬祭祀之屬。又今傳《諸侯遷廟》在《諸侯釁廟》前，戴禮言"釁而後遷，《遷廟》當在《釁廟》後，誤倒於上耳"，乃據行禮次序爲説。

四、《公冠》

《儀禮》有《士冠禮》，《禮記》有《冠義》以釋其儀節義理，《大戴禮記·公

---

① 方向東：《大戴禮記彙校集解》，中華書局 2008 年版，第 1078、1101 頁。

② 參閲葉純芳：《〈楊復再修儀禮經傳通解續卷祭禮〉導言》，［日］喬秀岩、葉純芳：《學術史讀書記》，生活·讀書·新知三聯書店 2019 年版，第 313~358 頁。

③ （清）丁晏：《佚禮扶微》，師顧堂影印《南菁書院叢書》本，2020 年，第 23 頁。另參楊華：《先秦血祭禮儀研究——中國古代用血制度研究之一》《先秦釁禮研究——中國古代用血制度研究之二》，《古禮新研》，商務印書館 2012 年版，第 87~135 頁。

冠》(或稱《公符》，戴震、孔廣森、汪照、王聘珍等皆以爲"符"爲訛字)則能
補充士以上等級的冠禮(大夫因五十而後爵，故無冠禮)。《公冠》內容可與《説
苑·脩文》《孔子家語·冠頌》互見，①《大戴禮記》其他篇目亦多此類現象。汪
中以《公冠》爲逸經("有經文有記文")，孔廣森也認爲是"古經之遺"，王聘珍
則認爲"諸侯之有冠禮，當在《禮古經》五十六篇之中，此篇乃其記也"，于鬯
亦認爲當稱"記"而不稱"禮"。②《續漢書·禮儀志》劉昭注引《公冠》稱"冠
禮"③，故以《公冠》爲經體似非無據。

《公冠》內容較爲駁雜，甚至有漢昭帝時的禮辭，應是今文禮家不斷增修
的結果。清儒王謨曾專考《公冠》，所論尤爲重視漢代政治對經典的影響，頗
有意趣，贅引如下：

> 若今世所傳《大戴禮記》四十篇本無甚踳駁，而孔氏穎達乃謂其文多
> 假託，朱子亦以爲多雜僞，何歟？其意大抵皆指《公符》一篇而言。如史
> 繩祖、鄭元祐以孝昭冠辭誤爲成王祝辭，其謬固不待辨。即陳振孫以録昭
> 帝冠辭疑後人好事者采獲諸書爲之，決非戴德本書，亦非知言者。大戴此
> 篇，正爲孝昭冠辭而記，**而所以記孝昭冠辭者則固以孝昭比成王，而以霍**
> **光擬周公也**。……夫霍光雖無周公之德，而昭帝實有成王之性，即光于昭
> 帝始冠，亦必采用成王故事，曲臺諸臣目睹其事，故樂記之，而特于《公
> 符》連類及之，**此大戴本意也**。或曰：如此則大戴毋乃佞乎？予曰：……
> 若大戴此記因諸侯冠禮而及天子冠禮，又因成王冠辭以及昭帝冠辭，同德
> 度義，儗人必於其倫，惡在其爲佞也。或曰：如此則漢文亦可謂之經乎？
> 予曰：此自漢儒記禮書耳，初曷嘗以經名。蓋自漢興得先儒所記禮書凡二
> 百四篇，中有《曲臺后倉》九篇，大戴刪其繁重爲八十五篇，而此篇即后
> 氏曲臺所記也。小戴又刪爲四十九篇，後世立之學宫，與《易》《書》《詩》
> 《春秋》配爲五經，中已有不能盡得聖人之意者，而又雜取戰國時人及漢
> 文時博士所録，則此書中的有荀卿、賈傳語，又無足怪也。且所惡乎僞書

---

① 方向東：《大戴禮記彙校集解》，中華書局 2008 年版，第 1159~1161 頁。何志華、
朱國藩、樊善標編著：《〈大戴禮記〉與先秦兩漢典籍重見資料彙編》，香港中文大學出版社
2004 年版，第 336~338 頁。另參鄔可晶：《〈孔子家語〉成書考》，中西書局 2015 年版，第
248~249 頁。據鄔氏書，《孔子家語》對《説苑》《禮記》《大戴禮記》諸書有明顯的因襲關係。

② 方向東：《大戴禮記彙校集解》，中華書局 2008 年版，第 1259~1260 頁。

③ (晉)司馬彪：《後漢書志》第四《禮儀志上》，《後漢書》，中華書局 1965 年版，第
3105 頁。

者爲託聖制以文其姦言，假公義以濟其私欲……是雖聖經有不可信者。若《公符》篇載昭帝冠辭，以當代賢君始加元服，煌煌大典，筆之于書，令後世有所遵循，安得謂非禮也。孔子作《春秋》，絕筆于西狩獲麟，而《左傳》于經書孔某卒，《公羊》《穀梁》又于經書孔子生，蓋三傳特假此以尊聖人，**而大戴亦以此尊其君，皆光明正大無不可者**。而諸儒疑之，亦見其惑也。但意當日大戴本文必以昭帝冠辭附于篇末迎日東郊之後，且爲標目以別之，後人編書始與史雍祝成王冠辭混合爲一，而王肅又掇取此文別爲《冠頌》以入《家語》，史氏不加推考，反據《家語》以詆訶大戴，則又惑之甚者也。①

王氏以《公冠》有漢代文字，乃是后倉、大戴尊時君之故，故而又以《公冠》當出自《曲臺后倉》九篇之一。《公冠》至吳澄時，即列爲"逸經"，其分節有公冠、天子冠、太子庶子冠等不同對象，又有漢昭帝冠辭以及祭天、祭地、祭日祝辭等禮辭。如此分節，頗難見《公冠》篇之統系，王謨遂將之分爲"正言公侯冠禮""由公侯冠禮推而上致于天子""因記天子冠禮而引成王冠祝以明之""以孝昭沖年嗣位比成王，故于天子冠禮並記之""三辭疑亦爲成王既冠祭告天地而作，後遂以爲郊天、祭地、迎日之辭，孝昭冠禮又承而用之"五節。其中尤以第五節所論最有新意，其義可從，即"苟知此三辭爲祝雍並時而作，而天子冠禮所以異于諸侯正在乎此，則此篇要義已不煩言而自解矣"②。

總體而言，《諸侯遷廟》《諸侯釁廟》《公冠》三篇內容都比較簡略，也更爲直白，與《儀禮》諸禮文差距明顯。《儀禮》文辭最重儀節度數，內具條理，亦有禮意存焉，古來所言二戴《記》逸禮經諸篇則難以比擬。丁晏晚年慨歎"聖人之教綜十七篇而體用該矣""《禮經》當專求之十七篇"，顯然已超出一般的知識追求。曹元弼自述其少年時研讀《禮經》，"宵則莊誦各篇經注，誦之既久，恍然如見當日升降獻酬之儀，惻然自動其孝敬子良之心。依注義求經文，不啻周公、孔子臨上質旁，耳提而面命之，卓爾如有所立，確乎可以持循，乃益知禮之協於天地之性，而爲斯人所固有，不可斯須去身也"③，更是有爲之言。劉

---

① （清）王謨：《大戴禮公符篇考》，《四庫未收書輯刊》第 3 輯第 8 冊，北京出版社 2000 年版，第 503~505 頁。

② （清）王謨：《大戴禮公符篇考》，《四庫未收書輯刊》第 3 輯第 8 冊，北京出版社 2000 年版，第 512 頁。

③ （清）曹元弼：《復禮堂文集》卷 4《禮經纂疏序》，王有立主編：《中華文史叢書》第 46 冊，臺灣華文書局股份有限公司 1974 年版，第 466~467 頁。

咸炘言"佚記固不如存者之多粹美",佚禮經文也存在同樣的問題,見於二戴《記》者尚如此,遑論其他佚經之片言隻字。

五、《夏小正》

三禮多分釋篇章之學與別行之篇目,如《儀禮》之《喪服》、《周禮》之《考工記》,古來專研者衆。《禮記》則更多,除《大學》《中庸》被納入四書體系外,諸如《檀弓》《王制》《月令》《樂記》《學記》《深衣》《儒行》等皆有儒者專門著述。而《大戴禮記》中,《曾子》十篇、《夏小正》《明堂》以及《孔子三朝記》七篇(即《千乘》《四代》《虞戴德》《誥志》《小辨》《用兵》《少閒》七篇,討論見下章)等皆有分釋,尤以《夏小正》注解最多。① 丁晏乃以《夏小正》爲佚經,其言曰:

> 其升入《夏小正》者,《禮運》:"孔子曰:吾得夏時焉。"鄭注:"其書存者有《小正》。"《記·月令》注引《小正》者九,《詩·七月》箋引《小正》者一。蔡邕《明堂月令論》引《戴禮·夏小正傳》。太史公曰:"孔子正夏時,學者多傳《夏小正》云。"唐《大衍議》推爲羲和遺跡。竊取"行夏之時"之意,用敢録入佚經。夫秦吕不韋之《月令》,猶且載在《禮記》,況夏后授時之大典,其當升附於經明矣。②

丁氏以《論語·衛靈公》孔子"行夏之時"論《夏小正》,並以之爲佚經。《夏小正》篇名稱"夏",或言此爲《大戴禮記》最古之篇,王應麟《困學紀聞》即以《夏小正》《弟子職》《小爾雅》皆"古書之存者"(于省吾先生《〈夏小正〉五事質疑》言"《小正》經文的撰述時期,要比《逸周書·時訓》《禮記·月令》早得多")。王聘珍以爲"古文《記》皆七十子後學者所爲,而《夏小正》亦二百四篇之一""大戴祇就古文《記》删取成書,未嘗自作",則是以之爲古文禮記。孔廣森言其"與《明堂》《月令》實表裏焉""《小正》亦別有全經,此特其傳耳",又是以之爲傳文(三禮經文中另有傳者爲《儀禮·喪服》)。③

"夏時"事關正朔,下文"佚記"中有《三正記》,亦可相參。《大戴禮記·

---

① 甘鵬雲:《經學源流考》卷 5,臺灣廣文書局 1977 年版,第 166~169、173~175 頁。

② (清)丁晏:《佚禮扶微》,師顧堂影印《南菁書院叢書》本,2020 年,第 24 頁。

③ 方向東:《大戴禮記彙校集解》,中華書局 2008 年版,第 140~143 頁。

夏小正》與《禮記·月令》結構相近，但多記物候，且文字"典切樸實，有敘無論，文詞極爲簡奥"（于省吾先生論《夏小正》經文語）。《月令》與《吕氏春秋·十二紀》《淮南子·時則訓》相似（《逸周書》別有《月令》，但已失傳），又與漢人所言《明堂陰陽》《明堂月令》相關；① 《夏小正》則與《逸周書·時訓》相似（劉咸炘以《時訓》爲"官禮之流"），源流似有一定差異。總體而言，《月令》更爲複雜。《禮記·月令》鄭注引《夏小正》"九月丹鳥羞白鳥"（今本在八月），並引"説曰：丹鳥也者"云云，亦見於《夏小正》，可知漢儒對《夏小正》文本有所區分。蔡邕《明堂月令論》又稱"戴禮夏小正傳"，《夏小正》篇中即有傳説之文，亦即有經文。丁晏輯《夏小正》佚經文一條"十二月，雞始乳"（《禮記·月令》作"雞乳"），出於《易緯乾鑿度》"易，無形埒"鄭注，稱"禮記夏小正"。② 又《夏小正》"四月昴則見"，傳文言"蓋大正所取法也"，孔廣森疑"大正"爲"夏記時之書"而《夏小正》"對彼爲小，故以《小正》名"，並引《國語·周語》所言"夏令"當之（"九月除道，十月成梁"云云），③ 王紹蘭更輯有《夏大正逸文考》，④ 恐不可靠。

六、《樂經》（附論《樂記》《樂元語》）

漢平帝元始四年（4）王莽曾立《樂經》博士，並徵《逸禮》《古文尚書》《毛詩》《周官》等"通知其意者"，《樂經》《逸禮》並列，丁氏以《樂經》入佚禮之經，並不妥帖，因是源於佚記有《樂記》，故而佚經有《樂經》。《漢書·藝文志》稱"六藝"，僅樂類無經，記則有劉向校書所得《樂記》二十三篇（《禮記·樂記》存十一篇）、淵源自河間獻王的《王禹記》二十四篇兩種，並言漢文帝時得魏文侯時樂人竇公所獻《周官·春官·大司樂》章，此開後世以《大司樂》爲《樂經》之説，明柯尚遷《周禮全經釋原》、朱載堉《樂律全書》，清朱彝尊《經義考》、李光地《古樂經傳》等即主此説。

丁晏以《樂記》二十三篇中本有《竇公》，且河間獻王與毛公等"共采《周

① 參閲薛夢瀟：《早期中國的月令與"政治時間"》，上海古籍出版社 2018 年版，第 33~54 頁。薛書中《夏小正》也是"月令文獻"的一種。

② 林忠軍：《〈易緯〉導讀》，齊魯書社 2002 年版，第 92 頁。

③ 方向東：《大戴禮記彙校集解》，中華書局 2008 年版，第 225 頁。

④ 王氏書見《蕭山王氏十萬卷樓輯佚七種》，未及睹見。孫啓治、陳建華：《中國古佚書輯本目録解題》，上海古籍出版社 2009 年版，第 49 頁。王氏另有《周人經説》八卷（含《易説》一卷、《書説》二卷、《詩説》四卷、《春秋説》一卷，今存《易説》《書説》及《詩説》一卷），參閲（清）王紹蘭：《周人經説》，《叢書集成新編》第 10 輯，臺灣新文豐出版公司 2008 年版，第 567~596 頁。

官》及諸子言樂事者,以作《樂記》",皆以《周官》之文爲記。① 另《論衡·超奇》載"陽成子長作《樂經》",陽成子長即續補《史記》之陽城衡。② 丁氏言"漢朝不諱仲任,盛稱如此,疑必有可觀,惜今佚不可考",所謂"必有可觀",或以《樂經》失傳而有擬經之作而言。桓譚《新論·閔友》載陽城衡爲蜀郡人,③擬經而作《太玄》《法言》的揚雄亦爲蜀郡人,或是風氣習染。

丁輯《樂經》逸文三條:"十二月行之,所以宣氣豐物也。月開斗建之門,而奏歌其律"條,出自漢章帝建初二年(77)太常樂丞鮑鄴,爲薛瑩《後漢書》所引述,④ 疑或出陽城衡所撰《樂經》(見惠棟《後漢書補注》);"歲星與日常應太歲,月建只見"條出自《周禮·春官·馮相氏》鄭注,但稱"樂説"而非"樂經",賈疏無説,丁氏誤引(標注出自《馮相氏》疏亦不確),而孫詒讓考以應《樂動聲儀》"角音和調,則歲星常應大歲,月建以見"⑤,可從;"磬前長三律,二尺七寸。後長二律,尺八寸"條出自《考工記·磬氏》疏,疏實只稱"樂",丁氏列於《樂經》本之王應麟《困學紀聞》引朱子之説,朱子説又本之聶崇義《三禮圖》(明言"舊圖引《樂經》"),⑥ 是以此文爲《樂經》逸文説後出。丁氏以其"不類經文",又疑當爲漢時所謂《樂器記》。⑦《樂器》是《樂記》二十三篇中的一篇(參表 2-3),今已亡佚,丁晏輯佚記有明言"禮樂器記"者。王應麟《困學紀聞》亦言鮑鄴引《樂經》,又有《尚書大傳》引《樂》"舟張辟雍,鵷鵠相從"一條,丁氏未錄,當是以此"樂"非書名,而是樂辭。⑧ 因此,丁輯《樂經》逸文三條一出《樂經》(或與陽城衡有關),一出《樂緯》,一或出《樂器記》,皆難坐實,丁氏遂歎"微文碎義,亦臠羊之徒存"。

---

① (清)丁晏:《佚禮扶微》,師顧堂影印《南菁書院叢書》本,2020 年,第 25~26 頁。

② 黃暉:《論衡校釋(附劉盼遂集解)》卷 13,中華書局 1990 年版,第 608 頁。

③ 桓譚此記"陽城子姓張名衡",與他書稱引"陽城子張"不同。(漢)桓譚:《新輯本桓譚新論》,朱謙之校釋,中華書局 2009 年版,第 62 頁。

④ (晉)司馬彪:《後漢書志》第一《律曆志上》,《後漢書》,中華書局 1965 年版,第3015 頁。

⑤ (清)孫詒讓:《周禮正義》卷 51,王文錦、陳玉霞點校,中華書局 2013 年版,第2105 頁。

⑥ (宋)聶崇義:《新定三禮圖》卷 5,《中華再造善本》,北京圖書館出版社 2006 年版。(宋)王應麟:《困學紀聞(全校本)》卷 5,樂保群、田松青、呂宗力校點,上海古籍出版社 2008 年版,第 697 頁。

⑦ (清)丁晏:《佚禮扶微》,師顧堂影印《南菁書院叢書》本,2020 年,第 25 頁。

⑧ 皮錫瑞《尚書大傳疏證》亦不以之爲書名。(清)皮錫瑞:《尚書大傳疏證》卷 2,吳仰湘編:《皮錫瑞全集》第 1 冊,中華書局 2015 年版,第 65 頁。

表 2-3　《樂記》篇次表

	《樂記》二十三篇			《禮記正義》	吳澄《禮記纂言》
1	樂本			樂本	樂本
2	樂論			樂論	樂言
3	樂施			樂禮	樂象
4	樂言			樂施	樂施
5	樂禮	《禮記·樂記》劉向 鄭玄 熊安生	《禮記·樂記》皇侃 孔穎達	樂言	樂情
6	樂情			樂象	樂論
7	樂化			樂情	樂禮
8	樂象			魏文侯	樂化
9	賓牟賈			賓牟賈	賓牟賈
10	師乙			樂化	魏文侯
11	魏文侯			師乙	師乙
12	奏樂			奏樂	
13	樂器		《史記·樂書》	樂義臧庸 樂器余嘉錫	
14~23	樂作、意始、樂穆、説律、季札、樂道、樂義、昭本、招頌、竇公				

　　丁氏輯《樂記》逸文，出自《白虎通》者兩條、蔡邕《明堂月令論》一條、《風俗通》五條（《漢書》孟康注一條同），並言"蔡氏所引疑即今《樂記》脱文，班氏、應氏所引疑皆《樂器記》之文"。① 蔡邕引"樂記"言"武王伐殷，爲俘馘于京太室"，旨在證明明堂有太室，今《禮記·月令》有論《武》樂之文，並言"祀乎明堂，而民知孝"，或與之有關。《漢書·律曆志上》孟康注"管，漆竹長一尺，六孔"，稱"禮樂器記"，與《風俗通義·聲音》引"禮樂記"言"管，漆竹長一尺，六孔。十二月之音也。象物貫地而牙，故謂之管"相同，則"禮樂器記"即爲"禮樂記"文。《風俗通義》另於柷、筝（丁氏漏輯）、籟等樂器，亦稱"禮樂記"，於笛則稱"樂記"，於筝稱"禮記"。② 其中於笛引"樂記"有"武帝

----

① 　（清）丁晏：《佚禮扶微》，師顧堂影印《南菁書院叢書》本，2020年，第78頁。

② 　（漢）應劭撰，王利器校注：《風俗通義校注》卷6，中華書局2010年版，第283~284、291、299、304、308、312頁。

時丘仲之所作也"之文，或與《王禹記》二十四篇有關，故與其他樂器稱"禮樂記""禮記"有別。

丁氏輯《白虎通義》稱引《樂記》逸文兩條：一稱"禮記"（丁氏注爲"樂記"，不確），言黃帝至周公各有禮樂，陳立以爲"疑禮逸篇文也"，並考證其文與《初學記》引《樂緯叶圖徵》同（《周禮·春官·大司樂》賈疏、《樂記》孔疏引《樂緯》及宋均注，皆以顓頊樂爲《五莖》，帝嚳曰樂爲《六英》）。① 《樂記》亦載古帝王禮樂，但以《咸池》居《大章》後，與《樂緯》不同，故而鄭玄以《咸池》爲"黃帝所作樂名也，堯增脩而用之"。《大司樂》鄭注又以黃帝樂爲《雲門》《大卷》，蔡邕《獨斷》同鄭氏，當是受到《周禮》學的影響。考《白虎通義》單稱"禮記"者，《考黜》有"禮記九錫"（盧文弨改爲"禮説"，《禮含文嘉》文），《三綱六紀》有"禮記曰：同門曰朋，同志曰友"（陳立以爲"蓋逸禮文"），《姓名》有"禮記曰：朝日上質不諱正天名也"（盧文弨疑當爲"禮説"，陳立疑出《大戴禮記·虞戴德》"是故上古不諱正天名"），《嫁娶》有"禮記曰：女子十五許嫁，笄而字"（《禮記·曲禮上》），《車旂》有"禮記曰：天子乘龍，載大旂，象日月升龍"（陳立以爲"蓋亦逸禮也"），似無定例。② 因而《白虎通義》此引"禮記"古帝王樂名（亦見於《漢書·禮樂志》），與《樂緯》文同，是否爲"樂記"類文，存疑可也。

一稱"樂記"，實則兩言（丁氏所輯誤引"此謂八音也，法《易》八卦也"句），以八音配比八卦，陳立疑爲"《樂器》篇文"③，可與《風俗通義》所引關聯。《風俗通義》所舉管、柷、筝、笛、竽、籟，除笛引"樂記"或與《王禹記》相關外，其他皆可比照《白虎通義·禮樂》引"樂記"。其中，《風俗通義》"禮樂記"以管爲十二月之音，與《白虎通義》言匏"在十二月"以及"簫者，中吕之氣也"（即四月）不同，卻與《樂緯》"《坎》主冬至，樂用管"相合（《樂緯》又對調"樂記"之塤管）。《白虎通義》本文將八音與十二月配比，恰恰是《白虎通義》"樂記"竹管《艮》音與匏笙《巽》音對調的結果，於《樂緯》則又增一處差異。而《説文解字》以管爲十二月之音與《風俗通義》"禮樂記"同，又以笙爲正月之音與《白虎通義》同，雜糅《樂緯》與《白虎通義》，或係古文説。《白虎通義》另有"一説"，與"樂記"差別更大（參表2-4）。

---

① （清）陳立：《白虎通疏證》卷3，吳則虞點校，中華書局1994年版，第100~101頁。

② 參閲韓敬竹：《〈白虎通〉引書輯考》，哈爾濱師範大學碩士學位論文，2015年。

③ （清）陳立：《白虎通疏證》卷3，吳則虞點校，中華書局1994年版，第121~122頁。

表2-4　八音配比表

順序	"樂記"《白虎通義》		"禮樂記"《風俗通義》	樂緯叶圖徵《五行大義》	十二月律呂《白虎通義》	一說《白虎通義》	說文解字
1	土曰塤	《坎》音		《坎》主冬至，樂用管　5 管主《坎》	壎在十一月[黃鐘]	笙在北方	
2	竹曰管	《艮》音	管，漆竹長一尺，六孔（十二月之音也。物貫地而牙，故謂之管）籥，三孔，大者謂之產，其中者謂之仲，小者謂之箹	《艮》主立春，樂用塤　4 塤主《艮》	匏在十二月[大呂]　笙者，大蔟之氣[正月]	祝在東北方	管，十二月之音
3	皮曰鼓	《震》音		《震》主春分，樂用鼓　1 鼓主《震》	鼓，《震》音　韶者，《震》之氣	鼓在東方	鼓，春分之音
4	匏曰笙	[《巽》音]	竽，管三十六簧也，長四尺二寸《廣雅·釋樂》"竽象笙"	《巽》主立夏，樂用笙　2 笙主《巽》	簫者，中呂之氣[四月]	簫在東南方	笙，正月之音
5	絲曰絃	《離》音	箏，五絃，筑身也	《離》主夏至，樂用琴瑟　6 絃主《離》	瑟者，當也　琴者，禁也	琴在南方	

續表

順序	"樂記"《白虎通義》	"禮樂記"《風俗通義》	樂緯叶圖徵《五行大義》		十二月律呂《白虎通義》	一說《白虎通義》	說文解字
6	石曰磬 [《坤》音]		《坤》主立秋，樂用磬	7 磬主《坤》	磬者，夷則之氣 [七月]	**填在西南方**	
7	金曰鐘 《兌》音		《兌》主秋分，樂用鐘	8 鐘主《兌》	鐘之為言動也，時之氣聲	鐘在西方	鐘，秋分之音
8	木曰柷敔 《乾》音	柷，漆桶，方畫木，方二尺四寸，高尺五寸，中有椎，止其名也，用柷止音為節 多王利器《風俗通義校注》，丁文與此小異	《乾》主立冬，樂用柷圉	3 柷敔主《乾》	柷敔者，終始之聲	**磬在西北方**	

因此，從八音、八卦、八方以及十二月的綜合配比看，如果《風俗通義》引"禮樂記"確爲《樂記·樂器》之文，則其於管所引"十二月之音也。象物貫地而牙，故謂之管"恐非"禮樂記"本文，如此恰與孟康《漢書注》完全相合，也與他處引"禮樂記""禮記"體例相合。今存《禮記·樂記》又見於《史記·樂書》，但次序錯雜，司馬貞《史記正義》"逐舊次第隨段記"，屢言此第幾章名某、此某章第幾段，並以"篇次顛倒者，以褚先生升降"，丁晏亦言《樂記》"升降錯雜首亂於漢之褚生"（至孔穎達據皇侃疏以撰《正義》而"《樂記》於是乎再亂"，再至吳澄《禮記纂言》而"《樂記》於是乎三亂"）。① 余嘉錫以爲不確，認爲《樂書》未必爲褚少孫所補，且《史記·樂書》所見《樂記》當是別本，"與劉向校定本及小戴所見本原自不同，未必補史者以意爲升降"。余氏又引臧庸《拜經日記》之説，以《史記·樂書》有《奏樂》《樂義》之文（"夫樂不可妄興也"爲《奏樂》結句，"夫上古明王舉樂者"爲《樂義》起句），余嘉錫則以《樂義》當爲《樂器》，② 此可補丁氏《樂記》逸文之闕。

《白虎通義·禮樂》又引《樂元語》（《禮記·明堂位》孔疏亦引），專言四夷之樂。③《漢書·食貨志》"《樂語》有五均"，鄧展注言"《樂語》《樂元語》，河間獻王所傳"，當在《漢書·禮樂志》"河間獻王采禮樂古事，稍稍增輯，至五百餘篇"之中，但未必就是《漢書·藝文志》所言"河間獻王好儒，與毛生等共采《周官》及諸子言樂事者，以作《樂記》，獻八佾之舞，與制氏不相遠"之《樂記》（即《王禹記》）。丁晏以《小雅·鼓鐘》毛傳"東夷之樂曰《昧》，南夷之樂曰《南》，西夷之樂曰《朱離》，北夷之樂曰《禁》"與《樂元語》相類，言"毛公曾爲河間博士，故其詁訓亦略同也"。《樂元語》與《毛傳》所記略異，《樂元語》言"東夷之樂曰《朝離》，南夷之樂曰《南》，西夷之樂曰《昧》，北夷之樂曰《禁》"，但已可見鄧展之説不爲無據。總體而言，《樂經》雖然不在《逸禮》三十九篇範圍内，但仍屬於廣義上的"佚禮"。丁氏所輯《樂經》三條皆不似經文，《樂記》八條與《樂器》篇相關者皆可補記文之闕（蔡邕引《樂記》亦屬逸文），而《樂元語》與《樂記》二十三篇則無關。④

---

① （清）丁晏：《佚禮扶微》，師顧堂影印《南菁書院叢書》本，2020 年，第 86 頁。

② 余嘉錫：《太史公書亡篇考》，《余嘉錫論學雜著》，中華書局 2007 年版，第 39~40 頁。

③ （清）陳立：《白虎通疏證》卷 3，吳則虞點校，中華書局 1994 年版，第 107~108 頁。

④ 《白虎通·五行》引"《樂記》曰：春生夏長，秋收冬藏"，今傳《禮記·樂記》作"春作夏長，仁也。秋斂冬藏，義也"，與《白虎通》所引正合，僅用字有異，非《樂記》佚文。

與二戴《記》相關，除上述諸篇外，又有爲經爲記相爭者，如《大戴禮記·朝事》，因文與《周禮·春官·典命》《秋官·大行人》等互見，王應麟以之爲逸經(又鄭玄禮注稱《朝事儀》)；吳澄則備爲《儀禮·覲禮》之義，此源自朱子《儀禮經傳通解·王朝禮》之《朝事義》(列於《覲禮》後，王應麟不取)。王應麟列逸經又有《本命篇》，丁晏則列爲佚記，輯文出自《通典·男女婚嫁年幾議》(其言鄭玄據"逸禮本命篇"，實則見於今本《大戴禮記》，《孔子家語·本命解》文亦近似)。① 丁晏即以爲《大戴禮記·本命》逸文，並批駁《孔子家語》"不足深信"。② 再如《禮記·曲禮》《內則》《少儀》，朱子皆以爲經曲之辨中的"曲禮"(又列有《玉藻》)。③ 諸篇劉向《別録》之分類，《曲禮》《少儀》屬"制度"(另有《王制》《禮器》《深衣》)，《內則》屬"子法"(另有《文王世子》爲"世子法")，《玉藻》屬"通論"(另有《檀弓》《禮運》等十五篇，爲四十九篇分類之最)。其中，丁晏《佚禮扶微·補遺》列《內則記》(未載逸文，只注明"小戴記"，逸文實則見於《白虎通義·姓名》)④，亦有以《內則》爲經之義，劉咸炘並以《內則》爲"官禮之流"(《治記緒論》則以《內則》爲"古書")⑤。正因爲《禮記》中存有《逸禮》或"逸經"篇目，有《冠義》《昏義》等篇專解《儀禮》諸禮，又有《別録》數種分類，內容旨趣不一，後世遂有《禮記》分類、重纂之學，又引申至《大戴禮記》存篇性質、佚篇輯佚的考證。

————————————

① 《通典》引"太古男五十而娶，女三十而嫁。中古男三十而室，女二十而嫁"，言"《逸禮本命篇》云然"，後有禮議約爲"鄭玄據《周禮》《春秋穀梁》《逸禮本命篇》等，男必三十而娶，女必十五乃嫁"。(唐)杜佑：《通典》卷59，王文錦、王永興、劉俊文等點校，中華書局1992年版，第1674~1676頁。

② (清)丁晏：《佚禮扶微》，師顧堂影印《南菁書院叢書》本，2020年，第43~44頁。

③ 另參葉國良：《〈論語〉中的"曲禮"論述及其影響》《戰國楚簡中的"曲禮"論述》，《禮學研究的諸面向》，臺灣"清華大學出版社"2010年版，第128~159頁；葉國良：《〈儀禮〉周旋禮容探微》，《禮學研究的諸面向續集》，臺灣"清華大學出版社"2017年版，第94~111頁。曹建墩：《切近人倫日用：中國古代曲禮的現代價值》，《先秦古禮探研》，社會科學文獻出版社2018年版，第261~267頁；曹建墩：《戰國簡中的"曲禮"箋證》，《戰國竹書與先秦禮學研究》，人民出版社2018年版，第199~222頁。

④ 《白虎通義·姓名》引"《內則記》曰：以名告于山川社稷四境。天子太子，使士負子於南郊"，同篇引《內則》有"告于四境"，亦不見於今傳《禮記·內則》。另如《白虎通·嫁娶》引"《禮·內則》曰：男三十壯有室，女二十壯而嫁"，與今傳本並不全同，但意義無別。(清)陳立：《白虎通疏證》卷9、卷10，吳則虞點校，中華書局1994年版，第407、454頁。

⑤ 劉咸炘：《治記緒論》，《推十書·己輯》，上海科學技術文獻出版社2009年版，第224~225頁。

以上諸篇，漢代明言"逸"者，僅"《逸曲禮》之正篇"《奔喪》一篇（鄭注引"逸奔喪禮"或係別本），《投壺》則是據鄭玄"《曲禮》之正篇"説論定，餘篇皆是後儒推論。丁晏"佚經"其他各篇，漢代無稱"逸"者，言"逸禮"者多出唐人。前述劉咸炘不以丁晏所輯佚記《遇禮》《親迎禮》爲書名，論以"但述其概，非引其文"，也適用於思考下述輯文的性質。

第二節　鄭注中的"佚經"

"佚經"篇目出於群書者，丁氏輯有《天子巡守禮》《王居明堂禮（古大明堂之禮）》《朝貢禮》《軍禮》《禘於太廟禮（祫於太廟禮）》《烝嘗禮》《中霤禮》《奔喪禮》八篇，其中《奔喪禮》已與《禮記·奔喪》合論，實止七篇，主要來源是鄭玄禮注。下文一一考述，並以類相從，附論丁氏所輯"佚記"相關篇目。

一、《天子巡守禮》《朝貢禮》（附論"遇禮"、《聘禮志》、《朝事》）

"佚經"篇目出於群書者，丁書列有八篇，其中《奔喪禮》前文已與《禮記·奔喪》合論。諸篇以《天子巡守禮》居首，蓋因其爲天子禮。《儀禮》中惟《覲禮》與天子有關，鄭玄以《周禮》賓禮"秋見曰覲"釋之。漢世"久曠大儀"（《漢書·禮樂志》），今文《禮經》之學多主"推致"，劉歆斥爲"至於國家將有大事，若立辟雍、封禪、巡狩之儀，則幽冥而莫知其原"（《漢書·劉歆傳》），相似的言論又如《漢書·禮樂志》"今學者不能昭見，但推士禮以及天子，説義又頗謬異，故君臣長幼交接之道寖以不章"、《漢書·藝文志》"及《明堂陰陽》《王史氏記》所見，多天子諸侯卿大夫之制，雖不能備，猶瘉倉等推士禮而致於天子之説"。

丁晏輯"天子巡守禮"逸文四條：兩條與鄭玄有關，見於《周禮·天官·内宰》鄭注以及《鄭志·雜問志》（《内宰》疏、《毛詩·周頌·時邁》疏兩引，内容不同），丁氏言皆稱"天子巡守禮"，實則需要分梳。《内宰》鄭注言"天子巡守禮所云制幣丈八尺純四疏"，賈疏引《鄭志》一稱"天子巡守禮"，一稱"巡守禮"，視爲書名則可，《禮記·王制》孔疏即言《逸巡守禮》，《通典·吉禮·郊天上》亦言《逸巡狩禮》。又《鄭志》申言幅廣非"四咫三尺二寸"，當爲"三八二十四，二尺四寸"，即《天子巡守禮》禮文有誤("以三誤爲四")。① 此文與《儀禮·聘禮》鄭注引《朝貢禮》"純四只，制丈八尺"同，② 是《朝貢禮》文亦誤。而《時邁》疏引《鄭志》"天子巡守禮無六軍之文"，視爲書名則不可。孔疏言"鄭意以巡守必有六軍，但禮無正文"，是"天子巡守"與"禮"當斷開，方符合孔疏引證之義。③ 丁晏以"無六軍之文"爲《天子巡守禮》逸文，不確。

　　另兩條僅文中涉及"巡守之禮"，一出班固《東都賦》李善注，丁晏言出《西都賦》，不確，稱"禮記逸禮"④；一出《太平御覽·禮儀部十六》，亦稱"禮記逸禮"，丁晏只稱"逸禮"，不甚準確⑤。丁氏又以《白虎通義·巡狩》"與《逸禮》説同"，並推測"孟堅其亦依據古禮而爲之歟"。⑥ 今觀諸書所述"巡狩"之文，實則極爲相似，只是或簡或繁而已：

　　　　王者所以巡狩者何？巡者，循也。狩者，牧也。爲天下巡行守牧民也。道德太平，恐遠近不同化，幽隱不得所者，故必親自行之，謹敬重民之至也。考禮義，正法度，同律曆，叶時月，皆爲民也。……所以不歲巡

---

　　① 孫詒讓以《天子巡守禮》"蓋《禮古經》逸篇之一"，並引惠士奇《禮説》"古之幣帛有純有制，全曰純，量曰制，吉凶禮用制，賓嘉禮用純"，言其"通校禮經，無不符合"；進而申發"純者廣長完全之正法，制者廣長裁減之別法。凡賓嘉禮必用其類，故用純帛取其全也。吉凶禮用幣，或焚或埋，備物而已，故用制幣，取其易共，義各有當也。至於民間買價，蓋亦純制兩有，然制雖減常度，亦自有差節，不能任意減省"之義。(清)孫詒讓：《周禮正義》卷13，王文錦、陳玉霞點校，中華書局2013年版，第527~528頁。皮錫瑞亦引惠士奇《禮説》，言杜子春以"純"爲"幅廣""不知何據"，進而以"耦謂之純"，並新解"純帛"爲"十端是爲純""純猶全也"(與鄭注以"純"爲"緇"不同)，皮氏言"惠説似亦可從"。(清)皮錫瑞：《鄭志疏證》卷4，吳仰湘編：《皮錫瑞全集》第3冊，中華書局2015年版，第262~264頁。
　　② 胡培翬言："昏禮所以必用二丈者，取成數。其他禮幣則皆以丈八尺爲節，謂之制。其幅廣二尺四寸，亦與布幅廣二尺二寸者異也。"似無惠士奇、孫詒讓説精密。(清)胡培翬：《儀禮正義》卷16，張文、徐到穩、殷嬰寧校點，《儒藏(精華編)》第47冊，北京大學出版社2016年版，第715頁。
　　③ (清)皮錫瑞：《鄭志疏證》卷8，吳仰湘編：《皮錫瑞全集》第3冊，中華書局2015年版，第426~427頁。
　　④ (南朝梁)蕭統編，(唐)李善注：《文選》卷1，上海古籍出版社1986年版，第32頁。
　　⑤ (宋)李昉等：《太平御覽》卷537，中華書局1995年版，第2435頁。
　　⑥ (清)丁晏：《佚禮扶微》，師顧堂影印《南菁書院叢書》本，2020年，第12頁。

守何？爲太煩也。過五年，爲太疏也。因天道時有所生，歲有所成。三歲一閏，天道小備。五歲再閏，天道大備。故五年一巡守，三年二伯出述職黜陟。《白虎通義·巡狩》

《禮記逸禮》曰：王者以巡狩之禮，尊天重人也。巡狩者何？巡者，循也。狩，牧也。謂天子巡行守牧也。《文選》李善注

《禮記逸禮》曰：王者必制巡狩之禮何？尊天重民也。所以五年一巡狩何？五歲再閏，天道大備。所以至四嶽者，盛德之山，四方之中，能興雲致雨也。巡狩者何？巡，循也。狩，牧也。爲天循行牧民也。《太平御覽·禮儀部·巡狩》

《太平御覽》所引，又見於《藝文類聚·禮部中》，文字大同小異（多"王者恩亦當竟也"一句），汪紹楹校宋明刻本但稱"禮注"，《四庫全書》本（内府藏本）卻稱"白虎通曰"，不知何據。① 而"三年一閏，天道小備。五年再閏，天道大備"，張純稱引言"禮説"，陳立以爲即緯書《禮稽命嘉》，② 亦不知何據。《藝文類聚》《太平御覽》皆引上文，後亦徵引《白虎通義》有關巡狩的文字（《太平御覽》又有稱"禮記外傳"者），是"禮注""禮記逸禮"與《白虎通義》有別，但筆者頗疑其與《白虎通義》關係至爲緊密。觀其行文，與《白虎通義》問答體式同，不似禮文，丁晏徑以"當即《古巡守禮》"文，可能不甚妥當。

秦漢時期，皇帝巡狩爲經國大禮（封禪實則也可視作其中一項至爲重要的禮儀，即巡狩是一系列禮儀的綜合體）。③《白虎通義》專設巡狩一目，參諸劉歆對今文學的批評，可知至少東漢時大禮殘闕的現狀已經得到了改善（但還不能視爲"制禮作樂"），巡狩禮已經確立起一整套禮儀及其解釋體系。這部分内容很可能成爲魏晉以降王朝制禮稱引的"逸禮"，但與《儀禮》性質相近的《逸禮》三十九篇相去甚遠。而鄭注所言"天子巡守禮"，也只是表明特定禮儀語境中（天子巡守禮、朝貢禮）幣帛尺數而已，性質更似鄭注屢屢稱引的叔孫通《漢禮器制度》（或稱《漢禮》），但依三禮鄭注通例，"天子巡守

---

① （唐）歐陽詢：《藝文類聚》卷 39，汪紹楹校，上海古籍出版社 1982 年版，第 698頁；《景印文淵閣四庫全書》第 888 册，臺灣"商務印書館"1983 年版，第 24 頁。

② （清）陳立：《白虎通疏證》卷 6，吳則虞點校，中華書局 1994 年版，第 291 頁。

③ 漢章帝認爲巡狩之制"以宣聲教，考同遐邇，解釋怨結也"，陳戍國先生言"章帝之四巡亦如古之巡狩，實爲沿途所行各種禮典之總匯"。陳戍國：《中國禮制史·秦漢卷》，湖南教育出版社 2002 年版，第 376~377 頁。

禮”顯然不是漢制。① 因此，丁氏所輯略可靠者，僅《内宰》鄭注一條，稱“逸”則見於唐人説。

《儀禮·聘禮》“釋幣，制玄纁束”(釋幣于禰)，鄭注“《朝貢禮》云：純，四只。制，丈八尺”，文與《天子巡守禮》大同小異，而疏誤亦與《天子巡守禮》同，皆以“三”作“四”。鄭玄《三禮目録》釋《聘禮》爲“諸侯相於久無事，使卿相問之禮”，即爲諸侯禮。又《儀禮·既夕》“贈用制幣玄纁束”，鄭注亦言“丈八尺曰制”，賈疏“《朝貢禮》及《巡狩禮》皆有此文”。《既夕》爲《士喪禮》下篇，是制幣自天子以至士人皆同，亦有惠士奇、孫詒讓所説“吉凶禮用制”之義。

《朝貢禮》之“朝”，與《覲禮》相類。《周禮·春官·大宗伯》言“春見曰朝，夏見曰宗，秋見曰覲，冬見曰遇，時見曰會，殷見曰同”，鄭注言六禮“以諸侯見王爲文”。鄭氏《三禮目録》以《覲禮》即“諸侯秋見天子之禮”，並言“朝宗禮備，覲遇禮省，是以享獻不見焉。三時禮亡，唯此存”，《禮記·曲禮下》鄭注亦言“《覲禮》今存，朝、宗、遇禮今亡”，且“夏宗依春，冬遇依秋”而有朝文覲質之説。丁氏佚記輯《遇禮》二條，一出昭公二十五年《公羊傳》“以人爲菑，以幦爲席，以鞌爲几，以遇禮相見”(經文九月“齊侯唁公于野井”)，一出隱公四年何休《公羊解詁》，解傳文“遇者何？不期也，一君出，一君要之也”(經文“夏，公及宋公遇于清”)，其言“古者有遇禮。爲朝天子若朝罷朝，卒相遇於塗，近者爲主，遠者爲賓，稱先君以相接，所以崇禮讓、絶慢易也”云云。隱公四年經文，杜預注言“遇者，草次之期，二國各簡其禮，若道路相逢遇也”，皆可見丁氏所言“遇禮之省”，亦可知古有遇禮，但無禮篇。且依鄭説，隱公四年夏《春秋》經文之“遇”、昭公二十五年九月《公羊傳》文之“遇”，並不符合“冬見曰遇”“以諸侯見王爲文”的標準，② 故而陳立言“《春秋》之遇，

---

① 張舜徽《鄭氏經注釋例》有“證今例”，李雲光《三禮鄭氏學發凡》言“以漢新之事況之”，又有劉善澤特撰《三禮注漢制疏證》。劉善澤：《三禮注漢制疏證》，嶽麓書社 1997 年版。張舜徽：《鄭氏經注釋例》，《鄭學叢著》，華中師範大學出版社 2005 年版，第 82~85 頁。李雲光：《三禮鄭氏學發凡》，華東師範大學出版社 2012 年版，第 735~750 頁。車行健：《禮儀、讖緯與經義——鄭玄經學思想及其解經方法》，臺灣輔仁大學博士學位論文，1996 年，第 46~60 頁。

② 鄭玄論“朝”又有“通名”之説，見於《駁五經異義》。孫詒讓以爲“鄭意散文則朝覲亦可通稱，《禮》説與《春秋》説，義不相違也”，皮錫瑞則言“諸侯與天子尊卑分隔，不當稱‘遇’，此當以今文《公羊》説爲正。許、鄭皆爲古文所壓，不敢駁《周禮》耳”。(清)孫詒讓：《周禮正義》卷 34，王文錦、陳玉霞點校，中華書局 2013 年版，第 1349 頁。(清)皮錫瑞：《駁五經異義疏證》卷 4，吳仰湘編：《皮錫瑞全集》第 4 册，中華書局 2015 年版，第 79 頁。

自非《周禮》之遇。依《公羊》家説，自有遇禮，亦非魯宋所行之遇禮也"①。丁氏當亦知此理，然並引鄭玄、何休、杜預之説，猶輯《遇禮》於佚記，正中劉咸炘所言之弊，列於附録或補遺即可。

佚記之中又有《聘禮志》，亦與朝、宗、覲、遇賓禮之類有關，附論於此。《大宗伯》論賓禮另有"時聘曰問，殷覜曰視"，賈疏言"是諸侯遣臣聘問天子之事"。而《儀禮·聘禮》"是侯伯之卿大聘"（賈疏語），爲諸侯禮而與天子無關，與《周禮·秋官·大行人》"凡諸侯之邦交，歲相問也，殷相聘也，世相朝也"相近。《荀子·大略》引《聘禮志》"幣厚則傷德，財侈則殄禮"（丁氏多輯"禮云禮云，玉帛云乎哉"文，不確，此出《論語·陽貨》），近人多以《聘禮志》爲"《聘禮》志"。② 丁晏舉《尚書大傳》鄭注引《禮記》多作《禮志》例，以《聘禮志》（即《聘禮記》）爲書名。而今傳《儀禮·聘禮》記文之中有"多貨則傷於德，幣美則没禮"，與《荀子》引文義近，或即附經之記文。丁氏言"信其爲古記文也"，其説可從。《荀子》書多言禮樂，《佚禮扶微·佚文》又輯《大略》篇論禮之文，但《荀子》書之禮論及其影響實不止此，丁氏所輯只是述其梗概耳。

《大戴禮記》今存《朝事》一篇，《儀禮·覲禮》鄭注引作《朝事儀》，朱子《儀禮經傳通解》則稱《朝事義》，將之列於"王朝禮"中。吳澄《儀禮逸經傳》承朱子之意，視之爲《儀禮》傳，其言"《儀禮》之經，自一至九，經各有其傳矣。唯《覲義》闕，然《大戴·朝事》一篇實釋諸侯朝覲天子及相朝之禮，故以備《覲禮》之義"（其中《士相見義》《公食大夫義》用宋人劉敞補作）。③《朝事》文多可與《周禮·春官·典命》《秋官·大行人》《小行人》《司儀》以及《禮記·聘義》互證，並無特別重大的差異。《大戴禮記》録存其篇，或與自漢初以降重朝儀相關，叔孫通曾專門制作朝儀，出土文獻中也有《朝律》一類文獻（如張家山336號漢墓），④ 可見淵源有自（其間禮律分合之跡尚待梳理）。

①　（清）陳立：《公羊義疏》卷6，劉尚慈點校，中華書局2017年版，第216頁。點校者以陳氏語爲《春秋左傳注疏》孔疏引杜預《春秋釋例》語，不確。

②　（清）王先謙：《荀子集解》卷19，沈嘯寰、王星賢點校，中華書局1988年版，第488頁。梁啓雄：《荀子簡釋》，中華書局2009年版，第365頁。方勇、李波譯注：《荀子》，中華書局2011年版，第431~432頁。熊公哲則以之爲書名，其言"今《儀禮》有《聘禮》一篇，或即古之志記也"。熊公哲：《荀子今注今譯》，臺灣"商務印書館"1975年版，第532頁。

③　（元）吳澄：《儀禮逸經傳》，中國國家圖書館藏明弘治十年（1497）程敏政刻本。

④　參閲陳偉：《秦漢簡牘所見的律典體系》，《中國社會科學》2021年第1期。

二、《王居明堂禮(古大明堂之禮)》(附論"迎禮"、《明堂月令》)

《漢書·藝文志》載有《明堂陰陽》三十三篇、《明堂陰陽説》五篇,《禮記·月令》《明堂位》二篇於劉向《别録》爲"明堂陰陽"類,《大戴禮記·夏小正》《盛德》《明堂》《易本命》諸篇依孔廣森、王聘珍等人説,也當入此類,但皆記非經。丁晏輯佚經,稱"王居明堂禮"者九條,皆出自《禮記·月令》鄭注(仲秋三條,孟春、仲春、季春、孟夏、仲冬、季冬各一條),孔疏言"《逸禮》之篇名""《逸禮》篇名也";稱"王居明堂之禮"者兩條,一出《禮記·禮器》鄭注(仲秋國釀),一出蔡邕《明堂月令論》(言明堂有陰陽門,即門闈之别);稱"禮記古大明堂之禮"("大"或爲"文")者一條,出自蔡邕《明堂月令論》(言居明堂諸門之禮)。

今將《王居明堂禮》逸文與《禮記·月令》以及丁氏所舉《洪範五行傳》對讀(參見表2-5),可見鄭注所引《王居明堂禮》,僅《禮器》鄭注引"仲秋,乃命國釀"條無有對應。"國釀"解曾子言"周禮其猶釀與","釀"爲合錢飲酒,似旅酬。又孟春"出十五里迎歲"條,鄭注解爲"蓋殷禮也",與周代"天之郊去國皆五十里"(《禮記·郊特牲》孔疏,此係鄭玄之説,《月令》鄭注"周近郊五十里")不同。① 鄭玄以《月令》"官名時事多不合周法",其解《王居明堂禮》亦同,即《王居明堂禮》與"周禮"《儀禮》十七篇有别。又仲冬"孟冬之月,命農畢積聚,繫收牛馬"條,乃證《月令》十一月"農有不收藏積聚者,馬牛畜獸有放佚者,取之不詰"的合理性;仲秋"季秋除道致梁,以利農也"條,則以《月令》八月"水始涸"當在九月,即《王居明堂禮》又與《月令》有别。丁晏並引《尚書大傳·洪範五行傳》之文以證之,但據學者研究,《洪範五行傳》此文可能並不可靠(逸文僅見於明黄佐《六藝流别·五行》),有拼湊成文的嫌疑。② 另顏師古貞觀十七年(643)議明堂之制,引"帶以弓韣""令國有酒以合三族"諸文,又稱"文王居明堂之篇",③ 不知何據。總之,《王居明堂禮》顯然與《月令》文

---

① 漢儒多説東郊八里迎氣,如賈逵、許慎、盧植、高誘、宋均等。(北齊)魏收:《魏書》卷55《劉芳傳》,中華書局1974年版,第1223頁。

② 陳壽祺已言"可疑"。陳侃理:《〈洪範五行傳〉與〈洪範〉災異論》,袁行霈主編:《國學研究》第26卷,北京大學出版社2010年版。疏證可參(清)皮錫瑞:《尚書大傳疏證》卷4,吳仰湘編:《皮錫瑞全集》第1冊,中華書局2015年版,第215、224、225、228、230頁。

③ (後晉)劉昫等:《舊唐書》卷22《禮儀志二》,中華書局1975年版,第851頁。(宋)歐陽修、宋祁:《新唐書》卷13《禮樂志三》,中華書局1975年版,第338頁。

獻或月令政治相關，核心結構與邏輯仍在四時輪轉之中。

表 2-5

	《禮記·月令》	《王居明堂禮》	《洪範五行傳》
孟春	以迎春於東郊	出十五里迎歲	
仲春	乃禮天子所御，帶以弓韣，授以弓矢，于高禖之前	帶以弓韣，禮之禖下，其子必得天材	
季春	命國難，九門磔攘，以畢春氣	季春，出疫于郊，以攘春氣	季春之月……九門磔攘，出疫於郊，以禳春氣
孟夏	命司徒巡行縣鄙，命農勉作，毋休于都	毋宿于國	
仲秋	天子乃難，以達秋氣	仲秋，九門磔禳，以發陳氣，禦止疾疫	
	可以築城郭，建都邑，穿竇窖，脩囷倉	仲秋，命庶民畢入于室，曰時殺將至，毋罹其災	仲秋之月……乃令民收斂，庶旺畢入於室，曰時殺將至，毋罹其災
	日夜分，雷始收聲，蟄蟲坏户，殺氣浸盛，陽氣日衰，水始涸	（見季秋條）	
		仲秋，乃命國釀	
季秋		季秋，除道致梁，以利農也	季秋之月……除道成梁，以利農夫
孟冬		孟冬之月，命農畢積聚，繫收牛馬	孟冬之月……畢積聚，繫牛馬，收澤賦
仲冬	農有不收藏積聚者，馬牛畜獸有放佚者，取之不詰	（見孟冬條）	
季冬	命樂師大合吹而罷	季冬，命國爲酒，以合三族，君子説，小人樂	季冬之月……命國爲酒，以合三族，君子説，小人樂

　　蔡邕《明堂月令論》所引二條，“禮記古大明堂之禮”“王居明堂之禮”稱名不同，即二者有別，出於《續漢志·祭祀志中》劉昭注。① 蔡氏以“王居明堂之禮”東南稱門、西北稱闈，並證《周官》門闈之學。而“禮記古大明堂之禮”之文，劉昭注所見有南闈、西闈、北闈之稱，與東南稱門不同。② 蔡氏以明堂與太學、辟雍同構，以東南西北諸學對應東南西北諸門(引《大戴禮記·保傅》“學禮”)，而各方位又對應不同的時間與禮儀，與四時關聯並不明顯(所引《文王世子》四時、《月令》“仲夏”等文旨在論證東序、西學等皆在明堂、辟雍之內)。因此蔡邕所謂“禮記古大明堂之禮”不唯與“王居明堂之禮”有別，亦與鄭注引《王居明堂禮》差異顯著。“禮記古大明堂之禮”的性質更近《禮記·明堂位》，《明堂位》開篇即言天子(斧依)、三公(中階)、諸侯(東階)、諸伯(西階)、諸子(門東)、諸男(門西)、九夷(東門)、八蠻(南門)、六戎(西門)、五狄(北門)、九采(應門之外)等站位，只是與“禮記古大明堂之禮”南闈見九侯門子、西闈視五國之事、北闈視帝節猶不同。“王居明堂之禮”與鄭注引《王居明堂禮》相合，則無不可。隋文帝開皇三年(583)牛弘議立明堂，蓋承蔡邕說，也以“古文明堂禮”“王居明堂禮”不同。③ “大”“文”字形易訛，似以“文”字爲長。王應麟也以二者有別，丁晏合而爲一，恐有不妥。

　　丁晏並引《尚書大傳·洪範五行傳》之文，除與《王居明堂禮》相似之外，又有見於佚記“迎禮”者，輯文出自《續漢志·祭祀志中》劉昭注引《皇覽》(《太平御覽》徵引略有不同)，④ 即後世所稱“皇覽逸禮”，亦見於《佚禮扶微·補遺》“《皇覽》引逸禮”。“迎禮”即迎四時之氣，大致與《禮記·月令》孟春“迎春於東郊”、孟夏“迎夏於南郊”、孟秋“迎秋於西郊”、孟冬“迎冬於北郊”相應，但差別十分明顯，《皇覽》所稱迎氣在東堂、南堂、西堂、北堂，似不在郊。而丁氏輯“《皇覽》引逸禮”中，又有《皇覽》迎氣於郊之文，丁氏言出《藝文類

---

　　① (晉)司馬彪：《續漢志》第八《祭祀志中》，中華書局1973年版，第3179頁。

　　② 《蔡邕集編年校注》據“王居明堂之禮”東南稱門而改“禮記古大明堂之禮”之南闈，不確。(漢)蔡邕著，鄧安生編：《蔡邕集編年校注》，河北教育出版社1999年版，第519頁。

　　③ 牛弘所論又有《明堂圖》《明堂大圖》《明堂陰陽》《太山通義》等。(唐)魏徵等：《隋書》卷49《牛弘傳》，中華書局1982年版，第1302頁。

　　④ (晉)司馬彪：《續漢志》第八《祭祀志中》，中華書局1973年版，第3182~3183頁。(宋)李昉等：《太平御覽》卷528，中華書局1995年版，第2396頁。

聚·歲時部》與《太平御覽·時序部》，實則迎春一條並不見於二書，似是朱彝尊《經義考》所補。清孫馮翼輯《皇覽》輯"逸禮"較爲完備，可參。①

丁晏以《迎禮》入佚記，劉咸炘則入《逸禮》。皮錫瑞亦以《迎禮》爲《逸禮》篇名，但《尚書大傳》此文與表 2-6 所示前後拼湊痕跡明顯（參表 2-6），陳侃理先生認爲並非《洪範五行傳》的内容。② 陳侃理又發現銀雀山漢簡《迎四時》殘篇，與《皇覽》所謂"迎禮"是"相同内容文獻在不同時代的傳本"，但從陰陽書到儒書的目録學分類，"反映了儒學吸收和整合陰陽學説的過程"，進而推論《王居明堂禮》《皇覽逸禮》皆在《明堂陰陽記》三十三篇中，並以《太平御覽》引《禮記明堂陰陽録》爲劉向《別録》有關《明堂陰陽記》的書録，皆可備一説。③ 如此，也可反思鄭玄爲何不稱《王居明堂禮》爲"逸"。一種可能是《王居明堂禮》"蓋殷禮也"的性質，與《儀禮》十七篇"周禮"不同。另一種可能便如陳氏所論，《王居明堂禮》很可能在《明堂陰陽記》而非《禮古經》中。當然，殷禮、周禮的判斷多出自漢人經説，未必是歷史真實，如鄭玄以四時迎氣於近郊五十里，不僅與《王居明堂禮》十五里不同，更與賈逵、許慎等論四郊里數有八七九六之別大異，孫詒讓即懷疑"《逸禮》及《書傳》疑皆後人依漢制附益之"④。

---

① （清）孫馮翼輯：《皇覽》，《續修四庫全書》第 1212 册，上海古籍出版社 2002 年版，第 2～3 頁。

② （清）皮錫瑞：《尚書大傳疏證》卷 4，吳仰湘編：《皮錫瑞全集》第 1 册，中華書局 2015 年版，第 211 頁。陳侃理：《〈洪範五行傳〉與〈洪範〉災異論》，袁行霈主編：《國學研究》第 26 卷，北京大學出版社 2010 年版；《儒學、數術與政治：災異的政治文化史》，北京大學出版社 2015 年版，第 68～83 頁。薛夢瀟：《早期中國的月令與"政治時間"》，上海古籍出版社 2018 年版，第 42～43 頁。另參徐興無：《經典闡發與政治術數——〈洪範五行傳〉考論》，《經緯成文：漢代經學的思想與制度》，鳳凰出版社 2015 年版，第 68～103 頁。程蘇東：《〈洪範五行傳〉災異思想析論——以戰國秦漢五行及時月令文獻爲背景》，《蘇州大學學報》（哲學社會科學版）2018 年第 6 期。丁四新：《"災異"新論：災異、災異思想與經學災異説》，《廣西社會科學》2022 年第 3 期。

③ 陳侃理：《從陰陽書到明堂禮——讀銀雀山漢簡〈迎四時〉》，《中華文史論叢》2010 年第 1 期。薛夢瀟：《早期中國的月令與"政治時間"》，上海古籍出版社 2018 年版，第 139～141 頁。

④ （清）孫詒讓：《周禮正義》卷 36，王文錦、陳玉霞點校，中華書局 2013 年版，第 1429～1430 頁。

表 2-6 《皇覽》"迎氣"對比表

	迎氣於堂		迎氣於郊		
	《皇覽》《續漢志》劉昭注、《太平御覽》	《洪範五行傳》	《皇覽逸禮》《藝文類聚》《太平御覽》		《禮記·月令》
春	迎禮《太平御覽》《續漢志》"禮，天子迎四節日，天子"春夏秋冬之樂，又順天道，是故距至日四十六日，則天子迎春於東堂，距邦八里，堂高八尺，堂階八等，青稅八乘，青祝尚青，旂旆尚青，田車載青，號之以羽翟，舞之以羽翟，此迎春之樂也	自冬日至數四十六日，迎春於東堂，距邦八里，堂高八尺，堂階八等。青稅八乘，青祝尚青，旂旆尚青，田車載青，號曰青龍，助天生。倡之以角，舞之以羽，此迎春之樂也	春則衣青衣，佩青玉，乘青輅，駕蒼龍，載青旗，以迎春于東郊。居明堂左。戶《經義考》卷262	孟春	先立春三日，大史謁之天子曰：某日立春，盛德在木。天子乃齊。立春之日，天子親帥三公、九卿、諸侯，大夫以迎春於東郊。還反，賞公卿、諸侯、大夫於朝
夏	自春分數四十六日，則天子迎夏於南堂，距邦七里，堂高七尺。赤稅七乘，旗旆尚赤，田車載赤。號曰助天養。《太平御覽》，舞之以徵，唱曰助天養。"號曰弓"，號之以鼓鼗，之以鼓鼗，此迎夏之樂也	自春分數四十六日，迎夏於南堂，距邦七里，堂高七尺。赤稅七乘，旗旆尚赤，田車載赤。號曰助天養。號弓，舞之以徵，倡之以鼓鼗，舞之以鼓籥，此迎夏之樂也	夏則衣赤衣，佩赤玉，乘赤輅，駕赤騮，載赤旗，以迎夏於南郊。其祭先黍與雞。啟南戶，居明堂正廟。《初學記》《太平御覽》《北堂書鈔》引"夏則居明堂正廟"	孟夏	先立夏三日，大史謁之天子曰：某日立夏，盛德在火。天子乃齊。立夏之日，天子親帥三公、九卿、大夫以迎夏於南郊。還反，行賞，封諸侯

續表

迎氣於堂		迎氣於郊		
《皇覽》《續漢志》劉昭注、《太平御覽》	《洪範五行傳》	《皇覽逸禮》《藝文類聚》《太平御覽》		《禮記·月令》
自夏至數四十六日，則天子迎秋於西堂，距邦九里，堂高九尺，堂階九等。白稅九乘，田車載兵，旄旄尚白，號曰助天收。唱之以商，舞之以干戚，此迎秋之樂也	自夏至數四十六日，迎秋於西堂，距邦九里，堂高九尺，堂階九等。白稅九乘，田車載兵，旄旄尚白，號曰助天收。倡之以商，舞之以干戚，此迎秋之樂也	秋則衣白衣，佩白玉，乘白輅，駕白駱，載白旗，以迎秋於西郊《藝文類聚》秋居明堂右，啟西戶《北堂書鈔》引此二句	孟秋	先立秋三日，大史謁之天子曰：某日立秋，盛德在金。天子乃齊。立秋之日，天子親帥三公、九卿、諸侯、大夫，以迎秋於西郊。還反，賞軍帥、武人於朝
自秋分數四十六日，則天子迎冬於北堂，距邦六里，堂高六尺，堂階六等。黑稅六乘，田車載甲鐵，旄旄尚黑，號曰助天誅，唱之以羽，舞之以干戈，此迎冬之樂也《太平御覽》《禮儀都》"所以迎四時，樂養九於西堂，冬養九於北堂，養後三月而止"	自秋分數四十六日，迎冬於北堂，距邦六里，堂高六尺，堂階六等。黑稅六乘，田車載甲鐵，旄旄尚黑，號曰助天誅，倡之以羽，舞之以干戈，此迎冬之樂也	冬則衣黑衣，佩元玉，乘元輅，駕鐵驪，載元旗，以迎冬於北郊，居明堂後廟，啟北戶。其祭先豕，《藝文類聚》《太平御覽》	孟冬	先立冬三日，大史謁之天子曰：某日立冬，盛德在水。天子乃齊。立冬之日，天子親帥三公、九卿、大夫以迎冬於北郊。還反，賞死事，恤孤寡

《佚禮扶微·佚記》中又有《明堂月令》《月令記》《明堂月令說》，並與明堂禮制、形制有關。丁晏以《明堂月令》即《禮記·月令》，但考丁氏所輯《說文解字》、《禮記·祭法》鄭注（漏引五祀條）、熹平六年（177）蔡邕《陳政要七事疏》、《風俗通·竈神》等引《明堂月令》，其文與《禮記·月令》不盡相同，且諸家對諸"月令"文獻關係的認識並不一致（參見表 2-7）：

表 2-7

		《明堂月令》		《禮記·月令》
許慎	薙	季夏燒薙	季夏	燒薙行水，利以殺草，如以熱湯
	骴	掩骼薶**骴**	孟春	掩骼埋**胔**《經典釋文》：胔亦作骴。《蜡氏》注兩引稱《月令》，"骴""胔"通用
	僟	數將**僟**終	季冬	月窮于紀，星回于天，數將**幾**終
	舫	**舫**人（舫人依段注補，習水者）	季夏	命漁師伐蛟、取鼉、登龜、取黿（鄭注：《今月令》"漁師"爲"**榜**人"）
	霝	**霝**雨	季春	行秋令，則天多沈陰，淫雨蚤降（鄭注：《今月令》曰"**眾**雨"）
	乳	玄鳥至之日，祠于高禖，以請子	仲夏	玄鳥至。至之日，以大牢祠于高禖，天子親往
	蠲	腐艸爲**蠲**	季夏	温風始至，蟋蟀居壁，鷹乃學習，腐草爲**螢**
	虹	虹始見	季春	桐始華，田鼠化爲鴽，虹始見，萍始生
	酎	**孟秋**天子飲酎	**孟夏**	天子飲酎，用禮樂
鄭玄		春曰其帝大昊，其神句芒 春曰其祀户，祭先脾	春	其帝大皞，其神句芒 其祀户，祭先脾
		夏曰其帝炎帝，其神祝融 夏曰其祀竈，祭先肺	夏	其帝炎帝，其神祝融 其祀灶，祭先肺
		中央曰其帝黄帝，其神后土 中央曰其祀中霤，祭先心	中央	其帝黄帝，其神后土 其祀中霤，祭先心

續表

	《明堂月令》		《禮記·月令》
鄭玄	秋曰其帝少昊，其神蓐收 秋曰其祀門，祭先肝	秋	其帝少皞，其神蓐收 其祀門，祭先肝
	冬曰其帝顓頊，其神玄冥 冬曰其祀行，祭先腎	冬	其帝顓頊，其神玄冥 其祀行，祭先腎
蔡邕	天子以四立及**季夏之節**迎五帝於郊	孟春	立春之日，天子親帥三公、九卿、諸侯、大夫以迎春於東郊
		孟夏	立夏之日，天子親帥三公、九卿、大夫以迎夏於南郊
		孟秋	立秋之日，天子親帥三公、九卿、諸侯、大夫以迎秋於西郊
		孟冬	立冬之日，天子親帥三公、九卿、大夫以迎冬於北郊
應劭	孟冬之月，**其祀竈**	冬	**其祀行**，祭先腎

　　《説文解字》引《明堂月令》九條，除用字有異外（"虆髖"與"埋薶"、"幾"與"幾"、"舫"與"榜"、"靈"與"霝"、"蠲"與"螢"），《明堂月令》孟秋飲酎與《禮記·月令》孟夏飲酎不同，且"舫人""霝雨"不見於《禮記·月令》，但與鄭玄所稱"《今月令》"相通，段玉裁遂言"許所據即鄭所謂《今月令》也"。鄭玄所謂"今"者，依鄭注體例，並非今文之義，而是指漢時當行之制。劉善澤即引證漢時史料與惠棟、陳喬樅、武億等人説，大義皆與段注同。① 馬宗霍備考《説文解字》引經之字，又以許氏引《明堂月令》爲漢時單行之《月令》。② 此皆以《明堂月令》爲漢時"《今月令》"。但如楊寬所論，鄭注《禮記·祭法》引《明堂月令》與《禮記·月令》同，注《禮記·月令》又引"《今月令》"與之異，若二者相同，豈非自亂體例。楊氏遂推測《明堂月令》與《禮記·月令》只是篇名有

---

　　① 劉善澤：《三禮注漢制疏證》，嶽麓書社 1997 年版，第 469～471 頁。
　　② 馬氏言"此則實出《戴記》而又不以記偶之，或其篇於時單行"，另有"偭"字引文"尊壺者偭其鼻"亦但稱《少儀》（今傳《禮記·少儀》"偭"作"面"）。馬宗霍：《説文解字引禮考》，《説文解字引經考》，中華書局 2013 年版，第 631 頁。

別，然考諸許氏所引，二者確有區別無疑。且鄭注亦有稱《月令》者（如《周禮·天官·内司服》《春官·敘官》《春官·肆師》《夏官·牧師》《秋官·蜡氏》、《詩經·豳風·七月》《周頌·臣工》等），自是三者有別。至於《今月令》，楊氏以爲乃漢代通行的各種月令文本的泛稱，則可從。① 《明堂月令》有同《禮記·月令》者，亦有同《今月令》者，三者大致以《明堂月令》爲最古，故而才得《説文解字》徵引。②

鄭注引文雖與《禮記·月令》無别，但《禮記注》並見《月令》《明堂月令》《今月令》，可見三者並不全同。而蔡邕所引《明堂月令》，據其《明堂月令論》，當即《禮記·月令》無疑。其言《月令》篇名：

> 因天時制人事，天子發號施令，祀神受職，每月異禮，故謂之"月令"，所以順陰陽、奉四時、郊氣物、行王政也。成法具備，各從時月，藏之明堂，所以示承祖考神明，明不敢褻瀆之義，故以"明堂"冠"月令"，以名其篇。③

蔡氏將"明堂""月令"名稱混而爲一，與許慎、鄭玄有别。但蔡疏引文有季夏迎氣，《禮記·月令》無聞，漢世則"先立秋十八日，迎黄靈于中兆"（《續漢志·祭祀志中》)，或是《禮記》文本有闕，或是比附而言。應劭引文言孟冬祀竈，而《禮記·月令》孟冬祀行，竈則祀於夏，《白虎通義·五祀》言"夏祭竈""冬祭井"（井、行有爭論，同篇引《月令》作"其祀井")，④ 恐是文本流傳有誤。王利器言"應氏此篇，多本《五經異義》，《通典》《御覽》引《異義》，亦作'孟夏之月'，此作'孟秋之月'，誤"，可從。王氏所言《五經異義》有竈神條，許氏引《月令》"孟夏之月，其祀竈"，義與《周禮》以祝融爲竈神同，而與

---

① 楊寬：《〈今月令〉考》，《楊寬古史論文選集》，上海人民出版社 2003 年版，第 511~518 頁。薛夢瀟從楊氏説，並申言"《禮記·月令》與'今月令'之間屬於同一系統，不存在競爭關係"。薛夢瀟：《早期中國的月令與"政治時間"》，上海古籍出版社 2018 年版，第 89~91 頁。

② 王維庭以《明堂月令》非《禮記·月令》，《禮記·月令》當出於古記《明堂月令》，又與鄭玄説《禮記·月令》出於《吕氏春秋》不同。王公賢：《禮記月令篇是否即明堂月令而鄭注引今月令又爲何書考》，耿素麗、胡月平選編：《民國期刊資料分類彙編·三禮研究》，國家圖書館出版社 2009 年版，第 1220~1222 頁。

③ （漢）蔡邕著，鄧安生編：《蔡邕集編年校注》，河北教育出版社 1999 年版，第 521 頁。

④ （清）陳立：《白虎通疏證》卷 2，吴則虞點校，中華書局 1994 年版，第 78 頁。

《大戴記・禮器》以竈爲老婦之祭異(今存《大戴禮記》無《禮器》篇)。鄭玄則以《月令》"'其帝炎帝,其神祝融',文列在上,與祀竈絶遠",許、鄭此引當爲《禮記・月令》。① 如王氏説推論,則應劭亦以《明堂月令》與《月令》爲一。因此,丁氏輯《明堂月令》逸文,蔡氏、應氏所引當不在其中爲宜。

據許、鄭之文,《明堂月令》當是其時多種月令文本中較古的一種,但與《禮記・月令》《今月令》同屬"月令明堂"系統,② 其目録學分類抑或經歷了陳侃理先生所言由陰陽書(銀雀山漢簡《迎四時》)到儒書(《皇覽逸禮》)的轉變。《禮記・月令》於劉向《別録》屬"明堂陰陽"類,但未必就在《明堂陰陽》三十三篇之中。如果以《記》百三十一篇、《中庸説》二篇與二戴《記》對應,《月令》便不屬《明堂陰陽》,然無確證。《明堂月令》應亦屬此類,卻很可能在三十三篇中。《漢書・藝文志》又有《明堂陰陽説》五篇,丁晏亦輯有《明堂月令説》,正可與《明堂月令》形成對應,亦與《明堂陰陽》《明堂陰陽説》對應。

《禮記・明堂位》孔疏引許慎《五經異義》稱"明堂月令説",《玉藻》疏引《五經異義》稱"明堂月令書説",文字無甚區別。③ 其言明堂形制,"明堂高三丈,東西九仞,南北七筵,上圓下方,四堂十二室,室四户八牖,其宫方三百步,在近郊三十里"。其中"四堂十二室",《明堂位》疏引鄭玄駁言"字誤,本書云'九堂十二室'",《玉藻》疏又作"九室十二堂"。如此,該文即與今本《大戴禮記・明堂》所言"明堂月令"同,該篇並有"二九四七五三六一八"佐證九室制。至於"堂高三尺"(堂基的高度,亦即階高),則與"明堂高三丈"(明堂的總體高度)指向不同。④

今觀《五經異義》稱引今古文説,今文列今《禮》戴説(引《盛德記》,實在

---

① (漢)應劭撰,王利器校注:《風俗通義校注》卷8,中華書局2010年版,第361頁。(清)陳壽祺:《五經異義疏證》卷上,曹建墩點校,上海古籍出版社2012年版,第80~83頁。(清)皮錫瑞:《駁五經異義疏證》卷4,吳仰湘編:《皮錫瑞全集》第4册,中華書局2015年版,第79~83頁。

② 薛夢瀟分梳早期中國有儒家"周公明堂"(治朝、太廟)與陰陽家"月令明堂"(神聖建築)兩個系統,尤爲明晰。《別録》"明堂陰陽"類有《月令》《明堂位》兩篇,《月令》即屬"月令明堂",《明堂位》屬"周公明堂",最後同歸於禮書。薛夢瀟:《早期中國的月令與"政治時間"》,上海古籍出版社2018年版,第117~136頁。

③ (唐)孔穎達等:《禮記正義》卷39、卷41,吕友仁校點,北京大學出版社2016年版,第840、893頁。

④ (清)陳壽祺:《五經異義疏證》卷中,曹建墩點校,上海古籍出版社2012年版,第84~86頁。(清)皮錫瑞:《駁五經異義疏證》卷5,吳仰湘編:《皮錫瑞全集》第4册,中華書局2015年版,第107~109頁。

今本《大戴禮記·明堂》，或唐時《盛德》《明堂》尚爲一篇而未分）、講學大夫淳于登説，古文列古《周禮》《孝經》説，"明堂月令説"則厠於今《禮》戴説與淳于登説之間，顯是《盛德記》之文。鄭玄言"《禮》戴所云，雖出《盛德記》，及其下，顯與本章異"，則謂《大戴禮記》之文前後錯雜。《大戴禮記》此篇當是雜糅明堂諸説而成，其開篇已言"四户八牖"，於《明堂月令》又重言"室四户，户二牖"，似可證前後非同一系統。于鬯並以"此記當斷爲五節"，分言九室之明堂、辟雍之明堂、近郊之明堂以及文王之明堂、天子之路寢。① 任銘善亦言"此多秦制，而其文尤駁，大抵漢人雜取諸説以爲之，非可依據"②。

《大戴禮記》所引"明堂月令"，孔廣森以爲"古《明堂陰陽》篇名。自'赤綴'以下，引其文也。所説獨與周明堂制度多相合"。③ 如與《五經異義》所引對比，《大戴禮記》之"明堂月令"當即"明堂月令説"，筆者疑在《明堂陰陽説》五篇之中。孔氏所謂"周明堂制度"者，當是《考工記》"周人明堂，度九尺之筵，東西九筵，南北七筵"，但《大戴禮記》三尺、九室之説顯然與《考工記》"堂崇一筵，五室，凡室二筵"不同。鄭注"周堂高九尺，殷三尺，則夏一尺矣"，則"堂高三尺"爲殷制，與其論《王居明堂禮》"蓋殷禮"相合。鄭玄《駁五經異義》以九室説"似秦相吕不韋作《春秋》時説者所益，非古制也"，則又以《明堂月令説》參雜秦制。《隋書·宇文愷傳》並引《周書·明堂》，其言明堂形制"堂方百一十二尺，高四尺，階博六尺三寸。室居内，方百尺，室内方六十尺。户高八尺，博四尺"（今《逸周書·明堂》無其文），則又是一説。

至於蔡邕《明堂月令論》，意在證明"明堂、太室、辟雍、太學事通文合之義"，且以《月令》與《明堂月令》相同，與許慎、鄭玄有别。其言亦引《盛德》（稱"禮記盛德篇"），所論大致與《大戴禮記》引《明堂月令》同，皆主九室説。④《通典·吉禮》亦引"明堂月令説"，文字與今本《大戴禮記》同；另有"又

① （清）于鬯：《香草校書》卷 35，中華書局 2006 年版，第 705~706 頁。

② 任銘善：《〈大戴禮記〉小識》，《無受室文存》，浙江大學出版社 2005 年版，第 45 頁。

③ （清）孔廣森：《大戴禮記補注》卷 8，王豐先點校，中華書局 2013 年版，第 160 頁。（清）王聘珍：《大戴禮記解詁》卷 8，王文錦點校，中華書局 1983 年版，第 150 頁。方向東：《大戴禮記彙校集解》，中華書局 2008 年版，第 859 頁。

④《續漢志·祭祀志中》劉昭注引蔡氏文作"堂高三丈"。《隋書·牛弘傳》引蔡説，《宇文愷傳》引《大戴禮》，又引《三輔黄圖》（文與蔡《論》同），皆作"堂高三尺"。（唐）魏徵等：《隋書》卷 49《牛弘傳》、卷 68《宇文愷傳》，中華書局 1973 年版，第 1302、1590~1591 頁。

曰"者，與蔡邕《明堂月令論》大體相同，則是轉相爲説。① 但蔡邕《明堂月令論》引《月令記》"明堂者，所以明天氣，統萬物"者，卻與《明堂月令説》相類。諸説之間，今文、古文參互，皮錫瑞言"蓋漢時今、古文家説明堂者互有異同，非必判然不合"，尤爲通透。② 參見表 2-8。

表 2-8

《明堂月令説》 《五經異義》	今《禮》戴説：《盛德記》曰：明堂，自古有之。**凡有九室**，室有四户、八牖，三十六户、七十二牖。以茅蓋屋，上圓下方，所以朝諸侯。其外有水，名曰辟雍。**《明堂月令書説》**云：明堂**高三丈**，東西九仞，南北七筵，上圓下方，**四堂十二室**鄭駁"九堂十二室"/"九室十二堂"，室四户、八牖。宫方三百步。在近郊三十里文從皮錫瑞《駁五經異義疏證》
《盛德(明堂)》 《大戴禮記》	明堂者，古有之也。**凡九室**：一室而有四户八牖，三十六户，七十二牖。以茅蓋屋，上圓下方。于鬯：是爲九室之明堂。明堂者，所以明諸侯尊卑。外水曰辟雍。南蠻、東夷、北狄、西戎。于鬯：是爲辟雍之明堂。**《明堂月令》**：赤綴户也，白綴牖也。二九四七五三六一八。**堂高三尺**，東西九筵，南北七筵，上圓下方。**九室十二堂**，室四户，户二牖，其宫方三百步。在近郊，近郊三十里于鬯：是爲近郊之明堂。此三説記並存之，下文二節特首出"或以爲"三字，則又附存之者
《明堂月令説》 《通典》	**堂高三尺，東西九仞，南北七筵。九室十二堂。**室四户八牖，宫三百步。在近郊三十里 · 堂方百四十四尺，坤之策也。屋圜徑二百一十六尺，乾之策也。太廟明堂方三十六丈，通天屋徑九丈，陰陽九六之變也。圜蓋方載，九六之道。八闥以象八卦，**九室以象九州**，十二宫以應十二辰。三十六户七十二牖，以四户八牖乘九室之數也。户皆外設而不閉，示天下不藏也。通天屋高八十一尺，黄鐘九九之實也。二十八柱列於四方，亦七宿之象也。**堂高三尺**，以應三統。四嚮五色，各象其行。外博二十四丈，以應節氣也

丁氏還注意到馬融注《論語·陽貨》"鑽燧改火"，有引《周書·月令》"更

---

① （唐）杜佑：《通典》卷 44，王文錦、王永興、劉俊文等點校，中華書局 1992 年版，第 1216 頁。

② （清）皮錫瑞：《駁五經異義疏證》卷 5，吳仰湘編：《皮錫瑞全集》第 4 册，中華書局 2015 年版，第 110 頁。

火之文"，即"春取榆柳之火，夏取棗杏之火，季夏取桑柘之火，秋取柞楢之火，冬取槐檀之火"①。《漢書·藝文志·六藝略》於《書》類載《周書》七十一篇，但《周書·月令》今已不可見。此文又見於《周禮·夏官·司爟》鄭衆注引《鄹子》，賈疏便以《鄹子》出《周書》。如果參考陳侃理對銀雀山漢簡《迎四時》的觀點，《周書》《鄹子》之間的關係，可能未必是《鄹子》沿用《周書》之文。《尚書·禹貢》"禹別九州"，《經典釋文》釋"九州"即引《鄹子》"中國爲赤縣，内有九州"，此"鄹子"即《史記·孟子荀卿列傳》説九州之"騶衍"，亦即"鄒子"。丁氏《周禮釋注》亦以《鄹子》應《漢書·藝文志》所載陰陽家《鄒子》四十九篇、《鄒子終始》五十六篇，稱"鄹子言陰陽之占，沿用《逸周書》文也"則與賈疏相同。②《周書·月令》《鄹子》所言改火之木，賈疏所謂"舊師皆以爲取五方之色同"，《吕氏春秋·十二紀》《禮記·月令》無聞，《淮南子·時則訓》則有春"爨萁燧火"、夏秋"爨柘燧火"、冬"爨松燧火"，孫詒讓言"五時三木，與《鄹子》所説絶異，亦所未詳也"③，可見相近月令文獻内部的差異。因此《周書·月令》逸文亦非《禮記·月令》逸文，與《明堂月令》是否有關則無從考證(如《説文解字》解四時諸木無言改火、無引禮者)。

綜上所述，鄭注引《王居明堂禮》確是當時散落的禮文佚篇，但在鄭氏禮學體系中，《王居明堂禮》明顯不是周禮，可與"不合周法"的《禮記·月令》相互對照。"迎禮"則顯然不能作爲單獨的禮名，或在《王居明堂禮》中，或在《明堂月令》之中；又有迎氣於堂、迎氣於郊的不同，當是不同體系的設計，曹魏時編纂《皇覽》則皆視爲"逸禮"。而《明堂月令》《月令》《今月令》皆見於鄭氏經注，可證三者並不等同，卻體系相近，極易混爲一談(蔡邕似已如此)。《明堂月令》或因其較古，而得《説文解字》徵引。而《明堂月令説》見於《大戴禮記·盛德》(今見《明堂》篇)，似是漢人今文説，取明堂九室，亦與鄭學主《考工記》明堂五室異，且據鄭義還雜有秦制，又與鄭氏《禮記·月令》"本《吕氏春秋》十二月紀之首章"的判斷相近。參諸陳侃理從陰陽書到儒書、薛夢瀟"周公明堂"與"月令明堂"體系的考證，有"禮經"性質的《王居明堂禮》(也可能在"記"中)、"禮記"性質的《明堂月令》、"禮説"性質的《明堂月令説》，其歷史

① (清)劉寶楠:《論語正義》卷20，高流水點校，中華書局1990年版，第702頁。

② (清)丁晏:《周禮釋注》卷2，《續修四庫全書》第81冊，上海古籍出版社2002年版，第616~617頁。

③ (清)孫詒讓:《周禮正義》卷57，王文錦、陳玉霞點校，中華書局2013年版，第2396頁。

演變的過程可得到更合理的解釋。

三、《中霤禮》

丁晏輯"佚經"，將《中霤禮》列於《禘於太廟禮》《烝嘗禮》之後。今因中霤之祀亦與"月令"有關，故論次《王居明堂禮》之後。丁氏輯《中霤禮》逸文，漢人明言"中霤禮"者僅《周禮·春官·司巫》鄭注一條，其引"《中霤禮》曰：以功布爲道布，屬于几"（道布即"爲神所設巾"），孫詒讓以爲《逸禮》篇名，當是據《禮記》孔疏而定。[①]《禮記·月令》"五祀"鄭注，止言"祀户之禮""祀竈之禮""祀中霤之禮""祀門之禮""祀行之禮"的簡單流程，蔡邕《獨斷》所論更簡，可與鄭注互證。但鄭注並不言"中霤禮"，孔疏則屢言"中霤禮""逸中霤禮"，但於"祀中霤之禮"又無説。參見表 2-9。

表 2-9

		《禮記·月令》鄭注	《禮記·月令》孔疏	蔡邕《獨斷》
春	祀户	凡祭五祀，於廟，用特牲，有主有尸，皆先設席于奧。**祀户之禮**，南面設主于户内之西，乃制脾及腎爲俎，尊于主北。又設盛于俎西，祭黍稷，祭肉，祭醴，皆三。祭肉，脾一，腎再。既祭徹之，更陳鼎俎，設饌于筵前，迎尸，略如祭宗廟之儀	云"凡祭五祀，於廟，用特牲"之下，皆《中霤禮》文云"祭五祀於廟"者，設祭户，祭中霤，在於廟室之中，先設席於廟堂之奧。若祀竈、祀門、祀行，皆在廟門外，先設席於廟門之奧	祀户之禮，南面設主於門内之西
夏	祀竈	**祀竈之禮**，先席於門之奧，東面，設主于竈陘，乃制肺及心、肝爲俎，奠于主西。又設盛于俎南，亦祭黍三，祭肺、心、肝各一，祭醴三。亦既祭徹之，更陳鼎俎，設饌于筵前，迎尸，如祀户之禮	云"祀竈之禮"以下，皆**《逸中霤禮》**文	祀竈之禮，在廟門外之東，先席於門奧西，東設主於竈陘也

①　（清）孫詒讓：《周禮正義》卷 50，王文錦、陳玉霞點校，中華書局 2013 年版，第 2069 頁。

續表

		《禮記·月令》鄭注	《禮記·月令》孔疏	蔡邕《獨斷》
季夏	祀中霤	**祀中霤之禮**,設主於牖下,乃制心及肺、肝爲俎。其祭肉,心、肺、肝各一。他皆如祀户之禮		霤神在室,祀中霤,設主於牖下也
秋	祀門	**祀門之禮**,北面設主於門左樞,乃制肝及肺、心爲俎,奠于主南,又設盛于俎東。其他皆如祭竈之禮	云"乃制肝及肺、心爲俎,設盛於俎東"者,皆約《中霤禮》文也	祀門之禮,北面設主於門左樞
冬	祀行	行在廟門外之西,爲軷壤,厚二寸,廣五尺,輪四尺。**祀行之禮**,北面設主于軷上,乃制腎及脾爲俎,奠于主南。又設盛于俎東。祭肉,腎一,脾再。其他皆如祀門之禮	知"行在廟門外之西"者,約《檀弓》云"毀宗躐行"。自此以下,皆《中霤禮》文《邶風·泉水》孔疏"中霤之禮"	行在廟門外之西,軷壤,厚二寸,廣五尺,輪四尺,北面設主於軷上

又《禮記·曾子問》"如牲至未殺,則廢",鄭注"接祭而已,不迎尸也",孔疏亦引《中霤禮》證郊及五祀殺牲在迎尸之前。《禮記·禮器》"燔柴於奧""夫奧者,老婦之祭也",鄭注"'奧'當爲'爨'字之誤也,或作'竈'",孔疏引《中霤禮》證鄭改"奧"爲"爨"之由,並以爨爲先炊老婦之祭,奧當祀竈,其禮尊,燔柴祭火神更尊,實與鄭義不合。① 孔疏於《邶風·泉水》引《中霤之禮》

---

① 鄭玄《駁五經異義》言"竈神非祝融,是老婦""祝融乃是五祀之神,祀於四郊""竈神是祭老婦,報先炊之義也",無改文之事。又《五經異義》兩引《禮器》,一言《禮器》(作"奧者,老婦之祭"),一言《大戴禮記·禮器》(作"竈者,老婦之祭",鄭當從此文),陳壽祺以《大戴禮記》亦有《禮器》篇,並駁鄭改字之義("奧竈聲近,爨則遠矣,無容致誤。祭竈必先奠于奧,又迎尸入奧,二事一時,故竈或誤爲奧")。皮錫瑞則以"陳駁鄭義,非也",並言"孔疏申鄭,分別祝融、竈神與爨極明晰,惟以老婦配竈神,猶有誤",解"爨"爲"宗廟祭後之爨,以宗婦主祭,故祭先炊老婦之神耳",又説天子至庶人皆祀竈當有等差,似皆未解鄭義。《周禮·天官·亨人》、《儀禮·士虞禮》《特牲饋食禮》等,鄭注皆以"爨"爲"竈",賈疏以周公(《周禮》《儀禮》)、孔子(《論語·八佾》"寧媚於竈")時稱名不同視之,亦非鄭義(《禮器》之言亦出孔子)。(清)陳壽祺:《五經異義疏證》卷上,曹建墩點校,上海古籍出版社 2012 年版,第 80~83 頁。(清)皮錫瑞:《駁五經異義疏證》卷 4,吳仰湘編:《皮錫瑞全集》第 4 册,中華書局 2015 年版,第 80~83 頁。

證祀行在廟門外之西，與天子諸侯卿大夫較祭在國門外有別。另如《周禮·天官·大祝》賈疏引《中霤禮》"竈在廟門外之東，主人迎鼎事"，《公羊傳》桓公八年正月徐疏引《中霤禮》"祭五祀于廟，用牲有尸，皆薦于奧"，皆約《中霤禮》文。徐疏此約《中霤禮》文是爲證明何休"無牲而祭謂之薦"之説，可稱有理；繼而又以何休論宗廟四時祭之文，"皆時王之禮，《中霤禮》亦然"，則別無旁證。何休言曰：

> 天子四祭四薦，諸侯三祭三薦，大夫、士再祭再薦。祭於室，求之於幽；祭於堂，求之於明；祭於祊，求之於遠，皆孝子博求之意也。大夫求諸明，士求諸幽，尊卑之差也。殷人先求諸明，周人先求諸幽，質文之義也。禮，天子、諸侯、卿大夫牛羊豕，凡三牲，曰大牢。天子元士、諸侯之卿大夫羊豕，凡二牲，曰少牢。諸侯之士特豕。天子之牲角握，諸侯角尺，卿大夫索牛。①

徐疏以"天子四祭"至"尊卑之差也"，與《中霤禮》同；並以"禮，天子、諸侯、卿大夫牛羊豕凡三牲，曰大牢"爲"時王之禮"。後者因稱"禮云云"，丁晏並未輯入佚經，而是見於佚文《公羊傳》何休《解詁》引禮（引至"卿大夫索牛"），陳奐（1786—1863）視作《公羊》逸禮（引至"諸侯之士特豕"）。② 何休所論宗廟四時祭祀四、三、再的等級降殺，實際上並不能有效利用於中霤五祀，僅"祭於室，求之於幽""士求諸幽"之説與中霤或有關聯，或是幽、明、遠之言略可對應五祀祭祀的空間變化。《大雅·鳧鷖》"鳧鷖在亹，公尸來止熏熏"，鄭箋"亹之言門也。燕七祀之尸於門戶之外，故以喻其來也，不敢當王之燕禮"，孔疏亦引《中霤禮》，對五祀祭祀空間做了詳細疏解，並申論鄭箋所言七祀，頗可補《中霤禮》"唯祭五祀"之闕，但與鄭氏禮説未必相合：

> 《祭法》曰："王爲羣姓立七祀：曰司命，曰中霤，曰國門，曰國行，曰大厲，曰戶，曰竈。"是七祀之名也。諸侯以下則有降差。此言天子之事，故云七也。案《中霤禮》唯祭五祀，皆先薦於奧。祀戶則設主於戶內，祀中霤則設主於牖下，此二者在戶內也。祀門則設主於門左樞，在門內

---

① （清）凌曙：《春秋公羊禮疏》卷2，黄銘點校，上海古籍出版社2015年版，第71~74頁。（清）陳立：《公羊義疏》卷14，劉尚慈點校，中華書局2017年版，第498頁。

② （清）陳奐：《公羊逸禮考徵》，楊柳青點校，上海古籍出版社2015年版，第727頁。

也。祀竈則設主於陘，祀行則設主於軷上。竈在廟門外之東，行在廟門外之西，此二者在門外也。尸主當相依附五祀。正祭之時，戶與中霤在戶之內門，在門之內，竈、行在門之外。司命、大厲雖無文，亦不過廟門之外內也。宗廟正祭在奧，繹在門，況七祀之祭有本在門外者也，明其燕尸皆在門之外矣，故云"於門戶之外"也。①

孔疏言七祀有"降差"，《祭法》即規定天子七祀(司命、中霤、國門、國行、泰厲、戶、竈)、諸侯五祀(司命、中霤、國門、國行、公厲)、大夫三祀(族厲、門、行)、適士二祀(門、行)、庶人一祀(或戶或竈)，其中戶、竈反而只能是天子與庶人才得祭祀的對象，總之與何休所論四、三、再難以相合。但五祀設主有門內、門外之別，由中霤、戶到門到竈、行，則略有由幽及明又及遠的區別。五祀而外，更有司命與厲，其祭祀時間，鄭玄言"今時民家，或春秋祠司命、行神、山神、門、戶、竈在旁，是必春祠司命，秋祠厲也。或者合而祠之。山即厲也"②。鄭氏並以《禮記·曲禮下》天子、諸侯、大夫皆祭五祀爲"殷時制"，此五祀即《月令》戶、竈、中霤、門、行，《祭法》所論則是"周制"。《王制》"天子祭天地，諸侯祭社稷，大夫祭五祀"，鄭氏注五祀爲司命、中霤、門、行、厲，與《祭法》諸侯五祀同，並言此大夫爲"大夫有地者"，無地大夫則如《祭法》三祀而已，孔疏言鄭說《王制》五祀亦是周制。《中霤禮》論五祀，在鄭玄禮學體系中，恐非周制。

與鄭玄禮注精心構築三代禮制差異，並定型爲經學化的早期歷史有別，五祀、七祀的真實歷史演變過程，由於近數十年來出土文獻的大量出現，已有了基本的事實面貌。如五祀的次序、行井之辨、等級差異、七祀的楚地禮俗來源，都與傳統的經學解釋有出入。③ 但古人的經學歷史觀，同樣有其思想史意義。從佚禮源流而言，唐人或其所依據的南北朝義疏，已視《中霤禮》爲"逸禮"，朱子亦曾提及，吳澄又列入《儀禮逸經》。但《中霤禮》本身在鄭玄禮學體系中，與《王居明堂禮》一樣，含有殷禮、殷制，只有與"周禮"相參的價值。雖名曰《中霤禮》，而實兼五祀，若從月令政制、禮制而言，或入於《王居明堂禮》亦無不可。

---

① (唐)孔穎達等:《毛詩注疏》卷17，鄭傑文、孔德凌校點，《儒藏(精華編)》第22冊，北京大學出版社2010年版，第1088頁。

② 引證參閱劉善澤:《三禮注漢制疏證》，嶽麓書社1997年版，第526~527頁。

③ 楊華:《"五祀"祭禱與楚漢文化的繼承》，《古禮新研》，商務印書館2012年版，第379~401頁。

四、《禘於太廟禮（祫於太廟禮）》《烝嘗禮》（附論《祭典》《魯郊禮》）

何休論宗廟四時祭祀，與三禮可以互證。《公羊傳》春祠、夏礿、秋嘗、冬烝，與《周禮·春官·大宗伯》宗廟四時享祭名同（礿、禴同），《禮記·王制》《祭統》則有春礿、夏禘之説（秋嘗、冬烝諸書皆同），《郊特牲》《祭義》又言"春禘"（《郊特牲》所言鄭以爲字誤）。鄭玄以《周禮》爲本，視《王制》等説皆爲夏殷禮，周則以禘爲殷祭，對應《大宗伯》"以饋食享先王"，又以祫祭對應《大宗伯》"以肆獻祼享先王"（鄭注同時又從禮文上言六享互有肆獻祼、饋食禮儀），並撰有《魯禮禘祫義》，構築了一個從夏殷禮到周禮再到魯禮且相對精密的宗廟禮制體系。當然，諸如禘祫禮制，古今聚訟，莫衷一是，此不贅述。本書只是以鄭學爲參考系，考察佚禮輯佚篇目可能的禮學定位。

丁晏輯有《禘於太廟禮》（與《祫於太廟禮》合爲一篇）、《烝嘗禮》，因同與宗廟祭祀有關，又與鄭學關係緊密，故合論於此。《禘於太廟禮》逸文六條，應劭"禮，五年而後殷祭，壹禘壹祫。祫祭者，毀廟與未毀廟之主皆合食於太祖"（《漢書·平帝紀》注），實出於西漢韋賢（《漢書·韋賢傳》"古之正禮也"，實本諸《公羊》），張純亦曾言及（《續漢志·祭祀志下》《後漢書·張純傳》），張純又言"禮，三年一祫，五年一禘"（又見《禮緯》），此皆漢儒通義，《大宗伯》鄭注論魯禮云云，皆本前人之説。（參見表2-10）張純、應劭兩條，丁晏視爲"古禮之遺文"，並未見名稱禘祫禮者。餘四條，一出《儀禮·少牢饋食禮》鄭注，題"禘於太廟禮曰"，言禘禮擇日。賈疏僅以"日用丁亥"爲《大戴禮》文（《夏小正》"丁亥，萬用入學"，傳云"丁亥，吉日"），"不得丁亥"以下爲鄭玄解經之文，張惠言以爲不確，[1] 丁氏亦以賈疏有誤。一出《通典·吉禮》，言合祭立尸之事，與王肅《聖證論》所引相合；凡兩引，或稱"逸禮記禘於太廟禮"，或稱"逸禮記祫於太廟之禮"（丁氏只言祫，未言禘），[2] 與賈疏言《大戴禮》文相近，是唐人有以《禘於太廟禮》出於"禮記"之説。

---

① （清）胡培翬：《儀禮正義》卷37，張文、徐到穩、殷嬰寧校點，《儒藏（精華編）》第48册，北京大學出版社2016年版，第1636頁。

② （唐）杜佑：《通典》卷49，王文錦、王永興、劉俊文等點校，中華書局1992年版，第1378、1380頁。

表 2-10

《大宗伯》			《禘於太廟禮（祫於太廟禮）》
宗廟六享	鄭注		《烝嘗禮》
以肆獻祼享先王	祫言肆獻祼	魯禮，三年喪畢，而祫於大祖；明年春，禘於羣廟。自爾以後，率五年而再殷祭，一祫一禘	毀廟之主皆升合食，而立二尸《通典》"逸禮記祫於太廟之禮""逸禮記禘於太廟禮"，"逸禮稱二尸者，據文武之廟及太祖昭穆而言也"
以饋食享先王	禘言饋食禮		日用丁亥，賈疏"《大戴禮》文"。不得丁亥，則己亥、辛亥亦用之，無則苟有亥焉可也《儀禮·少牢饋食禮》鄭注"禘於太廟禮" 其昭尸穆尸，其祝辭總稱孝子、孝孫王肅《聖證論》"禘於太廟逸禮" 皆升合於其祖王肅《聖證論》"逸禮"（《王制》疏）
以祠春享先王 以禴夏享先王 以嘗秋享先王 以烝冬享先王	（桓公八年何休《解詁》）		烝嘗之禮有射豸者《周禮·夏官·射人》鄭注，賈疏"據《逸烝嘗禮》而知"

　　兩出王肅《聖證論》（《禮記·王制》疏引），稱"禘於太廟逸禮""逸禮"，與鄭義不合。① 王肅引"其昭尸穆尸，其祝辭總稱孝子、孝孫""皆升合於其祖"，意在證明禘祭取群廟之主合祭，即孔疏所言"若王肅、張融、孔晁皆以禘爲大，祫爲小"，而"鄭不從者，以《公羊傳》爲正，《逸禮》不可用也"。《春秋》文公二年八月丁卯"大事于大廟"，《公羊傳》言"大事者何？大祫也。大祫者何？合祭也。其合祭奈何？毀廟之主，陳于大祖。未毀廟之主，皆升，合食于大祖，五年而再殷祭"②，鄭玄本之以説祫大禘小，禘祭無"皆升合於其祖"之事。但徐疏言"正以祫小于禘，而文加大，故執不知問"，是《公羊》鄭氏義與今文《公羊》家説不同。③

---

　　① （清）皮錫瑞：《聖證論補評》卷下，吳仰湘編：《皮錫瑞全集》第 5 册，中華書局 2015 年版，第 521~524 頁。

　　② （清）陳立：《公羊義疏》卷 38，劉尚慈點校，中華書局 2017 年版，第 1445~1455 頁。

　　③ 許鄭五經異義亦論禘祫，參閱（清）皮錫瑞：《駁五經異義疏證》卷 6，吳仰湘編：《皮錫瑞全集》第 4 册，中華書局 2015 年版，第 197~206 頁。

禘祫争議較大，且郊天亦有禘祭，異説尤多，本書無意評判高下。以鄭學論，《禘於太廟禮》有可取者，如"日用丁亥"（少牢饋食禮日用丁、己）；有不可取者，如"皆升合於其祖"，鄭以禘祭"各就其廟"（以周言，即后稷、文王、武王及四親廟），而祫祭方合祭於始祖之廟（毀廟、未毀廟之主皆在始祖廟中）。另如《通典》所引"立二尸"者，亦當爲鄭所取，但丁氏所輯較簡，未能完備，經疏、史志之中，實則別有《禘於太廟禮》《祫於太廟禮》逸文存焉：

> 案《逸禮》云："毀廟之主，昭共一牢，穆共一牢，於是行朝踐之事，尸出於室。太祖之尸，坐於尸西南面，其主在右，昭在東，穆在西，相對坐，主各在其右。"《禮記·禮運》疏

此即所謂毀廟之昭穆"二尸"，如鄭玄《魯禮禘祫義》言"其尸：后稷廟中后稷尸一，昭穆尸各一；文王廟中，文王尸一，穆尸共一；武王廟中，武王尸一，昭尸共一"，凡七尸，禘、祫同。[1] 杜佑便以始祖廟立毀廟之昭穆二尸、文王廟二尸、武王廟二尸説之。而"七尸"之文，《通典》於祫祭亦言"《逸禮》文"（丁氏列於"佚文"）。[2]《通典》又引"或問高堂隆"之言"按逸禮，藏主之處，似在堂上壁中"（亦見"佚文"），此"逸禮"與遷廟之主有關。[3] 遷廟之藏主或説北壁、西壁，或説堂上、堂下，未可遽定，鄭義不明。今可參者，惟有《駁五經異義》論虞主所藏條，皮錫瑞備引諸家之説，亦無確論，只言"姑具列以俟考"。[4] 至於《魏書·禮志》言"饋食設主，著於逸禮"，意在證明大夫士有主。[5] 許慎《五經異義》"卿大夫士有主否"條，許、鄭實皆以大夫、士廟無主，但許據《左傳》哀公十六年孔悝反祏而疑有石主，鄭以出公之主駁之，孔疏則言"孔氏仕於衛朝，已歷多世，不知本出何國，安得有所出公之主也？知是僭

---

[1] （清）皮錫瑞：《魯禮禘祫義疏證》，吳仰湘編：《皮錫瑞全集》第4册，中華書局2015年版，第526~530頁。

[2] （唐）杜佑：《通典》卷49，王文錦、王永興、劉俊文等點校，中華書局1992年版，第1375頁。

[3] （唐）杜佑：《通典》卷48，王文錦、王永興、劉俊文等點校，中華書局1992年版，第1347頁。

[4] （清）皮錫瑞：《駁五經異義疏證》卷10，吳仰湘編：《皮錫瑞全集》第4册，中華書局2015年版，第285~287頁。

[5] （北齊）魏收：《魏書》卷108，中華書局1973年版，第2771頁。

爲之耳", 皮錫瑞以爲甚是。① 陳壽祺則據《公羊》文公二年何注引《禮士虞記》"桑主不文, 吉主皆刻而諡之" 及《逸禮》之文, 質疑 "此《逸禮》言大夫士有主之明文也, 許鄭何以遺之"。② 何休所引, "蓋爲禘祫時別昭穆也" 句也應在《士虞記》中(今《儀禮·士虞禮》未見, 姚鼐《再覆簡齋書》言 "此是禮之逸篇"), ③ 士無禘祫可言, 則陳氏不得據以爲證, 更可見許鄭二人皆不信《逸禮》饋食設主之言(許言 "大夫以石爲主, 禮無明文" 而已)。

禘祫禮大, 惟天子諸侯行之, 争論尤多。諸家論四時享祭差異略小, 但經書四時祭名不同、祭薦的用物、頻率與時間等問題, 都存在争議。鄭玄據《周禮·春官·大宗伯》宗廟六享與《禮記·祭法》周禮廟制等文, 設計了一套自天子至於庶人的宗廟禮制體系, 其中不僅有廟祧壇墠的空間變化, 也有月祭、時祭、禱祭、廟薦的頻率差異。鄭以《儀禮·少牢饋食禮》《特牲饋食禮》爲諸侯之卿大夫、士禮, 大致對應《祭法》的 "享嘗" 時祭之禮, 但與四時如何搭配, 禮文、鄭注並不明顯。四時享祭中, 丁晏僅輯有《烝嘗禮》一條, 出於《周禮·夏官·射人》鄭注, 但稱 "烝嘗之禮", 賈疏言據《逸烝嘗禮》而知, 進而推論 "宗廟之祭, 秋冬則射之, 春夏否也" "諸侯已下則不射", 孫詒讓並言 "天子諸侯宗廟之祭, 並用大牢, 則當兼射牛羊豕。《逸禮》止云射豕者, 蓋文不具"。④ 丁晏則更加詳細地解釋了鄭注 "今立秋有貙劉云" 的歷史内涵。

當然, 宗廟四時祭祀的真實歷史, 肯定與鄭玄的體系建構相去較遠, 沈文倬先生即從歷史進程探討烝嘗之祭如何 "與歲祭聯繫起來考察並確定其處於何種關係", 發現殷與周初 "嘗新" 只有烝祀一祭, 且無定時(甲骨、青銅器、《尚書·洛誥》), 到春秋時烝、嘗已分別舉行(《春秋》《詩經·魯頌》), 戰國時又擴充爲四時之祭(《周禮》), 秦漢以來則設計得越來越精巧(《爾雅·釋天》《公羊傳》《春秋繁露》《説文》)。⑤ 再如杜預《春秋釋例·烝嘗例》, 實際上已經是在四時之祭體系化、精密化之後, 反推《春秋》《左傳》禮制的經學體例書寫。

---

① (清)皮錫瑞:《駁五經異義疏證》卷8, 吳仰湘編:《皮錫瑞全集》第4册, 中華書局2015年版, 第255~261頁。

② (清)陳壽祺:《五經異義疏證》卷上, 曹建墩點校, 上海古籍出版社2012年版, 第69~72頁。

③ (清)陳立:《公羊義疏》卷38, 劉尚慈點校, 中華書局2017年版, 第1437頁。

④ (清)孫詒讓:《周禮正義》卷58, 王文錦、陳玉霞點校, 中華書局2013年版, 第2439頁。

⑤ 沈文倬:《宗周歲時祭考實》,《菿闇文存——宗周禮樂文明與中國文化考論》, 商務印書館2006年版, 第358~361頁。

總而言之，諸家徵引及其論證，都顯示出《禘於太廟禮（祫於太廟禮）》《烝嘗禮》當是天子禮（旁及諸侯禮），與前述《天子巡守禮》《王居明堂禮》同，且與《周禮》《儀禮》經文本身有出入。而鄭玄的態度，仍是合義則取，不合則棄。

《佚禮扶微·佚記》又有"祭典"者，亦與宗廟祭祀有關。丁晏所輯逸文來源甚早，出於《國語·楚語上》，屈到嗜芰而遺囑祭以芰，其子屈建去之而稱"祭典有之曰：國君有牛享，大夫有羊饋，士有豚犬之奠，庶人有魚炙之薦，籩豆脯醢則上下共之"。《楚語下》觀射父言祀牲，亦言"祀加於舉，天子舉以太牢，祀以會。諸侯舉以特牛，祀以太牢。卿舉以少牢，祀以特牛。大夫舉以特牲，祀以少牢。士食魚炙，祀以特牲。庶人食菜，祀以魚。上下有序，則民不慢"，與"祭典有之曰"義近。① 可見太牢、少牢、特牲構築的禮制用牲等級，較早即成爲通行之禮。丁晏因注意到漢人引《禮記·祭法》而稱"祀典"，且《祭法》末尾亦有"不在祀典"之文，遂將"祭法""祀典""祭典"合論：

> 《祭法》曰："非此族也，不在祀典。"余謂"祀典"一語，反結前文，題上事也。……故漢儒引《祭法》文皆稱《祀典》。《漢書·郊祀志》引《禮記·祀典》"功施於民則祀之，天文日月星辰所昭仰也，地理山川海澤所生殖也"，《韋玄成傳》引《禮記·祀典》曰"夫聖人之制祀也，功施於民則祀之，以勞定國則祀之，能救大災則祀之"，《風俗通義》卷八云"及天之三辰所昭仰也，地之五行所生殖也，九州名山川澤所出財用也，故記敘神物曰《祀典》也"。又稱《祭典》，《家語·廟制》篇引《祭典》云"昔有虞氏祖顓頊而宗堯，夏后氏亦祖顓頊而宗禹，殷人祖契而宗湯，周人祖文王而宗武王"，即今《祭法》文也。②

《漢書·韋玄成傳》當是《韋賢傳》，《風俗通義》所言"祀典"亦是書中篇名，《家語》還設計了子羔（高柴）與孔子的對話。相似內容，王充《論衡·祭意》徵引時多稱"禮"，章帝元和二年（85）詔書引時則稱《祭法》（《東觀漢記·郊祀志》）。③ 諸書引稱"禮記祀典""祭典"，今皆見於《禮記·祭法》首尾二

---

① 徐元誥：《國語集解》，王樹民、沈長雲點校，中華書局 2002 年版，第 488、516 頁。丁晏多輯"不羞珍異，不陳庶侈"句。

② （清）丁晏：《佚禮扶微》，師顧堂影印《南菁書院叢書》本，2020 年，第 40~41 頁。

③ 陳雄根、何志華編著：《先秦兩漢典籍引〈禮記〉資料彙編》，香港中文大學出版社 2012 年版，第 355~362 頁。

章，又互見於《國語·魯語上》展禽批評臧文仲祀爰居之言。① 臧文仲祀爰居，說亦見於《左傳》文公二年（前 625）。屈到、屈建於楚康王（前 559—前 545 在位）時用事，孔子與高柴更在其後，而《國語》記事至周定王十六年（前 453），《禮記·祭法》成書則在戰國秦漢間（孫希旦、任銘善、呂友仁等認爲漢人之作，王鍔以爲成於戰國中期）。② 因此，可言《禮記·祭法》有取於《國語》，但不可以屈建等引後世《祭法》之文。丁晏也言屈建所言"祭典"未必定是《祭法》脫簡，然"要亦古祀典之遺文"，劉咸炘同樣認爲"必是古典"，但丁氏輯入佚記則不倫，故而又言"春秋時豈有記哉"，且"《祭法》述禮典，乃記中之經，不可與《祭典》比同"。如此，《祭典》當是古書，《國語·楚語上》申叔時言教太子以春秋、世、詩、禮、樂、令、語、故志、訓典，③《祭典》或在其中。

祭祀之禮，丁晏輯佚記又有《魯郊禮》。郊禮爲祭天地之大禮，鄭玄在《周禮》學體系中構造了繁複的郊祀系統，但並未特別言及魯國郊祀之禮，《魯禮禘祫義》則重在宗廟之禮（實際上，鄭玄所論禘禮除宗廟之禘外，也有郊天之禘，如圜丘祭昊天上帝、南郊祭感生帝與宗祀明堂）。丁輯逸文三條，皆出許慎之書：一出《五經異義》，許氏引《魯郊禮》"祝延帝尸"以證祭天有尸，鄭氏無駁與許同。④ 兩出《說文解字》，田部"畱"字稱"魯郊禮畜"，無甚禮文，段注以爲"此許據《魯郊禮》文證古文从玆乃合於田畜之解也"；鳥部"鶾"字但稱"魯郊"，言"魯郊以丹雞，祝曰：以斯鶾音赤羽，去魯侯之咎"（《禮記·曲禮下》凡祭宗廟之禮"雞曰翰音"），文亦見於《風俗通義·祀典》而略異，丁氏以爲"疑亦據《魯郊禮》文"。此數文皆見於段玉裁《說文解字注》，丁氏亦精研《說文》，不知其撰《佚禮扶微》之前是否過目段書，要之其對《說文》用力甚深則無疑。王利器亦言"《魯郊禮》漢時猶存，故《春秋繁露》《說文》《五經異義》及《風俗通》皆得引之"⑤，但其中《春秋繁露·郊事對》所言魯郊只是意在解釋

---

① 徐元誥：《國語集解》，王樹民、沈長雲點校，中華書局 2002 年版，第 488、516、154~161 頁。

② 王鍔：《〈禮記〉成書考》，中華書局 2007 年版，第 160~165 頁。

③ 徐元誥：《國語集解》，王樹民、沈長雲點校，中華書局 2002 年版，第 485~486頁。

④ （清）皮錫瑞：《駁五經異義疏證》卷 6，吳仰湘編：《皮錫瑞全集》第 4 冊，中華書局 2015 年版，第 196 頁。

⑤ 《風俗通義》作"魯郊祀常以丹雞"。（漢）應劭撰，王利器校注：《風俗通義校注》卷 8，中華書局 2010 年版，第 376 頁。

爲何魯國可行郊祭及其用牲之法①。

　　魯國因周公之尊而得郊天，也因此保留了諸多周代典禮，故而《左傳》昭公二年韓宣子言"周禮盡在魯矣"。《公羊》家甚至有"《春秋》王魯"之説，②《論語·陽貨》"吾其爲東周乎"何晏注"興周道於東方"，義近《公羊》。魯禮與周禮肯定有區別，魯公與天子在等級上天然有差異。但春秋時期禮壞樂崩，周天子權威日喪，周禮崩潰之後，魯禮便成爲最佳的參照物。以郊天論，《禮記·郊特牲》"郊之用辛也，周之始郊，日以至"，鄭注即言"郊天之月而日至，魯禮也""周衰禮廢，儒者見周禮盡在魯，因推魯禮以言周事"，明顯注意到據魯禮以言周事的局限。但鄭玄並非批駁"推魯禮以言周事"的方法，其《魯禮禘祫義》實際上也暗含了如此推論的手段與目的，因此其解《周禮》"肆獻祼""饋食"時才以魯禮禘祫爲證。當然，"推魯禮以言周事"更是一種建構的方法，其中歷史事實與觀念混融一體，實際上構築了一種經學化的禮制圖景。

五、《軍禮》(附論《司馬法》)

　　《儀禮》十七篇，根據鄭玄比附《周禮》"五禮"的分類，有吉禮三(《特牲饋食禮》《少牢饋食禮》《有司徹》)、凶禮四(《喪服》《士喪禮》《既夕》《士虞禮》)、賓禮三(《士相見禮》《聘禮》《覲禮》)、嘉禮七(《士冠禮》《士昏禮》《鄉飲酒禮》《鄉射禮》《燕禮》《大射儀》《公食大夫禮》)，然無軍禮。邵懿辰以十七篇中射禮即軍禮，又以吉凶五禮爲《周禮》作者特創以括王朝之禮，"非所語於天下之達禮"③。任慧峰先生亦注意到有關射禮或吉禮或嘉禮或軍禮的爭論，實際上是學者從不同角度以及套用《周禮》五禮分類法的結果。④ 但鄭學仍提供了重要的討論基礎，尤其是本書所論佚經篇目多出自鄭氏經注，只是要將經學與歷史事實有所區分。

　　鄭氏對"軍禮"的認知，具於《周禮·春官·大宗伯》大師、大均、大田、

---

①　蘇輿：《春秋繁露義證》卷15，鍾哲點校，中華書局1992年版，第417頁。

②　(清)陳立：《公羊義疏》卷2，劉尚慈點校，中華書局2017年版，第73頁。

③　(清)邵懿辰：《禮經通論》卷上，黃銘、秦婷點校，丁耘編：《思想史研究(第七輯)》，上海人民出版社2009年版，第385、401頁。

④　任慧峰：《先秦軍禮研究》，商務印書館2015年版，第233～250頁。另參袁俊傑：《兩周射禮研究》，科學出版社2013年版。

大役、大封之禮。而丁氏輯《軍禮》逸文兩條，皆見於《周禮》鄭注，一出《秋官·士師》，言"軍禮曰：無干車，無自後射"。"無干車，無自後射"又見於《夏官·大司馬》鄭注，文略繁（參見表 2-11），賈疏以爲"據《漢田律》而言"，孫詒讓以爲不足據。① 丁氏則言"漢律亦有此文，蓋依古軍禮爲説也"。鄭説雖散見春官、夏官、秋官，但大田、大役與蒐田、田役，蒐田誓民與五戒之誓禁，意義較爲一貫。

表 2-11

	經	注
《春官·大宗伯》	**大師**之禮，用衆也 大均之禮，恤衆也 **大田**之禮，簡衆也 **大役**之禮，任衆也 大封之禮，合衆也	用其義勇 均其地政、地守、地職之賦，所以憂民 古者因田習兵，閲其車徒之數 築宮邑，所以事民力强弱 正封疆溝塗之固，所以合聚其民
《夏官·大司馬》	遂以**蒐田**，有司表貉，**誓民**，鼓，遂圍禁，火弊，獻禽以祭社	誓民，誓以犯田法之罰也。**誓曰："無干車，無自後射。立旌遂圍禁，旌弊争禽而不審者，罰以假馬。"**禁者，虞行守禽之屬禁也
《秋官·士師》	以五戒先後刑罰，毋使罪麗于民：一曰**誓**，用之于軍旅。二曰**誥**，用之于會同。三曰**禁**，用諸**田役**。四曰糾，用諸國中。五曰憲，用諸都鄙	誓誥於《書》，則《甘誓》《湯誓》《大誥》《康誥》之屬。禁則**軍禮**曰"無干車，無自後射"，比其類也

《周禮·秋官·士師》賈疏並引《周易·比》卦九五爻"王用三驅，失前禽"鄭注，其言：

---

① "無干車"言無干犯他車。"無自後射"則有異説，《大司馬》賈疏列有三解，一言象戰陳不逐奔走，一言前人已射中而後人不得復射，一言無面傷象降者不逆擊之；《士師》疏又言不中之後不重射。黄以周以賈疏説甚游移，以無干車、無自後射言各守車行、各安徒列（毋自人後而争射前禽）。孫詒讓從黄説，又申言無自後言止是恐誤傷前人。（清）孫詒讓：《周禮正義》卷 55、卷 67，王文錦、陳玉霞點校，中華書局 2013 年版，第 2309、2783~2785 頁。

　　王因天下顯習兵于蒐狩焉。驅禽而射之，三則已，**法軍禮**。失前禽者，謂禽在前來者不逆而射，傍去又不射，惟其走者順而射之，不中亦已，是皆所失。**用兵之法**亦如之，降者不殺，奔者不禁，背敵不殺，以仁恩養威之道。①

　　鄭氏以"三驅"實則"法軍禮"，與《周禮》注"無自後射"略可對應。雖然黃以周並不贊同賈疏引鄭氏《易注》以證"無自後射"爲不中之後不重射之義，但鄭注內部可能確實存在聯繫。② 黃氏並以"無干車，無自後射"即《司馬法》逸文，③ 當是本自《漢書·藝文志》"《軍禮司馬法》百五十五篇"的記載（也因此不能以《軍禮》在《逸禮》三十九篇之中）。《司馬法》相傳爲司馬穰苴所作，本在兵書略兵權謀類，諸子略雜家又有《子晚子》三十五篇與《司馬法》相似，但《司馬法》則因"動之以仁義，行之以禮讓"而入六藝略禮類，可見內容之不同。《司馬法》今存三卷五篇，但多疑其僞作。《周禮》鄭注屢次徵引《司馬法》（參見表 2-12），散見於地官、夏官、秋官（頗可見《天官·大宰》"官聯"之法），卻不稱"軍禮"，稱"軍禮"者惟《士師》注一處，但仍可約略看出與《大宗伯》諸軍禮，尤其是大師、大均、大田之禮的密切關聯。④ 其中，《小司徒》鄭注所引《司馬法》"通十爲成，成百井，三百家，革車一乘，士十人，徒二十人"，與《小雅·采芑》鄭箋引《司馬法》"兵車一乘，甲士三人，步卒七十二人"有別（袁鈞、袁堯年輯《論語·學而》鄭注所引"通十爲成，成方十里，出革車一乘，甲士三人，步卒七十二人"更是直接與《小司徒》注矛盾，但此注合《詩》《周禮》《左傳》疏引解而成，不準確），賈疏、孔疏説以畿內采地、畿外邦國有異；孫詒讓引江永、金榜之説，認爲七十五人是任民之法（江永"丘乘之本法"、金榜"通正羡之卒"），三十人是出軍之法（江永"調發之通制"、

----

　　① 此文見於《周禮注疏》《春秋左傳正義》，文字小異。（唐）賈公彥：《周禮注疏》卷 41，彭林整理，上海古籍出版社 2010 年版，第 1349 頁。（唐）孔穎達等：《春秋左傳正義》卷 6，浦衛忠校點，北京大學出版社 2016 年版，第 162 頁。

　　② 曹元弼之説與其師黃以周不同，曹言"田獵之禮，置旃以爲門，刈草以爲長圍，田獵者自門驅而入，禽獸向我而出者皆免，其背走而將突圍出者射之。夫禽之驚走向背非知所擇，但自前迎來者射之易，故以象降者奔；背而去者取之難，故以象拒敵者。王者農隙講武，爲田除害，仍寓愛物之仁，不忍取其自來而易得者"，又是一説。（清）曹元弼：《周易鄭注箋釋》卷 1 下，林慶彰主編：《民國時期經學叢書》第 1 輯第 14 册，臺灣文聽閣圖書有限公司 2008 年版，第 268~274 頁。

　　③ （清）黃以周：《軍禮司馬法考徵》，董平點校，詹亞園、張涅主編：《黃式三黃以周合集》第 14 册，上海古籍出版社 2014 年，第 33~34 頁。

　　④ 姜軍：《〈司馬法〉研究》，吉林大學博士學位論文，2019 年，第 75~134 頁。

表 2-12 《周禮》鄭注引《司馬法》表

		《周禮》	《司馬法》
地官	小司徒	乃經土地而井牧其田野，九夫爲井，四井爲邑，四邑爲丘，四丘爲甸，四甸爲縣，四縣爲都，以任地事而令貢賦，凡稅斂之事	六尺爲步，步百爲畮，畮百爲夫，夫三爲屋，屋三爲井，井十爲通，通十爲成，成十爲終，終十爲同，同十爲封。通爲匹馬三十家，士一人，徒二人。十成，革車一乘，士十人，徒二十人。十終，革車十乘，士百人，徒二百人。十同，革車百乘，士千人，徒二千人。終千井，萬井，三萬家，革車百乘，土千人，徒二千人。同方百里
	鄉師	大軍旅，同，正治其徒役與其輂輦，戮其犯命者	夏后氏謂輦曰余車，殷曰胡奴車，周曰輜輦。輦，一斧，一斤，一鑿，一梩，一鋤，周輦加二版二築。夏后氏二十人而輦，殷十八人而輦，周十五人而輦
	鼓人	凡軍旅，夜鼓鼜	昏鼓四通爲大鼓，夜半三通爲晨戒，旦明五通爲發昫
	載師	以廛里任國中之地，以場圃任園地，以宅田、土田、賈田任近郊之地，以官田、牛田、賞田、牧田任遠郊之地，以公邑之田任甸地，以家邑之田任稍地，以小都之田任縣地，以大都之田任畺地	王國百里爲郊，二百里爲州，三百里爲野，四百里爲縣，五百里爲都

續表

		《周禮》	《司馬法》
夏官	大司馬	辨鼓鐸鐲鐃之用，王執路鼓，諸侯執賁鼓，軍將執晉鼓，師帥執提，旅帥執鼙，卒長執鐃鐸，兩司馬執鐲，公司馬執鐲	十人之長執鉦，百人之師執鐸，千人之師執鼙，萬人之主執大鼓賣疏
		中軍以鼙令鼓，鼓人皆三鼓，司馬振鐸，羣吏作旗，車徒皆作；鼓行，鳴鐲，車徒皆行，及表乃止；三鼓，摝鐸，羣吏弊旗，車徒皆坐	鼓聲不過閶，鼙聲不過琅，鐸聲不過琅
		若大師，則掌其戎令，涖大卜，帥執事涖釁主及軍器	上卜下下謀，是謂參之
	司勳	若師有功，則左執律，右秉鉞，以先愷樂獻于社	得意則愷樂，愷歌，示喜也
		戰功曰多	上多前虜
	司右	凡國之勇力之士能用五兵者屬焉，掌其政令	弓矢圉，殳矛守，戈戟助（凡五兵，長以衛短，短以救長丁氏闕）
秋官	大行人	春朝諸侯而圖天下之事，秋覲以比邦國之功，夏宗以陳天下之謀，冬遇以協諸侯之慮，時會以發四方之禁，殷同以施天下之政	春以禮朝諸侯，圖同事。夏以禮宗諸侯，陳同謀。秋以禮覲諸侯，比同功。冬以禮遇諸侯，圖同慮。時以禮會諸侯，施同政。殷以禮會諸侯，發同禁

金榜"正卒");劉寶楠則引金鶚之説,在江永基礎上,以《司馬法》未必周公之制,信《司馬法》不如信《孟子·梁惠王上》萬乘、千乘、百乘與《萬章下》千里、百里、七十里、五十里之制,此又今古文經説之不同(《王制》與《周禮》封國大小之別)。①

鄭玄以《司馬法》合《周禮》之制,方得引證,但需仔細分梳。《司馬法》與"軍禮"的關係,鄭注並未如《漢書·藝文志》一樣合稱,或是認爲二者既有區別又有聯繫。《司馬法》肯定有相當多的禮制信息,以至於班固、許慎都將之稱爲"禮"。《説文解字》"蠽"字引"禮:昏鼓四通爲大鼓,夜半三通爲戒晨,旦明五通爲發明",與《周禮·地官·鼓人》鄭注引《司馬法》大同小異,② 然《説文解字》亦有專引《司馬法》者,③ 與鄭區別"軍禮"與"司馬法"似義同。《孔叢子》有《問軍禮》篇,多與《禮記》《周禮》言軍事者相近,丁晏言"考禮家多取之,兹以其書僞託,擯而不録",尤爲審慎(《佚禮扶微》庚辰敘言"《孔叢子》之《軍禮》,大抵僞文")。④ 綜上所述,"軍禮"是否有專篇或專書存世,尚在疑似之間。而以《司馬法》當"軍禮",至少未得到許慎、鄭玄的全部認同。

綜上所述,《天子巡守禮》、《朝貢禮》、《王居明堂禮》、《中霤禮》、《禘於太廟禮》、《烝嘗禮》(稱"烝嘗之禮")、《軍禮》皆見於鄭注,然並未如《禮記·奔喪》《投壺》而有《逸曲禮》之稱。以諸篇爲"逸"(未必就是《逸禮》三十九篇)者,僅《禘於太廟禮》在王肅《聖證論》中已稱"逸禮",他篇"逸禮"性質的判定則多出自唐人。即以"逸禮"視之,諸篇的價值其實並没有超出三禮以及《大戴禮記》,甚至多有不符鄭玄之意者,如《王居明堂禮》《禘於太廟禮》等都

---

① 《左傳》成公元年服虔注引《司馬法》"四邑爲丘,有戎馬一匹,牛三頭,是曰匹馬丘牛。四丘爲甸,甸六十四井,出長轂一乘,馬四匹,牛十二頭,甲士三人,步卒七十二人,戈楯具備,謂之乘馬"。(清)孫詒讓:《周禮正義》卷20,王文錦、陳玉霞點校,中華書局2013年版,第808~810頁。(清)劉寶楠:《論語正義》卷1,高流水點校,中華書局1990年版,第14~16頁。黄以周則以境内御戎(75)、遠征異國(30)有別,又皆本武王舊制。程繼紅輯箋:《黄式三黄以周禮學文獻輯箋》,鳳凰出版社2017年版,第670~673頁。

② 馬宗霍:《説文解字引禮考》,《説文解字引經考》,中華書局2014年版,第749~750頁。

③ 《説文解字》引《司馬法》,見約、讀、取、杸、肙(睪)、驕、忻、憾、耿、戈、鈀等字。馬宗霍:《説文解字引群書考》,中華書局2014年版,第59~70頁。《先秦兵書佚文輯解》彙輯《司馬法》佚文,分爲軍賦、軍禮、編制、裝備、軍法、戰法六類,與《周禮》"軍禮"内涵廣闊不同。徐勇主編:《先秦兵書佚文輯解》,天津人民出版社2002年版,第208~214頁。

④ (清)丁晏:《佚禮扶微》,師顧堂影印《南菁書院叢書》本,2020年,第15頁。傅亞庶:《孔叢子校釋》卷6,中華書局2011年版,第420~431頁。

有超出鄭氏所認定"周禮"的内容。本節還以類相從，附考相關佚經佚記，皆試圖置於鄭玄禮學體系中予以觀察。其中，"遇禮""迎禮""魯郊禮"皆稱"禮"而丁晏入之於"佚記"，劉咸炘則以"迎禮""魯郊禮"爲經，又以"遇禮"乃是"但述其概，非引其文"而非禮篇。① 如此之類，實際上更接近汪克寬《經禮補逸》輯佚的方式，雖然有各自的來源，但未知是否如《儀禮》十七篇或《逸禮》三十九篇而有成文，還是僅僅暗合經禮三百、曲禮三千之數而已。

第三節　疑似"佚經"

除出自二戴《記》與鄭注的佚禮古經篇目外，傳世文獻中確有稱"經"者，即賈誼《新書・容經》。《容經》與禮容之學相關，蓋爲儒門禮學之一體（孔子以前即有"威儀"之説，内涵極其豐富），漢世頗爲流行，《史記・儒林列傳》《漢書・儒林傳》皆將之與《禮經》之學並列。另賈誼《新書・保傅》專言教太子禮，特引《學禮》之説，丁晏不以爲佚，但該篇存世逸文與若干佚記有密切聯繫，後世因儒門重學亦有專門論列者，是以本節特別予以討論。又因二篇皆與賈誼《新書》有關，故合論於此。②

---

① 丁輯"佚記"中另有"親迎禮"，劉咸炘亦以爲非禮篇。丁氏實際上也知曉"親迎禮"作爲逸篇的不妥，其言"親迎之禮，經記言之詳矣"而"兹録親迎，不敢遺諸子所載，重慕古禮，實愛而表出之，庶知禮之君子，必有因而興者，非徒載之空言而已"。"親迎禮"輯文一出《荀子・大略》，一出《説苑・修文》（向宗魯先生言"此當出佚禮"），多載昏禮親迎各儀節之禮辭。事實上，禮辭在《儀禮》《禮記》《詩經》《左傳》等傳世文獻常見，金文、簡帛文獻中也不乏用例。（清）王先謙：《荀子集解》卷19，沈嘯寰、王星賢點校，中華書局1988年版，第490頁。向宗魯：《説苑校證》卷19，中華書局1987年版，第483~484頁。另參閲賈海生：《祝嘏、銘文與頌歌——以文辭飾禮的綜合考察》，《周代禮樂文明實證》，中華書局2010年版，第229~258頁。陳致：《"日居月諸"與"日就月將"：早期四言詩與祭祀禮辭釋例——詩經與金文中成語》，《詩書禮樂中的傳統：陳致自選集》，上海人民出版社2012年版，第42~64頁。莊媛：《先秦盟誓禮辭探究》，浙江大學碩士學位論文，2015年。杜佳：《周代軍禮、吉禮禮辭纂釋》，浙江大學博士學位論文，2018年。

② 關於賈誼禮學思想的歷史定位，參閲華友根：《西漢禮學新論》，上海社會科學院出版社1998年版，第30~40頁。陳蘇鎮：《〈春秋〉與"漢道"：兩漢政治與政治文化研究》，中華書局2011年版，第137~152頁。胥仕元：《秦漢之際禮治與禮學研究》，人民出版社2013年版，第167~188頁。唐雄山：《賈誼禮治思想研究》，中山大學出版社2005年版。其中尤以陳蘇鎮先生荀子後學的"以禮爲治"説（賈誼傳《左傳》，申公傳《穀梁傳》，皆荀子後學，與《公羊》家"以德化民"説異調）最具新義。

一、《容經》

丁晏將《容經》列於附録，但認爲"稱之曰經，當即古《禮經》之文矣"，並深刻認識到"容"的重要性，如其言"夫容非徒虚文也，禮儀之美不特以淑一身，將以化喬野、靖囂争，甄陶風俗而臻於太和""故外觀其容，可以驗政治之盛衰，識壽命之修短，容之所繫，豈不綦重矣哉。陋儒不達此義，反謂容儀爲末節，又烏知夫威儀經曲，古人且著之《禮經》乎"。① 丁氏引證《左傳》成公十三年(前 578)劉康公之言以及漢世重容禮之事(如徐生"善爲頌"，唐長賓、褚少孫"頌禮甚嚴"，劉昆"少習容禮"等)，可見儒門容禮之學源遠流長。②

《容經》内容並不複雜，主要分爲經、容、總論三部分。"經"有志色之經、容經、視經、言經，"容"有立容、坐容、行容、趨容、跰旋之容、跪容、拜容、伏容、坐車之容、立車之容、兵車之容，③ "總論"則記述禮容的相關理論與意義，可與《新書·禮容語》篇相互參證。廖平言"《容經》以《洪範》五事爲綱：一曰貌，二曰言，三曰視，四曰聽，五曰思。以《周禮·保氏》六儀爲緯：一曰祭祀之容，二曰賓客之容，三曰朝廷之容，四曰喪紀之容，五曰軍旅之容，六曰車馬之容。按經多詳四儀，車馬有專目，賓客則略"，以《容經》與《尚書·洪範》《周禮·地官·保氏》相應，其説並不十分準確。諸書實則各成體系又相互影響，《左傳》定公十五年子貢言"夫禮，死生存亡之體也，將左

① (清)丁晏：《佚禮扶微》卷 4，師顧堂影印《南菁書院叢書》本，2020 年，第 120 頁。

② 沈文倬先生甚至根據容禮之學的流傳，推論漢代存在專門的漢儀博士(慶氏學)。沈文倬：《從漢初今文經的形成説到兩漢今文禮的傳授》，《菿闇文存——宗周禮樂文明與中國文化考論》，商務印書館 2006 年版，第 531~537、548~556 頁。反對意見參程蘇東：《從六藝到十三經：以經目演變爲中心》，北京大學出版社 2018 年版，第 303~311 頁。另參沈文倬：《容禮考》，《菿闇文存——宗周禮樂文明與中國文化考論》，商務印書館 2006 年版，第 619~625 頁。

③ 工藤卓司先生考證《容經》禮説的來源，認爲《容經》之"經"與"容"多可與《曲禮》相通，但與《少儀》《玉藻》《荀子》《周禮》之説有一定差異。[日]工藤卓司：《〈賈誼新書〉中的儀禮——〈容經·經〉與先秦禮説之比較》，何志華、沈培、潘銘基、張錦少主編：《古籍新詮——先秦兩漢文獻論集》，香港中文大學出版社 2020 年版，第 575~594 頁；《〈賈誼新書〉的禮學來源——〈容經·容〉與先秦禮説之比較》，楊華、薛夢瀟主編：《經國序民：禮學與中國傳統文化國際學術研討會論文集》，上海古籍出版社 2021 年版，第 332~345 頁。另參閻振益、鍾夏：《新書校注》卷 6、卷 10，中華書局 2000 年版，第 227~246、378~390 頁。何志華、朱國藩、樊善標編著：《〈新書〉與先秦兩漢典籍重見資料彙編》，香港中文大學出版社 2007 年版，第 142~150、219~225 頁。

右、周旋、進退、俯仰，於是乎取之；朝、祀、喪、戎，於是乎觀之"則頗與之相合。① 先秦古書與《容經》多互見相似内容，如《禮記·曲禮》《玉藻》《少儀》等篇，《論語·鄉黨》也明顯與容禮有關。而在儒學解釋體系中，更是賦予容禮超越具體身體行爲更深刻的意義，如《禮記·儒行》《表記》、《荀子·儒效》等篇所論。

對容禮重要性的認識，早在春秋時期就極爲深刻，只不過時人謂之"威儀"。《左傳》襄公三十一年(前542)記北宫文子論"威儀"之事最具代表性，特贅引如下：

> 衛侯在楚，北宫文子見令尹圍之威儀，言於衛侯曰："令尹似君矣，將有他志。雖獲其志，不能終也。《詩》云：'靡不有初，鮮克有終。'終之實難，令尹其將不免。"公曰："子何以知之？"對曰："《詩》云：'敬慎威儀，惟民之則。'令尹無威儀，民無則焉。民所不則，以在民上，不可以終。"公曰："善哉！何謂威儀？"對曰："**有威而可畏謂之威，有儀而可象謂之儀。**君有君之威儀，其臣畏而愛之，則而象之，故能有其國家，令聞長世。臣有臣之威儀，其下畏而愛之，故能守其官職，保族宜家。順是以下皆如是，是以上下能相固也。《衛詩》曰'威儀棣棣，不可選也'，言君臣、上下、父子、兄弟、内外、大小，皆有威儀也。《周詩》曰'朋友攸攝，攝以威儀'，言朋友之道，必相教訓以威儀也。《周書》數文王之德，曰'大國畏其力，小國懷其德'，言畏而愛之也。《詩》云'不識不知，順帝之則'，言則而象之也。紂囚文王七年，諸侯皆從之囚，紂於是乎懼而歸之，可謂愛之。文王伐崇，再駕而降爲臣，蠻夷帥服，可謂畏之。文王之功，天下誦而歌舞之，可謂則之。文王之行，至今爲法，可謂象之。**有威儀也，故君子在位可畏，施舍可愛，進退可度，周旋可則，容止可觀，作事可法，德行可象，聲氣可樂，動作有文，言語有章，以臨其下，謂之有威儀也。**"②

---

① （清）廖平：《容經淺注》，楊世文校點，舒大剛、楊世文主編：《廖平全集》第5册，上海古籍出版社2015年版，第461~470頁。另參（清）廖平：《群經凡例·容經學凡例》《容經凡例》，楊世文校點，舒大剛、楊世文主編：《廖平全集》第2册，上海古籍出版社2015年版，第568~576頁。楊伯峻：《春秋左傳注》，中華書局2009年版，第1601頁。

② 楊伯峻：《春秋左傳注》，中華書局2009年版，第1193~1195頁。

按照北宮文子的説法，"威儀"幾乎貫穿於所有人際關係之中，實際上就是一種符合身份、角色、場合的"合禮"要求。《左傳》中此類預言還有不少，如僖公十一年（前 649）内史過以晉侯"惰於受瑞，先自棄也已"、襄公二十七年（前 546）叔孫豹評價慶封"服美不稱，必以惡終"、昭公十一年（前 531）叔向評價單子"貌不道容，而言不昭矣"、定公十五年（前 495）子貢評價邾隱公與魯定公"嘉事不體，何以能久"等皆是，① 其依據就是所謂"威儀"之事。如邾隱公行禮時"執玉高，其容仰"、魯定公"執玉卑，其容俯"便不符合執物授受的禮儀規範，更不符合雙方的主次身份。按照《禮記·曲禮下》的記載，執物"凡奉者當心，提者當帶。執天子之器則上衡，國君則平衡，大夫則綏之，士則提之。凡執主器，執輕如不克"，《論語·鄉黨》言孔子"執圭，鞠躬如也，如不勝。上如揖，下如授"，都强調執物時手的高度以及謙慎恭謹的情態，而魯定公、邾隱公的行爲顯然不合禮。

此事特爲儒者所重，《論語·鄉黨》便詳細記錄了孔子日用之間的容色言動。② 另如顏淵問"克己復禮"之目，孔子答以"非禮勿視，非禮勿聽，非禮勿言，非禮勿動"（《論語·顏淵》），如果僅以義理釋之而忽視具體的禮儀要求，也不足以明晰"克己復禮"的深意。又如曾子言"君子所貴乎道者三"（《論語·泰伯》），動容貌、正顔色、出辭氣便是具體的禮容標準，並且是

---

① 楊伯峻：《春秋左傳注》，中華書局 2009 年版，第 1127、1326、1601 頁。

② 朱子將《鄉黨》分爲十七節（另重出"入太廟每事問"一節）：記孔子在鄉黨、宗廟、朝廷言貌之不同，記孔子在朝廷事上接下之不同，記孔子爲君擯相之容，記孔子在朝之容，記孔子爲君聘於鄰國之禮，記孔子衣服之制，記孔子謹齊之事，記孔子飲食之節，"席不正不坐"節，記孔子居鄉之事，記孔子與人交之誠意，"廐焚"節，記孔子事君之禮，記孔子交朋友之義，記孔子容貌之變，記孔子升車之容，"色斯舉矣，翔而後集"節。中華書局《朱子全書》整理本將"記孔子在鄉黨、宗廟、朝廷言貌之不同"節分作兩段，"記孔子容貌之變""記孔子升車之容"二節合爲一段，皆誤。（宋）朱熹：《四書章句集注》，中華書局 1983 年版，第 116~122 頁。另參（清）江永：《鄉黨圖考》，《景印文淵閣四庫全書》第 210 册，臺灣"商務印書館"1983 年版，第 713~934 頁。（清）王漸鴻：《鄉黨圖考補證》，《續修四庫全書》第 157 册，上海古籍出版社 2002 年版，第 437~570 頁。（清）李林松：《鄉黨禮説》，王欣夫編，吳格整理：《學禮齋經解》第 18 册，上海人民出版社 2022 年版，第 9027~9079 頁。彭國翔：《作爲身心修煉的禮儀實踐——以〈論語·鄉黨〉篇爲例》，《身心修煉：儒家傳統的功夫論》，上海三聯書店 2022 年版，第 37~60 頁。另參閲[美]赫伯特·芬格萊特：《孔子：即凡而聖》，彭國翔、張華譯，江蘇人民出版社 2002 年版，第 1~13 頁。杜維明：《從身、心、靈、神四層次看儒家的人學》，《靈根再植：八十年代儒學反思》，北京大學出版社 2016 年版，第 100~110 頁。

君子貴"道"的表現(《大戴禮記·五帝德》中孔子評價澹臺滅明、宰我、子張亦有顏色、語言、容貌的區分)。至於孔子告誡子夏"女爲君子儒，無爲小人儒"(《論語·雍也》)，參諸子游對"子夏之門人小子"的質疑"當灑掃、應對、進退，則可矣。抑末也，本之則無"(《論語·子張》)，以及荀子對"子夏氏之賤儒"的判斷"正其衣冠，齊其顏色，嗛然而終日不言"，可知子夏除傳經外，亦傳專門容禮之學。而"子張氏之賤儒"的特徵"弟佗其冠，神襌其辭，禹行而舜趨"，楊倞注言"但宗聖人之威儀而已矣"，則亦傳容禮。① 至於"子游氏之賤儒""偷儒憚事，無廉恥而耆飲食，必曰君子固不用力"，則又過於忽視禮容的作用而流於放誕。因此儒門重禮不僅僅是文本之學，更是躬行、修身之學。

　　經典之中記述禮容，大致有兩種方式：一是强調禮容是內在情感支撐與外在容貌體態的有機結合，通行於各種禮儀之中，而朝廷、祭祀、喪紀、軍旅四者尤爲大者，曹建墩先生言爲"容禮之綱目"。諸如"賓客主恭，祭祀主敬，喪事主哀，會同主詡"(《禮記·少儀》)、"禮，與其奢也，寧儉；喪，與其易也，寧戚"(《論語·八佾》)等論述，重點突出不同禮儀的情感特徵，同時經典也多有相應的狀態描述，形式如"某某然""某某如也"(參表 2-13)。二是規定具體細節，可稱爲"少儀"，鄭玄解爲"小威儀"，曹建墩先生分爲五官之禮容(目容/視容、聽容、言容、色容)、身體行爲展現之禮容(立容、坐容、行容、盤桓辟退、拜揖之容)，亦有形式如"毋某某"的否定表達，皆較爲細碎，此不

① 劉豐先生以《禮記·儒行》爲子張後學作品，並通過孔子"師也過""師也辟"(《論語·先進》)、"吾欲以容貌取人，於師邪改之"(《大戴禮記·五帝德》)、子游"吾友張也，爲難能也，然而未仁"、曾子"堂堂乎張也，難與並爲仁矣"(《論語·子張》)等判斷推論子張重容儀。程元敏先生根據劉師培《六經殘于秦火考》("書焚，故儒學亦亡；器存，故儒術亦存""魯中諸儒所習，不過用禮器而習容儀耳")論證秦漢之際存在"容禮學派"，亦以子夏、子張(另有公西赤)長於容禮，尤以子張最擅。(清)王先謙：《荀子集解》卷 3，沈嘯寰、王星賢點校，中華書局 1988 年版，第 104~105 頁。程元敏：《漢經學史》，臺灣"商務印書館"2018 年版，第 7~13 頁。劉豐：《從〈儒行〉到〈儒效〉：先秦儒學的發展與轉折》，《經典與意義：禮與早期儒學的衍變》，中國社會科學出版社 2022 年版，第 64~92 頁。有關子張氏之學的研究，另參王博：《中國儒學史·先秦卷》，北京大學出版社 2011 年版，第 153~194 頁。胡適先生認爲儒者以"治喪相禮"爲職業(傅斯年先生則以儒者職業爲"教書匠")，亦可參。胡適：《說儒》，陳平原編校：《中國現代學術經典·胡適卷》，河北教育出版社 1996 年版，第 402~413 頁。傅斯年：《戰國子家敘論》，雷頤編校：《中國現代學術經典·傅斯年卷》，河北教育出版社 1996 年版，第 292~293 頁。

表 2-13 禮容表

	朝廷	祭祀	軍旅	喪紀	賓客	車馬
《論語·鄉黨》	朝，與下大夫言，侃侃如也；與上大夫言，誾誾如也。君在，踧踖如也，與與如也 入公門，鞠躬如也，立不中門，行不履閾。過位，色勃如也，足躩如也，其言似不足者。攝齊升堂，鞠躬如也，屏氣似不息者。出，降一等，逞顏色，怡怡如也。沒階，趨進，翼如也。復其位，踧踖如也	孔子於鄉黨，恂恂如也，似不能言者。其在宗廟朝廷，便便言，唯謹爾		見齊衰者，雖狎，必變。見冕者與瞽者，雖褻，必以貌。凶服者式之。式負版者。有盛饌，必變色而作。迅雷風烈必變	君召使擯，色勃如也，足躩如也。揖所與立，左右手，衣前後，襜如也。趨進，翼如也。賓退，必復命曰："賓不顧矣。" 執圭，鞠躬如也，如不勝。上如揖，下如授。勃如戰色，足蹜蹜如有循。享禮，有容色。私覿，愉愉如也	升車，必正立，執綏，車中不內顧，不疾言，不親指

續表

朝廷	祭祀	軍旅	喪紀	賓客	車馬
	孝子之有深愛者，必有和氣。有和氣者，必有愉色。有愉色者，必有婉容。孝子如執玉，如奉盈，洞洞屬屬然如弗勝，如將失之。嚴威儼恪，非所以事親也，成人之道也《禮記·祭義》			賓入門皇，升堂將授志趨。將授爭承，下如授。君還而后送。退，下階，氣發怡焉，再三舉足，又趨。及門，正焉。執主人門鞠躬焉，如恐失之。及享，發氣焉盈容。眾介北面，蹜焉。私覿，愉愉焉。出如舒鴈。升堂主人目行，入門主皇，敬。《儀禮·聘禮》	
《儀禮》《禮記》					

續表

出處	朝廷	祭祀	軍旅	喪紀	賓客	車馬
《禮記·少儀》	朝廷之美，濟濟翔翔	祭祀之美，齊齊皇皇			言語之美，穆穆皇皇	車馬之美，匪匪翼翼，鸞和之美，肅肅雍雍
《禮記·玉藻》	會同主詡	祭祀主敬	軍旅思險，隱情以虞	喪事主哀	賓客主恭	
《禮記·玉藻》	凡行容惕惕，廟中齊齊，朝廷濟濟翔翔	凡祭，容貌顏色如見所祭者	戎容暨暨，言容詻詻，色容厲肅，視容清明，立容辨卑毋諂，頭頸必中，山立時行，盛氣顛實，揚休玉色	喪容纍纍，色容顛顛，視容瞿瞿梅梅，言容繭繭		
《大戴禮記·曾子立事》	朝廷而不恭，則吾無由知之矣	祭祀而不畏		臨事而不敬，居喪而不哀		

續表

	朝廷	祭祀	軍旅	喪紀	賓客	車馬
郭店楚簡《性自命出》		祭祀之禮必有齊齊之敬		居喪必有戀戀之哀	君子執志必有夫廣廣之心，出言必有夫簡簡之信，賓客之禮必有夫齊齊之容	
《荀子·大略》	朝廷之美，濟濟鎗鎗				言語之美，穆穆皇皇	
《周禮·地官·保氏》	三曰朝廷之容	一曰祭祀之容	五曰軍旅之容	四曰喪紀之容	二曰賓客之容	六曰車馬之容
鄭司農云	朝廷之容，濟濟蹌蹌	祭祀之容，穆穆皇皇	軍旅之容，闞闞仰仰	喪紀之容，涕涕翔翔	賓客之容，嚴恪矜莊	車馬之容，顛顛堂堂
鄭玄注	朝廷之容，濟濟翔翔	祭祀之容，齊齊皇皇	軍旅之容，暨暨詻詻	喪紀之容，顛顛	賓客之容，穆穆皇皇	車馬之容，匪匪翼翼
《管子·小問》		欣然喜樂者，鐘鼓之色也	湣然豐滿而手足拇動者，兵甲之色也	淵然清靜者，縗絰之色也		

續表

		朝廷	祭祀	軍旅	喪紀	賓客	車馬
《吕氏春秋·審應覽·重言》	志色	朝廷之志，淵然清靜然以嚴	顯然喜樂者，鐘鼓之色也／祭祀之志，愉然思以和	艴然充盈手足矜者，兵革之色也／軍旅之志，怫然楜然精以厲	湫然清靜者，衰経之色也／喪紀之志，謬然潗然憂以湫		
	容	朝廷之容，師師然翼翼然整以敬	祭祀之容，遂遂然粥粥然敬以婉	軍旅之容，溜然固以猛	喪紀之容，怮然若不還		
《答經》	視	朝廷之視，端凃平衡	祭祀之視，視如有將	軍旅之視，固植虎張	喪紀之視，下冄垂綱		
	言	朝廷之言，言敬以和 [文言有序]奭	祭祀之言，文言有序 [言敬以和]	軍旅之言，屏氣折聲	喪紀之言，言若不足		
《韓詩外傳》			歡忻愛說，鐘鼓之色也	愁悴哀憂，衰経之色也	猛厲充實，兵革之色也		
《說苑·權謀》			優然喜樂者，鐘鼓之色也	愀然清淨者，衰経之色	勃然充滿者，此兵革之色也		

備舉。① 另如《禮記·禮器》又有"父黨無容"之說，明顯與《喪服四制》所言"門
内之治""門外之治"有關(郭店簡《性自命出》《六德》亦有相近表述)，但仍在
容禮之學的範疇之内。總之，不同場合、不同身份在各種禮容上都有規定與區
别，並與具體儀節相聯繫，内外一體，最終呈現爲一種與所在環境相和的狀
態。《荀子·非十二子》即論述了"士君子之容"的理想容態：

　　　　士君子之容：其冠進，其衣逢，其容良，儼然，壯然，祺然，蕼然，
　　恢恢然，廣廣然，昭昭然，蕩蕩然，是父兄之容也。其冠進，其衣逢，其
　　容愨，儉然，恀然，輔然，端然，訾然洞然，綴綴然，瞀瞀然，是子弟之
　　容也。②

此顯與子張、子夏、子游三氏"賤儒""學者之嵬容"不同，"士君子"有更
高的要求，即不能停留在禮儀層面而無所進取，《荀子·修身》便言"容貌、態
度、進退、趨行，由禮則雅，不由禮則夷固僻違，庸衆而野"(劉豐先生言從
《禮記·儒行》到《荀子·儒效》展示了荀子的政治哲學轉向則是另一個問題)。
孔子時代對此實則已有深刻反思，如《左傳》昭公五年(前 537)女叔齊("是儀
也，不可謂禮")、昭公二十五年(前 517)子大叔("是儀也，非禮也")皆有
"禮""儀"之辨③，同時期孔子也有類似的思考，並將"仁"定義爲禮儀的内在
支撐力量與評價標準④。容禮專門之學雖在漢代即已衰落，但儒門、士族重禮
興禮之風並未稍歇，宋以降又形成重視日常生活的義理言説(朱子將細碎儀節
皆納入《儀禮經傳通解·學禮》之中，《小學》亦主要圍繞日用倫常展開)，爲容

---

　　① 　出土文獻中亦有禮容的記載，參閲彭林：《論郭店楚簡中的禮容》，武漢大學中國
文化研究院編：《郭店楚簡國際學術研討會論文集》，湖北人民出版社 2000 年版，第 134~
142 頁。曹建墩：《周代容禮考》《先秦時期的威儀與威儀觀》，《先秦禮制探賾》，天津人民
出版社 2010 年版，第 189~238 頁；曹建墩：《戰國楚簡所見容禮與容禮觀研究》，《戰國竹
書與先秦禮學研究》，人民出版社 2018 年版，第 169~198 頁。
　　② 　(清)王先謙：《荀子集解》卷 3，沈嘯寰、王星賢點校，中華書局 1988 年版，第
102~104 頁。
　　③ 　楊伯峻：《春秋左傳注》，中華書局 2009 年版，第 1266、1457 頁。
　　④ 　參閲梁家榮：《仁禮之辨：孔子之道的再釋與重估》，北京大學出版社 2010 年版，
第 28~46 頁。另參閲陳來：《古代思想文化的世界：春秋時期的宗教、倫理與社會思想》，
生活·讀書·新知三聯書店 2009 年版，第 236~240 頁。鄭開：《德禮之間：前諸子時期的
思想史》，生活·讀書·新知三聯書店 2009 年版，第 92~95 頁。

禮之學賦予了更爲深廣的意義。①

二、《學禮》（附論《五帝記》《太學志》《昭穆篇》）

《禮記》有《學記》篇（稱"記"者又有《喪服小記》《雜記》《喪大記》《樂記》《坊記》《表記》等），似當有經。《大戴禮記・保傅》引"學禮曰"數言，亦見於賈誼《新書・保傅》（《漢書・賈誼傳》亦有之），② 故丁晏並不以之爲佚。今觀其文，論帝入東學、南學、西學、北學、太學等五學之所尚，不似《儀禮》禮文，且與鄭玄説周代學制不合。朱子《儀禮經傳通解》有"學禮"廁於"鄉禮"與"邦國禮"之間，内部又設《五學》篇，開篇即引《大戴禮記》所見《學禮》文。③丁晏輯佚記中有《五帝記》《太學志》《昭穆篇》逸文，多與"五學"關係緊密（參見表 2-14），並附論於此（《五帝記》《昭穆篇》未必僅與學校有關，但確因學校而有逸文存世）。

丁晏輯佚記以《五帝記》居首，蓋因其所涉及的時間最古。《五帝記》逸文出自《白虎通義・辟雍》，稱"禮五帝記"，言"帝庠序之學，則父子有親，長幼有序"。④ 五帝有學曰成均，《周禮・春官・大司樂》"掌成均之法"，鄭注引董仲舒"成均，五帝之學"語（《禮記・文王世子》鄭注亦引董仲舒之言"五帝名大學曰成均"，今傳《春秋繁露》無此文，鄭又言"虞庠近是也"），賈疏以五帝大學總名成均、三代天子學總名辟雍。周立四代之學，孫詒讓引鄭鍔、陸佃、孔廣森、黄以周等説，皆以周代成均在南，或因鄭學體系中，僅南學名稱無著落

---

① 參閲朱承：《禮樂文明與生活政治：〈禮記〉與儒家政治哲學範式研究》，人民出版社 2019 年版。張清江：《信仰、禮儀與生活——以朱熹祭孔爲中心》，中國人民大學出版社 2020 年版。王汎森：《經學是生活的一種方式——讀〈吳志仁先生遺集〉》，《晚明清初思想十論（增訂版）》，北京師範大學出版社 2020 年版，第 396~417 頁。另參 [日] 深町英夫：《教養身體的政治：中國國民黨的新生活運動》，生活・讀書・新知三聯書店 2017 年版。

② 同篇又引"明堂之位曰"，汪照以爲古禮逸篇，王聘珍以爲《明堂陰陽》三十三篇遺文。方向東：《大戴禮記彙校集解》，中華書局 2008 年版，第 323、336 頁。（漢）賈誼撰，閻振益、鍾夏校注：《新書校注》卷 5，中華書局 2000 年版，第 184~185 頁。

③ （宋）朱熹：《儀禮經傳通解（壹）》卷 19，王貽樑校點，朱傑人、嚴佐之、劉永翔主編：《朱子全書（修訂本）》第 2 册，上海古籍出版社、安徽教育出版社 2010 年版，第 604 頁。

④ 陳立於"禮五帝記"無説，點校者以"善如爾舍，明令必次外，然後前民者也。未見於仁，故立庠序以導之也"亦是《五帝記》引文，朱彝尊、丁晏皆不引。丁晏又以"帝"當作"立"，並言賈疏亦引《五帝記》"立庠序之教"，今查賈疏，實無此文，不知丁氏何據。（清）陳立：《白虎通疏證》卷 6，吳則虞點校，中華書局 1994 年版，第 262 頁。

（東稱東膠、南稱瞽宗、北稱上庠，但鄭玄禮注似僅以在王宮之東的東膠爲
"大學"，又鄭玄《駁五經異義》說學制不同禮注），故有此說。①《五帝記》逸文
言"庠序"，但據《禮記·王制》《內則》，有虞氏稱"庠"、夏后氏稱"序"（《明
堂位》言"米廩，有虞氏之庠也。序，夏后氏之序也"，《孟子·滕文公上》則言
"夏曰校，殷曰序，周曰庠"）。當然，由五帝至三王，稱名有異者不僅僅是學
校，且如此整飭的結構顯係建構而成，《五帝記》及下文《三正記》《王霸記》
《王度記》等皆是建構的結果。《五帝記》"庠序"之言並與父子、長幼倫常關
聯，與《孟子·滕文公上》"學則三代共之，皆所以明人倫也"相通，代表了古
人對五帝、三王理想時代學制的想象與推崇。丁氏以《五帝記》"即五帝視學之
遺意"②。"視學"之說，當本諸《禮記·文王世子》以及《學禮》等。

　　《太學志》逸文出自蔡邕《明堂月令論》（《續漢書·祭祀志》劉昭注引），稱
"禮記太學志"，言"禮：士大夫學於聖人，善人祭於明堂，其無位者祭於太
學"。《禮記·大學》論學成之事，《學記》論學教之義，多論理之言，與《太學
志》說祭祀方位不同。蔡邕徵引《太學志》旨在證明太學、辟雍與明堂異名同
構，"取其堂則曰明堂，取其四門之學則曰太學"，並廣引《學禮》《易傳太初
篇》《魏文侯孝經傳》（"太學者，中學明堂之位也"）以佐證其論。然以《學禮》
論，太學實爲中央之學，惟《太學志》《昭穆篇》以"太學"爲四門之學，或是對
言、散言之別（即善人祭於中學，無位者祭於四門之學，善人、無位者又似皆
以聖人言）。《昭穆篇》逸文亦出蔡邕《明堂月令論》，稱"禮記昭穆篇"，"祀先
賢於西學，所以教諸侯之德也"句見於《禮記·祭義》。《詩經·大雅·靈臺》孔
疏引《政穆篇》言"太學，明堂之東序也"（若承前句《大戴禮·盛德篇》云云，
則出自《大戴禮》），與蔡《論》同，丁氏言"未知孰爲是也"。所謂"昭穆"，大
概指東序、西學而言。其中，西學"祀先賢"之"國禮"，可與《太學志》以及其
他典籍所記學校禮儀對比，並納入《學禮》所言"五學"系統之中。

---

　　①　諸儒從天子諸侯、大學小學、在國在郊（段玉裁、顧廣圻甚至反復爭論"西郊""四
郊"）、鄉遂黨縣等角度，反復調和、整齊各文獻異說。（清）孫詒讓：《周禮正義》卷 42，
王文錦、陳玉霞點校，中華書局 2013 年版，第 1713~1720 頁。黃以周構建了更爲精密的學
制體系，參閱（清）黃以周：《禮書通故》卷 32，王文錦點校，中華書局 2007 年版，第
1330~1343 頁。皮錫瑞言"鄭君解經先後不符者甚多，學者當分別異同，從其是者而辨其不
是者，不必勉強回護"，參閱（清）皮錫瑞：《駁五經異義疏證》卷 8，吳仰湘編：《皮錫瑞全
集》第 4 冊，中華書局 2015 年版，第 253 頁。
　　②　（清）丁晏：《佚禮扶微》卷 2，師顧堂影印《南菁書院叢書》本，2020 年，第 29 頁。

表 2-14

《學禮》	三禮	佚記
帝入東學 上親而貴仁	養國老於東膠《王制》，鄭注：王宫之東 適東序，釋奠於先老《文王世子》 養老幼於東序《文王世子》 食三老五更於大學，所以教諸侯之弟也《祭義》 春秋學干戈，秋冬學羽籥，皆於東序《文王世子》，鄭注：學舞於夏后氏之學 凡學，春官釋奠於其先師，秋冬亦如之《文王世子》	其無位者祭於**太學**蔡邕《明堂月令論》"禮記太學志" 大學，明堂之**東序**也。皆在明堂辟雍之内蔡邕《明堂月令論》"禮記昭穆篇"
入南學 上齒而貴信	然則周人立此學之宫《大司樂》鄭注，又言"玄謂董仲舒云：'成均，五帝之學'"。鄭鍔、陸佃、孔廣森、黃以周等皆以成均在南	
入太學 承師而貴道	受命於祖，受成於學。出征執有罪，反釋奠於學，以訊馘告《王制》 凡始立學者，必釋奠於先聖先師《文王世子》 (天子視學)興秩節，祭先師先聖焉《文王世子》 祀乎明堂，所以教諸侯之孝也《祭義》 周立三代之學《文王世子》鄭注 周立四代之學於國《鄉射》鄭注 天子設四學，當入學而大子齒《祭義》，鄭注：四學，謂周四郊之虞庠也	禮：士大夫學於聖人，善人祭於**明堂**蔡邕《明堂月令論》"禮記太學志" 帝庠序之學，則父子有親，長幼有序《白虎通·辟雍》"禮五帝記"，下文"未見於仁"
入西學 上賢而貴德	春誦夏弦，大師詔之瞽宗。秋學禮，執禮者詔之。禮在瞽宗《文王世子》，鄭注：學禮樂於殷之學 死則以爲樂祖，祭於瞽宗《大司樂》 祀先賢於西學，所以教諸侯之德也《祭義》，鄭注：西學，周小學也	祀先賢於**西學**，所以教諸侯之德也，即所以顯行國禮之處也蔡邕《明堂月令論》"禮記昭穆篇"
入北學 上貴而尊爵	冬讀書，典書者詔之。書在上庠《文王世子》，鄭注：學書於有虞氏之學	

依蔡邕之義，五學應是一體，即中學與四門之學構成"太學"（也是明堂、太室、辟雍的形制）。鄭玄禮説不同，諸學有"大學"、小學、在國在郊之别，

如鄭玄以祀先賢之西學爲小學，《祭義》"食三老五更於大學"便對應東序，此亦有《昭穆篇》之義。詳析諸書學制，似有五學(《學禮》《太學志》，《文王世子》較爲特殊，有東序、瞽宗、上庠)與東西二學(《王制》《祭義》《昭穆篇》)兩個系統，也可簡化成四郊與西郊的不同，段顧之爭則在鄭注基礎上作非此即彼之論，並不足以解決不同性質文獻的差異問題。① 蔡邕引述《學禮》《太學志》《昭穆篇》等以證明堂，《大戴禮記·保傅》同篇亦是《學禮》《明堂之位》兼引，因此參諸前文對《王居明堂禮》《明堂月令》的分析，五學系統可能也是陰陽學説轉化的結果。如"月令明堂"與"周公明堂"逐漸消弭界限一樣，五學與東西二學也日益混合爲一，並由此造成學制異説層出。

　　《學禮》古篇在流傳過程中，並未產生太大影響。朱子《儀禮經傳通解》雖專設"學禮"一類，實則無甚影響，後氏學者沿用其例者較少。② 但"學禮"名目的創構，卻影響了現代學術的禮制研究，只是現代研究視域中的"學禮"與"學校禮"等同，與朱子所謂"學"與"學禮"範圍差別較大。現代"學禮"研究主要以發生於學校的釋奠禮、養老禮、飲酒禮、射禮等爲研究對象，朱子《學禮》則分學制、學義、弟子職、少儀、曲禮、臣禮、鐘律、鐘律義、詩樂、禮樂記、書數、學記、大學、中庸、保傅、踐阼、五學等十七目。朱子另撰《小學》，有立教、明倫(父子之親、君臣之義、夫婦之別、長幼之序、朋友之交)、敬身(心術之要、威儀之則、衣服之制、飲食之節)、稽古、嘉言、善行

---

① 參閱任慧峰：《清代段顧之爭平議》，《人文論叢》2012 年卷，中國社會科學出版社2012 年版。

② 後世通禮類著述沿用"學禮"名目者，似僅有秦蕙田《五禮通考》、胡掄《禮樂通考》(黃以周《禮書通故》爲"學校禮通故")。秦蕙田《五禮通考》將"學禮"置於嘉禮，內容包括天子五學、門闈小學、鄉遂學、諸侯學、諸侯鄉學、教學之法、入學、考校、簡不帥教、天子諸侯視學、世子齒學、經筵日講、取士、養老之禮、優老之事等，另吉禮中祀先聖先師、釋奠、釋菜等亦皆"學禮"之事，可見秦蕙田只是取"學禮"之名而已。胡掄亦將"學禮"置於嘉禮，但在內容上對朱子"學禮"更爲忠實，分爲立學校、學義、王者之學、教、弟子職與幼學等。另如江永《禮書綱目》則將朱子"學禮"散於嘉禮、通禮、曲禮、樂諸類中，不取"學禮"之名，如學制、學記、大學、中庸、書數等爲通禮，曲禮、少儀、弟子職、臣禮等爲曲禮。(清)秦蕙田：《五禮通考》卷 169～177，《景印文淵閣四庫全書》第 139 冊，臺灣"商務印書館"1983 年版，第 47～276 頁。(清)胡掄：《禮樂通考》卷 22～30，《四庫全書存目叢書·經部》第 111 冊，齊魯書社 1997 年版，第 675～787 頁。(清)江永：《禮書綱目》卷66～68、卷 82，《景印文淵閣四庫全書》第 134 冊，臺灣"商務印書館"1983 年版，第 296～318、527～542 頁。(清)黃以周：《禮書通故·學校禮通故》，王文錦點校，中華書局 2007年版，第 1327～1368 頁。

六篇,① 較爲全面展示了宋代儒學對"學"的重視與思考。朱子將學禮置於家禮、鄉禮與邦國禮、王朝禮之間,突出彰顯了學禮的中間、基礎地位。但從文獻學的角度而言,朱子《學禮》的內容極爲駁雜,是將禮書經典文獻無法完全納入劉向所記《儀禮》次第的結果,當然也完全超出了《學禮》古篇的五學設想。但朱子《學禮》部分名目的設置,實際上就是取自《禮記》(如《曲禮》《少儀》《學記》《大學》《中庸》)與《大戴禮記》(如《保傅》《武王踐阼》)篇目,這也啓發了後世學者將二戴《記》相關篇目視作"經"之屬或"經"之餘。

　　明劉宗周晚年考次二戴《記》,並反思朱子《儀禮經傳通解·學禮》的內容,對照朱子《學禮》《小學》而有《古學經》(或稱《古學記》)、《古小學集記》("凡九卷,首學的,示所本也;次躬行,示所重也;次六藝,示所習也;終之以聖統,望的而趨,赴的而止也")、《古小學通記》("凡分四編,編若干卷。首政本,仍言學也;次問官,即以官學也;次進以入官,即學即政也;終之以王道,則學之大成也")的撰著計劃。②《古學經》/《古學記》明顯是對朱子《學禮》的回應,也是劉宗周重新考次二戴《記》篇目的結果,意在解答朱子《學禮》"不與諸禮類"的問題,進而確定二戴《記》中屬於"學"之"經"/"記"的篇目。"古學經"或"記"稱名之不同,見於不同版本的劉氏文集,如今吳光主編《劉宗周全集》據道光四年(1824)重刻本《劉子全書》收錄《古學記序》,而四庫本《劉蕺山集》、劉汋《先君子蕺山先生年譜》、齊召南《重刻人譜全書序》、林昌彝《刊劉忠介公人譜序》等又皆稱"古學經"。③

---

　　① (宋)朱熹:《小學》,王光照、王燕均校點,朱傑人、嚴佐之、劉永翔主編:《朱子全書(修訂本)》第 13 册,上海古籍出版社、安徽教育出版社 2010 年版,第 378~499 頁。
　　② (明)劉宗周:《古小學集記序》《古小學記小序》《古小學通記序》《古小學通記小序》,吳光主編:《劉宗周全集》第 5 册,浙江古籍出版社 2012 年版,第 528~538 頁。
　　③ (明)劉宗周:《劉蕺山集》卷 9,《景印文淵閣四庫全書》第 1294 册,臺灣"商務印書館"1983 年版,第 473~474 頁。(清)劉汋:《先君子蕺山先生年譜》卷下,四川大學古籍整理研究所編:《儒藏·史部·儒林年譜》第 24 册,四川大學出版社 2007 年版,第 404~405 頁。(清)齊召南:《寶綸堂文鈔》卷 5,《續修四庫全書》第 1428 册,上海古籍出版社 2002 年版,第 540 頁。(清)林昌彝:《小石渠閣文集》卷 2,《續修四庫全書》第 1530 册,上海古籍出版社 2002 年版,第 374 頁。(清)黃虞稷:《千頃堂書目》卷 11,瞿鳳起、潘景鄭整理,上海古籍出版社 2001 年版,第 310 頁。魏小虎編撰:《四庫全書總目彙訂》卷 96,上海古籍出版社 2012 年版,第 2998 頁。此種差異,據年譜所載,由"記"而"經",當是劉氏致思的過程。而文集刊刻、流傳之不同,或與劉宗周死後學派內部的分化有關。參閱王汎森:《清初思想趨向與〈劉子節要〉——兼論清初蕺山學派的分裂》,《晚明清初思想十論(增訂版)》,北京師範大學出版社 2020 年版,第 234~274 頁。

據年譜所載，劉氏該書由"記"而"經"有一個變化過程，開始則"節《曲禮》入《少儀》，同《文王世子》合之《大學》，爲《古學記》"，至崇禎十二年（1639）十二月定《經籍考》，則以《小學》（有《曲禮》《少儀》《内則》《玉藻》《王制》五篇）、《大學》、《學記上》（《文王世子》合《大戴·保傅》）、《學記下》（原《學記》）合爲《古學經》（《千頃堂書目》所録正同）。《劉子全書》所録《古學記序》，其内容倫次錯雜，殊無章法，難稱合理，如其言"特立訓學一書，首《少儀》，參以《曲禮》，爲《小學》下篇；次《文王世子》及《保傅》節要，爲《小學》上篇。乃進之以《大學》，而以《文王世子》錯簡合之《學記》終焉"①，便篇次顛倒，遠不如四庫本《劉蕺山集》所録《古學經序》有條理。但四庫本《劉蕺山集》仍有闕略，今中國國家圖書館藏清初抄本《古學經輯注》，書前有劉宗周《古學經序》，較爲完整，録其關鍵文字如下：

　　宋儒朱子乃始表章《大學》《中庸》，配《論》《孟》爲四書，斯文爲之一光。已而復著《小學》，補遺經之缺，即其分門別類，引喻精微，有老師宿儒所不能究者，而云小藝小節乎？則亦朱子之《小學》而非"古文小學"也。"古文小學"即《曲禮》《少儀》者是，而朱子固有所未暇及乎？至他日，著《儀禮經傳通解》，立有"學禮"一類，先之以《學制》，次之以《弟子職》，次之以《少儀》及《曲禮》，而終之以《大學》《中庸》，頗得古人立教之意。疑其已悟舊篇之贅，并表章《大》《中》亦贅矣。宗周不敏，間嘗反覆三禮之體，知學禮不與諸禮類，因而推明朱子前後異同之説，特立訓學一書。首《曲禮》，次《少儀》《内則》《玉藻》，附以《王制》，凡五篇，爲《小學》全書。乃進之以《大學》，而以《文王世子》合《大戴·保傅》爲《學記》上篇，原《學記》爲《學記》下篇，總名之曰《古學經》，序十三經首，尊其道也。然則《戴記》可廢乎？曰：朱子固有《儀禮》經傳之説矣。出此數篇，而其爲《儀禮》之傳益信，則亦《禮經》之一幸也。《中庸》配《論》《孟》，若外記然，皆以訓學者也。推之《爾雅》《孝經》，則《小學》之翼也。《易》《詩》《書》《禮》《春秋》，則《大學》之翼也。至是，古人典籍一一皆有端委，不至散而無統，耦而無序，道術庶歸於一乎？②

---

①　（明）劉宗周：《古學記序》，吳光主編：《劉宗周全集》第 5 册，浙江古籍出版社2012 年版，第 526 頁。

②　有下畫綫者皆四庫本《劉蕺山集》所無。（清）劉士林：《古學經輯注》，中國國家圖書館藏清初抄本。此書今存卷 1 至卷 5，爲黄裳先生舊藏，書首鈐印"黄裳青囊文苑"。另《劉子全書·古學記序》"序十三經首"與"《中庸》配《論》《孟》，若外記然"之間，僅有"仍以《曲禮》等篇還《戴記》，存三禮之舊也"一句，辭氣、意義皆與上下文不甚相符。

劉氏此序作於崇禎十二年己卯(1639)十二月，稍後於同年十月所作《禮經考次序》。《禮經考次序》言"間嘗表章《曾子》十篇及《學記》《小學》諸記，合之《大學》，爲學校全書。而所遺於《戴記》者，已少駢枝之物矣"①，此"學校全書"當即《古學經》。二序所示，劉宗周對二戴《記》有相當完備的體系思考，並試圖以《古學經》"冠十三經首"，甚至將六藝經典全部納入小學—"大學"的體系之中。但劉士林《古學經輯注》已非劉宗周設計的原貌，結構已經劉宗周之子劉汋改造，而劉士林實際上又是對其父劉汋觀點的注釋。劉汋順治十六年己亥(1659)七月重訂該书，將結構調整爲小學(《曲禮》《少儀》《內則》《玉藻》《王制》)、"大學"(《大學章句》)、立學(《學記》)與教世子(《世子記》)，已與劉宗周原本的設計有所出入。② 從《學禮》古篇到朱子《學禮》，再到劉宗周《古學經》，"學禮"最初的五學意涵已經被完全剝落。後世對"學禮"或"學經"的重構，實際上依託於二戴《記》，只是思路更爲大膽，已超出正常的文獻輯佚，而成爲一種思想創造。

與《曲禮》《少儀》《內則》《玉藻》諸篇被納入"學禮"或"學經"一樣，後世又多以《管子·弟子職》同屬"小學"。③ 丁晏所論甚詳，只是將之列於"附錄"備考而已：

> 《管子》書有《弟子職》，《漢志》"《孝經》家"又別載《弟子職》一篇，應劭謂管仲所作。竊以是篇禮度謹嚴，文詞醇雅，**恐非霸臣所創爲，疑必周代流傳小學訓誨之文**，管子取以入書，如《呂覽》取《月令》之類，故篇籍雖載在《管子》，而自漢世已別行於世。……漢儒肄習其文，用以詁經考典，班氏尊之，列於《孝經》《爾雅》之後，而以《管子》八十六篇入道家，其識卓矣。**迨宋朱子錄入《小學》，遂與《內則》《少儀》同爲經曲之節**，而《儀禮經傳通解》亦載其文，固入學者所宜首事也。嗟乎！學童之年，天性未鑿，習於正則正，習於衺則衺。乃自塾師之教弟子，不過令諷

---

① (明)劉宗周：《禮經考次序》，吳光主編：《劉宗周全集》第5冊，浙江古籍出版社2012年版，第523~524頁。

② (清)劉士林：《古學經輯注》，中國國家圖書館藏清初抄本。

③ "禮""儀""則""職"(再如《月令》之"令"，劉向《別錄》所分禮類中有"世子法""子法")的命名方式，除"記"(《樂記》《學記》《雜記》《表記》《坊記》《孔子三朝記》，又有《喪大記》《喪服小記》)、"傳"(《大傳》《間傳》)、"義"(《祭義》《冠義》《昏義》《鄉飲酒義》《射義》《燕義》《聘義》)一類疑與文體有關之外，似乎各篇在內容上確實隱含了特殊意義。

習文句，以爲弋獲階梯之計，而心術已先壞矣。其便巧捷給者，工於學舌則羣詡之爲儁才，而孝弟禮讓之行一切不講。又其甚者，至於陵尊長、侮老成，風俗之偷，人才之衰，其必由此矣。賈生稱孔子有言，少成若天性，習貫如自然。録《弟子職》一篇，使世之教弟子者慎所從焉。①

丁氏注意到漢人著述稱引《弟子職》的情形，如《白虎通義·衣裳》、《周禮·天官·酒正》杜子春注、《禮記·檀弓》鄭注等，參諸《漢志》的分類，可見漢世《弟子職》確實別有用途。本來朱子將《曲禮》《少儀》《内則》《玉藻》《弟子職》等篇"所記事親事長、起居飲食、容貌辭氣之法，制器備物、宗廟宫室、衣冠車旗之等"，視作"行乎經禮之中者"，其數即"不下三千有餘矣"；② 只是在進行禮學設計時，又將諸篇打散納入《學禮》之中。雖然朱子重新創構了"學禮"的内涵，但其本身内容的駁雜也影響了自身的流傳、接受與利用。至於《學禮》古篇的五學制度與早期經學文獻中的學制之争，在宋學小學、"大學"的制度、思想設計之中，已經無足輕重，即"學"而非"學禮"成爲更根本的追求。

第四節 小 結

丁晏輯"佚經"而外，"補遺"中尚有《皇覽》引逸禮三條，其中"迎四時"二條有迎氣於堂與郊之别，説見前《王居明堂禮》的討論，其文出自《太平御覽》徵引，亦見於《玉燭寶典》《藝文類聚》《初學記》；另有"君使大夫弔於國君"一條，可補弔禮之闕，文亦出《太平御覽》徵引。《太平御覽》引逸禮三條，説三公、封禪與龜長，三公條又見於《藝文類聚》，封禪條（主要是"禪"）則稱"禮記逸禮"，又見於李善《文選注》；丁氏又漏輯"禮記逸禮"一條（論王者巡狩，文與《白虎通義》略同，説見前《天子巡守禮》的討論，亦見於李善《文選注》；

① （清）丁晏：《佚禮扶微》卷4，師顧堂影印《南菁書院叢書》本，2020年，第113~114頁。

② （宋）朱熹：《儀禮經傳通解（壹）》，王貽樑校點，朱傑人、嚴佐之、劉永翔主編：《朱子全書（修訂本）》第2册，上海古籍出版社、安徽教育出版社2010年版，第28頁。朱子《大學章句序》言"若《曲禮》《少儀》《内則》《弟子職》諸篇，固小學之支流餘裔"，並可參。（宋）朱熹：《大學章句》，朱傑人、嚴佐之、劉永翔主編：《朱子全書（修訂本）》第6册，上海古籍出版社、安徽教育出版社2010年版，第14頁。

丁氏實已論於《天子巡守禮》下，於此可能就省略了，但不符合輯佚規則）、"大戴禮逸禮"二條（論"天子既冠""子孫娶妻嫁女"，文皆見於《大戴禮記·保傅》）。《藝文類聚》引逸禮兩條（實則三條），"衛史鰌病且死"條見於今本《大戴禮記·保傅》，而此稱"逸禮"，其文亦見於《太平御覽》；另論蓍長一條。此數條諸類書常互見，疑皆源自《皇覽》。①

諸條除可與前《天子巡守禮》《王居明堂禮》（丁晏專設"迎禮"之目）相參以及文出《大戴禮記》外，又多與漢世今古文經說相關，如三公條言"太公爲太師，周公爲太傅，召公爲太保"，與《別名記》以司徒、司空、司馬爲三公不同，當是古文家說（《五經異義》言爲古《周禮》說）；封禪條與"王者巡狩"條，文皆與《白虎通義》略同，當是漢代今文通義；龜蓍尺度二條又皆可與《三正記》相參，僅龜長諸侯八寸、大夫六寸與《三正記》諸侯一尺、大夫八寸不同，相關討論，詳參"佚記"章。因此《皇覽》《藝文類聚》等類書所言"逸禮"的來源較廣，範圍明顯超出三十九篇之《逸禮》。劉師培先生曾較爲細緻地分梳過"逸禮"稱名，一是"《逸禮》篇名可考者計十篇"，即《朝貢禮》《天子巡守禮》《烝嘗禮》《中霤禮》《魯郊禮》《禘於太廟禮》《奔喪禮》《投壺禮》《王居明堂禮》《軍禮》；二是"有文見古籍而莫由定其確屬逸禮者"，即《學禮》《諸侯遷廟》《諸侯釁廟》《公冠》四篇；三是"前籍引《皇覽》逸禮確有明文者"以及"禮記逸禮""大戴禮逸禮"，此皆與《禮古經》無關：

> 前籍所引舍僅標"皇覽"外，或稱"皇覽冢墓記"，或稱"皇覽逸禮"，未知"逸禮"爲《皇覽》所引書名，亦或即《皇覽》篇名之一，與《冢墓記》同例。故《寶典》所引說與《月令》悉符，《初學記》所引亦與《白虎通義》所引《三正記》文略相同，均與逸經不類。又《御覽》所引迎四節，其迎春里數與《王居明堂禮》互歧，援是以言則**"皇覽逸禮"非必《禮古經》之逸篇矣**。……夫所謂"禮記逸禮"者，蓋指《大小戴記》外之逸記言也，**亦與《禮古經》無涉**。……自此以外，有逕稱《大戴禮》爲"逸禮"者……此二則者均

---

① 孫馮翼輯《皇覽》分"逸禮""冢墓記""陰謀記"（或是分篇而他無考見），"逸禮"有"以上諸書所引竝題皇覽逸禮""以上四事祇題逸禮而不著皇覽附編存考""以上二事題禮記逸禮未審是否皇覽之文今依類編於末"三類輯文，與丁氏輯文相應。孫氏雖未遽定爲"皇覽逸禮"，但唐宋類書"皇覽逸禮""逸禮""禮記逸禮"同時稱引，或可相互推證。又孫馮翼以《續漢志》劉昭注引"迎禮"爲刊本之誤，"迎"當作"逸"（《太平御覽》正作"逸禮"）。（清）孫馮翼輯：《皇覽》，《續修四庫全書》第1212冊，上海古籍出版社2002年版，第1~7頁。

見《大戴記·保傅》篇，其稱爲“逸禮”者，蓋六朝以降盛行《小戴記》，由是《小戴記》所無之篇，亦或逕稱“逸禮”，故《通典·嘉禮》直云《逸禮本命篇》，《御覽》五百四十所引復有《大戴逸禮》一條，若是之屬，**尤與《禮古經》無涉**，均非漢人所謂“逸禮”也。①

劉氏特別區分“皇覽逸禮”“禮記逸禮”“大戴禮逸禮”與“漢人所謂逸禮”的不同，已認識到“逸禮”稱名在漢代以後的泛化，但其並未詳論“《逸禮》篇名可考者計十篇”中亦有“逸禮”稱名後起者。十篇之中，《魯郊禮》較爲可疑，未必爲篇名，其他各篇皆鄭玄稱引；而漢人明確認定爲《逸禮》三十九篇者，僅鄭玄《禮記目錄》所言之《奔喪》《投壺》二篇，其他皆爲魏晉以後所稱，尤其是唐人義疏（參見表2-15），且在後世又生發出《大戴禮記》佚篇的判定標準。而唐人稱引“逸禮”如劉氏説，内涵即較爲豐富。當然，鄭注引《朝貢禮》《天子巡守禮》《中霤禮》《禘於太廟禮》《王居明堂禮》《軍禮》皆有“曰”“云”以作標示，似可表明鄭氏確曾見到諸禮文篇。後世經師多以之對應漢世所言《逸禮》三十九篇，然書缺有間，已難覓三十九篇之詳目，也只能在鄭注基礎上或增或減。綜合前文分析，可被視作禮經佚篇，判定“逸禮”時間較前、理據相對可靠者有《奔喪》《投壺》《朝貢禮》《天子巡守禮》《烝嘗禮》《禘於太廟禮》《中霤禮》《王居明堂禮》八篇；見於《大戴禮記》之《諸侯遷廟》《諸侯釁廟》《公冠》則後起，至少唐人無説；見於鄭注之《軍禮》，唐人以爲出漢律，似可從。當然，古代經儒輯佚的目的主要在於存古，其準確性與可信度反在其次。②

---

① 劉氏又以《續漢書·輿服志》劉注引《王度記逸禮》、《禮記·曲禮》正義引《大戴禮王度記》爲據，認爲“蓋六朝之世于《大戴記》一書亦稱‘逸禮’，不自唐人始也”。以“逸禮”當“大戴禮”，也是輾轉互證的結果。劉師培：《逸禮考》，四川大學古籍整理研究所編：《儒藏·經部·三禮類》第23册，四川大學出版社2016年版，第129~135頁。

② 前文已論劉咸炘對丁晏輯目的批評與調整，又如李文武先生以嚴格的古文標準判定《天子巡守禮》《朝貢禮》《魯郊禮》《禘於太廟禮》爲《逸禮》篇目，《明堂陰陽》《軍禮》則非古文，並以《五帝德》《帝系姓》《聘禮志》爲古文逸禮，《學禮》《弟子職》《弟子籍》《孔子三朝記》闕疑。徐剛先生《古文源流考》則以《投壺禮》《奔喪禮》《諸侯遷廟禮》《諸侯釁廟禮》《公冠禮》《天子巡守禮》《中霤禮》《烝嘗禮》《朝貢禮》《禘於太廟禮》《王居明堂禮》《明堂禮》《聘禮志》等爲古文，《學禮》《弟子職》《曲禮》《内則》《少儀》《本命篇》《朝事儀》《昭穆篇》《魯郊禮》《軍禮》等“尚有疑問”。其間標準殊難統一，蓋各從其是而已。徐剛：《古文源流考》，北京大學出版社2008年，第84~90頁。李文武：《〈逸禮〉篇目考辨》，《中國典籍與文化》2019年第4期。

表2-15 劉師培所定《逸禮》十篇稱名表

	漢	六朝	唐	宋
朝貢禮	《儀禮·聘禮》鄭注"朝貢禮云"		《儀禮·既夕》疏"朝貢禮及巡守禮"	
天子巡守禮	《周禮·內宰》鄭注"天子巡守禮"所云"《內宰》疏、《毛詩·時邁》疏引《鄭志》"天子巡守禮"有別		《禮記·王制》疏、《通典》"逸巡守禮"	
	《白虎通義·巡狩》	《皇覽》"逸禮"	《西都賦》李善注"禮記逸禮"	《太平御覽》"禮記逸禮"
烝嘗禮	《周禮·射人》鄭注"烝嘗之禮"		《周禮·射人》疏"逸烝嘗禮"	
中霤禮	《周禮·司巫》鄭注"中霤禮曰"《禮記·月令》鄭注、蔡邕《獨斷》"祀戶之禮""祀竈之禮""祀中霤之禮""祀門之禮""祀行之禮"		《禮記·月令》疏"逸中霤禮"、《毛詩·泉水》疏"中霤之禮"、《周禮·大祝》疏、《公羊傳》桓公八年疏"中霤禮"	
魯郊禮	《五經異義》《說文解字》"魯郊禮""魯郊"			

續表

	漢	六朝	唐	宋
祫於大廟禮	《儀禮‧少牢饋食禮》鄭注"祫於大廟曰"《後漢書‧張純傳》、《漢書‧平帝紀》應劭注	王肅《聖證論》"祫於大廟逸禮""逸禮"《禮記‧王制》疏引	《儀禮‧少牢饋食禮》疏"大戴禮文"《通典》"逸禮記祫於大廟之禮""逸禮記祫於大廟禮""逸禮"	
奔喪禮	《禮記目錄》"逸曲禮之正篇"、《禮記‧奔喪》鄭注"逸奔喪禮"、《白虎通義‧喪服》"禮奔喪記"	《魏書‧禮志》"逸禮"	《禮記‧禮運》疏"逸禮"	
投壺禮	《禮記目錄》"曲禮之正篇"			
王居明堂禮	《禮記‧月令》《禮器》鄭注"王居明堂禮曰"、蔡邕《明堂論》"禮記古大明堂之禮曰""王居明堂禮之禮"《續漢志‧祭祀志中》劉注引　《尚書大傳》	《皇覽》"逸禮"逆四時	《禮記‧月令》疏"逸禮之篇名""逸禮篇名"	
軍禮	《周禮‧士師》《大司馬》鄭注"軍禮曰"		《周禮‧大司馬》疏"據漢田律而言"	

前文主要探討了二戴《記》與鄭玄禮注中的"佚經"，並及《容經》《學禮》兩種疑似"佚經"。總體上，"佚經"受到鄭玄關注更多，《大戴禮記》中有《逸禮》篇目即是根據鄭玄《禮記目錄》推論的結果。這與下文"佚記"多與《白虎通義》相關，正好有一種形式上的對應，似乎表明在東漢經學的中期與末期，禮學散佚"經""記"有一個復歸的過程。但鄭玄對"佚經"的關注並未賦予相關篇目及内容更高的價值，這些或有訛誤(如《天子巡守禮》《朝貢禮》)、或與鄭學體系矛盾(如《王居明堂禮》《禘於太廟禮》)的隻言片語顯然不足以與十七篇之文相抗衡(諸如燕禮與鄉飲酒禮、大射與鄉射禮，在鄭學體系中就對應天子與郡國的春秋養老之禮)，其作用實際上較爲有限。鄭玄藉助《周禮》而非《逸禮》實現禮學體系的創新，並統合其他經學經典，顯然與《逸禮》流傳不廣、並未深入關聯王朝禮制建設且無師説的狀態有關。因此邵懿辰《禮經通論》嘗言《逸禮》"皆非當世通行之禮，常與變不相入，偏與正不相襲也"①，而禮家推致之法也部分補足了《禮經》十七篇的缺漏，鄭氏亦擅此法，皮錫瑞《經學通論》"論后倉等推士禮以致於天子，乃禮家之通例，鄭注、孔疏是其明證"條言：

> 鄭君固親見三十九篇之《禮》者也，其注三禮，於《逸禮》中之《天子巡守禮》《朝貢禮》《烝嘗禮》《禘於太廟禮》《王居明堂禮》引用甚尠，**且於古大典禮，後儒所聚訟者，未嘗引《逸禮》以爲斷，仍不能不用倉等推致之意**。……夫禘祫乃古大典禮，後儒所聚訟者，鄭君明言詘詘爭論，而於《逸禮》《禘於太廟》之類，何不引以爲據，反據《春秋》以相準況？於此足見古文《逸禮》大都單詞碎義，實無關於宏旨。故鄭不爲之注，亦不多引用。鄭之所謂"準況"，即倉等所謂"推致"也。其後孔、賈之疏經注，亦用推致之法。②

漢世以"推致"之法言禮者，實則不唯今文禮家，蓋爲諸家言禮者所常

---

① (清)邵懿辰：《禮經通論》卷上，黃銘、秦婷點校，丁耘編：《思想史研究(第七輯)》，上海人民出版社 2009 年版，第 389 頁。

② (清)皮錫瑞：《經學通論》，吳仰湘編：《皮錫瑞全集》第 6 册，中華書局 2015 年版，第 399~401 頁。鄭玄利用"推致"之法言禮，參閱羅健蔚：《從鄭玄〈三禮注〉論"推致"之法》，《漢學研究》2019 年第 2 期。

用(如何休亦有是法)。劉歆批評今文禮家"推致"之法的出發點,在於古文禮書原本就有天子、諸侯、大夫禮的記載,卻被今文博士有意忽視。參諸今傳《禮經》十七篇等級禮制的分布,可知劉歆重點乃在於天子禮。十七篇中存士禮七篇(《士冠禮》、《士昏禮》、《士相見禮》、《士喪禮》上下篇、《士虞禮》、《特牲饋食禮》)、大夫禮二篇(《少牢饋食禮》上下篇)、諸侯禮四篇(《燕禮》《大射》《公食大夫禮》《聘禮》)、天子禮一篇(《覲禮》),另鄉禮二篇介於大夫、士禮之間,《喪服》則"凡爲五服不稱其人者皆士也,非士則顯其名位",亦以士禮爲基礎。① 而前述各"佚經"恰多天子禮,如《天子巡守禮》《朝貢禮》《王居明堂禮》《中霤禮》《禘於太廟禮(祫於太廟禮)》《烝嘗禮》《軍禮》等皆是(《學禮》的主體也是"帝"),《諸侯遷廟》《諸侯釁廟》《公冠》則是諸侯禮,《奔喪》兼天子諸侯而以士禮爲主,《投壺》爲大夫、士禮,大致符合《漢書·藝文志》言《禮古經》《明堂陰陽》《王史氏記》等"多天子諸侯卿大夫之制"的判斷。

禮的等級特徵天然決定了禮篇的基本屬性,以"推致"爲核心的禮學解釋方法也是漢世通行的準則。後世以《周禮·春官·大宗伯》"五禮"爲綱目的禮學分類,只有在鄭玄禮學興起並逐漸被王朝禮典制作接受後,才成爲主流。若依據"五禮"分類,丁晏所定佚經諸篇最突出的貢獻在於補足《儀禮》十七篇無軍禮的缺憾(參見表 2-16),但《軍禮》是否可靠實在疑似之間。鄭注引《軍禮》太簡,又對《漢書·藝文志》以《司馬法》爲"軍禮"而附於《周官》類後無甚申説。徐剛先生言"是篇名還是禮的類名不好確定"②,賈公彥則以之出漢律,似更準確。而"五禮"本身也不符合漢人對禮書篇目的分類習慣。

《禮經》十七篇漢人當多以"推致"等級分,劉向《別録》著録禮篇之分類(《經典釋文序録》引《別録》言"《古文記》二百四篇"),據鄭玄《禮記目録》至少有制度、通論、明堂陰陽(記)、樂記、世子法、子法、喪服之禮、喪服、吉禮、吉事、祭祀等十一類。後世所定二戴《記》之"逸禮""佚經"篇目,出於其中的制度(如《曲禮》《少儀》)、通論(如《玉藻》)、子法(僅《內則》一篇)、喪服之禮(僅《奔喪》一篇)、吉禮(僅《投壺》一篇)諸類。但鄭玄禮注徵引諸篇並不能通過"記"之分類而定,《別録》僅有"喪服之禮""吉禮"略與鄭玄"逸曲

---

① 曾運乾:《禮經喪服釋例》,《國立中山大學文學院專刊》1933 年第 1 期。
② 徐剛:《古文源流考》,北京大學出版社 2008 年,第 90 頁。

表 2-16 "逸禮"五禮分類表

	《周禮》	《儀禮》	佚經
以吉禮事邦國之鬼神示	以禋祀祀昊天上帝，以實柴祀日月星辰，以槱燎祀司中司命飌師雨師		《王居明堂禮》
	以血祭祭社稷五祀五嶽，以貍沈祭山林川澤，以疈辜祭四方百物		《中霤禮》
	以肆獻祼享先王，以饋食享先王，以祠春享先王，以禴夏享先王，以嘗秋享先王，以烝冬享先王	《特牲饋食禮》《少牢饋食禮》《有司徹》	《禘於大廟禮（祫於大廟禮）》《嘗禘禮》《諸侯遷廟》《諸侯釁廟》
以凶禮哀邦國之憂	以喪禮哀死亡	《喪服》《士喪禮》《既夕》《士虞禮》	《奔喪》
	以荒禮哀凶札，以弔禮哀禍災，以襘禮哀圍敗，以恤禮哀寇亂		
以賓禮親邦國	春見曰朝，夏見曰宗，秋見曰覲，冬見曰遇，時見曰會，殷見曰同	《士相見禮》《覲禮》	《天子巡守禮》《朝貢禮》
	時聘曰問，殷覜曰視	《聘禮》	（《聘禮志》）

續表

	《周禮》	《儀禮》	佚經
以軍禮同邦國	大師之禮，用眾也；大均之禮，恤眾也；大田之禮，簡眾也；大役之禮，任眾也；大封之禮，合眾也		《軍禮》或是佚律
以嘉禮親萬民	以飲食之禮親宗族兄弟	《鄉飲酒禮》《公食大夫禮》	
	以婚冠之禮親成男女	《士冠禮》《士昏禮》	
	以賓射之禮親故舊朋友	《鄉射禮》《大射儀》	《投壺》
	以饗燕之禮親四方之賓客	《燕禮》	
	以脤膰之禮親兄弟之國，以賀慶之禮親異姓之國		

禮之正篇""曲禮之正篇"相通,而《別録》之"吉禮"與《周禮》之"吉禮"顯然不同。《別録》之吉禮、吉事與《周禮》"嘉禮"相當。因此,《別録》所記《禮經》十七篇次第,賈疏以爲"皆尊卑吉凶次第倫敘",若據劉向《別録》之義,"吉"者在冠昏、鄉射、朝聘之禮,喪祭則皆凶,與後世以祭禮爲吉禮迥別。劉向言吉不言凶,其次第更符合《論語・爲政》"生,事之以禮。死,葬之以禮,祭之以禮"的生命節律,即當以生死爲判,而輔以尊卑之別。劉向、劉歆父子校書中秘,當目驗《禮古經》五十六篇、《經》十七篇之文,然今文十七篇次第與小戴、大戴不同,不知是否受到《禮古經》篇次的影響。以《儀禮》劉向、鄭玄次第言,《投壺》或在《鄉射禮》之後,《朝貢禮》在《公食大夫禮》之後,《天子巡守禮》在《覲禮》之後,《奔喪》在《士虞禮》之後,《烝嘗禮》《禘於太廟禮》《中雷禮》《王居明堂禮》在《少牢饋食禮》之後。當然如此推論並無實證,漢世出土禮書除武威漢簡《禮經》外,海昏簡牘、八角廊漢簡等所見皆單篇流行的《保傅》篇文,皆未超出今傳《禮儀》、二戴《記》的範圍。海昏簡牘另有"禮儀簡"十數枚,與會飲、祭祀有關,並有篇題"王會飲儀"而不稱"禮",① 顯然與禮書經典文本有別。

後世佚禮輯佚並有重纂一派(前文説爲補經模式),如《四庫全書》收諸錦《饗禮補亡》、任啓運《肆獻裸饋食禮》②,再如以五禮模式纂輯佚禮者亦有重纂之義,所列禮目甚多,皆可視作禮之類名③。另如有關先秦禮典、禮制的研

① 朱鳳瀚主編:《海昏簡牘初論》,北京大學出版社 2020 年版,第 137~145 頁。從傳世與出土文獻看,漢代存在不少與禮制有關的儀式、律令文獻(如《葬律》《祠律》《祠令》等),有待更爲集中地整理與考察。參閲范雲飛:《秦漢祠祀律令研究》,武漢大學碩士學位論文,2017 年。

② 饗禮問題比較複雜,本書暫不涉及。參閲楊寬:《"鄉飲酒禮"與"饗禮"新探》,《古史新探》,中華書局 1965 年版,第 280~309 頁。李志剛:《祭饗賓饗異同——兼及〈饗禮〉存佚問題》,《珞珈史苑(2013 年卷)》,武漢大學出版社 2014 年版。周聰俊:《饗禮考辨》,臺灣花木蘭文化出版社 2012 年版。有關任啓運《肆獻裸饋食禮》的檢討與批評,可參沈文倬:《宗周歲時祭考實》,《菿闇文存——宗周禮樂文明與中國文化考論》,商務印書館 2006 年版,第 346~390 頁。

③ 其中尤以汪克寬《經禮補逸》列目最多,有百八十餘項。今人鄒昌林先生《中國古禮研究》歸納三禮所見典禮近九十項,分爲人生禮儀、生產禮儀、交接之禮(賓禮與嘉禮)、祭禮、凶禮、軍禮等類。鄒昌林:《中國古禮研究》,文津出版社 1992 年版,第 155 頁。

究中，亦有涉及文本書寫者，但其性質是否與《禮經》十七篇相似，尚難定斷。① 本書主要以傳統佚禮經記輯佚爲主，對篇名、類名未能明晰者前文略有簡述，此不贅述。下章因大戴《禮經》家法亦是散佚禮說，並在清代受到部分儒者關注，故論次於"佚經"之後。

① 如沈文倬先生即認爲先秦時期有《郊禮》《饗禮》經典文本。沈文倬：《略論禮典的實行和〈儀禮〉書本的撰作》，《菿闇文存——宗周禮樂文明與中國文化考論》，商務印書館2006年版，第1~58頁。另參閱賈海生：《周代禮樂文明實證》，中華書局2010年版。胡新生：《周代的禮制》，商務印書館2016年版。

第三章　大戴《禮經》家法考

　　漢代《禮經》傳承，今文學同出后倉，遂有大戴、小戴、慶氏三家之學；①古經多出三十九篇，平帝時雖立於學官，但"絶無師説，秘在於館"（《儀禮·士冠禮》賈疏），乃至逐漸散佚。今傳鄭注《儀禮》十七篇，糅合了漢代今古文文本，篇次亦取劉向《別録》校書次第。在"禮是鄭學"（《禮記·雜記上》孔疏）的典範影響下，今文師説的流傳更是困難。大戴《禮經》家法世所不傳，及至清儒光大漢學（尤其是西京之學），遂有學者重新構擬。② 清儒重構之法，因大戴師説存世者鮮，多依託大戴《禮經》次第與分類而論，並能探賾隱微，興發《禮經》義理，足資借鑒。雖然清儒重構之大戴與漢時大戴未必盡合，但在面對急劇變化的現實世界時，學者重新闡釋傳統思想資源的努力與過程，同樣值得關注。

第一節　漢代二戴禮説的承傳

　　《史記·儒林列傳》以《詩》《書》《禮》《易》《春秋》爲序，未言家法，只説漢世諸經今文宗師，古文獨及《尚書》；《禮》稱"言《禮》自魯高堂生""諸學者

---

　　① 三家之中，慶氏學似成於東漢，如《後漢書·曹褒傳》言其父曹充"持慶氏《禮》"，又"作章句辯難，於是遂有慶氏學"，而曹褒"教授諸生千餘人，慶氏學遂行於世"，曹褒卒於和帝永元十四年（102）；《儒林傳》則言曹充"習慶氏學，傳其子褒"。慶氏家學之傳又尤爲綿長（東漢時改稱賀氏，中古時期爲會稽望族），參閱楊華：《慶氏禮學述論》，《人文論叢》2017 年第 1 輯，武漢大學出版社 2017 年版，第 164~179 頁。

　　② 漢代經學有西京重師法、東京重家法之説，但據學者考證，師法、家法的規範並不嚴格，很可能是後儒（尤其是清儒）的想象與建構。本章所言"家法"，只是聚焦於詞彙的基本意義，與經學史上漢代經學的師法、家法之別無關。姜龍翔：《漢代經學學官守舊規範考》，《經學守舊考：以清儒所建構之經學守舊現象爲探討核心》，臺灣麗文文化事業股份有限公司 2017 年版，第 46~148 頁。

多言禮，而魯高堂生最""是後能言《禮》爲容者，由徐氏焉"。①《漢書·儒林傳》則以《易》《書》《詩》《禮》《春秋》爲序，備言諸經今文宗師、家法分化與古文源流（卻未述《禮經》古文），具體表現爲"漢興""由是某有某氏之學""由是某家有某氏學"的敘事；《禮》家則有"言《禮》則魯高堂生""諸言《禮》爲頌者由徐氏""由是《禮》有大戴、小戴、慶氏之學""由是大戴有徐氏，小戴有橋、楊氏之學"以及"初"之《禮》后、孝宣世復立"大小戴《禮》"的演進（參見表3-1、表3-2、表3-3）。《後漢書·儒林列傳》序同《漢書》，主體以今文十四博士與諸經古文爲主，但因"東京學者猥衆，難以詳載"，便只"録其能通經名家者"，顯示風氣已變；《禮》今文博士有二戴，其傳承"雖相傳不絶，然未有顯於儒林者"，記録殊少。清代唐晏《兩漢三國學案》甚至感歎"有漢一代，它經咸盛，惟《禮》無傳。不全不備，偏議曲説，何足以傳孔門之宏業也哉"②。

今文《禮經》之學，東漢初以慶氏學最顯赫，如光武帝建武（25—55）中博士曹充、明帝永平（58—75）初博士董均（《後漢書·儒林列傳》，從王臨受學）、章帝元和（84—87）間博士曹褒，皆習持慶氏《禮》。《後漢書·曹褒傳》又言曹褒"傳《禮記》四十九篇"，筆者懷疑與章帝建初四年（79）白虎觀會議有關。據周德良先生統計，《白虎通義》引"禮"達231則（另有《禮緯》8則），較之引《春秋》114則（另有《春秋緯》3則）多出一倍，爲引證群經之冠。③ 其中，與今傳

---

① 《史記》點校本、修訂本皆言"魯高堂生最本"，沈文倬先生從瀧川資言《史記會注考證》於"最"字逗，表明諸學者中惟有高堂生講説古禮（秦儀、漢儀與之有别）；並言"本禮固自孔子時而其經不具"之"本禮"，與"經禮""正經"同義，指區别於秦漢新儀的古禮。此從沈先生句讀與解説。沈文倬：《從漢初今文經的形成説到兩漢今文〈禮〉的傳授》，《菿闇文存——宗周禮樂文明與中國文化考論》，商務印書館2006年版，第535頁。參閲孫思旺：《沈文倬先生〈史記〉"本禮"讀法補徵》，《歷史文獻研究》第40輯，華東師範大學出版社2018年版。

② 唐氏分目有《禮經》高堂氏派、《禮》大小戴派、慶氏《禮》派、不知所本之西漢《禮》家（張良、叔孫通）、《周官禮》派、三禮之學。（清）唐晏：《兩漢三國學案》卷7，吴東民點校，中華書局1986年版，第323~377頁。

③ 周德良並不以《白虎通義》爲白虎觀經學會議的討論結果，而是曹褒所制《漢禮》。曹褒制禮在章帝章和元年（87），《後漢書·曹褒傳》言"次序禮事，依準舊典，雜以五經讖記之文，撰次天子至於庶人冠婚吉凶終始制度"，與《白虎通義》恐難相合，本書仍以傳統説法爲準。周德良：《〈白虎通〉研究——〈白虎通〉暨〈漢禮〉考》，臺灣花木蘭文化出版社2012年版，第27~31頁。韓敬竹統計《白虎通義》引"禮"頻率，因兼及暗引、化用者，數量遠較周氏爲大，疏誤亦多，其中引《小戴禮記》437次、《大戴禮記》44次、《儀禮》90次、逸禮29次、《周禮》50次、禮20次、《禮緯》26次。韓敬竹：《〈白虎通〉引書輯考》，哈爾濱師範大學碩士學位論文，2015年，第49~101頁。另參陳雄根、何志華編著：《先秦兩漢典籍引〈禮記〉資料彙編》，香港中文大學出版社2012年版。

《禮記》篇目有關者近 120 則（另與《大戴禮記》篇目相關者 7 則），尤以《王制》32 則最多。① 雖然有不少逸文出於其間，但大致可以看出《禮記》至少在章帝時代已經備受重視，此或是曹襃傳《禮記》的歷史背景（許慎《五經異義》列"今《禮》戴説"亦多與二戴《記》篇目有關）。②

慶氏學又家世相傳，慶普後裔慶純避安帝生父清河孝王劉慶諱，改賀氏，其人"儒學有重名"（《三國志·吳書·賀齊傳》裴注引虞預《晉書》、《晉書·賀循傳》），當是家學所傳。唐晏又以鄭衆撰《婚禮謁文》爲慶氏學之屬，卻以何休撰《冠儀約制》而入高堂氏派，或是注意到鄭氏文有百官六禮辭與慶氏學重禮儀相通。③ 沈文倬先生即以慶氏學屬太常漢儀博士而非今文《禮經》博士系統。程蘇東先生在沈氏基礎上，認爲《漢書》載慶氏立於學官與劉向《別録》、劉歆《移太常博士書》不同，故而推測班説不可信；但漢儀博士未必真實存在，董均、曹充父子雖習慶氏《禮》，本經卻極有可能還是大小戴中的一種。④ 如果此説可信，從曹襃傳《禮記》四十九篇來看，當是傳小戴《禮經》。

小戴本有橋氏（橋仁）、楊氏（楊榮）之學，楊氏學其後無聞。橋氏之學，

---

① 周氏統計中，《白虎通義》稱"禮"者有 35 則（其中經、記、緯書皆有），"禮經" 2 則，"禮説" 1 則，與《禮經》十七篇相關者凡 32 則，數量遠不如"禮記"。今可據陳立《白虎通疏證》，對《白虎通義》暗引、化用經緯典籍者重作梳理。

② 《五經異義》涉及今文《禮》説者，有九族（《喪服》）、竈神（《禮器》《大戴記·禮器》）、刑不上大夫（《曲禮上》）、高禖（《月令》）、笏名（《玉藻》）、祧廟（《祭法》）、公冠無樂（《公冠》）、明堂制（《盛德記》、講學大夫淳于登）、天子親迎（《曲禮下》《哀公問》）、諸侯祖天子（《郊特牲》）、鸞和（《保傅》）、虞主所藏（《檀弓》《士喪禮》）、人君年幾而娶（《文王世子》《昏義》，"今大戴《禮》説"）、冠齡（《士冠禮》《冠義》）、復征（《王制》）、城制（《檀弓》《坊記》）、乘數（《坊記》）等條。另《月令》影響漢代政制甚深，參閱薛夢瀟：《早期中國的月令與"政治時間"》，上海古籍出版社 2018 年版。

③ 丁晏《佚禮扶微》亦輯何休《冠儀約制》，並言其文"古雅"，而不及鄭衆《婚禮謁文》。王鍔《三禮研究論著提要》以鄭（馬國翰輯《鄭氏婚禮》）、何（馬國翰輯《冠禮約制》）二氏文皆入《儀禮》類，同時也注意到與《儀禮》有區別。以後世禮書分類，二文似宜入雜禮類。（清）丁晏：《佚禮扶微》卷 4，師顧堂影印《南菁書院叢書》本，2020 年，第 136～138 頁。（清）唐晏：《兩漢三國學案》卷 7，吳東民點校，中華書局 1986 年版，第 336～337、368～369 頁。王鍔：《三禮研究論著提要（增訂本）》，甘肅教育出版社 2007 年版，第 125、126 頁。

④ 沈文倬：《從漢初今文經的形成説到兩漢今文〈禮〉的傳授》，《菿闇文存——宗周禮樂文明與中國文化考論》，商務印書館 2006 年版，第 548～556 頁。程蘇東：《從六藝到十三經：以經目演變爲中心》，北京大學出版社 2018 年版，第 303～311 頁。

《後漢書·橋玄傳》稱其"著《禮記章句》四十九篇，號曰'橋君學'"，亦與《禮記》有關，但言"從同郡戴德學"與《漢書》不同。筆者頗疑橋仁《禮記章句》出自橋氏後人託名。橋氏家世傳業，東漢桓靈間用事之橋玄即其後裔，史載橋玄"少治《禮》"（《世説新語·識鑒》劉孝標注引司馬彪《續漢書》），當即小戴學，且經記並傳。與橋玄同時前後，馬融、盧植、鄭玄皆注解《禮記》，但古文色彩濃厚，世傳今文禮學之橋氏後人可能有不同想法。今考史志碑傳，章帝後傳小戴學者，又有安帝永初（107—113）間雁門太守鮮于璜"治《禮》小戴"①，桓帝延熹（158—167）時宗正劉祐少學小戴（《後漢書·黨錮列傳》引謝承《後漢書》），鄭玄"本習小戴《禮》"（《後漢書·儒林列傳》），又受《禮記》於張恭祖（《後漢書·鄭玄傳》），漢末隱士申屠蟠隱居學經亦治小戴《禮》（《高士傳》）②，張紘受《禮記》於濮陽闓（《三國志·吳書·張紘傳》裴注引《吳書》）等皆是③。小戴《禮經》《禮記》之學，自章帝白虎觀會議後，很可能得到了更爲廣泛的傳播。

與小戴相比，大戴學傳承更符合"雖相傳不絕，然未有顯於儒林者"的記載。大戴本有徐氏之學，家世傳業，東漢時已無聞。許慎《五經異義》説明堂制，"今《禮》戴説"舉《盛德記》（見於今本《大戴禮記·明堂》）之後，又列講學大夫淳于登之言，許氏案語只言"今《禮》、古《禮》各以其義説"，淳于登似傳大戴學。④ 又熹平石經《禮經》，今殘碑可見"鄉飲酒禮第十"篇題等，即是大

---

① 鮮于璜漢安帝永初元年（107）拜雁門太守，卒於漢安帝延光四年（125）六月。碑立於漢桓帝延熹八年（165）十一月，1973 年出土於天津市武清縣高村公社。董治安主編：《兩漢全書》第 35 册《兩漢石刻文獻》，山東大學出版社 2009 年版，第 19966 頁。又《梁相孔耽神祠碑》記孔耽"少治《禮經》"，但家法不詳。此碑立於漢靈帝光和五年（182）六月，《隸釋》言在亳州永城縣，且"筆法頗古怪，其文又自左而右"。董治安主編：《兩漢全書》第 35 册《兩漢石刻文獻》，山東大學出版社 2009 年版，第 20074 頁。

② （晉）皇甫謐：《高士傳》，劉曉東校點，遼寧教育出版社 1988 年版，第 38 頁。

③ 唐晏列大小戴派又有荀爽、蔡邕、李咸、孫炎、射慈、嚴畯、李譔數人，其中蔡氏撰《月令問答》或傳小戴，荀爽撰《禮傳》則難以斷定大戴、小戴之傳。穎川荀氏爲荀子之後，家世傳經不絕，不知是否别有傳承。李咸靈帝建寧三年（170）拜太尉，學三禮（《後漢書·胡廣傳》李賢注引謝承《後漢書》）在鄭玄定"三禮"之前，記載或誤。鄭玄注禮大致在熹平元年（172）以後，孫炎爲鄭玄弟子，射慈撰《喪服變除》（《隋書·經籍志》）、嚴畯"善三禮"（《三國志·吳書·嚴畯傳》）、李譔注《三禮指歸》（《三國志·蜀書·李譔傳》）等，當皆是受鄭玄影響，與大小戴家法無關。

④ （清）皮錫瑞：《駁五經異義疏證》卷 5，吳仰湘編：《皮錫瑞全集》第 4 册，中華書局 2015 年版，第 107~108 頁。

戴次第，① 可見大戴《禮經》學並非衰微不堪。另大戴撰有《喪服變除》，佚文所見大戴經説較爲完整，學者言其"情文俱盡"（如"二十五月大祥，二十七月而禫"）、"情義結合"（如"天子諸侯之庶昆弟與大夫之庶子爲其母，哭泣飲食，居處思慕，猶三年也"），② 此後鄭玄、射慈等皆有述作。

總體上，二戴《禮經》學與二戴《記》關係緊密，且《漢書·藝文志》所載《禮經》類亦只有經、記、説三體（《周官經》類有傳），因此有二戴以《記》解經之説。邵懿辰《禮經通論》即言"疑二戴本引記以解經也"，只是邵氏之説有其特定的理論述求，旨在證明"本經十七篇固未嘗不完，而八十五篇各有所可附，亦不至淩雜而失統矣"。③ 沈文倬先生則從漢代今文禮學的傳授切入，亦有"二戴是以輯録古'記'替代解説來建立家法"之説：

> 如果"本習小戴《禮》"而小戴所持之本文字"各異"，他（即鄭玄）豈有不把這些異文收入注內？根據這個顯而易見的道理，我們判斷戴德、戴聖所據經本都是后蒼所傳之本，文字並無異同。**二戴是以輯録古"記"替代解説來建立家法的**，二家所輯不同，導致對十四個禮典和一篇《喪服》（即《禮經》十七篇）構成**系統的認識**就不一樣，因而在篇目次第的編排上也不一致，這倒表現了他們"別其家法"的意思。④

今本《小戴禮記》四十九篇、《大戴禮記》三十九篇（散佚四十六篇），不少篇目確與《禮經》十七篇聯繫緊密，尤其是《小戴禮記》中劉向《別録》所分喪

---

① 馬濤研究熹平石經《禮經》殘石，發現石經《鄉飲酒禮》"磬階間縮霤北面鼓之"一節與今本不同，可見大戴《禮》家對兩鄉禮異同之處頗爲重視；又漢代《喪服》經傳別行（武威漢簡《儀禮》即如此），但石經很可能後附《喪服傳》。馬濤：《漢石經〈儀禮〉碑圖重綴》，《史林》2015 年第 2 期，第 48~53 頁；《漢石經〈儀禮·鄉飲酒〉記文探微》，虞萬里主編：《七朝石經研究新論》，上海書店出版社 2019 年版，第 50~64 頁。另參郜積意：《漢石經〈春秋〉殘字合證與碑圖之復原》，《文史》2015 年第 4 輯，第 5~65 頁。虞萬里：《〈尚書·無逸〉篇今古文異同與錯簡》，臺灣《"中央研究院"歷史語言研究所集刊》第 87 本第 2 分，2016 年，第 243~303 頁。

② 馬曉玲：《戴德〈喪服變除〉佚文校勘整理與研究》，《國學學刊》2015 年第 2 期，第 52~65 頁。

③ （清）邵懿辰：《禮經通論》卷上，黃銘、秦婷點校，丁耘編：《思想史研究（第七輯）》，上海人民出版社 2009 年版，第 381 頁。

④ 沈文倬：《從漢初今文經的形成説到兩漢今文〈禮〉的傳授》，《菿闇文存——宗周禮樂文明與中國文化考論》，商務印書館 2006 年版，第 556 頁。

服、吉事兩類。但二戴對《禮經》亦有解説，或亦稱"記"。《後漢書·儒林列傳》言鄭玄"本習小戴《禮》"，又"注小戴所傳《禮記》四十九篇"，經記之間當有不同。晉武帝咸寧四年(278)立《臨辟雍碑》，言泰始三年(267)十月始行鄉飲酒、鄉射禮，"馬鄭王三家之義，並時而施"①。二戴傳《禮經》行世更久，很難想象二戴並無專門解經之説。今存《石渠禮論》佚文中，即有戴聖、聞人通漢、韋玄成有關鄉射、大射合樂的爭論(以韋玄成議爲是，即大射亦合樂，但不見於經文)，戴聖所言"鄉射至而合樂者，質也。大射，人君之禮，儀多，故不合樂也"，當即其《禮經》説。②《石渠禮論》今存又多議《喪服》，其中戴聖、聞人通漢論大宗是否可絶條，尤可證戴氏經説之傳。

漢宣帝以戴聖"大宗不可絶。言嫡子不爲後者，不得先庶耳。族無庶子，則當絶父以後大宗"爲是，③其言明顯對應今本《喪服傳》"適子不得後大宗"。可與之對比者，《白虎通義·封公侯》引《禮服傳》云：

　　大宗不可絶，同宗則可以爲後爲人作子何？明小宗可絶，大宗不可絶。故舍己之後，往爲後於大宗。所以尊祖重不絶大宗也。④

《白虎通義》所引顯然不是《喪服傳》原文，武威漢簡《服傳》甲、乙本與今本《喪服傳》皆作"大宗者，尊之統也。大宗者，收族者也，不可以絶，故族人以支子後大宗也。適子不得後大宗"⑤。《禮服傳》論小宗可絶，《喪服傳》實無明文，只言支子後大宗、嫡子不得後大宗。《小戴禮記》中亦無小宗可絶之論。今文《禮》內部則有異説，聞人通漢亦受學后蒼，卻以嫡子不得絶小宗以後大宗。因此，《白虎通義》所引《禮服傳》，與《石渠禮論》對照，很可能就是戴聖經説。而《白虎通義》引經説亦稱"禮服傳"，可見小戴並非僅以"輯録古'記'替代解説來建立家法"。

大戴"記"佚文亦散見群籍，清儒多以之爲《大戴禮記》遺篇、遺句，但其中也可能存在大戴解《禮經》之"記"，如姚鼐曾引其伯父姚範之言：

①　毛遠明校注：《漢魏六朝碑刻校注》第 2 冊，綫裝書局 2008 年版，第 269 頁。

②　(唐)杜佑：《通典》卷 77，王文錦、王永興、劉俊文等點校，中華書局 1992 年版，第 2105 頁。

③　(唐)杜佑：《通典》卷 96，王文錦、王永興、劉俊文等點校，中華書局 1992 年版，第 2581 頁。

④　(清)陳立：《白虎通疏證》卷 4，吳則虞點校，中華書局 1994 年版，第 151~153 頁。

⑤　張焕君、刁小龍：《武威漢簡〈儀禮〉整理與研究》，武漢大學出版社 2009 年版，第 46、76 頁。

《儀禮·喪服傳》疏引《大戴禮》"大功已上唯唯，小功已下頷頷"，此非今《大戴禮記》也，大戴説十七篇之辭也，又非賈公彥唐人所能引載也。魏晉六朝以來舊義疏得見大戴説者所引，而賈氏襲之。《晉書·禮志》載杜元凱云："《士喪》一篇，戴聖之記雜錯其間。"二戴之説，晉時尚存，是以知其雜錯也。今則存於經者無以辨之，而其亡者不可得見矣。①

"大功已上唯唯，小功已下頷頷"，賈疏言出"大戴禮"，但並不見於今傳《大戴禮記》。《大戴禮記》今存篇目多與喪禮、喪服無關，因此也有學者據此證明《大戴禮記》佚篇即《小戴禮記》，而《小戴禮記》專門解釋喪禮、喪服的篇目就有十一篇。姚範卻懷疑亦有"大戴説十七篇之辭"存在的可能，確實別有新義。姚範另舉杜預之言以證西晉時二戴説經之文尚存。晉武帝泰始十年（274），武元楊皇后去世，群臣議皇太子制服，杜預以爲當諒闇心喪三年終制，其言《儀禮》無天子諸侯喪禮，《士喪禮》中又"戴聖之記雜錯其間"，故而"難以取正"。② 西晉《儀禮》博士，據《臨辟雍碑》，家法當是馬融、鄭玄、王肅三家，時無小戴，不知杜預是否別見小戴《儀禮》。不論如何，二戴解經之説應該不僅僅限於輯録古記而已，只是書缺有間，或是斷圭碎璧，或是經記難分。

而武威漢簡出土《儀禮》諸篇，與二戴、劉向《別録》篇次不同，陳夢家、王文錦先生以爲慶普傳本而篇次有勝於他家，沈文倬先生則以之爲古文或本，並以"所謂編次者，不過持有者作檢索之用耳"，且簡本"無論用何種編排方法補足十七篇，均無義理可言"。③ 説簡本文本性質以沈先生義爲長，説簡本篇次似以陳、王二先生爲佳。更爲無奈的是，後世學者在追尋二戴《禮經》家法師説時，僅有篇次最成統系，沈先生所言"系統的認識"就蘊藏其間。篇次就是表達家法的一種方式，一種可以追索的方式。

---

① （清）姚鼐：《惜抱軒九經説》卷 11，《續修四庫全書》第 172 册，上海古籍出版社 2002 年版，第 662 頁。

② （唐）房玄齡等：《晉書》卷 20，中華書局 1974 年版，第 622 頁。

③ 陳夢家：《武威漢簡敘論》，中國科學院考古研究所、甘肅省博物館編：《武威漢簡》，文物出版社 1964 年版，第 10~15 頁。王文錦：《〈儀禮〉》，《文史知識》編輯部編：《經書淺談》，中華書局 2005 年版，第 56 頁。沈文倬：《〈禮〉漢簡異文釋》，《菿闇文存——宗周禮樂文明與中國文化考論》，商務印書館 2006 年版，第 60~61 頁。相關爭論，參閱張焕君、刁小龍：《武威漢簡〈儀禮〉整理與研究》，武漢大學出版社 2009 年版，第 3~10 頁。

表 3-1　漢儒林博士宗師、博士表

	《史記》		《漢書》				《後漢書》	
	宗師	弟子	宗師	初	宣元	平帝	十四博士	古文
詩	於魯則申培公	弟子爲博士者十餘人	於魯則申培公		有韋氏之學，有張、有唐、褚氏有許氏之學		魯	
	於齊則轅固生景帝博士		於齊則轅固生		有翼、匡、師、伏之學		齊	
	於燕則韓太傅文帝博士	韓生孫爲今上博士	燕則韓太傅		有王、食、長孫之學		韓	
			毛公河間獻王博士		本之徐敖	《毛詩》		《毛詩》
書	自濟南伏生秦博士	（兒寬）詣博士受業　張生亦爲博士	自濟南伏生	歐陽	有平、陳之學		歐陽	
					大夏侯有孔、許之學		大夏侯	
					小夏侯有鄭、張、秦、假、李氏之學		小夏侯	
	孔氏有《古文尚書》	孔氏有《古文尚書》張霸百兩篇	孔氏有《古文尚書》張霸百兩篇			《古文尚書》		《古文尚書》

續表

分類	《史記》宗師	《史記》弟子	《漢書》宗師	《漢書》初	《漢書》宣元	平帝	十四博士	古文
禮	自魯高堂生	於今獨有士禮	則魯高堂生傳士禮十七篇	后有大戴、小戴、慶氏之學	大戴有徐氏		大戴	
	言禮自魯徐氏	禮官大夫	諸言禮爲頌者由徐氏		小戴有橋、楊氏之學		小戴	鄭氏學
			（《禮古經》）			《逸禮》		《周官經》
易	自菑川田生	要言《易》者本於楊何之家	自淄川田生	楊	施讎家有張、彭之學		施	
					孟家有翟、孟、白之學		孟	
					梁丘有士孫、鄧、衡之學		梁丘	
					京氏		京氏	
			費直、高相					費氏《易》
春秋	於齊魯自胡毋生爲帝博士		於齊則胡毋生	《公羊》有顏、嚴之學	（嚴彭祖宣帝博士）		嚴	
	於趙自董仲舒爲帝博士	弟子遂者、通者、謁者、掌者、郎爲故者	於趙則董仲舒		顏家有泠、任之學　顏氏復有筦、冥之學		顏	
	瑕丘江生爲《穀梁》春秋		瑕丘江公受《穀梁》春申公		《穀梁》有尹、胡、申章、房氏之學			《穀梁》
			本之賈護、劉歆			《左氏》春秋		《春秋左氏》

表3-2　《漢書·儒林傳》"師法""家法"表

經	"漢興"	"某氏學"		五經博士(劉歆) 初	宣世	元、平世
易	言《易》自淄川田生	繇是《易》有施、孟、梁丘之學	繇是施家有張、彭之學	《易》楊 《易》則施、孟	施、孟、梁丘 梁丘《易》	
			繇是有翟、孟、白之學			
			繇是梁丘有士孫、鄧、衡之學			
		繇是《易》有京氏之學				元帝世立京氏
		繇是《易》有高氏之學		[高、費皆未嘗立於學官]		
書	言《書》自濟南伏生	由是《尚書》世有歐陽氏學	由是歐陽有平、陳之學	《書》歐陽 《書》有歐陽		
		由是《尚書》有大小夏侯之學	由是大夏侯有孔、許之學		大小夏侯《尚書》 大小夏侯《尚書》	
			由是小夏侯有鄭、張、秦、假、李尋之學			[平帝立] 膠東庸生
		[孔氏有《古文尚書》]				

續表

	"漢興"	"某氏學"	五經博士（劉歆）		
			初	宣世	元、平世
詩	於魯則申培公	由是《魯詩》有韋氏學			
	於齊則轅固生	由是《齊詩》有張、唐、褚氏之學 由是張家有許氏學			
		由是《齊詩》有翼、匡、師、伏之學			
	燕則韓太傅	由是《韓詩》有王、食、長孫之學			
	[毛公河間獻王博士]	[由是《毛詩》者，本之徐敖]			[平帝立]
禮	言《禮》則魯高堂生	后氏《禮》由是《禮》有大戴、小戴、慶氏之學 由是大戴有橋、楊氏之學 小戴，慶氏之學	《禮》后	大小戴	[平帝立《逸禮》]魯國桓公
	諸言《禮》為頌者由是徐生				
春秋	言《春秋》於齊則胡毋生 於趙則董仲舒	由是《公羊春秋》有顏、嚴之學 由是顏家有泠、任之學 疏氏有橋、顏氏（復有冥）之學	《春秋公羊》 《春秋公羊》		
	由是《穀梁春秋》之學大盛	由是《穀梁春秋》有尹、胡、申章、房氏之學		《穀梁春秋》 《穀梁春秋》	
	[貫公河間獻王博士]	[由是言《左氏》者本之賈護、劉歆]			[平帝立]趙國貫公

表 3-3　《漢書·藝文志》五經表

經	家（姚振宗）	漢興	學官・劉歆	學官・宣元	民間	中古文
易　經十二篇　施、孟、梁丘三家 古文經四十六卷，五十七篇	13/18　294篇、圖1	田何傳之	時獨有一叔孫通略定禮儀，天下唯有《易》卜，未有它書	有施、孟、梁丘，京氏列於學官	有費、高二家之説	劉向以中《古文易經》校施、孟、梁丘經，唯費氏經與古文同
書　經二十九卷　大小夏侯二家 歐陽三十二卷	9　412/422篇	伏生求得二十九篇	《書》十六篇　膠東庸生 至孝文皇帝，始使朝錯從伏生受《尚書》 《詩》始萌牙，諸子傳説，猶廣立於學官 在漢朝之儒，唯賈生而已	有歐陽、大小夏侯氏，立於學官	出孔子壁中得多十六篇	劉向以中古文校歐陽、大小夏侯三家經文。文字異者七百有餘，脱字數十
詩　經二十八卷　魯、齊、韓三家 毛詩二十九卷 毛詩故訓傳三十卷	6/16　416/415卷	魯申公訓故齊轅固、燕韓生傳 河間獻王好之	至孝武皇帝，魯、梁、趙頗有《詩》先師，然後鄒、齊、梁、《禮》《春秋》起於建元之間	三家皆列於學官		

續表

			學官				
	經	家（姚振宗）	漢興	劉歆	宣元	民間	中古文
禮	古經五十六卷			《逸禮》有三十九 魯國桓公		出於魯淹中多三十九篇	及《明堂陰陽》《王史氏記》所見，諸侯卿大夫之制，雖不能備，猶痛倉等推士禮而致於天子之說
	經十七篇 后氏、戴氏	555（554）/571篇 13/15	魯高堂生傳《士禮》十七篇		后倉最明。戴德、戴聖、慶普皆曾子，三家立于官		
	周官經六篇 周官傳四篇						
春秋	古經十二篇 左氏傳三十卷	948/901篇 23/31	《公羊》《穀梁》立於學官 薛氏有書，夾氏未有書	趙國貫公			
	經十一卷 公羊、穀梁二家						

第二節　士禮與推致

自鄭玄注群經，三禮宗鄭注，其中《儀禮》次第從劉向《別録》所定之序。劉向校書自成帝河平三年（前 26）始，至成帝綏和元年（前 8）去世時仍未最後完成。劉氏所録《禮經》次第不同於二戴，筆者疑非出自劉氏自定，當是校書中秘《禮古經》的結果。而《禮古經》入藏中秘則與武帝時孔安國及其後人有關，前後相距已至少六十餘載。孔氏應確實整理了《禮古經》文本，雖未如《古文尚書》《論語》《孝經》皆有傳注，但略定次序則不無可能。劉歆《移太常博士書》又言魯國桓公之遺學傳《逸禮》三十九篇，桓公即魯徐生弟子桓生，曾爲禮官大夫，如此則桓公今古學皆傳。劉氏《禮經》篇次或是承自桓公，也未可知。鄭氏以劉向《別録》次第爲本，後世宗鄭者皆目爲有法，賈疏所謂"皆尊卑吉凶次第倫敘"。而鄭氏《三禮目録》另載二戴《禮經》篇次，便長期被忽視，賈疏斷爲"皆尊卑吉凶雜亂"（參表 3-4）。

賈疏"尊卑吉凶"的標準，自然是出於宗鄭的需要。尊卑者，《儀禮》前十篇由士禮而至於諸侯朝覲天子；吉凶者，《儀禮》後七篇先喪後祭，大致展現了個體生命由人而鬼而神的轉變過程。此序亦爲朱子《儀禮經傳通解》所本，影響最大。小戴次第，前賢屢言倫次錯雜，然則吉凶七篇仍是前後一體，只是《士虞禮》《喪服》與《士喪禮》《既夕》分隔開來較爲奇怪；另尊卑之次也較爲混亂，僅首尾顯示出士禮、諸侯天子禮的層級。大戴次第將《喪服》居於書末，更是有違賈氏所說"次第倫敘"。1959 年武威漢簡《儀禮》出土，簡本時間約在西漢末年，又展示出一種新的次第。諸家次第無別者，有六組搭配穩定：《士冠禮》《士昏禮》《士相見禮》一組，《特牲饋食禮》《少牢饋食禮》《有司徹》一組，《聘禮》《公食大夫禮》《覲禮》一組，《鄉飲酒禮》《鄉射禮》一組，《燕禮》《大射》一組，《士喪禮》《既夕》一組。《士虞禮》《喪服》二篇位置最不固定。吉凶七篇内部次序的升降，大戴、劉向、漢簡皆先凶後吉（大戴以《喪服》居末較特殊），僅小戴吉凶錯雜；七篇整體次序的調整，大戴、小戴、簡本皆寓於禮書中段，大致以"尊卑"爲主，惟劉向居末，特別突出"吉凶"，又在吉凶禮内部區分尊卑（參見表 3-4）。所謂"尊卑"，實際上與漢代今文《禮經》"推士禮而致於天子之說"相關。而"推致"之法不僅體現在冠昏喪祭每種禮目的等級差異上，也體現在《禮經》十七篇的篇次上。

表 3-4 《禮經》次第表

	大戴		小戴		劉向鄭玄	武威漢簡
	經	記	經	記		
1	士冠	公冠₇₉	士冠	冠義₄₃	士冠	［士冠］
2	士昏		士昏	昏義₄₄	士昏	［士昏］
3	士相見		士相見	（士相見義₍劉敞₎）	士相見	士相見
4	士喪		鄉飲酒	鄉飲酒義₄₅	鄉飲酒	［鄉飲酒］
5	既夕		鄉射	射義₄₆、投壺₄₀	鄉射	［鄉射］
6	士虞		燕禮	燕義₄₇	燕禮	［士喪］
7	特牲饋食	諸侯遷廟₇₃	大射		大射	［既夕］
8	少牢饋食	諸侯釁廟₇₃	士虞		聘禮	服傳
9	有司徹		喪服	喪服四制₄₉	公食大夫	［士虞］
10	鄉飲酒		特牲饋食	祭法₂₃	觀禮	特牲饋食
11	鄉射	投壺₇₈	少牢饋食	祭義₂₄	喪服	少牢饋食
12	燕禮		有司徹	祭統₂₅	士喪	有司徹
13	大射		士喪	奔喪₃₄	既夕	燕禮
14	聘禮		既夕	問喪₃₅	士虞	泰射
15	公食大夫		聘禮	聘義₄₈	特牲饋食	［聘禮］
16	觀禮	朝事₇₇	公食大夫	（公食大夫義₍劉敞₎）	少牢饋食	［公食大夫］
17	喪服		觀禮		有司徹	［觀禮］

"推致"説是今文《禮經》學的師法，當無甚疑問。《漢書》中有兩處言及：

> 今叔孫通所撰禮儀，與律令同録，臧於理官，法家又復不傳。漢典寢而不著，民臣莫有言者。又通没之後，河間獻王采禮樂古事，稍稍增輯，至五百餘篇。今學者不能昭見，但推士禮以及天子，説義又頗謬異，故君臣長幼交接之道寖以不章。……今大漢繼周，久曠大儀，未有立禮成樂，此賈誼、仲舒、王吉、劉向之徒所爲發憤而增嘆也。《漢書·禮樂志》

《禮古經》者，出於魯淹中及孔氏，（學七十）［與十七］篇文相似，多三十九篇。及《明堂陰陽》《王史氏記》所見，**多天子諸侯卿大夫之制**，雖不能備，**猶瘉倉等推士禮而致於天子之説**。《漢書·藝文志》

　　兩相對照，"今學者"即"倉等"。在漢代語境中，今文《禮》家之説經，顯然需要服務於現實政制（所謂"通經致用"）。今文禮學的"推致"，不能僅僅是一種師説，更要參與王朝的禮制實踐。因而，"推士禮而致於天子"的政治、實用色彩極爲強烈，但受到多重因素的影響，今文禮學終漢世四百年也未能改善"久曠大儀"的局面。① 尤其是劉向、劉歆父子校書中秘之後，重新發現了禮之逸經、逸記。這批多數源自古文的禮學文獻，内容與範圍遠遠超過今文禮學，卻得不到重視。劉歆所言"國家將有大事，若立辟雍、封禪、巡狩之儀，則幽冥而莫知其原"（《漢書·劉歆傳》），首要批駁對象就是今文《禮經》博士。
　　今文禮學的傳人並非没有"制禮作樂"的努力，只是未獲成功。漢章帝章和元年（87），曹褒曾"次序禮事，依準舊典，雜以五經讖記之文，撰次天子至於庶人冠婚吉凶終始制度"（《後漢書·曹褒傳》）。曹褒家傳慶氏學，其父曹充在光武帝時即以此爲博士。雖然沈文倬先生認爲慶氏學乃是類似漢儀博士之類，但慶氏學出后倉，作爲慶氏學傳人的曹褒，知曉"推致"説應無疑義。所謂"次序禮事""冠婚吉凶終始"，可能就蘊含着今文禮學師説的影子（史傳言其"傳《禮記》四十九篇"），並且在糅合"舊典""五經讖記"的基礎上（史傳言其"作《通義》十二篇，《演經雜論》百二十篇"），將"推士禮以及天子"的方法與"天子至於庶人"的上下層級縮合成更緊密的禮制整體。但曹褒制禮，挑戰了

---

　　① 王鳴盛根據《漢書·禮樂志》的論述，申言"漢無禮樂"。陳戍國先生以爲王氏之説稍顯武斷，然亦非毫無道理，進而論以"漢禮多無定制"，即與班固所言"久曠大儀"相合。漢世"久曠大儀"，實是受制於當時的"制禮作樂"觀念，尤其是《公羊》學的影響。這一點在陳蘇鎮先生《〈春秋〉與"漢道"》一書中有極爲精彩的分析。當然，漢代禮制實踐也留下了不少遺産，諸如"元始""永平故事"，都在不斷影響中古時期的禮制建設（鄭玄的禮學體系更是提供了一整套禮制模型）。(清)王鳴盛：《十七史商榷》卷 11，黃曙輝點校，上海書店出版社 2005 年版，第 77~78 頁。陳戍國：《中國禮制史·秦漢卷》，湖南教育出版社 2002年版，第 83~88 頁。陳蘇鎮：《〈春秋〉與"漢道"：兩漢政治與政治文化研究》，中華書局 2011 年版，第 133~206、229~240、265~272、360~377、461~468 頁。有關漢代禮制及其影響的研究，可參楊英：《祈望和諧：周秦兩漢王朝祭禮的演進及其規律》，商務印書館 2009 年版。田天：《秦漢國家祭祀史稿》，生活·讀書·新知三聯書店 2015 年版。閻步克：《服周之冕：〈周禮〉六冕禮制的興衰變異》，中華書局 2009 年版。顧濤：《漢唐禮制因革譜》，上海書店出版社 2018 年版。

當時儒學士大夫"太平"而後"制禮"的主流觀念，同時也直接突破了今文禮學師說、家法的範疇。今文學內部實際上共享了一些基本主題與理念，在"制禮"問題上，今文《禮經》之學可能就有《公羊》學的底色。今文禮學傳於高堂生，興於后倉（《漢書·儒林傳》稱"后氏《禮》"），而后倉本爲《齊詩》博士；后氏受《禮》於孟卿，孟卿亦通《春秋》（《漢書·儒林傳》言疏氏《春秋》即出於孟卿）；后氏《禮》受到作爲"齊學"的《公羊》學影響，也不無可能。

再如《白虎通義·爵》篇對天子與士的界定也值得注意：

> **天子者，爵稱也。**爵所以稱天子何？王者父天母地，爲天之子也。
>
> 公卿大夫者何謂也？內爵稱也。內爵稱公卿大夫何？爵者，盡也。各量其職，盡其才也。……**士者，事也。任事之稱也。**故《傳》曰："通古今，辯然否，謂之士。"何以知士非爵？《禮》曰"四氏强而仕"，不言"爵爲士"。……天子之士獨稱元士何？士賤，不得體君之尊，故加元以別於諸侯之士也。
>
> 王者太子亦稱士何？舉從下升，以爲**人無生得貴者，莫不由士起**。①

《白虎通義》集東漢初年今文經說之大成（尤其是《公羊》學視域中的禮制），形成了今文學內部基本的"通義"。② 天子是否爵稱，今古文經說有異。許慎《五經異義》載《易》孟、京說以天子爲爵稱，古《周禮》《左傳》以"天子"之稱施於夷狄而無爵，許慎從古而鄭玄從今，另《公羊》說（成公七年何休《解詁》）同今文《易》、服虔說同許氏。③《白虎通義》不以"士"爲爵稱，同時又賦予士獨特的意義。"人無生得貴者"，本自《士冠禮》記文"天子之元子猶士也，天下無生而貴者也"，又見於《禮記·郊特牲》所言"冠義"。此亦當是今文禮學通義。鄭玄雖以"天子"爵稱與今文同，但不認同"士非爵"。鄭玄根據《士冠禮》記文"古者生無爵，死無諡"，以"天子""士"俱有諡，即是有爵。陳立據鄭說，又解《白虎通義》"士非爵"爲夏殷制。

---

① （清）陳立：《白虎通疏證》卷1，吳則虞點校，中華書局1994年版，第1、16～21頁。

② 《白虎通》自然也有古學成分，但並非重點。徐興無：《通義的形成——〈白虎通義〉的話語機制》，《中華文史論叢》2019年第3期，第264～301頁。

③ （清）陳壽祺：《五經異義疏證》卷下，曹建墩點校，上海古籍出版社2012年版，第168～170頁。（清）皮錫瑞：《駁五經異義疏證》卷4，吳仰湘編：《皮錫瑞全集》第4冊，中華書局2015年版，第92～96頁。黃永武：《許慎之經學》，中華書局2019年版，第389～391頁。

可見，"天子""士"是否有爵並非可以輕易放過的小問題，關係着古人對君權、皇權的隱微態度。在"天子"爵稱的前提下，不論今文説"士非爵"的獨立性與特殊性（與"太子"同稱），還是鄭解"士有爵"的上下同一性，"士"實際上都是一種中間、基礎狀態（大夫無冠禮以及禮注、禮疏中"攝盛""禮窮則同"之義也可與之關聯）。古文説則大不同，賈逵以"《左氏》義深於君父""《左氏》崇君父，卑臣子，强干弱枝，勸善戒惡，至明至切，至直至順"，而"《公羊》多任於權變"（《後漢書·賈逵傳》）。李若暉先生以何休吸收古文説，删削"天子僭天"（鄭玄《考工記》注有引），構造"君天同尊"的經學體系；但何休以"天子"爵稱，又是删削不盡。① 與何休吸收古文説改造《公羊》相較，鄭玄對古文説君父義反而較爲審慎，進而改造了古《周禮》説，創造了自身以《周禮》爲核心的新體系（李若暉先生言以"禮法合一"）。其間各種經説的互動、演進之跡，頗值得留心。

白虎觀會議召開於漢章帝建初四年（79），曹褒制禮不可能不知"通義"的結論。其行爲不僅與"天平乃制禮作樂"（《白虎通·禮樂》）相左，也消隱了今文《禮》家"推士禮"的核心地位與意義。具體到歷史實踐，服虔、應劭言"漢家郡縣饗射祭祀，皆假士禮而行之。樂縣笙磬籩俎，皆如士制"（《後漢書·禮儀志》李賢注引），也不妨視作"推士禮"的一個注腳。"推致"之法的具體過程當無甚玄妙，主要依據可能就是禮的結構化特徵，如等級、數列等。② 但"推

---

① 何氏此舉未必是删削不盡，也可能展現出一種猶疑，或者保留體系内部開放性的目的。李先生的觀察揭示了儒學在漢代的觀念轉型（同時帶有現代世界的投影），在權力制約下，"尊尊"變成了"尊卑"。曲利麗亦觀察到兩漢之際，儒學話語中"聖王"到"王聖"（"王命"）的變化。李若暉：《久曠大儀：漢代儒學政制研究》，商務印書館 2018 年版，第 196~235 頁；《不喪斯文：周秦之變德性政治論微》，上海人民出版社 2019 年版。曲利麗：《兩漢之際文化精神的演變》，中華書局 2017 年版。另參朱騰：《滲入皇帝政治的經典之學：漢代儒家法思想的形態與實踐》，中國政法大學出版社 2013 年版；《早期中國禮的演變：以春秋三傳爲中心》，商務印書館 2018 年版。有關"士"階層的文化意義與現實作用，研究衆多，參閱余英時：《士與中國文化》，上海人民出版社 2003 年版。閻步克：《士大夫政治演生史稿》，北京大學出版社 2015 年版。

② 如《左傳》莊公十八年傳言"名位不同，禮亦異數"，《禮記·禮器》有多少、大小、高下、文素等標準的不同。參閱沈文倬：《從漢初今文經的形成説到兩漢今文〈禮〉的傳授》，《菿闇文存——宗周禮樂文明與中國文化論叢》，商務印書館 2006 年版，第 528~529 頁。閻步克：《論中國禮制的"數字化"》，王守常、余瑾編：《龐樸教授八十壽辰紀念文集》，中華書局 2008 年版，第 234~246 頁；《中國古代官階制度引論》，北京大學出版社 2010 年版，第 257~267 頁。楊華：《中國古代禮儀制度的幾個特徵》，《武漢大學學報》（人文科學版）2015 年第 1 期，第 16~22 頁。

致"所關涉的禮義、依賴的觀念，都顯示出今文禮學在政治與學術之間飽含張力。後世學者其實不甚關心爲何、如何推而致，更不會刻意將之與今文《禮經》次第相合("禮是鄭學"以及瀰漫經史領域的鄭王之爭、《周禮》《儀禮》的經曲之辨成爲新的典範與問題)，然而從等級角度對禮儀進行分類乃至説解，仍是一個重要的方法與傳統，尤其是宋代《儀禮》學再次興起。

　　《禮經》十七篇"士禮"的判定，首先與其在漢代的稱名有一定矛盾，如"於今獨有《士禮》，高堂生能言之"(《史記·儒林列傳》)、"漢興，魯高堂生傳《士禮》十七篇"(《漢書·藝文志》《儒林傳》)，南宋張淳便提出質疑"今《儀禮》中所謂士禮，有冠、昏、相見、喪、既夕、虞、特牲饋食七篇，他皆天子、諸侯、卿大夫禮，必非高堂生所傳者"①。此事聚訟，涉及諸多異説，或篇數不一，王充言"今《禮經》十六"(《論衡·謝短》，另有河内女子得"佚禮"一篇)、荀悦言高堂生"傳《士禮》十八篇"(《前漢紀·成帝紀》)；或天子禮存佚難定，劉歆言"天子之禮無一傳者"(劉歆《與揚雄書》，甚可疑)、王充言"今《禮經》不見六典"且"又不見天子"。② 朱子則言"特略舉首篇以名之"，③大致可從。

　　具體到等級禮制的内部，前引諸如劉歆、張淳説，皆言士禮七篇。但劉歆之言頗爲可疑，首見於晁説之《嵩山文集》，又爲王應麟《漢藝文志考證》《玉海》等書所引用：

　　　　然足下謂後之書多於古則不然，劉歆告揚雄云"三代之書蕴藏於家，直不計耳"，顧弗多耶。今有一《周易》，而無《連山》《歸藏》。有一《春秋》，而無千二百國寶書及不修《春秋》。有卿禮二、士禮七、大夫禮二、諸侯禮四、諸公禮一，而天子之禮無一傳者，不知其傳孰

----

① (宋)張淳：《儀禮識誤》，《叢書集成初編》第 126 册，商務印書館 1936 年版，第 2 頁。

② 相關爭論，可參洪業：《儀禮引得序》《禮記引得序》，劉夢溪主編：《中國現代學術經典·洪業卷》，河北教育出版社 1996 年版，第 82~94、95~104 頁。

③ 朱子言："此則不深考於劉説所訂之誤，又不察其所謂《士禮》者，特略舉首篇以名之。其曰推而致於天子者，蓋專指冠、昏、喪、祭而言，若燕、射、朝、聘，則士豈有是禮而可推耶?"(宋)朱熹：《儀禮經傳通解(壹)》，王貽樑校點，朱傑人、嚴佐之、劉永翔主編：《朱子全書(修訂本)》第 2 册，上海古籍出版社、安徽教育出版社 2010 年版，第 29 頁。

多於其亡耶?①

　　姚振宗以"三代之書蘊藏於家，直不計耳"之後的文字皆是劉歆《與揚雄書》佚文，不確。晁説之另作《揚雄別傳》，同引劉歆《與揚雄書》並無所謂佚文文字。《方言》現存最早宋本及今傳本《方言》，亦無。② 因而此文更可能是晁氏自己的觀點。從晁説之到張淳，再到王應麟，士禮七篇代表了宋人的基本共識。③ 其中，鄉禮二篇較爲特殊，跨越多個等級，清儒汪紱甚至將鄉禮二篇視作通禮。④ 在鄭學體系中，《鄉飲酒禮》與諸侯之鄉大夫有關，《鄉射禮》與州長有關(鄉大夫或在焉)。據《周禮·地官》，鄉大夫爲卿，州長爲中大夫。但諸侯之鄉大夫、州長，鄭注《鄉飲酒義》以州長爲士，且鄉禮二篇與選賢貢士有關，等級禮制即介於大夫與士之間。熹平石經《鄉飲酒禮》記文"磬，階間縮霤，北面鼓之"(鄭注"大夫而特縣，方賓鄉人之賢者，從士禮也")位置與今本

　　① （宋）晁説之：《嵩山文集》卷 15，《四部叢刊續編》第 8 冊，商務印書館 1934 年版。"卿禮"之"卿"，《四庫全書》本同，他書引證多作"鄉禮"，蓋"卿""鄉"字近互訛。當以"鄉"字爲是。王氏《玉海》言《儀禮》其他各禮"必非高堂生所傳者"，則源自張淳。（宋）王應麟：《漢藝文志考證》卷 2、卷 10，尹承整理，王承略、劉心明主編：《二十五史藝文經籍志考補萃編》第 1 卷，清華大學出版社 2014 年版，第 156、305~306 頁。（宋）王應麟撰，武秀成、趙庶洋校證：《玉海藝文校證》卷 5、卷 18，鳳凰出版社 2013 年版，第 884 頁。

　　② （清）姚振宗：《漢書藝文志拾補》卷 5、《漢書藝文志條理》卷 1、《隋書經籍志考證》卷 1，項永琴整理，王承略、劉心明主編：《二十五史藝文經籍志考補萃編》第 2 卷、3 卷、15 卷，清華大學出版社 2011 年版，第 382~383、65~66、31 頁。武秀成等亦將此當作劉歆之言，誤。現存《方言》最早刻本，爲中國國家圖書館藏宋慶元六年（1200）潯陽郡齋刻本，書末並無劉歆、揚雄往還書。即後世疏證、整理各本，亦可證姚氏之誤。（漢）揚雄：《方言》，國家圖書館出版社 2017 年版。（清）戴震：《方言疏證》，鮑善淳整理，許威漢審定，楊應芹、諸偉奇主編：《戴震全書》第 3 冊，黃山書社 2009 年版，第 241 頁。華學誠：《揚雄方言校釋彙證》，王智群、謝榮娥、王彩琴協編，中華書局 2006 年版，第 1033 頁。

　　③ 王應麟《玉海》引崔靈恩説"《儀禮》者，周公所制"，備列吉禮三篇、凶禮四篇、賓禮三篇、軍禮亡失、嘉禮七篇，此是鄭玄義法。崔氏於等級只言"臣禮"，如"吉禮惟得臣禮三篇"，凶禮除《喪服》"上自天子，下至庶人，其禮同等"外"餘三篇，皆臣禮"。（宋）王應麟撰，武秀成、趙庶洋校證：《玉海藝文校證》卷 5，鳳凰出版社 2013 年版，第 190 頁。

　　④ 汪紱以十七篇有士禮七篇、大夫禮二篇(少牢、有司徹)、通禮三篇(鄉飲酒、鄉射、大射)、君國禮三篇(聘、燕、公食大夫)、邦君見天子禮一(覲禮)以及《喪服》。（清）汪紱：《理學逢源》卷 6，《續修四庫全書》第 947 冊，上海古籍出版社 2002 年版，第 425 頁。

有異，今本位於"其笙，則獻諸西階上"之後，與經文"笙入，堂下磬南，北面立"相應，屬於禮儀的中段；石經則置於"尊，綌冪，賓至，徹之"之後，在記文前段，屬於禮儀初期的陳設環節，但經文無論樂縣之事，《鄉射禮》經文陳設節卻有"縣于洗東北，西面"。大戴解《鄉飲酒禮》與鄭玄牽合《周禮》肯定有差異，但正如馬濤所言，"漢石經本移易此節卻深化了以鄭玄爲代表的《鄉飲酒》'樂縣即磬'的說法"。馬濤進而推測"按大戴之篇次，兩鄉禮當屬於諸侯之卿大夫禮"，而鄭玄以諸侯之州長爲士"與此編排不類"，因此大戴"對兩鄉禮縣制之解雖與鄭玄相近，但其對兩鄉禮性質之認識卻未必相同"。①

今觀小戴、聞人通漢、韋玄成有關鄉射、大射合樂的爭論，皆以大射爲諸侯禮(人君之禮)，論鄉射言"質也""人禮也""鄉人本無樂"者，② 似皆以鄉射禮等級不高。參諸漢簡本，若其亦有推致之義，則顯然以鄉禮二篇爲士禮。因此，大戴論鄉禮二篇未必就是卿大夫禮。以小戴等說觀之，西漢時或多以鄉禮乃更大群體的會聚之禮。大戴篇次更像表達了行禮場所以及群體範圍的不斷擴大，有"家國天下"的意味，更符合朱子《儀禮》體系家(大夫祭禮亦是祭於家)、鄉、邦國、王朝的層級。清儒黃以周以大戴說鄉禮二篇爲士禮(又言亦兼大夫禮)，並復原大戴《禮經》次第的"推致"之法：

> 大、小戴同受業于后倉，傳高堂生之學，所定《禮經》篇次不同，**以大戴爲最當**。《禮經》十七篇以《冠》《昏》《相見》《士喪》《既夕》《士虞》《特牲》《鄉飲》《鄉射》**九篇士禮居首**。后倉傳其學，作《曲臺記》九篇，即說此《士禮》九篇，以推天子諸侯之制。大戴以此九篇列首，以明授受所自，而《少牢》《有司徹》二篇與《特牲》類，故併入之。且鄉飲、鄉射亦兼**大夫禮也**。《燕》《大射》以下爲**諸侯天子禮**。《喪服》，**通禮**，終之。其次秩然。③

黃氏非常巧妙地將《漢書·藝文志》"《曲臺后倉》九篇"落實爲士禮九篇，只是大戴次第中二鄉禮已是第十、十一篇，其以《少牢饋食禮》《有司徹》以類

---

① 馬濤：《漢石經〈儀禮·鄉飲酒〉記文探微》，虞萬里主編：《七朝石經研究新論》，上海書店出版社 2019 年版，第 64 頁。

② (唐)杜佑：《通典》卷 77，王文錦、王永興、劉俊文等點校，中華書局 1992 年版，第 2105 頁。

③ (清)黃以周：《禮書通故》卷 1，王文錦點校，中華書局 2007 年版，第 5~6 頁。

從於《特牲饋食禮》之後，實際上與"九篇士禮居首"矛盾。如果黃氏能夠睹見漢簡本，或當以之爲更符合推士禮而致於天子之說（漢簡本又將《喪服》置於《既夕》與《士虞禮》之間，似有士禮十篇）。① 因此，黃氏此說並未得其後學發皇。如曹元弼分梳《禮經》有"篇以類次""類以吉凶次"之別，並基於宗鄭的立場，以爲"鄭君從《別錄》至當"：

> 《禮經》篇以類次，類以吉凶次。……此四文（曹氏引《王制》《禮運》《昏義》文字四條，其中《王制》兩條）或先喪祭，或先冠昏，或先射鄉，或先朝聘，要皆兩事類舉。以考十七篇，則《士冠》《士昏》《士相見》，冠昏相見也；《鄉飲酒》《鄉射》《燕》《大射》四篇，大分言之，射鄉也；《聘禮》《公食》《覲》三篇，朝聘也；《喪服》《士喪》《既夕》《士虞》《特牲》《少牢》《有司徹》七篇，喪祭也。凡十七篇，爲四類，此篇以類次也。《冠義》以下七篇，皆説經之義，其次先《冠義》《昏義》，冠昏類也；次《鄉飲酒義》《射義》《燕義》，射鄉類也；次《聘義》，朝聘類也；次《喪服四制》，喪祭類也。《喪服四制》曰："夫禮，吉凶異道，不得相干。"此喪祭所以在後。《記》次本《經》次，《孝經·喪親章》居末，蓋取法《禮經》，此類以吉凶次也。《別錄》篇次類次皆與《記》合，大戴篇次合、類次未合，小戴篇、類次皆未合，鄭君從《別錄》至當，邵懿辰謂當從大戴非也。②

曹氏言"邵懿辰謂當從大戴非也"，即"大戴篇次合、類次未合"。觀曹氏所定篇次、類次，最大的問題在於，如果《禮記·冠義》諸篇本《禮經》之次，爲何"小戴篇、類次皆未合"，反而劉向《別錄》"篇次類次皆與《記》合"。沈文倬先生則在黃氏基礎上，又有新説。沈先生不僅對黃氏以"別其家法"而證"其

---

① 漢簡本《喪服》之次，當與喪禮中成服有關。另曾運乾《禮經喪服釋例》例一言"凡爲五服不稱其人者皆士也，非士則顯其名位"，可見《喪服》的主體仍是基於士階層。曾運乾：《禮經喪服釋例》，《國立中山大學文學院專刊》1933年第1期，第19~23頁。

② （清）曹元弼：《復禮堂文集》卷4《禮經名目篇次辨》，王有立主編：《中華文史叢書》第46冊，臺灣華文書局股份有限公司1974年版，第477~481頁。另如黃氏後學唐文治雖稱述《禮書通故》，言"蓋《禮經》著述，至此觀歇止矣"，於《儀禮》篇次仍以賈疏所言爲是，並未興發乃師之旨，但論《儀禮》"精意"則以人心世道爲説，切於人倫。唐文治：《十三經提綱》，鄧國光輯釋，歐陽艷華、何潔瑩輯校：《唐文治經學論著集》第1冊，上海古籍出版社2019年版，第111~121頁。

本各異"提出了質疑,即"家法之不同取決於解説經文之義而不在經本文字之有異",説甚精審,又部分還原了"推致"的具體過程(《鄉飲酒禮》與《燕禮》、《鄉射禮》與《大射儀》、《士虞禮》《特牲饋食禮》與《少牢饋食禮》《有司徹》、饋食禮與《公食大夫禮》、《聘禮》禮賓節與《士冠禮》醴冠者節等),且以大戴"士禮七篇排在前面,保持了'獨有士禮'的原目",與黃説不同,而篇次卻是推致之法的反映,又與黃氏義近。但沈先生進而推論"大戴之本即用后倉篇次,也是高堂生遞傳下來的原編次第",戴聖則與后倉、戴德立異之説(《漢書·藝文志》"《禮經》十七篇,后氏、戴氏"表示后氏與小戴不同),① 似難信從。小戴次第無倫,古今未有贊詞,實難想象立異之説反而毫無統緒。筆者頗疑后氏、小戴本才是原編,大戴、漢簡本則與之立異,而《禮記·冠義》諸篇次或是小戴新説,只是未改師承所傳經次,也有可能是劉向《別錄》分類所定次第,並爲小戴後學所接受。

黃以周"以大戴爲最當""以大戴所傳最得其真"當是受到邵懿辰的啓發。但邵懿辰並無解推士禮之言,且黃氏在論證過程中也不取邵氏説五倫之義,只説冠昏、喪祭、射鄉、朝聘之類次。曹元弼則較爲反感當世今文學,對邵氏的今文色彩可能也有不滿。如黃氏以邵懿辰言十七篇爲完書"所見亦卓",但邵氏以《逸禮》三十九篇爲姦言則殊不足信。曹元弼亦以邵氏"謂五十六篇爲劉歆作僞,則誣妄甚矣",但十七篇爲完書"尚近理",實則未確。② 以"推致"説大戴篇次,黃氏言士禮九篇(《曲臺后倉》九篇),沈氏言士禮七篇("獨有士禮"),差異在鄉禮二篇的等級屬性。邵懿辰則跳出了等級禮制的討論,也不關心今文禮學如何推而致,反而是藉助宋儒的義理結構,實現了大戴《禮經》人倫體系的全新建構。

---

① 沈先生認爲高堂生"從民間取得七篇士禮、兩篇'鄉禮'和一篇《喪服》的漢隸書本,又創立了'推士禮以致天子之法',默誦記錄了《燕》《大射》《覲》《聘》《公食》《少牢》《有司》七篇天子諸侯大夫禮,彙輯、寫定《禮經》今文十七篇"。沈文倬:《從漢初今文經的形成説到兩漢今文〈禮〉的傳授》,《菿闇文存——宗周禮樂文明與中國文化考論》,商務印書館2006年版,第528~530、555頁。

② 曹元弼以爲"《禮經》古當有二本,一全經,一約編""五十六篇固非全編,即十七篇以經記考之,亦非完本",只不過"冠昏、喪祭、朝聘、射鄉諸禮具在,則所缺當無幾耳"。(清)曹元弼:《復禮堂文集》卷4《禮經名目篇次辨》,王有立主編:《中華文史叢書》第46冊,臺灣華文書局股份有限公司1974年版,第477~481頁。

第三節　禮類與人倫

賈公彥以"尊卑""吉凶"論《禮經》次第，曹元弼則以"篇以類次""類以吉凶次"爲論，皆以劉向、鄭玄次第爲最佳，亦可見劉向《別録》篇次特别凸顯"吉凶"的意義。"尊卑"之説應是導源於漢代今文禮學推致之法，黄以周、沈文倬皆以大戴次第與推致説最相應。邵懿辰亦重視大戴《禮經》次第，並啓發了黄以周還原大戴推致家法，曹元弼"篇以類次"亦是針對邵氏人倫之説。邵氏以大戴《禮經》篇次與五性、五倫相合，亦與朱子《儀禮經傳通解》家、鄉、邦國、王朝之禮相合：

觀《昏義》曰："夫禮始於冠，本於昏，重於喪祭，尊於朝聘，和於鄉射。"故有《冠義》以釋《士冠》……有《四制》以釋《喪服》，而無一篇之義出乎十七篇之外者，是冠、昏、喪、祭、朝、聘、鄉、射八者，約十七篇而言之也。……冠、昏、喪、祭、射、鄉、朝、聘八者，禮之經也。冠以明成人，昏以合男女，喪以仁父子，祭以嚴鬼神，鄉飲以洽鄉里，燕射以成賓主，聘食以睦邦交，朝覲以辨上下，天下之人盡於此矣，天下之事亦盡於此矣。**而其證之尤爲明確而可指者，適合於《大戴》十七篇之次序**。……是一、二、三篇冠昏也，四、五、六、七、八、九篇喪祭也，十、十一、十二、十三篇射鄉也，十四、十五、十六篇朝聘也，而《喪服》之通乎上下者附焉。《小戴》次序最爲襍亂……今鄭、賈注疏所用劉向《別録》次序，則以喪祭六篇居末，而《喪服》一篇移在《士喪》之前，**似依吉凶人神爲次**。……較《小戴》稍有條理，**而要不若《大戴》之次合乎《禮運》**。疑自高堂生、后蒼以來，而聖門相傳篇序固已如此也。……今以**《大戴》之次、安溪之説**，合之《禮運》仲尼所撮舉之言、《昏義》孔門所特標之目，**推於五性、五倫無不合者**，則冠、昏、喪、祭，家禮也；射、鄉，鄉禮也；朝、聘，邦國、王朝之禮也；而士相見則學禮亦寓焉，**於朱子之例亦無不合**。自一身、一家推而一鄉、一國以達於天下，小大、微著、近遠、卑高之序固當如此。①

---

①　(清)邵懿辰：《禮經通論》卷上，黄銘、秦婷點校，丁耘編：《思想史研究(第七輯)》，上海人民出版社 2009 年版，第 377~379 頁。

　　邵氏之説並不複雜，主要依據是朱子《儀禮經傳通解》與李光地"四際八篇"論，並對《禮記》《大戴禮記》中以類説禮者作出全新的解讀。其中，邵懿辰巧妙地轉換了朱子《儀禮》學所宗的劉向、鄭玄篇次，將大戴《禮經》次第與五性、五倫更加精密地綰合在一起。朱子《儀禮經傳通解》家禮(士冠禮、士昏禮)、鄉禮(士相見禮、鄉飲酒禮、鄉射禮)、邦國禮(燕禮、大射儀、聘禮、公食大夫禮)、王朝禮(覲禮)、喪禮(士喪禮、既夕、士虞禮)、祭禮(特牲饋食禮、少牢饋食禮、有司徹)的結構，與劉向、鄭玄《儀禮》篇次一一對應，唯有鄉禮與邦國禮之間的學禮與《儀禮》無關，且雜收三禮經典無法歸入他禮者。其中，朱子以《士相見禮》入鄉禮，與《鄉飲酒禮》《鄉射禮》爲類，小戴、劉向、漢簡《禮經》篇次皆前後相連，唯大戴有異。

　　李光地之説，見於《禮學四際約言序》，其説直接啓發了邵氏對大戴、朱子禮學體系的融合，贅引全文如下：

　　　　古禮湮廢不可盡知，又多不行于今世，故其追而攷之也難。蓋《儀禮》缺而不完，《禮記》亂而無序，自朱子欲以經傳相從成爲禮書，然猶苦於體大，未究厥業。然則後之欲爲斯學者，不益難哉。余姑擇其大者要者，畧依經傳之體，別爲四際八篇，以記禮之綱焉，其詳且小則未暇也。又采小學儀節於首，附王政大法於後，而通爲之序曰：四際八編者何？冠昏也，喪祭也，鄉射也，朝聘也。《易》曰："有天地萬物而後有男女夫婦，有男女夫婦而後有父子，有父子然後有上下君臣，而禮義有所措也。"三代之學，皆所以明人倫也。有冠昏而夫婦別矣，有喪祭而父子親矣，有鄉射而長幼序矣，有朝聘而君臣嚴矣。夫婦別而後父子親，父子親而後長幼序，長幼序而後君臣嚴。**由閨門而鄉黨，由鄉黨而邦國、朝廷，蓋不可以一日廢也。**是故先王之制禮也，綱維五典，根極五性，通四時，合五行，本於陰陽，而順乎天命。**有冠昏而夫婦別，夫婦別然後智可求也。有喪祭而父子親，父子親而後仁可守也。有鄉射而長幼序，長幼序而後禮可行也。有朝聘而君臣嚴，君臣嚴而後義可正也。**先王之禮，哀樂之情無不中，慘舒之節無不得，故紀綱人道之始終，而天地和平，四靈畢至。學者，學此者也。灑掃進退而非粗也，盡性至命而非遠也。小學以始之，大學以終之，皆所以明人倫也。是書也，雖未能該先王之典，庶幾求禮之門户者得其端焉。①

---

①　(清)李光地：《榕村集》卷 10,《景印文淵閣四庫全書》第 1324 册，臺灣"商務印書館"1983 年版，第 678~679 頁。

　　李氏《禮學四際約言》一書未成，四際八篇論與其所言"又采小學儀節於首，附王政大法於後"又體現在《禮記纂編》的編排上。《禮記纂編》亦未見成書，《榕村集》錄有《禮記纂編序》，其言曰：

　　　　夫古者小學之教，成人之始，故先之《曲禮》《少儀》《內則》三篇。人道莫首於冠昏，故《冠義》《昏義》次之。慎終追遠，民行之大，故喪祭又次之。言喪者凡八篇，而《檀弓》《曾子問》《雜記》附焉。言祭者凡三篇，而《郊特牲》附焉。由是而達於鄉黨州閭，則《鄉飲酒》《投壺》《射義》次之。由是而達於朝廷邦國，則《大傳》《明堂位》《燕義》《聘義》次之。由是而周於衣冠冕珮之制，與夫行禮之容儀，則《深衣》《玉藻》又次之。自《曲禮》至此爲《禮記》內篇。《禮運》《禮器》以下，《學記》《樂記》以上，或通論禮意，或泛設雜文，或言君子成德之方，或陳王者政教之務，要於修身及家平均天下之道靡所不講，爲《禮記》外篇。①

　　《四庫全書》雜禮類又收李氏《朱子禮纂》，是書旨在發揮朱子《家禮》學，與《儀禮》關係不甚大。但總體上，李光地建構的禮學體系明顯受惠於朱子《儀禮經傳通解》，如其重纂《禮記》以及"禮學四際"由閨門而鄉黨而邦國朝廷之旨皆是如此。邵懿辰以朱子"割裂經傳，創立子目，不能盡愜學者之心而垂爲定論"，但朱子所從劉向、鄭玄《儀禮》篇次"四時五行之序別有義，亦可通焉"；而李光地之說"略本《小戴》之《經解》、《大戴》之《盛德》，而其編未成，引而不發，待後人疏通證明焉"。邵氏亦對二戴《記》有重纂之意，其言"徒觀十七篇四際八類之間猶未能周密而詳盡也，必以分記、總記、分義、通義如大小戴《記》各篇埤附於其中，彌縫於其隙"，與李氏分《禮記》內外篇義同；《禮經通論》上卷又有"論漢初經記分而不分""論記、傳、義、問四例"，下卷存目可見亦有"論《禮記》分附經後""論《曲禮》《玉藻》《內則》《少儀》等篇爲總記與經切附""論《冠義》等十一篇宜分附於經""論《禮運》等七篇爲禮通論宜總附經曲之後"諸說(《禮經通論》下卷存目，見於高均儒《錄伯平與銘齋

　　①　(清)李光地：《榕村集》卷10，《景印文淵閣四庫全書》第1324冊，臺灣"商務印書館"1983年版，第677頁。

書》，惜今無傳本)。① 邵氏分記、總記、分義、通義之論，後得到曾運乾先
生的認同與闡發。②

　　具體到五倫與《禮經》篇目的搭配，只有朋友一倫難以對應。邵懿辰則以
《士相見禮》"爲在下之朋友"，《公食大夫禮》《燕禮》"爲在上之朋友"，並以十
七篇無不具賓主之義而"朋友之交横貫乎達道之中"。③ 邵氏進而推出《禮記·
大傳》所謂"得與民變革者"即《周官》，《禮經》因內蘊四際八類而與親親、尊
尊、長長、男女有別相合，故不得與民變革；其中《喪服》一篇"兼親親、尊
尊、長長、男女有別，賅上治、下治、旁治，并及族黨異姓之親，而人治之大
無不舉矣"，可見大戴《禮經》篇次以之居末的深意。總之，邵懿辰在朱子、李
光地的基礎上，實現了大戴《禮經》篇次的意義轉化(參見表 3-5)。

　　通觀邵氏之論，其所建構的大戴《禮經》篇次之旨，恰恰因爲過於整飭而
顯得可疑。禮書中以類説禮者常見，如：

　　　　六禮：冠、昏、喪、祭、鄉、相見。《禮記·王制》"司徒修六禮以節民性，
　　明七教以興民德""七教：父子、兄弟、夫婦、君臣、長幼、朋友、賓客"。

　　　　是故夫禮，必本於天，殽於地，列於鬼神，達於喪祭、射御、冠昏、
　　朝聘。故聖人以禮示之，故天下國家可得而正也。《禮記·禮運》，邵氏以"御"
　　爲"鄉"，黃以周、曹元弼皆從之。《禮運》又有"十義"，"父慈、子孝、兄良、弟弟、夫義、
　　婦聽、長惠、幼順、君仁、臣忠十者，謂之人義"。

　　　　夫禮必本於天，動而之地，列而之事，變而從時，協於分藝，其居人
　　也曰養，其行之以貨力、辭讓、飲食、冠昏、喪祭、射御、朝聘。《禮記·
　　禮運》，邵氏以貨、力、辭、讓、飲、食六者"禮之緯"，並以"御"當爲"鄉"，而八者爲"禮
　　之經"。

　　　　郊社之義，所以仁鬼神也。嘗禘之禮，所以仁昭穆也。饋奠之禮，所
　　以仁死喪也。射鄉之禮，所以仁鄉黨也。食饗之禮，所以仁賓客也。《禮
　　記·仲尼燕居》

　　　　夫禮始於冠，本於昏，重於喪、祭，尊於朝、聘，和於射、鄉，此禮

---

　　① (清)邵懿辰：《禮經通論》卷上，黃銘、秦婷點校，丁耘編：《思想史研究(第七
輯)》，上海人民出版社 2009 年版，第 377~381、396~399 頁。

　　② 曾運乾：《三禮通論》，中國國家圖書館藏民國國立湖南大學講義，第 45~47 頁。

　　③ (清)邵懿辰：《禮經通論》卷上，黃銘、秦婷點校，丁耘編：《思想史研究(第七
輯)》，上海人民出版社 2009 年版，第 380 頁。另參張德付：《論賓主與五倫》，楊朝明主
編：《孔子學刊》第 10 輯，青島出版社 2019 年版，第 46~97 頁。

之大體也。《禮記·昏義》

禮義者，恩之主也。冠、昏、朝、聘、喪、祭、賓主、鄉飲酒、軍旅，此之謂九禮也。《大戴禮記·本命》

表 3-5　大戴《禮經》篇次四際八篇表

劉向、鄭玄		朱子	大戴	邵懿辰					禮
				八篇	四際				
士冠禮 士昏禮	春	家禮	士冠禮 士昏禮 士相見禮	冠昏	夫婦	智	冬	別男女	家禮
			士喪禮 士虞禮 特牲饋食禮 少牢饋食禮	**喪祭**	父子	仁	春	親親	
士相見禮	夏	鄉禮	鄉飲酒禮 鄉射禮 燕禮 大射	鄉射	長幼	禮	夏	長長	鄉禮
鄉飲酒禮 鄉射禮									紀人倫
		學禮							
燕禮 大射儀	秋	邦國禮	聘禮 公食大夫禮 覲禮	朝聘	君臣	義	秋	尊尊	邦國禮 王朝禮
聘禮 公食大夫禮									
覲禮		王朝禮							
喪服 士喪禮 士虞禮	冬	喪禮	喪服	兼親親、尊尊、長長、男女有別					經人倫
特牲饋食禮 少牢饋食禮		祭禮							

邵懿辰特重《禮記·禮運》之說，以"御"爲"鄉"字之誤，自言"竊自幸

爲天牖其衷，是乃二千年儒先未發之覆也"，並以聖門子游傳《禮》（子游特受《禮運》精微之説，《仲尼燕居》亦其所記，其門人後學又爲《檀弓》《禮器》《郊特牲》《曲禮》《玉藻》等篇傳之；因諸篇皆爲小戴所取，子游便爲禮學之正傳，與子夏兼通五經相比，又爲禮學之專門，此説與《荀子·非十二子》所論"子游氏之賤儒"難以相合）、《禮運》等七篇爲《禮》通論。但正如曹元弼所説，諸禮或先或後，並無一定之規，《禮運》中即有兩種不同次序。邵氏必以冠昏、喪祭、射鄉、朝聘爲正序，實無甚堅實依據，只是此序恰與大戴《禮經》若合符契。

禮書中以人倫説禮者亦常見，如通論禮與人倫：

> 民之所由生，禮爲大。非禮，無以節事天地之神也。非禮，無以辨君臣、上下、長幼之位也。非禮，無以別男女、父子、兄弟之親，昏姻疏數之交也。《禮記·哀公問》

> 凡人之所以爲人者，禮義也。禮義之始，在於正容體、齊顏色、順辭令。容體正，顏色齊，辭令順，而後禮義備。以正君臣、親父子、和長幼。君臣正，父子親，長幼和，而後禮義立。《禮記·冠義》

> 禮有三本：天地者，性之本也；先祖者，類之本也；君師者，治之本也。無天地焉生？無先祖焉出？無君師焉治？三者偏亡，無安之人。故禮上事天，下事地，宗事先祖而寵君師，是禮之三本也。《大戴禮記·禮三本》

如分論各禮與人倫：

> 是故先王之制禮樂，人爲之節；衰麻哭泣，所以節喪紀也；鐘鼓干戚，所以和安樂也；昏姻冠笄，所以別男女也；射鄉食饗，所以正交接也。《禮記·樂記》

> 故朝覲之禮，所以明君臣之義也。聘問之禮，所以使諸侯相尊敬也。**喪祭之禮，所以明臣子之恩也**。鄉飲酒之禮，所以明長幼之序也。昏姻之禮，所以明男女之別也。……故昏姻之禮廢，則夫婦之道苦，而淫辟之罪多矣。鄉飲酒之禮廢，則長幼之序失，而爭鬥之獄繁矣。**喪祭之禮廢，則臣子之恩薄，而倍死忘生者眾矣**。聘覲之禮廢，則君臣之位失，諸侯之行惡，而倍畔侵陵之敗起矣。《禮記·經解》，《大戴禮記·禮察》作"聘射之禮"，且"喪祭之禮"居末。《漢書·禮樂志》以"喪祭之禮"對應"骨肉之恩"。

君子之所謂孝者，非家至而日見之也；合諸鄉射，教之鄉飲酒之禮，而孝弟之行立矣。……貴賤明，隆殺辨，和樂而不流，弟長而無遺，安燕而不亂，此五行者，足以正身安國矣。《禮記·鄉飲酒義》

故燕禮者，所以明君臣之義也；鄉飲酒之禮者，所以明長幼之序也。《禮記·射義》，《禮記·燕義》"燕禮者，所以明君臣之義也"。

凡不孝生於不仁愛也，不仁愛生於喪祭之禮不明，**喪祭之禮所以教仁愛也**。……故曰喪祭之禮明，則民孝矣。故有不孝之獄，則飾喪祭之禮。凡弒上生於義不明，義者所以等貴賤、明尊卑；貴賤有序，民尊上敬長矣。……朝聘之禮，所以明義也。故有弒獄，則飾朝聘之禮也。凡鬬辨生於相侵陵也，相侵陵生於長幼無序，而教以敬讓也；故有鬬辨之獄，則飾鄉飲酒之禮也。凡淫亂生於男女無別、夫婦無義；昏禮享聘者，所以別男女、明夫婦之義也。故有淫亂之獄，則飾昏禮享聘也。《大戴禮記·盛德》

冠昏、鄉射、朝聘之禮對應夫婦（男女）、長幼、君臣無甚異説，只有喪祭之禮是否對應父子存在不同觀點，《禮記·經解》《大戴禮記·禮察》以喪祭之禮對應臣子之恩，而《漢書·禮樂志》對應骨肉之恩，似更爲妥帖。① 不論如何，諸禮確實與倫常有相對固定的義理搭配。而朋友一倫，如邵懿辰所説，實則橫貫於諸禮之中。吳承仕先生另考察早期的五倫説，有從"三至親"（《左傳》文公十年史克言"五教"即"父義，母慈，兄友，弟共，子孝"，《喪服傳》以夫妻、父子、兄弟"一體"），到《孟子》所云"父子有親，君臣有義，夫婦有別，長幼有敘，朋友有信"（次第與《喪服》相合）的完成與轉變，其中又有先父子與先君臣（《禮記·中庸》"天下之達道"即君臣、父子、夫婦、昆弟、朋友）兩種次第。② 若以邵懿辰所論大戴《禮經》次第而言，五倫之義在君臣、父子之外，別有夫婦居首一種次序（《序卦》以男女、夫婦居父子、君臣、上下之先），而君臣、父子、夫婦即漢人所謂"三綱"。而邵氏所配仁、義、禮、智之性，也與《白虎通義·性情》相合，因而其説大戴《禮經》篇次之義旨似確可爲一家之法。

---

① 凌廷堪《復禮》言聘覲君臣之義、昏禮夫婦之別、鄉飲酒禮長幼之序、士相見禮朋友之信與邵氏説略同，但以冠禮屬父子之親尤可見異。(清)凌廷堪：《禮經釋例》，紀健生校點，《凌廷堪全集》第1冊，黃山書社2009年版，第14~15頁。

② 吳承仕：《五倫説之歷史觀》，《吳承仕文錄》，北京師範大學出版社1984年版，第1~10頁。

以人倫説禮，自始即貫穿於經典之中。但將人倫與大戴《禮經》次第關聯到一起，則始於邵懿辰。邵氏有關《禮經》義理的發揮，王汎森先生已注意到其《禮經》十七篇無缺之説，影響了廖平、康有爲等人今文學的創構與發展（秦焚書而五經未嘗亡缺之説），但核心在群經辨僞上。① 除此之外，另有傳其禮學義理之説者（雖然未必全部符合），如前述黄以周雖然以推致解大戴《禮經》篇次，悄然轉換了邵氏的人倫轉進之旨，但黄氏《禮書通故》的整體結構仍可見李光地、邵懿辰所説"八篇""八類"之序。該書以禮書、宫室、衣服、卜筮通論者居首，冠禮、昏禮、見子禮、宗法次之，即繫於"冠昏"；喪服、喪禮、喪祭禮與郊禮、社禮、群祀禮、明堂禮、宗廟禮、肆獻裸饋食禮、時享禮、改正告朔禮、籍田躬桑禮，便是"喪祭"之屬；相見禮、食禮、飲禮、燕饗禮、射禮、投壺禮等"鄉射"之禮又次之，朝禮、聘禮、覲禮、會盟禮、即位改元號謚禮等"朝聘"之禮則居後。雖然學校、選舉禮、職官、井田、田賦、職役、錢幣市糴、封國、軍禮、田禮、御禮、六書、樂律、刑法、車制、名物等與大戴《禮經》篇次無甚關聯（而與《周禮》《文獻通考》聯繫更大），但具體禮儀的前後次第顯然就是邵懿辰所謂"八類"，而其中實則較少黄氏所謂大戴"推致"家法的意味。

曹元弼則基於宗鄭的立場，對邵懿辰之説進行了改造與涵化（參見表3-6）。曹氏所言"篇以類次"即邵氏所言大戴之序，而"類以吉凶次"即劉向、鄭玄之序。曹氏同樣根據《禮記·大傳》所謂"不可得與民變革者"（親親、尊尊、長長、男女有別），另加入"賢賢"，構成"禮之大體"，兼重鄭玄對《儀禮》十七篇的五禮分類，重構了另一種形式較爲複雜的禮學五倫説，只不過與《禮經》篇次已經無甚關聯，其説具於《禮經學》：

> 然則禮之大體曰親親、曰尊尊、曰長長、曰賢賢、曰男女有別。此五者五倫之道，而統之以三綱：曰君爲臣綱，父爲子綱，夫爲妻綱。長長統於親親，賢賢統於尊尊。三者以爲之經，五者以爲之緯；五者以爲之經，

---

① 王汎森：《清季的社會政治與經典詮釋——邵懿辰與〈禮經通論〉》，《中國近代思想與學術的系譜（增訂版）》，上海三聯書店 2018 年版，第 38~54 頁。邵氏《禮經通論》以十七篇爲完書，便以《逸禮》三十九篇不可信。丁晏撰《禮經通論敘》與書中附記，尚以《逸禮》可存，但丁氏撰《禮經通論跋》則已將《逸禮》視作僞書，與其早年撰著《佚禮扶微》之義截然相反。可見，邵懿辰《禮經通論》刊刻之初即已影響到同時學人。

表 3-6　曹元弼《禮經》人倫表

	賓禮	嘉禮	凶禮	吉禮
親親之禮八 嘉禮二、凶禮三、 吉禮三		士冠禮冠禮明父子之親 **士昏禮**昏禮自親迎以下明夫婦之義	士喪禮 既夕禮 士虞禮	特牲饋食禮 少牢饋食禮 有司徹
			喪祭皆明父子之恩	
尊尊之禮五 嘉禮三、賓禮二	聘禮 覲禮	燕禮 大射儀 公食大夫禮		
	皆所以明君臣之義			
長長之禮二 統於親親，皆嘉禮		**鄉飲酒禮** **鄉射禮**皆明長幼之序		
賢賢之禮三 統於尊尊 賓禮一、嘉禮二	士相見禮	鄉飲酒禮 鄉射禮		
	明朋友之道	飲、射立賓、介，皆賢賢		
男女有別之禮一		士昏禮自親迎以前明男女之別		
五者皆備之禮一			喪服	

冠、昏、喪、祭、聘、覲、射、鄉以爲之緯；冠、昏、喪、祭、聘、覲、射、鄉以爲之經，服物、采章、節文、等殺以爲之緯。本末終始，同條共貫，須臾不可離也，一物不可繆也。①

　　曹氏對《禮經》十七篇做了具體分類，所謂親親之禮八、尊尊之禮五、長

---

　　①　(清)曹元弼：《禮經學》，周洪校點，北京大學出版社 2012 年版，第 1 頁。曹氏《復禮堂述學詩》卷五《禮經》第一、二、三首皆言五教、五倫之義，詩曰"聖人制禮立人倫，大本兩端尊與親。長長賢男女別，敬敷五教朗星陳""先王殊世不同禮，文質隨時有變更。惟此人倫五大義，與天無極奠民生""五義爲經五禮緯，節文等殺自然生。冠昏喪祭鄉相見，曲達斯人愛敬情"。曹氏另有《禮經大義》亦詳説此義。

長之禮二、賢賢之禮三、男女有別之禮一、五者皆備之禮一，其中《士昏禮》兼親親、男女有別之禮（以親迎爲斷），《鄉飲酒禮》《鄉射禮》兼長長、賢賢之禮。諸禮内部又有經緯之分，如冠禮以親親爲經，尊尊、長長、賢賢緯之；昏禮以親親、男女有別爲經，而尊尊、賢賢緯之，等等。曹氏如此分類，顯然有辨正邵懿辰及其師黄以周重大戴《禮經》次第的目的，同時也可證邵氏之説的影響。

今文學者除康有爲等人外，另如皮錫瑞亦特重邵氏之説，《經學通論·三禮》有數條徵引邵氏之言，皆以《禮經》十七篇内容具足、義理完備。① 而相對完整接續邵懿辰禮學思考的曾運乾，亦"少治今文之學"②，又是湘學後勁（明顯受皮錫瑞影響），其在《三禮通論》（其中《周禮》説甚少）中便特重《儀禮》，開篇即論禮制起源及其與人倫的關係，並廣引邵氏之説，且以大戴《禮經》篇次爲勝。再如其對《禮記》的分類，分義、通義、分記、通記之别（通義、通記又各分甲乙兩類）就是邵懿辰分記、總記、分義、通義分類的延續與深化。③曾氏另有《人道篇》，以《禮記·喪服小記》《大傳》親親、尊尊、長長、男女有

① 三禮類第八條"論禮所以復性節情，經十七篇于人心世道大有關係"、第九條"論《禮》十七篇爲孔子所定，邵懿辰之説最通，訂正《禮運》'射御'之誤當作'射鄉'尤爲精確"、第十條"論邵懿辰以《逸禮》爲僞，與僞古文《書》同，十七篇並非殘闕不完，能發前人之所未發"、第四十八條"論《禮記》義之精者本可單行，《王制》與《禮運》亦可分篇别出"、第五十二條"論《禮經》止於十七篇，並及群經當求簡明有用，不當繁雜無用"等，皆以邵説爲是。（清）皮錫瑞：《經學通論》，吳仰湘編：《皮錫瑞全集》第 6 册，中華書局 2015 年版，第 385~392、479~481、489~490 頁。

② 李肖聃：《益陽陳曾羅戴著述考》，《李肖聃集》，嶽麓書社 2008 年版，第 313~314 頁。蔡長林先生注意到晚清民初之間，諸多學人都受到今文學影響，但主流的學術史論述卻只集中在龔自珍、魏源、康有爲、梁啓超一系論説上，"衆多《公羊》學者的努力，幾乎被排除在思想學術史的視綫之外"。參閲蔡長林：《"六藝由史而經"——張爾田對經史關係之論述及其學術歸趨》，《從文士到經生——考據學風潮下的常州學派》，臺灣"中央研究院"中國文哲研究所 2010 年版，第 463~467 頁。

③ 曾氏以《經解》爲禮經總序（承邵氏之説），記言禮制，義言禮意，分義九種（喪義《問喪》、喪服義《大傳》《間傳》《三年問》《喪服四制》、祭義《郊特牲》《祭義》《祭統》、冠義、昏義、鄉飲酒義、射義、燕義、聘義）、分記三種（喪記《檀弓》《曾子問》《雜記》《喪大記》《奔喪》、喪服記《喪服小記》《服問》、祭記《祭法》）共二十四篇附《禮經》以解經，通義（甲類《禮運》《禮器》《哀公問》《仲尼燕居》《孔子閒居》《坊記》《表記》《緇衣》《儒行》，乙類《學記》《大學》《中庸》《樂記》）、通記（甲類《曲禮》《内則》《少儀》《玉藻》《深衣》《投壺》，乙類《文王世子》《明堂位》《月令》《王制》）共二十四篇總附於《禮經》之後。曾運乾：《三禮通論》，中國國家圖書館藏民國國立湖南大學講義，第 36~48 頁。

別四者爲論，言"人道擬親親、尊尊、長長之意而建立宗法""由親親、尊尊、長長之意而爲喪禮，亦人類存愛之大端也""祭禮亦緣親親、尊尊之意以致其愛敬者也"等，[1] 又與曹元弼之説相似。

以人倫説禮是一個歷史悠久的傳統，邵懿辰巧妙地將之與大戴《禮經》次第結合，重新挖掘和建構了大戴《禮經》篇次的歷史價值與現實意義。黄以周在邵懿辰基礎上，又將禮類、人倫次第轉換成漢代今文禮學的等級"推致"之法，還原了大戴篇次的歷史背景。曹元弼則綜合改造邵懿辰以類説禮之法，與邵氏轉化朱子《儀禮經傳通解》劉向、鄭玄篇次不同，又重新回到劉、鄭"尊卑吉凶次第倫敍"的結構。曾運乾完全接受了邵懿辰的觀點，只是其以邵氏推原《禮運》而有"以尊卑爲倫次"之意，並不十分貼合邵氏原意。曾氏亦以邵氏所定大戴篇次"皆人倫之大順"，方是邵氏本意，進而與十七篇本無闕佚之説相合。再言之，邵懿辰論《禮經》篇次其實更符合朱子家、鄉、邦國、王朝之禮的轉進次第，而曾氏所論大戴"冠昏至鄉射凡十一篇，皆天下之通禮""皆禮之切於民用者"，又有"禮下庶人"之意，或與晚清民國時勢變轉有關。

第四節　篇次與家法

《禮經》篇次傳世及出土漢簡所見者，有大戴、小戴、劉向《別録》以及《禮記》末七篇諸義、武威漢簡五種。諸家評判標準，主要有尊卑、吉凶、人倫三種。鄭玄注三禮，形成"禮是鄭學"的典範，其所取劉向篇次也成爲主流觀點。劉向篇次最突出的特徵是"吉凶"諸禮的凸顯，如賈公彦以爲"尊卑吉凶次第倫敍"，曹元弼特別標舉"類以吉凶次"，曾運乾更是徑直將之視爲"以吉凶爲倫次"。賈公彦所言"尊卑"，更易體現於大戴篇次，曾運乾即言爲"以尊卑爲倫次"，漢世稱爲"推士禮而致於天子之説"。[2] 黄以周以大戴最合今文禮家推致之法，但《禮書通故》諸禮目符合邵懿辰所言大戴之"篇以類次"，卻較少提及邵氏闡發《禮經》類次的人倫大義。曹元弼以《禮記》末七篇定類次，因此劉向次第反而與《禮記》相合，小戴次第卻與《禮記》末七篇相違。邵氏承李光地四際八篇之説，較少言及十七篇的等級色彩，更加突出《禮經》十七篇在文獻與

---

① 曾運乾：《人道篇》，《新民月刊》1935 年第 1 卷第 4~5 期，第 1~16 頁。

② 鄭玄亦曾利用"推致"之法，但不僅僅是"推士禮"，今文禮家當亦如此。羅健蔚：《從鄭玄〈三禮注〉論"推致"之法》，《漢學研究》2019 年第 2 期，第 57~93 頁。

義理上的整全與自洽，① 使得朱子家國天下的禮學結構從符合劉向篇次變爲與大戴貼合。

這裏還要指出，清儒重新思考大戴《禮經》篇次的合理性與意義，並不始於邵懿辰，清初姜兆錫《儀禮經傳內外編》已有申論：

> 愚按大戴篇目之序，蓋以冠昏喪祭爲次，而遞及于飲射、聘覲也。其以《喪服》居後者，上各篇皆言禮儀之節，而此篇乃因禮儀而及其喪服之制，以見凡行喪禮之儀所相依以爲用者，故後之與？由是以推，劉向篇目之次固勝于小戴，而其視大戴則有不及者，鄭氏蓋未免失所從違也。②

姜氏説雖早出，卻無甚影響，且思路局限於大戴爲何以《喪服》居末而論（由喪禮之儀而喪服之制）。姜氏書同樣受朱子《儀禮經傳通解》影響，只是其主要以《周禮》五禮三十六目爲綱，頗有雜糅之病，且《四庫全書總目》言其"類多因襲前人，發明最少"，並言"蓋欲補正《儀禮經傳通解》，然不及原書遠矣"。③ 姜氏略晚於李光地，但對朱子禮書的思考有較大差別。段熙仲先生嘗引姜氏之言，只是爲了佐證"篇第當從大戴"，最爲根本的理據除熹平石經外，仍是邵懿辰之説。④

當然，邵懿辰對大戴篇次的重視，與特定的時代變化有關，其間不僅有考據學、理學與人心世道關係的辯證，也有江南動亂的現實衝擊與壓力，更有禮學經世觀念的發動與推進。師説早已無聞的大戴《禮經》篇次，其時則成爲一種可供描摹、建構並以之爲據的"思想資源"，進而建立起以《禮經》十七篇圓融一體爲中心的義理言説。《禮經》十七篇以禮儀展示爲主，較少禮義言

---

① 反對意見，可參葉國良：《駁〈儀禮〉爲孔子手定完書説及其延伸之新道統説》，《禮學研究的諸面向》，臺灣"清華大學出版社"2010 年版，第 16~43 頁。

② （清）姜兆錫：《儀禮經傳內外編・儀禮序論六則》，《四庫全書存目叢書・經部》第 112 册，齊魯書社 1997 年版，第 4 頁。

③ 郭超穎、王域鋮：《四庫經部禮類提要彙輯校訂》，廣陵書社 2020 年版，第 475 頁。

④ 段先生之説有明顯的今文學傾向，其學緣待考。段先生曾求學柳詒徵先生，但柳先生著述所見，今文學之影響似較小（其族祖柳興恩攻《穀梁》之學，爲其父業師，或有傳承），然確實較爲重視"禮"的作用。段熙仲：《禮經十論》，《文史》第 1 輯，中華書局 1963 年版，第 3~4 頁。參閱許超傑：《曹元弼〈覆段熙仲書〉考釋》，《南京師範大學文學院學報》2014 年第 4 期，第 182~188 頁。任慧峰：《柳詒徵的以禮釋史及其現代意義——以〈國史要義〉爲中心》，《孔子研究》2022 年第 2 期，第 34~43 頁。

説，説義諸篇則廣見於《禮記》《大戴禮記》。近代傳統經學、禮學式微，十七篇之文與學科體制更難相融。今存二戴《禮經》專説絕少，所存《儀禮》次第，便提供了觀察《禮經》義理整全系統幾乎唯一的視角。雖然不同標準背後的義理表達，其推導過程並不複雜，卻能大大加深我們對傳統禮儀深刻內涵的認識。

總體而言，《禮經》十七篇次第，鄭玄、賈公彥、朱子、曹元弼等皆從劉向《別録》所示，邵懿辰、黃以周、沈文倬等則以大戴最佳而説各不同，邵氏論以人倫"四際"，黃氏論以士禮推致（沈先生推廣其説）。王文錦先生又有以武威漢簡篇次最優之説：

> 戴德、戴聖、慶普他們是一師之徒，而他們各自傳習《儀禮》的篇次，既和劉向《別録》所定篇次不同，彼此之間也不一樣；不僅篇次不同，其篇題乃至正文字句也有歧異之處：真可謂"儒者一師而禮異"了。以前有些學者認爲，比較起來，戴德傳本的篇次更爲合理。……今天仔細比較上列四種篇次，**我以爲系統性最强的，當推慶普傳本的篇次**。不過，鄭玄採用的劉向所編定的篇次，也不能説雜亂不合理，這個篇次是用三條線貫穿著的，從成人、成婚到社交活動，從低級貴族到高級貴族，從生到死。排法儘管與大戴、小戴、慶普不同，系統性也是很鮮明的。①

王先生以漢簡本爲慶普之傳，未必準確；並以漢簡篇次"系統性最强"，卻未言因由。觀先生所言"有些學者"以戴德傳本更合理，因先生後曾整理黃以周《禮書通故》，其"系統性"之言似是在黃以周基礎上進行的推論，即漢簡本由士禮而至於天子禮的"推致"體系更爲一目了然。由此可見，今文"推致"之説更符合《禮經》篇次的歷史背景。而小戴次第錯雜，古今鮮有論説，可能代表了漢代《禮經》文本流傳的最初面貌。大戴次第則不僅暗合漢人説法，也可與人倫、家國天下之序相通。曾運乾所謂"禮之切於民用者"更是彰顯出禮儀新變的可能。大戴《禮經》的宏觀結構與大義，雖出自清人、近人重構，但篇次作爲一種思考《禮經》系統性的視角，並非毫無理據可言（參見表3-7）。

---

① 王文錦：《〈儀禮〉》，《文史知識》編輯部編：《經書淺談》，中華書局2005年版，第56頁。

表 3-7　《禮經》十七篇類次表

八類				備註
大戴	冠昏 冠、昏、相見	喪祭 喪服居篇次之末，少牢	鄉射 鄉飲十、鄉射十一	聘覲 燕、大射	推士禮而致於天子
邵懿辰	家 夫婦、父子		鄉 長幼	邦國王朝君臣	
黃以周	士禮九篇少牢附特牲後				
漢簡	冠昏 冠、昏、相見	鄉射 鄉飲、鄉射	喪祭 喪服居士虞前	聘覲 燕、大射	
小戴	冠昏 冠、昏、相見	鄉射 鄉飲、鄉射、燕、大射	喪祭 士虞、喪服居首，士喪居末	聘覲	
禮記	冠昏 冠義、昏義	鄉射 鄉飲酒義、射義、燕義	聘覲 聘義	喪祭 喪服四制	劉向以《冠義》至《聘義》六篇屬吉事 《昏義》以冠昏、喪祭、朝聘、射鄉爲序
劉向	冠昏 冠、昏、相見	鄉射 鄉飲、鄉射、燕、大射	聘覲	喪祭 喪服居首	
	尊卑			吉凶	
朱子	家 冠、昏	鄉 士相見、鄉飲、鄉射	邦國王朝	喪祭	雜禮書《家禮》重冠、昏、喪、祭"四禮"

　　綜上所述，漢代今文《禮經》師説存世者寡，十七篇系統性何在，篇次之説即成爲最直觀的觀察視角。劉向《別録》篇次偏重"吉凶"之禮，流傳最廣、認可最多，至清儒則有重視大戴篇次者，並建構出一套超出具體禮儀的禮義系統。後儒在利用《禮經》篇次進行推導的過程中，大致有兩種思路：一是大戴《禮經》篇次符合漢代今文禮家"推致"之法，代表學者爲黃以周。此説得到沈文倬先生的認可，但黃氏後學曹元弼並未接受；究其實質，仍是一種基於"尊

尊"或"尊卑"的身份等級禮制體系。一是大戴篇次與五倫合轍，邵懿辰首倡此義，並影響了黃以周、曹元弼以及皮錫瑞、曾運乾、段熙仲等人的禮説。此説極爲巧妙，邵懿辰在論證過程中巧妙轉換了朱子《儀禮經傳通解》以劉向篇次爲主的結構設計，凸顯了大戴篇次由家、鄉而邦國、王朝的轉進邏輯，並揭示出《禮經》十七篇"人倫"的底色與通義，使得"親親""尊尊""長長""男女有別"的禮之大體貫穿其中，呈現出《禮經》十七篇義理的表層結構。諸家對大戴《禮經》次第體系的重構與復原，又體現出時代風潮的影響。至於深藏在周旋揖讓之間的禮意，① 以及基於多學科互動的現代《儀禮》研究，也可在其中找尋必要的參照與支持。

___

① 曹元弼《禮經學》《禮經大義》多有論説，另參郭超穎：《〈儀禮〉鄭注禮義發微》，山東大學博士學位論文，2018 年；《〈儀禮〉文獻探研録》，人民出版社 2020 年版。

第四章　"佚記"考源

　　丁晏《佚禮扶微》所輯"佚記"篇目，遠較"佚經"爲多。前文在考察"佚經"
文獻淵源時，已梳理過數種與"佚經"性質相近或内容相關的"佚記"。性質相
近者如《遇禮》《迎禮》《魯郊禮》《親迎禮》，内容相關者如《五帝記》《大學志》
《昭穆篇》《祭典》《聘禮志》《禮服傳》《明堂月令(月令記)》《樂記》《樂元語》，
此皆不再贅述。本章主要分梳丁書所輯其他"佚記"，按照是否與二戴《記》相
關以及主要文獻出處，同樣分作三節進行討論。與二戴《記》相關者，主要有
出自《白虎通義》徵引的《檀弓》《王制》《曾子問》《禮運記》《間傳》《雜記》以及
《文王世子》《玉藻》《三朝記》等。與二戴《記》現存篇目無關者，如《號諡記(諡
法記)》《親屬記》《別名記(辨名記)》《王度記》《三正記》等，也主要出自《白虎
通義》。另有《王霸記》《瞽史記》《青史氏記(青史子)》《瑞命篇》則是出自漢人
其他著述徵引。

第一節　二戴《記》"遺句"

　　朱彝尊《經義考·逸經》將諸經逸文分"逸篇"與"遺句"，其中禮類逸篇有
《青史氏之記》、《世子之記》、《王居明堂禮》、《中霤禮》、《禘於太廟禮》、
《三正記》、《瑞命篇》、《本命篇》、《別名記》、《盛德記》(見於《大戴禮記·
明堂》)、《號諡記》、《親屬記》、《王度記》、《五帝記》、《王霸記》、《秩官
篇》(《國語·周語》"周之秩官有之"，韋昭以爲"周常官，篇名"，禮學輯佚諸
家較少涉及)、《王史氏記》、《昭穆篇》、《太學志》、《禮外篇》(丁氏輯入"佚
文")等，稱"禮"諸篇討論已見前章，稱"記"諸篇多與今傳二戴《記》篇目無
關，分析詳見下節。遺句出自《逸大戴禮》(見於《大戴禮記·保傅》)、《孟子》
(丁氏輯入"佚文")、《皇覽》、《太平御覽》(即稱"逸禮"者)、《漢書·郊祀
志》(實解《禮記·祭法》"泰壇""泰折"之言)、《新書》(主要是《容經》)、《白

虎通義》(《瑞贄》引"禮曰"，《周禮疏》言"逸禮記文"，朱氏言"孔穎達曰"，不確)①，但更有明確稱引二戴《記》篇目而不見於今本者，朱氏並未輯佚，馮登府即已注意到朱氏的疏漏②。林春溥《古書拾遺》亦將諸經遺文分爲"逸篇"與"逸文"，"禮逸文"中便列有二戴《記》篇目逸文(亦有與丁輯"佚文"相應者，如《白虎通義》《説文解字》引"禮"之言)。③ 此類逸文實際上多與今本《禮記》有關，本書稱二戴《記》"遺句"，除少量逸文與《大戴禮記》確實有關外，還因後世學者多有將諸篇逸文與《大戴禮記》佚篇結合的考證之作。諸篇多出自《白虎通義》，下節諸篇亦出自該書，但與今傳二戴《記》篇目無關，此與"佚經"多見於鄭氏禮注正可形成對比。④

一、《檀弓》

今本《禮記·檀弓》上下篇，劉向《別録》列入"通論"之屬，實多論喪服喪事。⑤ 孔疏根據篇中載六國人仲梁子，故以《檀弓》作於六國時。篇内涉及孔門弟子較多(又多有孔氏家族之事，如伯魚、子思、子上等)，如子游、曾子、子路、子張、子夏、子貢、有子等，尤以曾子、子游出現次數最多。後世有學者因二人論禮，曾子有"我過矣"之説等，遂論定《檀弓》篇爲子游及其後學的作品(另參下文《禮運記》的討論)。後世又有以檀弓應《荀子》"仲弓"者，説皆勉強，但充分顯示出孔門後學在孔子去世後的分化特徵。丁晏輯文有三條，其中兩條與喪禮有關，文皆出自《白虎通義》，今本亦有與之對應的經文；一條與喪禮無關，而是論天子宗廟祭祀之事，文出蔡邕《明堂月令論》，較爲可疑。

---

① （清)朱彝尊撰，林慶彰、蔣秋華、楊晉龍、馮曉庭主編：《經義考新校》卷262，上海古籍出版社2010年版，第4695~4705頁。

② （清)馮登府：《逸經補正》卷下，《叢書集成續編》第16册，上海書店1994年版，第555頁。

③ （清)林春溥：《古書拾遺》卷2，《叢書集成三編》第5册，臺灣新文豐出版公司1997年版，第165~170頁。

④ 另參陳雄根、何志華編著：《先秦兩漢典籍引〈禮記〉資料彙編·佚文》，香港中文大學出版社2012年，第455~456頁。何志華、朱國藩、樊善標編著：《〈大戴禮記〉與先秦兩漢典籍重見資料彙編》，香港中文大學出版社2004年版，第195~346頁。

⑤ 如孫希旦言"篇中多言喪事"，王文錦先生亦將之列入"雜記喪服喪事"類。(清)孫希旦：《禮記集解》卷7，沈嘯寰、王星賢點校，中華書局1989年版，第163頁。王文錦：《〈禮記〉》，《文史知識》編輯部編：《經書淺談》，中華書局1984年版，第65頁。任銘善先生認爲"雖多言喪禮，而求義者多，陳數者少，又間及他事，其體未備"，故屬通論。任銘善：《禮記目録後案》，《無受室文存》，浙江大學出版社2005年版，第69頁。

《白虎通義·崩薨》引《禮·檀弓》"天子哭諸侯，爵弁純衣"，今本作"天子之哭諸侯也，爵弁絰緇衣"，鄭注以"絰"爲衍字①；其下接引"又曰：遣大夫弔，詞曰：皇天降災，子遭離之。嗚呼哀哉！天王使臣某弔"，該詞則不見於世傳《檀弓上》②。今本《禮記·曲禮上》"知生者弔，知死者傷"章，鄭注引《雜記上》"寡君聞君之喪，寡君使某，如何不淑"爲弔辭（施於生者），並引"説者有弔辭云：皇天降災，子遭罹之，如何不淑"，因"施於死者"而"蓋本傷辭"，③ 與《白虎通義》所引正合，但陳立並無申説。孔疏以鄭注所言"説者"即爲"舊説"，可見《白虎通義》引"又曰"不無今文經説的可能。引經説而稱"經"稱"禮"，亦見於《説文解字》，當是漢人引經通例。另《太平御覽·禮儀部》引《皇覽逸禮》有"君使大夫弔於國君禮"一條，其言"錫衰裳弁絰，下大夫爲介亦如之。士介者、將命者，緦麻裳弁絰。異姓葛，同姓麻"，可補弔禮之闕。④

《白虎通義·崩薨》又引《檀弓》"葬於北方，北首，三代之達禮也"，見於今本《檀弓下》；後言"孔子卒，以所受魯君之璜玉葬魯城北"，⑤ 丁晏亦以爲《檀弓》逸文，言"其記孔子卒後事，亦與夢奠兩楹類也"（"夢奠兩楹"事見《檀弓上》）。丁晏、陳立亦注意到《水經注》曾引《春秋説題辭》文，⑥ 與此逸文正同（《佚禮扶微》十三行本尚無，見於九行本，後增入刻本），可知此文或出《春秋緯》，未必與《檀弓》有關；或是時人以常識解記之言，近於經説。

---

① 《周禮·春官·司服》"凡弔事，弁絰服"，孫詒讓言"如鄭説，既分哭弔爲二冠，違於《雜記》大夫哭弔同冠之例，而又必删'絰'字而後可申其説，明其非達詁矣。《白虎通義·喪服》篇引《檀弓》亦無'絰'字，則疑後人依鄭義删之，非其舊也"，質疑鄭注之非。(清)孫詒讓：《周禮正義》卷40，王文錦、陳玉霞點校，中華書局2013年版，第1649~1650頁。

② 陳立引盧文弨説"疑是'或曰遣大夫'，即使有司哭之之義，若以'遣大夫弔'爲句，則弔詞並不見於《檀弓》"，若參諸鄭玄禮注，鄭氏並不以此爲弔辭。(清)陳立：《白虎通疏證》卷11，吳則虞點校，中華書局1994年版，第542頁。

③ (唐)孔穎達等：《禮記正義》卷4，郜同麟點校，浙江大學出版社2019年版，第64頁。

④ 《漢書·王莽傳》劉歆等議功顯君喪服，引"周禮"言"王爲諸侯緦縗，弁而加環絰，同姓則麻，異姓則葛"，似是《皇覽逸禮》所從出，但今傳三禮皆無明文。

⑤ (清)陳立：《白虎通疏證》卷11，吳則虞點校，中華書局1994年版，第558~559頁。

⑥ 《水經注》作"孔子卒，以所受黃玉葬魯城北"，並引《春秋演孔圖》"鳥化爲書，孔子奉以告天，赤爵銜書上，化爲黃玉，刻曰：孔提命，作應法，爲赤制"。(清)楊守敬、熊會貞：《水經注疏》卷25，段熙仲點校，陳橋驛復校，江蘇古籍出版社1989年版，第2101頁。

蔡邕《明堂月令論》引"《禮記・檀弓》曰：王齋禘於清廟明堂也"[1]，今本僅《檀弓上》"非致齊也，非疾也，不晝夜居於內"言及齋事，而無言"禘"者，更無論清廟明堂文字。《禮記》言"清廟"一般指《詩經・周頌・清廟》頌文王之詩(見於《文王世子》《明堂位》《樂記》《祭統》《仲尼燕居》，多言"升歌《清廟》")，蔡邕則以之證明堂、太廟、辟雍等神聖建築皆異名同構。蔡氏《明堂月令論》多有引自"禮記"之言，如《明堂位》《文王世子》《月令記》《王制》《樂記》等與小戴有關，《保傅》《盛德》(見今本《明堂》)等與大戴有關，《古大明堂之禮》《太學志》《昭穆篇》等則被視作逸經、逸記，是古人禮經、禮記輯佚的重要來源。但此論《檀弓》"清廟明堂"之文與今本《檀弓》風格不甚相合，疑文有誤植。

總體而言，丁輯《檀弓》逸文近似經說，或非經文原本所有。此種情形，在《白虎通義》《説文解字》等漢人引經之法中，蓋爲通則，只是較難區分更細緻的家法所屬。

二、《王制》

傳統説法有以漢文帝令博士諸生作《王制》之説(見《史記・封禪書》《漢書・郊祀志》及《經典釋文》引盧植語)，劉向《別錄》言"文帝所造書，有《本制》《兵制》《服制》篇"(見《史記索隱》引述)，丁晏據以論文帝時《王制》非《禮記・王制》，並言：

> 賈誼《新書・無蓄》篇引《王制》曰："國無九年之蓄，謂之不足。無六年之蓄，謂之急。無三年之蓄，國非其國也。"即今《禮記・王制》文。考《封禪書》作《王制》之明年，遂改十七年爲元年，則博士之作當文帝之十六年也。《賈誼傳》稱梁王勝墜馬死，誼自傷爲傅無狀，後歲餘亦死，後四歲齊文王薨，當漢文之十五年，則賈生之卒定在孝文十二年，至十六年始作《王制》，《新書》在博士未作之前已先引《王制》，如此則今《禮記》中《王制》必非漢文所作明矣。[2]

---

① （晉）司馬彪：《後漢書志》第八《祭祀志中》，《後漢書》，中華書局 1965 年版，第3179 頁。

② （清）丁晏：《佚禮扶微》卷 2，師顧堂影印《南菁書院叢書》本，2020 年，第 54 頁。有關《王制》的思想特徵，參閱部喆：《〈王制〉的天下格局與內外秩序——以儒家"風俗"論爲綫索》，《中國哲學史》2020 年第 2 期。

　　丁氏根據賈誼《新書·無蓄》明引《王制》之言，以賈誼卒年在文帝命作《王制》之前，推論二篇非同一書，可從。又以鄭玄答臨碩之言"孟子當赧王之際，《王制》之作，復在其後"（《禮記·王制》正義引）爲是，以盧植之言爲非。丁晏還特別關注漢人引述《王制》或與《王制》重見的文獻證據，涉及《毛詩·車攻傳》（"天子發抗大綏，諸侯發抗小綏""一曰乾豆，二曰賓客，三曰充君之庖"）、《泮宮傳》（"天子辟雍，諸侯泮宮"）、《漢書·韋玄成傳》（"天子三昭三穆，與太祖之廟而七。諸侯二昭二穆，與太祖之廟而五"）、《賈捐之傳》（"順非而澤，不聽而誅"，"不聽而誅"不見於今本）、《五經異義》（"五十不從力政，六十不與服戎"）、劉向《説苑·臣術》（"假於鬼神、時日、卜筮以疑於衆者，殺也"）、《別録》、《公羊傳》宣公三年何休注（"禮，父母之喪，三年不從政。齊衰大功之喪，三月不從政"）、蔡邕《明堂月令論》（"天子出征執有罪，反舍奠於學，以訊馘告"），遂有"邵公稱之曰禮，疑《王制》本禮之舊文也""《王制》本后蒼所授，故漢儒徵用其文，非如叔孫之草具比也"的結論。①此皆顯示出丁晏青年時期的治學取向，與晚清今文學推崇《王制》有別。②

　　丁晏輯《王制》逸文一條，見於《白虎通義·崩薨》。該篇引《禮·王制》"天子棺槨九重，衣衾百二十稱。公侯五重，衣衾九十稱。大夫有大棺三重，衣衾五十稱。士再重，無大棺，衣衾三十稱。單袷備爲一稱"，陳立言"蓋逸

---

　　①　鄭玄《駁五經異義》又言"《周禮》是周公之制，《王制》是孔子之後大賢所記先王之事"，而鄭氏多以殷制解《王制》。皮錫瑞言，並言"《王制》非漢儒作"陳壽祺、丁晏已駁之"。皮錫瑞《答臨孝存周禮難疏證》亦引丁氏之説以爲證，並申論"或即孟子弟子所作"。（清）皮錫瑞：《答臨孝存周禮難疏證》，吳仰湘編：《皮錫瑞全集》第3冊，中華書局2015年版，第491~493頁；《駁五經異義疏證》卷10、《王制箋》，吳仰湘編：《皮錫瑞全集》第4冊，中華書局2015年版，第299~302、559~560頁。另參吳仰湘：《皮錫瑞〈王制〉研究評析》，《湖南大學學報》（社會科學版）2013年第1期。

　　②　清代今文學特重《王制》，廖平以之爲"今學之主"，將之與"古學之主"《周禮》對舉。皮錫瑞亦言"《周禮》爲古文大宗，《王制》爲今文大宗"（見上引《駁五經異義疏證》以及氏著《經學通論》"論《王制》爲今文大宗，即春秋素王之制""論《禮記》義之精者本可單行，《王制》與《禮運》亦可分篇別出"諸條）。參閱（清）廖平：《今古學考》，黃海德、楊世文校點，舒大剛、楊世文主編：《廖平全集》第1冊，上海古籍出版社2015年版，第24頁。（清）皮錫瑞：《經學通論》，吳仰湘編：《皮錫瑞全集》第6冊，中華書局2015年版，第463、479頁。章可：《〈禮記·王制〉的地位升降與晚清今古文之爭》，《復旦學報》（社會科學版）2011年第2期。陳鴻鑫：《晚清〈王制〉研究》，上海師範大學碩士學位論文，2013年。郜積意先生則反思漢代今古學的禮制之分當以何休《公羊》禮爲據。郜積意：《漢代今、古學的禮制之分——以廖平〈今古學考〉爲討論中心》，臺灣《"中央研究院"歷史語言研究所集刊》第77本第1分，2006年。

禮也",並疑天子棺槨"九重"當是"七重"。① 而丁晏僅引天子棺槨九重一條,
"百二十稱"後有"千領"二字,所據版本與陳立不同。② 今本《王制》論天子、
公侯、大夫、士制,涉及爵祿、封建、官制、廟制等,與喪禮有關者,有"天
子七日而殯,七月而葬""三年之喪,自天子達""喪不貳事,自天子達於庶人"
等。陳立以天子棺槨當作"七重",除舉文獻例證外(如《莊子·天下》"天子棺
槨七重"),棺槨七重也可與天子七日而殯、七月而葬、七廟相應,而公侯、
大夫確是對應各自五、三的等級數列。此當爲《禮記·王制》逸文,但"天子棺
槨九重"之説稍異於《禮記·檀弓上》《喪大記》等説(若據《禮記·喪大記》鄭
注,天子棺槨九重合棺四重、抗木五重之數,然又不及外槨,因此九重之説似
難自洽)。

丁氏又疑此逸文在"記之脱文"與"漢《王制》服制文"之間,但《白虎通義》
引《禮記·王制》之言較多。據周德良先生統計,《白虎通義》引《王制》凡三十
二則,在所徵引的《禮記》篇目近百二十則中占比最大。③ 因此,該條《王制》
逸文當仍與《禮記》有關。若屬文帝時作《王制》,作爲王朝典制,漢代喪葬考
古實難與之對應。④

三、《曾子問》《曾子記》

按照劉向《別錄》的分類,《禮記·曾子問》屬於"喪服"類,但丁氏輯文四
條(一條稱"曾子記")皆與喪禮無涉(漏輯一條則屬喪禮),似乎在流傳散佚的
解釋之外,又有主動刪削的可能,後世學者以同類逸文或出《大戴禮記》,也
不爲無因。丁輯逸文多出自《白虎通義》,《白虎通義》明引、暗引相同篇章處
甚多(主要是《曾子問》),似又不應以同一篇章而分屬二戴(《曾子記》則與《大
戴禮記》有一定關聯,另許慎《五經異義》有同時引二戴《記》之《禮器》者,出
自唐人義疏所引,討論見下文)。

《白虎通義·禮樂》引《曾子問》"九夷八蠻,六戎五狄,百姓之難至者

---

① (清)陳立:《白虎通疏證》卷11,吳則虞點校,中華書局1994年版,第553頁。
② 陳立言"'百二十稱'下舊有'于領大度曰'五字,衍"。
③ 周德良:《〈白虎通〉研究——〈白虎通〉暨〈漢禮〉考》,臺灣花木蘭文化出版社
2012年版,第27~31頁。
④ 參閱中國社會科學院考古研究所編著:《中國考古學·秦漢卷》,中國社會科學出
版社2010年版,第307~551頁。路則權:《中國殯葬史·秦漢》,社會科學文獻出版社
2017年版,第130~283頁。

也"①，不見於今本，但所論與《禮記·王制》《明堂位》等有關。《王制》以東方曰夷、南方曰蠻、西方曰戎、北方曰狄，《明堂位》有九夷之國、八蠻之國、六戎之國、五狄之國之數(方位與《王制》同)，《白虎通義》夷蠻戎狄之數卻以《曾子問》爲説。今考《白虎通義》明引、暗引《曾子問》者，另有"世子生三月，以名告於祖禰"(《姓名》)、"小功可以與祭乎""禮以飾情""君薨既殯，而臣有父母之喪""今以三年之喪從其利者"(《喪服》)、"昏禮，既納幣，有吉日，女之父母死，何如""嫁女之家，不絕火三日""女未廟見而死"(《嫁娶》)、"明尊無二上""王者將出，必以遷廟主行""無遷主"(《巡狩》)、"諸侯之祭社稷"(《社稷》)、"賤不誄貴，諸侯相誄"(《謚》)諸條，皆可與今本互證。② 今本《曾子問》並無九夷八蠻之言，但依《白虎通義》引經之例，此《曾子問》逸文似又不當在《禮記》之外，這説明在東漢初期《禮記》文本仍在變化之中。另夷蠻戎狄之數又有異説，如《爾雅·釋地》言九夷八狄、七戎六蠻，《周禮·夏官·職方氏》言四夷八蠻、七閩九貉、五戎六狄，諸家或解以夏周之制不同，或解以語境有異(如《大戴禮記·用兵》盧辯注以《職方氏》所言爲周所服四海其種落之數，《明堂位》所言爲朝明堂時來者國數)，③試圖通過時空的轉換予以貫通地理解，充分顯示出後世經學詮釋超越今古文的内在一體特徵。

《白虎通義·封公侯》引《曾子問》"立適以長不以賢何? 以言爲賢不肖不可知也"④，亦不見於今本，而與《公羊傳》隱公元年"立適以長不以賢，立子以貴不以長"的《春秋》之義相通。此係今文家説，古文家所主則以《左傳》昭公二十六年"王后無嫡，則擇立長。年鈞以德，德鈞以卜"所論最詳，傾向與今文稍異。何休以立嫡爲嫡夫人之子，立子爲左右媵及姪娣之子，並輔之以文(尊尊)、質(親親)，貴賤、先後有序，難有愛爭之事。⑤ 鄭玄則以《左傳》爲是，申論年鈞、德鈞，認爲何休"失《春秋》與《禮》之義"。若按何休的設計，實際上很難出現年鈞、德鈞的情況，故而陳立言鄭氏之説"殊屬勉強"。皮錫瑞亦分梳今古文之義，以"今文家無'詢立君''卜立君'之義，不必以《周禮》難何

---

① (清)陳立:《白虎通疏證》卷3，吳則虞點校，中華書局1994年版，第112頁。
② 參閲陳雄根、何志華編著:《先秦兩漢典籍引〈禮記〉資料彙編》，香港中文大學出版社2012年版，第188~197頁。
③ 方向東:《大戴禮記彙校集解》，中華書局2008年版，第1140頁。
④ (清)陳立:《白虎通疏證》卷4，吳則虞點校，中華書局1994年版，第148頁。
⑤ (清)陳立:《公羊義疏》卷1，劉尚慈點校，中華書局2017年版，第49頁。

也"爲論。①《白虎通義》繼引《尚書·皋陶謨》《春秋傳》（即《公羊傳》隱公元年傳文），顯然爲今文諸家經説的共識，只是今文禮家之説繫於《禮記·曾子問》，似難與《別録》分類相合。

《白虎通義·耕桑》引《曾子問》"天子耕東田而三反之"，同篇又引《祭義》"天子三推，三公五推，卿大夫七推"，皆不見於今本。②《禮記·月令》孟春有天子"躬耕帝藉"之禮，其言"天子三推，三公五推，卿諸侯九推"，唯有七推、九推之異。《國語·周語上》周宣王藉田有"王耕一墢，班三之"同，但賈逵注言"王一發，公三發，卿九發，大夫二十七發"（《禮記·月令》疏引，《吕氏春秋》高誘注、《國語》韋昭注並同），是古文家有異説。③ 今傳《禮記》屢言天子之禮者，尤以《月令》《王制》《曲禮下》《曾子問》爲多。上述四夷、立後與此條藉田逸文，皆與天子（國君）有關。劉歆批評今文禮家"國家將有大事，若立辟雍、封禪、巡狩之儀，則幽冥而莫知其原"，《漢書》中又批評今文禮學推士禮以及天子之法，如"但推士禮以及天子，説義又頗謬異，故君臣長幼交接之道寖以不章""及《明堂陰陽》《王史氏記》所見，多天子諸侯卿大夫之制，雖不能備，猶瘉倉等推士禮而致於天子之説"，④ 若以《禮記》視之，今文禮家對士禮以上的等級禮制也有自己的説法與來源，只是可能不如古文經記系統。

丁氏漏輯《曾子問》一條，見於《白虎通義·謚》篇。其言"孔子曰：天子

---

① （清）皮錫瑞：《箴膏肓疏證》，吳仰湘主編：《皮錫瑞全集》第 4 册，中華書局 2015 年版，第 426~429 頁。

② （清）陳立：《白虎通疏證》卷 6，吳則虞點校，中華書局 1994 年版，第 277 頁。另《漢書·韋玄成傳》韋氏等人奏議引"祭義曰：王者禘其祖自出，以其祖配之，而立四廟"，見於今本《禮記·喪服小記》（《大傳》略同）。此奏時當漢元帝永光四年（前 40），已在漢宣帝甘露三年（前 51）石渠閣會議、黄龍元年（前 49）增博士爲十二人之後，若二戴已立於學官，韋氏等人所言"祭義"或即《禮記·祭義》，但其間頗有疑義，尚待考察。再如漢元帝初元五年（前 44）匡衡奏議引"《禮記》：孔子曰：丘，殷人也"（《漢書·梅福傳》），見於《禮記·檀弓上》，與"祭義"情況同。而漢成帝綏和二年（前 7）王舜、劉歆奏議引"《禮記·祀典》曰：夫聖人之制祀也，功施於民則祀之，以勞定國則祀之，能救大災則祀之"（《漢書·韋賢傳》，前引《禮記·王制》）、漢平帝元始五年（5）王莽奏引"《禮記·祀典》：功施於民則祀之"（《漢書·郊祀志》），見於《禮記·祭法》，此皆稱"禮記〇〇"，或可證二戴《記》此時已基本定形。有關《祭義》之逸文，下文不再贅述。

③ （唐）孔穎達等：《禮記正義》卷 22，郜同麟點校，浙江大學出版社 2019 年版，第 403 頁。徐元誥：《國語集解》，王樹民、沈長雲點校，中華書局 2002 年版，第 19 頁。王利器：《吕氏春秋注疏》，巴蜀書社 2002 年版，第 37 頁。

④ 此皆似劉歆之説。（漢）班固：《漢書》卷 36《劉歆傳》、卷 30《藝文志》、卷 22《禮樂志》，中華書局 1962 年版，第 1970、1710、1035 頁。

崩，臣下之南郊告諡之"，今本《曾子問》僅言"賤不誄貴，幼不誄長，禮也。
唯天子稱天以誄之"，此有"孔子曰"，當爲逸文無疑，而非經説。鄭注引《春
秋公羊》説"以爲讀誄制諡於南郊，若云受之於天然"，然今傳無明文，唯《通
典·凶禮》引《五經通義》"大臣吉服之南郊告天，還素服，稱天而諡之"、《公
羊傳》桓公十八年何注"禮，生有爵，死有諡，所以勸善懲惡也。禮，諸侯薨，
天子諡之。卿大夫受諡於君，唯天子稱天以誄之"，可略見《公羊》家相承
之説。①

《白虎通義·喪服》又引《禮·曾子記》"大辱加於身，支體毀傷，即君不
臣，士不交，祭不得爲昭穆之尸，食不得□昭穆之牲，死不得葬昭穆之域
也"②，今《禮記》無稱《曾子記》者。按照前章所論《白虎通義》引《禮·奔喪
記》，此《禮·曾子記》很可能只是《禮記·曾子》的形態變化。除《禮記·曾子
問》外，《大戴禮記》又有所謂"曾子"十篇（《漢書·藝文志》有《曾子》十八
篇）。此條逸文更易引人聯想到《孝經》"身體髮膚，受之父母，不敢毀傷，孝
之始也"之説，而《大戴禮記》有《曾子本孝》《曾子立孝》《曾子大孝》《曾子事父
母》等篇皆與"孝"有關，故而此《禮·曾子記》或出於《大戴禮記》更爲合理。

《白虎通義》引《大戴禮記》，據周德良先生統計，數量不到十則，僅涉及
《禮·保傅記》《禮·三朝記》《夏小正》。③ 實際上暗引《大戴禮記》或與《大戴
禮記》重見的條目還有不少，此條逸文或可添一例證。丁晏注意到《漢書·董
仲舒傳》引《曾子》"尊其所聞則高明矣，行其所知則光大矣，高明光大不在於
它，在乎加之意而已"，文與《大戴禮記·曾子疾病》大同小異，可知《曾子》之
文流傳有序，也顯示出曾子在儒家禮學中的特殊地位。如李啓謙、王式倫編
《孔子弟子資料彙編》，彙集先秦至南北朝時期九十六種文獻中的孔門弟子資
料，有六十二種涉及曾子，僅次於顏回（七十種），略多於子路（六十種）、子
夏（六十種）、子貢（五十八種）。④ 後世曾子地位不斷提高，除歷代崇孝、宋
代道統論興起之外，又與這種文獻上的傳述息息相關。

---

① （唐）杜佑：《通典》卷104，王文錦、王永興、劉俊文等點校，中華書局1988年
版，第2712頁。（清）陳立：《公羊義疏》，劉尚慈點校，中華書局2017年版，第614頁。
② （清）陳立：《白虎通疏證》卷11，吳則虞點校，中華書局1994年版，第525頁。
③ 周德良：《〈白虎通〉研究——〈白虎通〉暨〈漢禮〉考》，臺灣花木蘭文化出版社
2012年版，第28頁。
④ 參閱李啓謙、王式倫編：《孔子弟子資料彙編》，山東友誼書社1991年版，第
571~674頁。羅新慧：《曾子研究——附〈大戴禮記〉"曾子"十篇注釋》，商務印書館2013
年版。劉紅霞：《曾子及其學派研究》，山東大學博士學位論文，2008年。

四、《禮運記》

《禮記·禮運》，劉向《别録》屬“通論”。篇中主要涉及孔門弟子子游，後世多以此篇爲子游所作。且《禮記》中，另有《仲尼燕居》也是子游所問，《檀弓》也多載子游言行。邵懿辰《禮經通論》專論“聖門子游傳禮”，亦涉及曾子與其他孔門弟子禮學，其言頗有意趣，贅引如下：

> 聖門子夏傳《詩》，子游傳《禮》，此學者之恒言也。公西華亦長於禮樂，然束帶立朝，願爲小相，特習於容儀而已矣。猶漢徐生善爲容，傳其業者爲禮官大夫、郡國官，與高堂氏之傳經不同也。而子游特受《禮運》精微之説，其徒又爲《檀弓》上下等篇，記行禮節目甚詳。《禮運》自稱“言偃”，則全篇皆子游所記孔子之言也。《禮器》《郊特牲》本一篇，書以文多分之，摘篇首三字爲名。或以《郊特牲》專論祭者，非也，注疏已謂與上篇聯屬矣，皆子游門人所記，以釋《禮運》之意。……《仲尼燕居》疑亦子游之所記，又疑《曲禮》《玉藻》竝子游之徒傳之也。……惟子游不獨上通《禮運》大旨，深契禮義之精微，又旁及《曲禮》《玉藻》之類，徧窺禮文之奥博。故孔子語之曰：“欲能則學，欲知則問，欲善則訊，欲給則豫。”其於禮也，可謂博而能精矣。先儒見《中庸》《大學》曾氏聖學之傳出於《禮記》，而《曾子問》考禮慕詳，遂疑《檀弓》所記曾子失而子游得之者，爲言氏之徒自譽其師，妄爲抑揚而不足信。夫曾子質本樸魯不學，其貌正與公西華相反，安知不推服子游之精博而每就考訂乎？《曾子問》篇中“子游之徒，有庶子祭者”數語，亦曾氏門人附記而稱之也。大抵二戴《記》中子游門人所爲約有九篇，**曾子**自著十篇外又有《王言》等篇，**子夏**《喪服傳》外有《大傳》《間居》等篇，**宰我**有《五帝德》等篇，**子貢**有《衛將軍文子》篇，**子張**有《問入官》篇，而《三朝記》諸與《哀公問答》不知何人所記。惟子游諸記皆爲小戴所取，**故曾子、子思，聖學之正傳，而子游則《禮》學之正傳也。子夏兼通五經，而子游則《禮》學之專門也。**荀卿書以禮法爲宗，大小戴多所采取，而其言曰“仲尼、子游爲兹厚於後世”，以子游與仲尼竝稱，疑其“隆禮”之學自子游而來也。[1]

---

[1] （清）邵懿辰：《禮經通論》卷上，黄銘、秦婷點校，丁耘編：《思想史研究（第七輯）》，上海人民出版社 2009 年版，第 393~395 頁。另參吴飛：《〈禮運〉首章再考辨》，王中江、李存山主編：《中國儒學》第 14 輯，中國社會科學出版社 2019 年版。

邵氏以《禮記》九篇與子游及其後學有關，並以子游爲《禮》學正傳與專門，主要是爲其改易《禮運》張本。其所論雖難以通過文獻證實，但對認識孔門後學的禮學也不無助益。只是其以荀子禮學亦出於子游，卻不解釋《荀子·非十二子》"子游氏之賤儒"之説(同篇又有"子思、孟軻之罪"與子張氏、子夏氏之"賤儒")，① 難以盡服人心。劉咸炘以子游"禮之大義固聞之矣"，且"非拘守儀節也"，但"子游之徒長於禮，常爲人相助禮事，故浸以成習，由此又可見當時喪禮文勝而侈，故墨子矯之而以爲儒罪"。②

此稱"禮運記"，據前述《禮·奔喪記》《禮·曾子記》，或少一"禮"字。丁輯佚文一條，見於《白虎通義·性情》，其引《禮運記》"六情，所以扶成五性也"，陳立以爲"蓋亦逸禮文"。③ 今本《禮運》多論"情"而不言"性"，且其所謂"人情"有七(喜、怒、哀、懼、愛、惡、欲)，與《白虎通義》"六情"(喜、怒、哀、樂、愛、惡，與六腑對應)稍異。又有"人義"與"人情"對應，"人義"有十(父慈、子孝、兄良、弟弟、夫義、婦聽、長惠、幼順、君仁、臣忠)，也異於《白虎通義》"五性"(仁、義、禮、智、信)。但"十義"即父子、兄弟、夫婦、長幼、君臣五倫④，與五性(五臟)、五行等大致可以對應，只是並無明確的表述⑤。《齊詩》《毛詩》《左傳》亦有六情之説，《左傳》稱"六志"(昭公二十五年傳"審則宜類，以制六志")，並將之與"六氣"(昭公元年傳"天有六氣""六氣曰陰、陽、風、雨、晦、明也"、昭公二十五年傳"生其六氣""民有好、惡、喜、怒、哀、樂，生於六氣")相配，顯然與《白虎通義》取《齊

---

① 王先謙以子游、子夏、子張之貌"不似其真，正前篇所謂陋儒腐儒者"。(清)王先謙：《荀子集解》卷3，沈嘯寰、王星賢點校，中華書局1988年版，第95、104~105頁。早期儒家的開展與分化，可參王博：《中國儒學史·先秦卷》，北京大學出版社2011年版，第138~209頁。

② 劉咸炘：《子疏定本》，黃曙輝編校：《劉咸炘學術論集·子學編》，廣西師範大學出版社2007年版，第20頁。

③ (清)陳立：《白虎通疏證》卷8，吳則虞點校，中華書局1994年版，第387頁。

④ 《禮運》五倫次第以父子、兄弟、夫婦三至親爲先，《喪服傳》三至親以夫妻、父子、兄弟爲序，至《孟子》時則以父子、君臣、夫婦、長幼、朋友爲序(吳承仕先生以爲《孟子》的五倫次第符合《喪服》斬衰章、齊衰章所論)，皇權時代則又多以君臣居首(《呂氏春秋·壹行》所言"十際"即以君臣、父子、兄弟、朋友、夫妻爲序)。參閱吳承仕：《五倫説之歷史觀》，《吳承仕文録》，北京師範大學出版社1984年版，第1~10頁。

⑤ 邵懿辰重構大戴《禮經》家法，即將五倫與五性相配，參前文對大戴《禮經》家法的討論。

詩》(見《漢書・翼奉傳》)、《禮運記》之説不同(參表 4-1)。①

表 4-1　《白虎通義》五性、六情表

性 (陽之施、性有仁也)						情 (陰之化、情有利欲)		
五性			五藏			六府		六情(齊詩説)
東	仁	木	青	肝	目	肝之府	**膽**	膽	怒在東方
西	義	金	白	肺	鼻	心肺之府	**大腸**	膀胱	喜在西方
南	禮	火	赤	心	耳/口		**小腸**	大腸、小腸	惡在南方
北	智	水	黑	腎	竅/耳	腎之府	**膀胱**	三焦	好(愛)在北方
中	信	土	黃	脾	口/舌	脾之府	**胃**	胃	
						包絡府	三焦		哀在下，樂在上

《左傳》昭公二十五年孔疏以“六志”即《禮記》之“六情”，但今傳《禮記》並無六情之説，僅有《禮運》言及七情。《禮運》孔疏引熊安生“懼則怒中之小別”之説，即以七情與六情相通，《毛詩・大雅・烝民》孔疏亦言《左傳》《禮運》“大意”相同，只是《禮運》“獨言七者，云是其正，彼依附而異文耳”。但總體而言，《白虎通義》所引《禮運記》與今本差異較爲明顯，不唯六、七有異，五性、十義亦需轉換，或是今文禮家經説。

五、《大傳》/《間傳》

丁晏輯“佚記”又有《大傳》三條，言出《白虎通義・喪服》。因所據底本不同，陳立以《大傳》爲《間傳》(但《白虎通義》元大德本正作“大傳”)。丁氏推論“《禮記》有《大傳》一篇，不詳喪制，孟堅所引疑非《禮記》之脱文也”，又言“班氏所稱蓋《禮・服傳》之屬也”，又非無據。②《禮記・大傳》之文雖多與《喪服傳》有關，但主旨在“記祖宗人親之大義”，故而《別錄》以《大傳》屬通

①　賈逵、服虔皆以“好生於陽，惡生於陰，喜生於風，怒生於雨，哀生於晦，樂生於明”(《左傳》昭公二十五年、《毛詩・大雅・烝民》孔疏引)。《齊詩》另有五際之説，但與六情似難相通。宋均又以《詩》之六情指六義(風、賦、比、興、雅、頌)，與《齊詩》説不同。

②　(清)丁晏：《佚禮扶微》卷 2，師顧堂影印《南菁書院叢書》本，2020 年，第 63 頁。

論。而《禮記·間傳》"記喪服之間輕重所宜",《別録》以之屬喪服。① 今考,當以《間傳》爲是。爲便於討論,先將《白虎通義》相關文字具列如下:

> 孝子必居倚廬何? 孝子哀,不欲聞人之聲,又不欲居故處,居中門之外。倚木爲廬,質反古也。不在門外何? 戒不虞故也。故《禮·間傳》曰:"父母之喪,居倚廬。"於中門外東牆下,户北向。練而居堊室,無飾之室。又曰:"婦人不居倚廬。"又曰:"天子七日,公諸侯五日,卿大夫三日而成服。"居外門内東壁下爲廬。寝苫枕塊,哭無時,不脱経帶。既虞,寝有席,疏食水飲,朝一哭,夕一哭而已。既練,舍外寝,居堊室,始食菜果,反素食,哭無時。二十五月而大祥,飲醴酒,食乾肉。二十七月而禫,通祭宗廟,去喪之殺也。②

"父母之喪,居倚廬"已見於今本《間傳》《喪大記》,非是《間傳》逸文。"婦人不居倚廬",則見於今本《喪大記》(無"倚"字)。丁晏又以"於中門外東牆下,户北向。練而居堊室,無飾之室"亦是《間傳》文,陳立以"於中門外東牆下,户北向"爲"《白虎通》釋倚廬形制文也",可從;陳氏又以"練而居堊室,無飾之室"與《間傳》"期而小祥,居堊室"、《喪大記》"既練,居堊室"相應,並不能簡單視作《間傳》逸文,而是近於經説的解讀。"天子七日,公諸侯五日,卿大夫三日而成服",陳立以爲"蓋逸禮文也"。天子、諸侯、大夫之等級禮制,如殯日、葬日、廟數等皆以七、五、三爲降差,虞則"天子九,諸侯七,卿大夫五,士三"(見《公羊傳》文公二年何休注,如飯含、重木、遣車、堂高、階等、射節、菩長、祭鼎等亦以九、七、五爲節,《周禮·春官·典命》又以上公、侯伯、子男之國家、宮室、車旗、衣服、禮儀皆以其九命、七命、五命爲節)。自"寝苫枕塊"至"去喪之殺",丁晏亦以爲逸文,實則互見於今傳《儀禮·喪服》、《禮記·喪大記》《間傳》。總體而言,《白虎通義》所言父母之喪與《間傳》大致相合(《喪大記》又補充了君、大夫之喪,參見表4-2),只是《白虎通義》調整了部分語句,並在不同喪期的飲食、安排上也有改變,如《白虎通義》所引言飲酒食肉在大祥之後(《喪大記》文承既祥之下,孔疏即從此説),而

---

① 任銘善:《禮記目録後案》,《無受室文存》,浙江大學出版社2005年版,第89、113頁。

② 標點爲《白虎通疏證》本,下畫綫表示丁晏所輯逸文。(清)陳立:《白虎通疏證》卷11,吳則虞點校,中華書局1994年版,第514~518頁。

表 4-2　《儀禮·喪服》、《禮記·喪大記》《間傳》、《白虎通義》喪期行事對比表

		既殯	既虞、卒哭	小祥	大祥	禫
《儀禮·喪服》	斬衰	居倚廬，寢苫枕塊，哭晝夜無時，朝一溢米，夕一溢米。歠粥，說経帶	蒻屏柱楣，寢有席，水飲，朝一哭，夕一哭而已	舍外寢，始食菜果，飯素食，哭無時		
《禮記·喪大記》	三年之喪父母之喪	食粥於盛，不盥，簟者盥，不能食粥，羹之以菜可也 居倚廬，不塗，寢苫枕凷，非喪事不言。君爲廬，宮之。大夫、士，襢之。大夫、士，之喪，既練而居廬，不襢苫	主人疏食水飲，不食菜果，婦人亦如之。君，大夫，士一也之友，若君食之則食之。食之則食之矣。不辟粱肉，若有酒醴則辭 既葬，柱楣，塗廬，不於顯者。君，大夫，士皆宮之。既葬，與人立，君言王事，不言國政。大夫、士，言公事，不言家事。君既卒哭，王政入於國。大夫，士既卒哭，公政入於家。全政之事無辟也	練而食菜果，食菜以醴醬 既練，居堊室。君不與人居。不謀國政，大夫，士不謀家事	祥而食肉有疾，食肉飲酒可也。始食肉者先食乾肉，始飲酒者先飲醴酒 既祥，黝，堊。祥而外無哭者，禫而內無哭者，樂作矣故也	禫而從御，告祭而復寢
	期之喪	三不食，食疏食，不食菜果	三月既葬，食肉飲酒，與之樂之。三月不御於內	父在爲母爲妻終喪不食肉飲酒，不御於內		
	九月之喪	食飲猶期之喪也	三月不御於內			
	五月、三月之喪	壹不食，再不食可也	比葬，食肉飲酒，不與人樂之			

續表

		既殯	既虞、卒哭	小祥	大祥	禫
《禮記·間傳》	父母之喪	既殯食粥，朝一溢米，莫一溢米，居倚廬，寢苫枕塊，不說絰帶	既虞、卒哭，疏食水飲，不食菜果，柱楣翦屏，苄翦不納	食菜果，居堊室，寢有席	有醯醬，居復寢	禫而飲醴酒。始飲酒者先飲醴酒，始食肉者先食乾肉，禫而牀
	齊衰之喪	疏食水飲，不食菜果，居堊室，苄翦不納				
	大功之喪	不食醯醬，寢有席				
	小功緦麻	不飲醴酒，牀可也				
《白虎通義》	父母之喪	寢苫枕塊，哭無時，不脫絰帶	寢有席，疏食水飲，朝一哭，夕一哭而已	舍外寢，居堊室，始食菜果，反素食，哭無時	二十五月而大祥，飲醴酒，食乾肉	二十七月而禫，通祭宗廟，去喪之禫，殺也

今本《間傳》在禫祭之後。《喪大記》《間傳》飲酒食肉之別，庾蔚之以爲"記者所聞之異"，熊安生則以《喪大記》"據病而不能食者"，孔疏以《喪大記》爲"異人之説，故不同也"。若據《白虎通義》，《喪大記》之説正是漢時今文禮家通行之説。

六、《雜記》

丁晏輯《雜記》逸文三條，兩條與喪禮有關，一條論龜蓍之事，則與《別論》所言"喪服"之屬的性質略有不同。《白虎通義·喪服》引《禮·雜記》"婦人越疆而弔，非禮也，而有三年喪，君與夫人俱往"①，與《禮記·雜記》"婦人非三年之喪，不踰封而弔。如三年之喪，則君夫人歸"、《檀弓》"婦人不越疆而弔人"相合，此非《雜記》逸文，而是概説相關禮文之義，差異僅在"君與夫人"與"君夫人"。婦人無外事，爲禮家、《春秋》家所共知，此條則言婦人三年之喪的特殊性。又《白虎通義·崩薨》引《禮·雜記》"君弔臣，主人侍於門外，見馬首不哭。君至，主人先入。君升自阼階，西向哭。主人居中庭，從哭"②，此不見於今本，但文與《禮記·喪大記》相應。《喪大記》言：

> 大夫士既殯而君往焉，使人戒之。主人具殷奠之禮，俟于門外，見馬首，先入門右。巫止于門外，祝代之先。君釋菜于門內。祝先，升自阼階，負墉南面。君即位于阼，小臣二人執戈立于前，二人立于後。擯者進，主人拜稽顙。君稱言，視祝而踊，主人踊。大夫則奠可也。士則出俟于門外，命之反奠，乃反奠。卒奠，主人先俟于門外。君退，主人送于門外，拜稽顙。

兩相比較，《白虎通義》所引可以補足《喪大記》之文。其又可與前述《檀弓》"天子哭諸侯"、《皇覽逸禮》"君使大夫弔於國君"逸文相參。該條確實符合丁晏"意記文繁賾、鄭君作注之時已不免有所佚脱歟"的推測，"婦人越疆而弔"條則非逸文。《白虎通義》引《雜記》逸文而不引《喪大記》，或是《雜記》《喪

---

① （清）陳立：《白虎通疏證》卷 11，吳則虞點校，中華書局 1994 年版，第 523 頁。陳立引至"非禮也"。

② （清）陳立：《白虎通疏證》卷 11，吳則虞點校，中華書局 1994 年版，第 544 頁。

大記》篇次相連所致。前引《間傳》逸文亦可與《喪大記》相參，今翻檢《白虎通義》全書，無明引《喪大記》者，但不乏互證參證者。《白虎通義》引小戴之《記》甚多，遺句所關篇目亦全部見於《小戴禮記》，不知是否爲流傳之誤，還是如後世儒者推論一般，諸篇或是《大戴禮記》佚篇(《白虎通義》引《保傅》《孔子三朝記》，俱稱"禮"而不區分大戴、小戴)。此或是丁晏反推大戴增廣小戴之書的緣由。

另《白虎通義·蓍龜》引《禮·雜記》"龜，陰之老也。蓍，陽之老也。龍非水不處，龜非火不兆，以陽動陰也"(丁氏輯文另有下文"必以荆者，取其究音也"一句)，① 陳立以爲"蓋逸禮也"，並引《禮記·禮運》("龜以爲畜")、《月令》("其蟲介")、《大戴禮記·曾子天圓》("龍非風不舉，龜非火不兆，此皆陰陽之際也")、《管子·水地》("龜龍伏闇，能存能亡")以及《三禮圖》等以證蓍龜陰陽之義。其中，此條逸文與《大戴禮記·曾子天圓》有互見之文，② 或出自《大戴禮記》也未可知。只是《曾子天圓》篇並不涉及蓍占，而此條逸文以"蓍"對應"龍"，或即許慎《說文解字》"《易》以爲數"之義。經書多龜蓍並舉，如《左傳》僖公十四年言"筮短龜長"(杜預注"龜象筮數，故象長數短")、《周禮·春官·筮人》"凡國之大事，先筮而後卜"、《禮記·曲禮上》"泰龜""泰筮"(鄭注"大事卜，小事筮")，但少言陰陽之義。又論蓍龜尺數之文見於《三正記》《皇覽逸禮》，亦可參看。

七、《內則記》

《佚禮扶微》中並無《內則》逸文，丁氏僅列《內則記》之目於補遺(小注《小戴記》)。《內則》於《別錄》屬"子法"，與《文王世子》屬"世子法"似有等級之差，但篇首即言"后王命冢宰降德于衆兆民"，朱子以爲"是古昔盛時朝廷所下教命"(《答趙恭父》)。又因今本《內則》內容不僅僅是"男女居室事父母舅姑之法"(《禮記目録》)，亦有養老之制(與《王制》同)，故朱子、孫希旦等皆疑是錯簡。③ 朱

---

① (清)陳立：《白虎通疏證》卷7，吳則虞點校，中華書局1994年版，第333頁。
② 方向東：《大戴禮記彙校集解》，中華書局2008年版，第587~588頁。
③ (宋)朱熹：《晦庵先生朱文公文集(肆)》，徐德明、王鐵校點，朱傑人、嚴佐之、劉永翔主編：《朱子全書(修訂本)》第23冊，上海古籍出版社、安徽教育出版社2010年版，第2858~2859頁。(清)孫希旦：《禮記集解》卷27，沈嘯寰、王星賢點校，中華書局1989年版，第724頁。

子並以《内則》爲古經，列目於《儀禮經傳通解·家禮》，言"此必古者學校教民之書，宜以次於昏禮，故取以補經而附以傳記之説云"。① 劉咸炘亦以之爲"官禮之流"，可見《内則》之特殊。

《内則記》見於《白虎通義·姓名》，其言"以名告于山川社稷四境。天子太子，使士負子于南郊"，告名事不見於今本《禮記·内則》，《曾子問》則有君薨而世子生的特殊情況，言生已三日而"太宰命祝史，以名徧告于五祀山川"，此謂殯時，若是已葬而世子生，"大宰、大宗從大祝而告于禰。三月，乃名于禰，以名徧告及社稷、宗廟、山川"，而《白虎通義》未分語境如何(且引《曾子問》"世子生三月，以名告于祖禰"，似是推論而得，亦非今本原文)；負子事今本作"三日，卜士負之，吉者宿齊，朝服寢門外，詩負之"，無南郊之文，而《大戴禮記·保傅》有言"古之王者，太子乃生，固舉之禮，使士負之。有司齊，夙興，端冕，見之南郊，見之天也"②。又《白虎通義》引此《内則記》置於"一説名之于燕寢"後，與名之于祖廟相區別(引《禮·服傳》"子生三月，則父名之于祖廟"也與今本有異，説參見第二章)。種種跡象表明，參與白虎觀會議的經師在引證時可能並不十分注意經典原文，而是可以經説爲禮書之文，且並不拒絶左右采獲以轉成其説，進而形成"通義"而爲共識。

同篇前又引《禮·内則》"子生，君沐浴朝服，夫人亦如之，立于阼階西南，世婦抱子升自西階，君命之，嫡子執其右手，庶子撫其首。君曰'欽有帥'，夫人曰'記有成'。告于四境"，亦有"告于四境"語，可以推斷《内則記》當即《禮·内則》。但此《禮·内則》文亦與今本略異。今本"子生"作"世子生"，"西南"作"西鄉"，"嫡子"云云作"適子庶子見於外寢，撫其首，咳而名之。禮帥初，無辭"(鄭玄以"適子"謂世子弟，與《白虎通義》所引義不同)。且今本"欽有帥""記有成"之辭見於卿大夫以下名子之法，故而陳立言《白虎通義》所引"約卿大夫見子之詞言之也"。③ 另如《白虎通義·嫁娶》引《禮·内

---

① 朱子《儀禮經傳通解·家禮》以《士冠禮》《冠義》《士昏禮》《昏義》居首，又增設《内則》、《内治》(言人君内治之法者)、《五宗》(言宗子之法以治族人者)、《親屬記》(闈門三族親戚之名號)四目；《内則》又分爲事親事長(有記)、飲食、男女之別(有傳)、夫婦之別(有傳)、御妻妾(有傳)、胎教(有傳)、生子、教子、冠笄嫁取諸節。(宋)朱熹：《儀禮經傳通解(壹)》，王貽樑校點，朱傑人、嚴佐之、劉永翔主編：《朱子全書(修訂本)》第2册，上海古籍出版社、安徽教育出版社2010年版，第32、137~176頁。

② 方向東：《大戴禮記彙校集解》，中華書局2008年版，第309頁。

③ (清)陳立：《白虎通疏證》卷9，吳則虞點校，中華書局1994年版，第407頁。

則》"男三十壯有室，女二十壯而嫁"，① 與今本並不全同，今本男女分言，作"三十而有室，始理男事，博學無方，孫友視志""二十而嫁，有故，二十三年而嫁"（另《禮記·曲禮上》言"三十曰壯，有室"），但意義無別。此皆可證《白虎通義》引經之法，也因此此類逸文嚴格意義上並不能視作"佚記"。

以上諸篇出處皆以《白虎通義》爲主，《白虎通義》另有單稱"禮記"者七條，有兩條可與今本《禮記》相應，即《嫁娶》篇引"《禮記》曰：女子十五許嫁，笄而字"，今本見於《曲禮上》"女子許嫁，纓""女子許嫁，笄而字"、《內則》"十有五年而笄"；莊述祖所補《雜錄》有"《禮記》曰：天子之堂九尺，諸侯七尺，大夫五尺，士三尺"，見於《禮器》。另丁晏輯入《樂記》逸文一條（出自《白虎通義·禮樂》），説已見前文，與《樂緯》關係更大；輯入《佚禮扶微·佚文》"《白虎通》引禮"兩條，即《三綱六紀》篇"《禮記》曰：同門曰朋，同志曰友"（《論語·學而》鄭注、《公羊傳》定公四年何注皆言"同門曰朋，同志曰友"，《周禮·地官·大司徒》鄭注"同師曰朋，同志曰友"，徐彥疏以爲出《蒼頡篇》，陳立以爲"蓋逸禮文"），《姓名》篇"《禮記》曰：朝日上質不諱正天名也"（盧文弨疑當爲"禮説"，陳立以之應《大戴禮記·虞戴德》"是故上古不諱，正天名也"）。又《車旂》（莊述祖所補《白虎通義》之遺文）"《禮記》曰：天子乘龍，載大旂，象日月升龍"，陳立以爲"蓋亦逸禮也"，但可與《儀禮·覲禮》"天子乘龍，載大旂，象日月、升龍、降龍"相應（《白虎通義》此條遺文亦出於《覲禮》賈疏），然非《覲禮》附經之記文。而《考黜》"《禮記》九錫"云云（盧文弨以爲當是"禮説"），文與《禮緯含文嘉》同。丁晏於《佚禮扶微·佚文》"《公羊傳》何休解詁引禮"亦有"禮有九錫"之文（《穀梁傳》莊公元年范寧注説同），徐疏以爲出自《禮緯含文嘉》，然鈇鉞、弓矢序次有異，或是別一説（參見表4-3）。② 丁氏並不以之出於緯書，而是堅信何休所言"禮有九錫"爲"禮之佚文"，證據即"讖緯起於哀平，而九錫之文，伏生、毛公先有此説""秦漢之際，已有九錫之文，撰緯者采以爲説"。③ 此論明顯不錯，但以之觀察《白虎通義》可能就有偏差。《白虎通義》撰著之時，讖緯盛行，完全有可能以《禮緯》《樂緯》而稱"禮記"。另如《聖人》篇引"《禮説》曰：禹耳三漏"云云，備言禹、皋陶、湯、文王、武王、周公、孔子之異表，文亦見於《禮緯含文嘉》，但稱"禮説"

---

① （清）陳立：《白虎通疏證》卷10，吳則虞點校，中華書局1994年版，第453頁。
② （清）陳立：《白虎通疏證》卷3、卷7、卷8、卷9、卷10、卷12，吳則虞點校，中華書局1994年版，第100、302、376、413、455、589、595頁。
③ （清）丁晏：《佚禮扶微》卷3，師顧堂影印《南菁書院叢書》本，2020年，第108頁。

（元大德本作"禮曰"，本書所作統計皆據陳立《白虎通疏證》之文），與稱"禮記"類似。①

表 4-3 "九錫"序次表

禮緯含文嘉	傳韓詩外傳引	公羊説《曲禮》疏引	何休《公羊傳》莊公元年	范寧《穀梁傳》莊公元年
1 車馬	1 車馬	**4 車馬**	1 車馬	1 輿馬
2 衣服	2 衣服	**1 加服**	2 衣服	2 衣服
3 樂則	**4 樂器**	**5 樂則**	3 樂則	3 樂則
4 朱户	**6 朱户**	**2 朱户**	4 朱户	4 朱户
5 納陛	5 納陛	**3 納陛**	5 納陛	5 納陛
6 虎賁	**3 虎賁**	6 虎賁	6 虎賁	6 虎賁
7 鈇鉞	**8 鈇鉞**	7 斧鉞	**8 鈇鉞**	8 鈇鉞
8 弓矢	**7 弓矢**	8 弓矢	**7 弓矢**	7 弓矢
9 秬鬯	9 秬鬯	9 秬鬯	9 秬鬯	9 秬鬯

因此《白虎通義》單稱"禮記"未必僅指二戴《記》，還有可能是《禮緯》甚至《禮經》，自然也有佚禮之文，似無定例可循。《白虎通義》引"禮"之言亦是如此，全書單稱"禮曰"者凡 35 條，其中有 13 條被丁晏收入"佚文"部分。綜合考察今傳經學典籍與《白虎通義》"禮曰"相應者（參見表 4-4），除《禮經》《禮記》《禮緯》外（亦有《大戴禮》遺文，如《諫諍》篇引"一穀不升"云云，《毛詩·大雅·雲漢》孔疏以爲見於《大戴禮》，此爲輯佚諸家所未及），尚有《公羊》《穀梁》説（其中《崩薨》篇引"天子諸侯三日小斂"云云，不僅與《禮記·内則》三日常制略異，也與何休禮説微別，或是《公羊》博士家説），乃至《左傳》《周禮》古文之説（當是賈逵在白虎觀會議中發揮了作用），但未必全是原典原文，亦不乏約略之言與漢時經師家説。這説明《白虎通義》的禮學徵引，雖大致

---

① （清）陳立：《白虎通疏證》卷 7，吳則虞點校，中華書局 1994 年版，第 339～340 頁。

表 4-4 《白虎通義》"禮曰"表

禮目	"禮曰"	互證
爵	《禮》曰:四十強而仕	《禮記·曲禮上》:四十曰強,而仕
號	《禮》曰:生無爵,死無謚	《儀禮·士冠禮》《禮記·郊特牲》:古者生無爵,死無謚
號	《禮》曰:伏羲、神農、祝融,三皇也	《禮·號謚記》說:伏羲、祝融、神農《風俗通義》
號	《禮》曰:黃帝、顓頊、帝嚳、帝堯、帝舜,五帝也	《禮記》:黃帝、顓頊、帝嚳、帝堯、帝舜是五帝也《風俗通義·皇霸》
五祀	《禮》曰:天子祭天地,諸侯祭山川,卿大夫祭五祀,士祭其先	《禮記·王制》:天子祭天地,祭四方,祭山川,祭五祀,歲徧。諸侯方祀,祭山川,祭五祀,歲徧。大夫祭五祀,歲徧。士祭其先
社稷	《禮》曰:亡國之社稷,必以為宗廟之屏	《穀梁傳》哀公四年:亡國之社以為廟屏,戒也
京師	《禮》曰:公士大夫子也(丁輯又有"無爵而在大夫上,故知百里也。公卿大夫皆食采者,示與民同有無也")	《禮記·喪服》:公士大夫之衆臣,為其君布帶繩屨
三軍	《禮》曰:三王共皮弁素積,又《號》篇弁引"《禮》曰"同,"三王共皮弁"	《儀禮·士冠禮》《禮記·郊特牲》:三王共皮弁素積
誅伐	《禮》曰:湯放桀,武王伐紂,時也	《禮記·禮器》:堯授舜,舜授禹,湯放桀,武王伐紂,時也
誅伐	《禮》曰:使次介先假道,用束帛	《儀禮·聘禮》:若過邦,至于竟,使次介假道。束帛將命于朝,曰:"請帥。""莫帛陳立言"疑遂禮文也。今傳《士禮》《周禮》《禮記》俱無諸侯出軍假道之禮

續表

	"禮曰"	互證
諫諍	《禮》曰：一穀不升，不備鶉鷃，不備鶉鷃。二穀不升，三穀不升，不備雉兔。四穀不升，不備鳥獸。五穀不升，不備三牲。	《大戴禮》《白虎通》皆云：一穀不升謂之嗛，二穀不升謂之饑，三穀不升謂之饉，四穀不升謂之康，五穀不升謂之大侵。孔疏《穀梁傳》襄公二十四年：五穀不升為大饑，一穀不升謂之嗛，二穀不升謂之饑，三穀不升謂之饉，四穀不升謂之康，五穀不升謂之大侵。一穀不升去盎鶉，二穀不升去飲馬，三穀不升去膳鶉
鄉射	《禮》曰：賓主執弓請升，射於兩楹之間（丁輯又有"天子射百二十步，諸侯九十步，大夫七十步，士五十步。明尊者所服遠，卑者所服近也"）	陳立以此《鄉射》《大射》文
考黜	《禮》曰：夫賜樂者，得以時王之樂事其宗廟也（丁輯又有"朱盛色，戶所以紀民數也，故民衆多賜朱戶也"）	《孝經》篇言"九錫"，其一曰"樂則"，又與《禮緯含文嘉》同。又《禮記·王制》"天子賜諸侯樂，則以柷將之。賜伯子男樂，則以鼗將之"，孔疏以爲非九錫之樂，故伯子男亦得受之
王者不臣	《禮》曰：父事三老，兄事五更	《禮記·樂記》《祭義》：食三老，五更於大學，天子袒而割牲，執醬而饋，執爵而酳，冕而摠干，所以教諸侯之弟也。《孝經援神契》曰：天子尊事三老，兄事五更（《後漢書·班彪傳》注）
耆龜	《禮》曰：皮弁素積，筵于廟門之外	陳立言："此統云皮弁，未知何之禮。有所稱'禮曰'，今三禮皆無此文，而《少牢饋食》疏引《孝經句》亦云'卜筮皆皮弁之朝'，是大夫之朝，君皮弁素積，君若指天子禮矣。故《曲禮》'及大夫皮弁之吉者'，卜三公夫人世婦之吉者'，則卜者亦皮弁矣。若祭事之卜，則卜者宜皮弁，君子服冕。"

續表

	"禮曰"	互證
瑞贄文質	《禮》曰：天子珪尺二寸。又曰：博三寸，剡上，左右各寸半，厚寸半。半珪為璋。中圓外圓曰璧，圓中牙外曰琮	《儀禮·聘禮·記》：所以朝天子，圭與繅皆九寸，剡上寸半，厚半寸，博三寸，繅三采六等，朱白倉。《禮記·雜記下》：圭，公九寸，侯伯七寸，子男五寸，博三寸，厚半寸，剡上，左右各寸半，玉也。藻，三采六等。"陳立言"此約《逸禮記》文。《周禮·春官·大宗伯》鄭注"半璧曰璜，人"賤及《聘禮·記》文，賈疏"此引《逸禮記》"文
	《禮》曰：珪造尺八寸（丁輯又有"有造圭，門得造璧也。公珪九寸，四玉一石"）	陳立言"此引禮文作'尺八寸'，與諸經不合"
宗族	《禮》曰：宗人將有事，族人皆侍	《毛詩·小雅·湛露》傳："宗子將有事，則族人皆侍"《書傳》云：宗子將有事，族人皆待也"《儀禮·特牲食禮》疏。陳言"此蓋佚禮文也"
	《禮》曰：唯氏三族之不虞	《儀禮·士昏禮·記》：請期，曰："吾子有賜命，某既申受命矣。惟是三族之不虞，使某也請吉日"
姓名	《禮》曰：首有瘍則沐	《禮記·曲禮上》：居喪之禮，頭有創則沐，身有瘍則浴，有疾則飲酒食肉，疾止復初《白虎通義》引"《曲禮》曰"同此。身有瘍則浴，首有創則沐，病則飲酒食肉《禮記·雜記下》

續表

	"禮曰"	互證
嫁娶	《禮》曰：女子十五許嫁，納采、問名、納吉、請期、親迎，以雁爲贄。納幣曰玄纁，不用雁也	陳立言"此約《昏禮》文"
	《禮》曰：嫁女之家，三日不絕火，思相離也。娶婦之家，三日不舉樂，思嗣親也	《禮記·曾子問》：孔子曰："嫁女之家，三夜不息燭，思相離也。取婦之家，三日不舉樂，思嗣親也。"《公羊傳》隱公二年何注引此，"禮"義同此，文略異
	《禮》曰：婚禮不賀，人之序也	《禮記·郊特牲》：昏禮不用樂，幽陰之義也。樂，陽氣也。昏禮不賀，人之序也
	《禮》曰：納女，於大夫曰備洒埽	《禮記·曲禮下》：納女，於天子曰備百姓，於國君曰備酒漿，於大夫曰備洒埽
繡冕	《禮》曰：三王共皮弁素積文見於《三軍》《號》篇作引	《儀禮·士冠禮》《禮記·郊特牲》：三王共皮弁素積
	《禮》曰：周冕而祭。又曰：殷哻，夏收而祭	《禮記·王制》《內則》：有虞氏皇而祭，深衣而養老。殷人冔而祭，縞衣而養老。周人冕而祭，玄衣而養老
喪服	《禮》曰：斬衰三日不食，齊衰二日不食，大功一日不食，小功緦麻一日不再食可也	《禮記·間傳》：斬衰三日不食，齊衰二日不食，大功三日不食，小功緦麻再不食，士與斂焉，則壹不食 《禮記·喪大記》：期之喪，三不食，五月三月之喪，壹不食，再不食可也
	《禮》曰：苴杖竹也，削杖桐也	《儀禮·喪服·傳》《禮記·喪服小記》：苴杖，竹也。削杖，桐也

續表

	"禮曰"	互證
崩薨	《禮》曰：喪服斬衰	《儀禮·喪服》：喪服。斬衰裳，苴絰，杖，絞帶，冠繩纓，菅屨者
	《禮》曰：天子崩，遣使者赴告諸侯（丁輯又有"王者父崩，諸侯悉奔葬相，莫不欲觀君父之棺柩，盡悲哀者也。又爲天子守蕃，不可曠空也"）	《公羊》說：天王喪，赴者至，諸侯哭。《左氏》說：王喪，赴者至乃哭。《經》書叔孫得臣如京師葬襄王，以爲得禮《禮記·王制》疏引許慎《五經異義》。據此，《春秋》今古二家皆有赴告之禮
	《禮》曰：諸侯薨，使臣歸珪挂於天子（丁輯又有"天子聞諸侯薨，哭之何？慘怛發中，悽愴重終之義也"）	《春秋左氏傳》說：諸侯踰年即位，天子賜以命珪《通典·嘉禮》引1段陽禮議言"凶禮之賣 達以貴 諸侯踰年即位，天子賜瑜乎即位，合葬爲信也"，即賈逵說。《左傳》文公元年，成公八年杜預注同
	《禮》曰：天子諸侯三日小斂，大夫士二日小斂陳立以爲"或逸禮語"	《禮記·問喪》：或問曰："死三日而后斂者，何也？"曰："孝子親死，悲哀志懣，故匍匐而哭之，若將復生然，安可得奪而斂之。孝子之心，亦益衰矣。家室之計，衣服之具，亦可以成矣。親戚之遠者，亦可以至矣。是故聖人爲之斷決，以三日爲之禮制也。" 禮，天子三日小斂，五日大斂，諸侯三日小斂，五日大斂後即位。大夫三日小斂，五日大斂，故改辰然後即位。凡喪，三日授子杖，五日授大夫杖，七日授士杖，婦人不杖，童子不杖，不能 病故也《公羊傳》定公元年何注引"禮"

續表

	"禮曰"	互證
崩薨	《禮》曰:天子舟車殯,諸侯車殯,大夫檳塗,士瘞,尊卑之差也	《禮稽命徵》曰:天子舟車殯,爲避水火災也。故棺在車上,車在舟中〔白虎通義·崩薨〕,陳立言"此疑亦《禮緯》文"
	《禮》曰:祖於庭,葬於墓。又曰:適祖升自西階	《禮記·檀弓上》:子游曰:"飯於牖下,小斂於戶內,大斂於阼,殯於客位,祖於庭,葬於墓,所以即遠。故喪禮有進而無退。" 《禮記·坊記》:子云:"賓禮每進以讓,喪禮每加以遠。浴於中霤,飯於牖下,小斂於戶內,大斂於阼,殯於客,祖於庭,葬於墓,所以示遠也。"
	《禮》曰:冢人掌兆域之圖,先王之葬居中,以昭穆爲左右,群臣從葬,以貴賤序(丁輯又有"合葬者何?所以固夫婦之道也")	《周禮·冢人》:冢人掌公墓之地,辨其兆域而爲之圖,先王之葬居中,以昭穆爲左右。凡諸侯居左右以前,卿大夫士居後,各以其族。凡有功者居前。凡死於兵者,不入兆域。樹數

不出《禮經》《禮記》《禮緯》的範圍，但"禮"的來源與解釋顯然有更多元的選擇。① 因上論與二戴《記》相關諸篇逸文多出自《白虎通義》，故附論《白虎通義》引"禮記"、引"禮"之說於此。

八、《文王世子》

《別録》以《文王世子》屬"世子法"，《大戴禮記》中如《保傅》大致也有此義。《文王世子》全篇大致可分爲六部分，如孫希旦言"首言文王、武王爲世子及周公教成王之事，次言大學教士之法，次言三王教世子之法，次言庶子正公族之法，次言養老之事，末引《世子之記》以終之"②。《文王世子》在東漢之世，很可能是養老禮的儀式與理論來源，亦即魏晉以降釋奠禮的經書源頭（據筆者考察，漢魏之際學校核心禮儀有一個由養老而釋奠的轉變過程，從此釋奠禮成爲新的王朝禮典，養老禮則日益衰落，但經學根柢皆在《文王世子》，只是核心關鍵詞發生了變化）。③

丁晏輯《文王世子》逸文一條，出自許慎《五經異義》。丁氏以爲見《禮記·昏義》孔疏，不確，孔疏所引實則未言"禮文王世子"。言"文王世子"者，乃《毛詩·召南·摽有梅》孔疏。《禮記·樂記》孔疏言"《大戴禮》云文王年十五而生武王發"與此同。④ 孔疏以此《文王世子》出《大戴禮記》，源自許慎《五經異義》的論證結構。許氏此條專論"人君年幾而娶"，列"今大戴禮說"與古文

---

① 田中麻紗巳先生全面考察了《白虎通義》四十餘處引用"或曰""一說"的記述，將之分爲補充主說（主說與別說都屬今文說）、提示異說（情況最多，有少數別說是與古文說相同的今文說）、反對主說（用例最少，確有認可古文說的情況）三類，申言"重視今古文學的框架的大勢已然存續，只是不拘泥于這種傾向的萌芽在白虎觀論議中應該也是可以見出的"。《白虎通義》引"禮"云云，多以主說的面貌呈現，亦有見於別說者（甚至主說、別說皆有禮文依據），這都説明《白虎通義》的禮學觀念遠比表面的今文通義之論更爲複雜。[日]田中麻紗巳：《〈白虎通〉之"或曰"與"一說"》，劉瑩譯，石珹校，虞萬里主編：《經學文獻研究集刊》第21輯，上海書店出版社2019年版。

② （清）孫希旦：《禮記集解》卷20，沈嘯寰、王星賢點校，中華書局1989年版，第551頁。

③ 參閱[日]古勝隆一：《魏晉南北朝之釋奠》，《漢唐注疏寫本研究》，社會科學文獻出版社2021年版，第115、129頁。

④ （唐）孔穎達等：《毛詩注疏》卷1，鄭傑文、孔德凌校點，《儒藏（精華編）》第22册，北京大學出版社2010年版，第131、471頁。（唐）孔穎達等：《禮記正義》卷49、卷68，鄔同麟點校，浙江大學出版社2019年版，第980、1414頁。以文王年十五生武王而言《大戴禮》者，又見於《尚書·泰誓》孔疏、《穀梁傳》文公十二年楊疏。

《左傳》，於"謹案"又引《禮·文王世子》，故而《禮·文王世子》即對應"今大戴禮説"(《五經異義》論竈神條則明言"《大戴記·禮器》：竈者，老婦之祭"，而今傳《禮記·禮器》作"奧者，老婦之祭也")。① 若據《毛詩正義》，《文王世子》逸文當作"文王十五生武王，武王有兄伯邑考"，丁氏漏輯後一句。另《豳譜》孔疏明引《大戴禮·文王世子》"文王十三生伯邑考，十五生武王"(繼引《文王世子》"文王九十七而終，武王九十三而終"又見於今本)，與《摽有梅》孔疏義同而辭異，而丁氏亦未論及。

文王十五而生武王，爲經師所共知，《尚書·金縢》鄭玄、王肅注皆如此言(《豳譜》孔疏皆有引述)，又皆以文王崩時武王八十三歲，所據即今本《文王世子》所言"文王九十七乃終，武王九十三而終"，只是鄭以文王崩時在受命七年，王則定於受命九年。② 丁晏以爲《文王世子》逸文可能是"夢帝九齡"的訓解，只是"疑不能明，姑録之以俟考"。③ "夢帝九齡"出自今本《文王世子》，其文實則頗爲怪異：

> 文王謂武王曰："女何夢矣?"武王對曰："夢帝與我九齡。"文王曰："女以爲何也?"武王曰："西方有九國焉，君王其終撫諸?"文王曰："非也。古者謂年齡，齒亦齡也。我百，爾九十。吾與爾三焉。"文王九十七乃終，武王九十三而終。

鄭玄已經察覺到文王"吾與爾三焉"的不合理，注言"文王以勤憂損壽，武王以安樂延年。言與爾三者，明傳業於女，女受而成之"，孔疏言"年壽之數，賦命自然，不可延之寸陰，不可減之晷刻"，因此"吾與爾三焉"當是"教戒之義訓，非自然之理"。後儒質疑者亦多，如陳澔言"好事者爲之辭而不究其理，讀《記》者信其説而莫之敢議也"，孫希旦以孔疏"亦疑《記》言之不可信而曲解之"而將《記》文視作"廋詞隱語"。④ 此皆受到古人聖人聖王觀的影響，文王、武王之長壽與感生、異表、祥瑞等皆是凸顯各自擁有"聖"的獨特屬性。

---

① (清)皮錫瑞：《駁五經異義疏證》卷4、卷10，吳仰湘編：《皮錫瑞全集》第4冊，中華書局2015年版，第79~80、288頁。

② 另參郜積意：《鄭玄〈周書〉〈豳風〉注的年代學背景》，《兩漢經學的曆術背景》，北京大學出版社2013年版，第155~158頁。

③ (清)丁晏：《佚禮扶微》卷2，師顧堂影印《南菁書院叢書》本，2020年，第61頁。

④ (清)孫希旦：《禮記集解》卷20，沈嘯寰、王星賢點校，中華書局1989年版，第553頁。

九、《玉藻》

《玉藻》於《別録》屬"通論"，鄭玄《禮記目録》僅言其"記天子服冕之事也"，蓋專解篇題之義，據孔疏分節則内容甚雜，孫希旦言"《禮記》中可以考見古人之名物制度者，此篇爲最詳"，其中多"天子諸侯衣服、飲食、居處之法""服飾之制""禮節、容貌、稱謂之法"，亦"多逸文錯簡"。① 丁晏輯《玉藻》逸文一條，今傳本雖有可與之對應的文字，但語境不同，或是何休所見有別本。

《公羊傳》襄公十六年"君若贅旒然"何休注引《禮記·玉藻》"天子旒十有二旒，諸侯九，卿大夫七，士五"，② 此言旒旒之數，對應《春秋》經文"戊寅，大夫盟"之盟事，與今本《玉藻》"天子玉藻，十有二旒"言冕旒之數爲祭先王之服不同，又《禮記·禮器》言"天子之冕，朱緑藻，十有二旒，諸侯九，上大夫七，下大夫五，士三"，數列等差與何休所引亦不同。據《公羊》徐彦疏所言"今《禮記·玉藻》無此文"，但《禮緯稽命徵》《含文嘉》有"天子旗九刃十二旒曳地，諸侯七刃九旒齊軫，卿大夫五刃七旒齊較，士三刃五旒齊首"。今考諸書旒旒之數(參見表 4-5)，《周禮》體系最爲複雜，天子五路、諸侯五等爵、孤卿大夫士、州里師都縣鄙(《春官·巾車》《司常》、《秋官·大行人》、《考工記·輈人》)不同等級、行政層級等都有相應規定。③《廣雅·釋天》"士三旂至肩"之説尤爲不同(《禮緯》言"五旒齊首")，王念孫言"首亦高於肩，蓋所傳者異也"而"《禮緯》《廣雅》所記諸侯以下旗旂，皆不視其命數，亦所傳異也"。④

① （清）孫希旦：《禮記集解》卷 29，沈嘯寰、王星賢點校，中華書局 1989 年版，第 774 頁。

② （清）陳立：《公羊義疏》卷 58，劉尚慈點校，中華書局 2017 年版，第 2195 頁。

③ （清）孫詒讓：《周禮正義》卷 52、卷 53、卷 71、卷 77，王文錦、陳玉霞點校，中華書局 2013 年版，第 2142~2162、2207~2217、2952~2970、3233~3238 頁。其文内部如何對應，因涉及變量較多(如《春官·司常》"州里建旗，師都建旗，縣鄙建旐"與《考工記·輈人》"鳥旟七斿，熊旗六斿，龜蛇四斿"，雖然《考工記》鄭注以之一一相應，但據賈疏可知，按照《周禮》的整體設計，州里、師都、縣鄙長官如州長、里宰、鄉大夫、遂大夫、縣正、鄙師之命數與七、六、四顯然不盡相合，鄭注之義旨在取彼成文以釋諸旂之不同，而諸旂皆天子所建)，此不一一贅述，表 4-5 中僅列出簡單的數量對應關係。

④ （清）王念孫：《廣雅疏證》卷 9 上，張靖偉、樊波成、馬濤等校點，上海古籍出版社 2017 年版，第 1459~1461 頁。

表 4-5　旂旒異説表

	天子	諸侯	卿大夫	士
《禮記》	十有二旒	九	七	五
《禮緯》	九刃十二旒曳地	七刃九旒齊軫	五刃七旒齊較	三刃五旒齊首
《周禮》	玉路 建大常十有二斿 金路 樊纓九就建大旂 象路 樊纓七就建大赤 革路 條纓五就建大白 木路 前樊鵠纓建大麾	諸侯建旂 上公 建常九斿龍旂九斿 侯伯 建常七斿 子男 建常五斿	孤卿建旜 鳥旗七斿 熊旗六斿 龜蛇四斿	大夫士建物 州里建旟 師都建旗 縣鄙建旐
《廣雅》	十二斿至地	九斿至軫	七斿至軹	三斿至肩

徐疏並以何休所引出自《禮記·玉藻》爲誤，而以《禮緯》爲是，丁晏則以爲"邵公淹通古禮，其言必有所據，疏家據斥其誤，恐未然也"[1]。何休《公羊解詁》明確稱引"禮"文者較多，丁晏在《佚禮扶微·佚文》中輯有 87 條，可見《後漢書·儒林傳》言其"精研六經，世儒無及者"並非虛語，但其間與其他漢儒之學有不少差異，尚待仔細分梳。[2] 今考何休所引"禮"文，不乏出自今本

---

[1]　（清）丁晏：《佚禮扶微》卷 2，師顧堂影印《南菁書院叢書》本，2020 年，第 62 頁。

[2]　下文論述何休引"禮"之"佚文"，只是概述其全貌，何休與今文博士之學、與許鄭賈馬之學等經説內部的差異與層次，清儒凌曙（1775—1829）《春秋公羊禮疏》、陳立《公羊義疏》已有較爲深入的研究，只是還缺乏更爲全局性、系統性的整理與總結。以筆者所目，郜積意先生非常重視何休禮學的作用，申言區分今古學應超越廖平《今古學考》以《王制》《周禮》爲核心的標準，而是當以何休《公羊》禮爲據，進而探究今古學在"周禮觀"上的歧異。高瑞傑先生近年關注東漢制禮困局下的今古文經學互動，也主要在許慎、何休、鄭玄諸人中展開，又尤其重視探究各自的立言述旨，並作哲學的解讀，已有不少成果。另如李若暉先生注意到何休可能存在刪減《公羊》的情況（此説還有待進一步檢驗）。但總體而言，對漢代經學經説譜系的梳理、還原（如漢人書引經説經者甚夥，但能夠直接利用的可能還不夠，即使是受到重點關注的鄭玄，其經學脈絡亦尚待系統抉發，惜乎清儒《經郛》之不傳），尚有很多工作要做。參閲郜積意：《漢代今、古學的禮制之分——以廖平〈今古學考〉爲討論中心》，臺灣《"中央研究院"歷史語言研究所集刊》第 77 本第 1 分，2006 年。高瑞傑：《論世卿禮議之争端——以何休、鄭玄與〈五經異義〉爲中心》，《國際社會科學雜志》2022 年第 4 期；《王者無外與天下有界——漢代今古文經學視域下的復仇辨義》，《中國哲學史》2023 年第 1 期。李若暉：《從"天子僭天"到"君天同尊"》，《久曠大儀：漢代儒學政制研究》，商務印書館 2018 年版，第 196～235 頁；《棄其天倫：何休篡改〈公羊〉發覆》，《中國哲學史》2023 年第 1 期。

《禮記》者，但皆不出篇題，唯此《玉藻》文與文公二年注引《禮·士虞記》特別
説明篇題。而《禮·士虞記》之文（"桑主不文，吉主皆刻而謚之，蓋爲禘祫時
別昭穆也"）確實也不見於今本《儀禮·士虞禮》，① 則其稱引篇題似有特別意
義，即表明與當時今文禮傳本有異。

以上諸篇，王鍔先生《禮記成書考》以《曾子問》爲曾子著作，《間傳》《雜
記》《王制》《玉藻》等爲戰國中期文獻，《文王世子》《禮運》爲戰國晚期整理而
成的文獻（《禮運》主體文字應是子游記録，成於戰國初期，只是在流傳過程中
摻入了陰陽五行家之言），《檀弓》則爲戰國晚期文獻。② 從早期文本的流傳角
度看，文本成篇、抄寫、錯簡、定型乃至經典化都經歷了複雜的演變過程。在
傳統經學視域中，學者對逸文現象的解讀，多以綫性的文本變化立論。前述逸
文多數與今本《禮記》有相應之處，也並未特別超出今文禮學的範疇，但諸如
《禮運記》言"六情"，何休所見《玉藻》《士虞記》，明顯與當時流行的《禮記》
《禮經》有差異，在没有更明確的出土文獻證據現世以前，大概也只能如王念
孫之言"所傳異也"以視之。

十、《孔子三朝記》（附論《本命篇》）

上述諸篇篇題皆與《小戴禮記》相關，也有與《大戴禮記》相應者，如《曾子
記》與《雜記》龐著之逸文。《文王世子》據唐人經疏所引許慎《五經異義》，更
是可以推測出自《大戴禮記》。今本《大戴禮記》，有與《禮記》異同互見者，如
《哀公問孔子》《投壺》（另如《諸州遷廟》《諸侯釁廟》《公冠》爲逸經之屬，《夏
小正》《盛德》《明堂》與《禮記·月令》明堂陰陽類近）；有與荀子、賈誼書相合
者，如《禮三本》《勸學》《禮察》《保傅》；有出自《曾子》者十篇，又有所謂《孔
子三朝記》七篇。儒者經師多以《千乘》《四代》《虞戴德》《誥志》《小辨》《用兵》
《少閒》七篇以當《孔子三朝記》，這在傳世文獻引證中有不少明證。參諸王應
麟《玉海》與丁晏案語，③ 諸書稱引《禮·三朝記》（或稱《三朝記》）確實多見於
今傳本《大戴禮記》諸篇（參見表4-6）：

---

① （清）陳立：《公羊義疏》卷38，劉尚慈點校，中華書局2017年版，第1432頁。

② 王鍔：《〈禮記〉成書考》，中華書局2007年版，第52~57、134~138、145~148、
172~188、198~204、233~246、251~268頁。

③ （宋）王應麟撰，武秀成、趙庶洋校證：《玉海藝文校證》卷23，鳳凰出版社2013
年版，第1123頁。

表 4-6

《禮·三朝記》	《大戴禮記》
天子之宮四通《太平御覽·居處部》引《白虎通義》	天子之宮四通，正地事也《虞戴德》
蚩尤，庶人之强者《周禮·春官·肆師》賈疏引《五經異義》稱"三朝記"。《史記·五帝本紀》集解引臣瓚注、《漢書·高帝紀》臣瓚注引《孔子三朝記》作"蚩尤，庶人之貪者"，《尚書·呂刑》孔疏引臣瓚説同	蚩尤，庶人之貪者也《用兵》
北發渠搜，南撫交阯《漢書·武帝紀》臣瓚注，《水經注·河水》引同。"北發"有二解，晉灼以爲似國名，臣瓚以爲舉北以南爲對	昔虞舜以天德嗣堯，布功散德制禮，朔方幽都來服，南撫交阯，出入日月……海外之肅慎、北發、渠搜、氐、羌來服《少閒》，此句讀從方向東先生《大戴禮記彙校集解》
哀公曰："寡人欲學小辨，以觀於政，其可乎？"孔子曰："爾雅以觀於古，足以辯言矣。"張揖《上廣雅表》，《爾雅》邢昺疏引同	公曰："寡人欲學小辨以觀於政，其可乎？"子曰："……爾雅以觀於古，足以辨言矣。"《小辨》
周衰，天子不班朔于天下《穀梁傳》文公十六年楊士勛疏稱"三朝記"	夏桀、商紂羸暴於天下……不告朔於諸侯《用兵》。《漢書·劉向傳》劉向疏言"昔孔子對魯哀公"云云與《用兵》文相合，但不言篇題

　　丁氏另輯逸文一條，即《文選·東都賦》李善注引《孔子三朝記》"孔子受業而有疑，捧手問之，不當避席"①。此文似與《孔子三朝記》義旨不合，劉向《別錄》言"孔子三見哀公，作《三朝記》七篇，今在《大戴禮》"（《三國志·蜀書·秦宓傳》裴注引稱"劉向《七略》"，《史記·五帝本紀》索隱引劉向《別錄》作"孔子見魯哀公問政，比三朝，退而爲此記，故曰三朝。凡七篇，並

---

① （梁）蕭統編，（唐）李善注：《文選》卷 1，上海古籍出版社 1986 年版，第 39 頁。

入《大戴記》"),① 《漢書·藝文志》顏注言"今《大戴禮》有其一篇，蓋孔子對魯哀公語也。三朝見公，故曰三朝"，② 皆以魯哀公問孔子爲事（如《千乘》問仁、《四代》問虞夏商周四代之刑政、《虞戴德》問天地人三常之禮、《誥志》問事神治民、《小辨》問爲政、《用兵》問兵、《少閒》問君臣之分），③ 當無孔子受業之事。另《小辨》文言：

　　公曰："請學忠信之備。"
　　子曰："唯社稷之主，實知忠信。若丘也，綴學之徒，安知忠信？"
　　公曰："非吾子問之而焉也？"
　　子三辭，將對，公曰："**彊避**。"
　　子曰："**彊**侍。丘聞大道不隱，丘言之，君發之於朝，行之於國，一國之人莫不知，何一之**彊辟**？丘聞之，忠有九知：……毋患曰樂，樂義曰終。"④

　　《小辨》所言"彊避"之"彊"，盧辯注有二解，一説以彊爲人名，孫詒讓疑是季昭子童稚時侍哀公左右，一説哀公欲避左右之彊者，無論作何解，孔子皆以爲不必隱言。《文選》注引逸文有"避席"之説，此即《禮記·樂記》"賓牟賈

---

① 此"今在《大戴禮》""並入《大戴記》"，筆者頗疑並非《別録》原文，且同一事而文不同，似是約略之言。《別録》《七略》《漢書·藝文志》一脈相承，皆未載二戴《記》篇數，雖後世以鄭玄《禮記目録》有《別録》分類以及二戴《記》篇數合《記》百三十一篇之數爲證，實則推測居多，尤與《別録》"《古文記》二百四篇"（見《經典釋文序録》所引）不合。裴注所謂"今"者，似言其作注之時。另《漢書·儒林傳》有《驪駒》之歌，王式言在《曲禮》，服虔注以之爲"逸詩篇名也，見《大戴禮》"，應休璉《與滿公琰書》"驪駒就駕"李善注引服虔言"《大戴禮》篇"略異，丁晏據之乃言"其爲傳寫佚脱無疑"，劉曉東先生則認爲"服注云'見《大戴禮》'者，謂《驪駒》之詩也，非言《曲禮》在《大戴禮》也"，可從。劉曉東：《〈大戴禮記〉佚篇考辨》，《中國典籍與文化論叢》第 5 輯，中華書局 2000 年版，第 54 頁。《佚禮扶微·佚文》"《漢書》引禮"又輯《漢書·王莽傳》引"禮曰：承天之慶，萬福無疆"一條，顏注以爲"禮之祝辭"，可見未必是禮書佚文，附論於此。
② 顏注前後矛盾，注《藝文志》言"《大戴禮》有其一篇"，注《高帝紀》則言"瓚所引者同是《大戴禮》，出《用兵》篇，而非《三朝記》也"。
③ 魯哀公在二戴《記》中較爲常見，《大戴禮記》除《孔子三朝記》七篇外，又有《哀公問五義》《哀公問於孔子》，《禮記》中則有《哀公問》《儒行》。
④ 方向東：《大戴禮記彙校集解》，中華書局 2008 年版，第 1120～1121 頁。

起，免席而請"，與《小辨》文退避之義不合。另《大戴禮記·哀公問於孔子》有"孔子蹴然避席而對"，亦與《三朝記》"受業"逸文不合。二戴《記》並無孔子受業有疑之事，《文選》此注所引確與今傳本無關，只是繫於《孔子三朝記》則有不諧。

丁晏另輯《本命篇》逸文一條，並與《大戴禮記》相關，但並非逸文，只是篇名稱"逸禮"而已。《通典·嘉禮·男女婚嫁年幾議》以"中古男三十而室，女二十而嫁"爲"《逸禮本命篇》云然"，又云"鄭玄據《周禮》《春秋穀梁》《逸禮本命篇》等，男必三十而娶，女必十五乃嫁"（丁晏以此爲逸文，不確，此爲鄭氏義）。① 今《大戴禮記·本命》有"中古男三十而娶，女二十而嫁，合於五十也，中節也"之文，正與前文相合。《禮記·昏義》孔疏引《五經異義》有"今大戴禮説"，言"男三十、女二十有昏娶，合爲五十，應大衍之數。自天子達於庶人，同一也"（《毛詩·召南·摽有梅》孔疏所引略同），亦與《大戴禮記·本命》相合，只無"中古"時間標識。② 《通典》稱"逸禮"者，蓋劉師培所言"六朝以降盛行《小戴記》，由是《小戴記》所無之篇，亦或逕稱'逸禮'"之故。③

---

① （唐）杜佑：《通典》卷 59，王文錦、王永興、劉俊文等點校，中華書局 1988 年版，第 1674~1675 頁。

② 《大戴禮記·本命》以中古、太古有別，太古以五十、三十而合八十之數（"八者，維剛也"）。"太古""中古"在不同語境指代不同，如《毛詩·小雅·甫田》孔疏言"世代推移，後之仰先皆爲古矣。古有遠近，其言無常，故《易》以文王爲中古，《禮記》以神農爲中古，各有所對，爲古不同"。《五經異義》"人君年幾而娶"條，皮錫瑞論斷甚明，其言"《周禮》、《大戴禮》、《禮記·曲禮》《內則》、《穀梁傳》、《尚書大傳》、《白虎通》皆云男三十而娶，女二十嫁。惟《左氏》《喪服》之説稍有不同。《通典》以爲《左氏》是國君禮，《喪服》是士、大夫禮。如此，則諸經皆可通，實本許君人君早娶之義。王肅欲難鄭，乃不能多引古書，考校異同，專據僞《家語》，託於孔子之言以自重，是其識又在譙周、杜佑之下，並《異義》之文亦未見也。鄭不駁許，則亦從人君早娶之義，其注經但以禮從常制，不復細別耳"，可從。參閱（清）皮錫瑞：《駁五經異義疏證》卷 10，吳仰湘編：《皮錫瑞全集》第 4 册，中華書局 2015 年版，第 287~292 頁。

③ 傳世文獻引證佚禮之文，不乏明言出自《大戴禮記》者，然多出於唐人之説，前文略有所述，下文亦將專門檢討諸儒輯佚《大戴禮記》佚篇的方式與邏輯，此不贅述。劉師培：《逸禮考》，《劉申叔先生遺書》第 3 册，民國二十五年（1936）寧武南氏校印本。

　　唐人義疏多有稱引《大戴禮記》者，① 但所見已非完本，因此諸如《王度記》《辨名記》《政穆篇》《三正記》《禘於太廟禮》等方被唐人認定爲《大戴禮記》佚篇。《毛詩·大雅·靈臺》孔疏甚至有"《大戴禮》遺逸之書，文多假託，不立學官，世無傳者"之言，認爲《大戴禮記·盛德》《政穆》明堂之文"皆後人所增，失於事實，故先儒雖立異端，亦不據爲説"。② 丁晏則以孔疏所言非是，除注意到唐人義疏中引佚經、佚記的情況，還大力舉證漢儒亦重視其書，言《大戴禮記》"固西京名儒所通用也"（如《漢書·賈誼傳》引《學禮》、《尚書大傳》迎日之辭、《史記·貨殖列傳》"良賈深藏若虚"本《曾子制言》"良賈深藏如虚"、董仲舒《對策》"積善在身，猶長日加益而人不知也"本《曾子疾病》"與君子游，如長日加益而不自知也"、劉歆《移書》"綴學之士"本《小辨》"綴學之徒"等，實際上此皆不能有效證明丁氏的結論），亦廣見於東漢儒者許慎、鄭玄之書（如《五經異義》明確稱引《盛德》《禮器》《文王世子》，鄭注《儀禮·覲禮》引《朝事儀》、《禮記·月令》引《夏小正》、《學記》引《武王踐阼》、《樂記》引《五帝德》等），進而申言"以漢唐諸儒之徵引，如是其夥而猶斥爲假託，非戴德之原書，其説之謬妄可知矣"。③ 丁氏另有《后蒼〈禮記〉本四十九篇，大小戴共傳其學，非小戴删取大戴禮論》，但晚年又有調整，説已見前第一章。以上諸篇都與傳世二戴《記》篇目有關，多出自《白虎通義》。另有並出《白虎通義》的"佚記"篇目六篇（《五帝記》《三正記》《謚法記》《親屬記》《別名記》《王度記》），與二戴《記》關係不大（只是在流傳過程中匯入了《大戴禮記》佚篇的話題），但内容較爲豐富，下節即專門考證。

第二節　《白虎通義》中的"佚記"

　　《白虎通義》引六藝經記甚多，據周德良先生統計，引《禮》之言最多，占

---

　　① 參閲孫顯軍：《〈大戴禮記〉詮釋史考論》，社會科學文獻出版社 2011 年版，第118~127 頁。

　　② （唐）孔穎達等：《毛詩注疏》卷 16，鄭傑文、孔德凌校點，《儒藏（精華編）》第 23 册，北京大學出版社 2010 年版，第 1067 頁。

　　③ （清）丁晏：《佚禮扶微》卷 2，師顧堂影印《南菁書院叢書》本，2020 年，第 70~76 頁。

全書引述總數比例近四成，其次爲《春秋》類，二者合計近六成。① 此頗可見《白虎通義》義旨所繫，故而周氏力言《白虎通義》即曹褒《漢禮》。綜觀《白虎通義》引經之題名（參見表 4-7），"記"體僅見於禮類，大致與《漢書·藝文志·六藝略》相合。李零先生分梳《六藝略》之書有言：

> 《六藝略》的九類書，一般都有經、傳、説解和章句四部分。"經"是經典原文，有古文本，有今文本。"傳"是早一點的經説（主要是漢武帝以前的經説），有些講文義，有些講故事，有些附經而傳，有些離經而傳，一經有數家之傳，也有今古文之分。"説解"，是晚一點的經説（主要是漢武帝以來的經説），對各家傳有進一步闡揚，也有今古文之分。"章句"是分章定句，一章一章，逐字逐句，詳細講解經義的書，有點類似後世的義疏和講章。六藝之書，目中所記，有説、解、訓、故、記五體，無箋、注、疏三體。記體見於禮樂類。另外，春秋類還有一體，叫"微"，也是注經之一體。
>
> "記"是讀經的參考資料，不同於説、解、訓、詁。②

---

① 周德良：《〈白虎通〉研究——〈白虎通〉暨〈漢禮〉考》，臺灣花木蘭文化出版社 2012 年版，第 27~30 頁。另參韓敬竹：《〈白虎通〉引書輯考》，哈爾濱師範大學碩士學位論文，2015 年，第 18~176 頁。韓氏統計數據遠較周氏爲多，錯誤亦多，尚待分梳，故爲本書所不取。實際上此類統計仍有進一步精細化的必要，以筆者管見所及，大致可通過兩方面予以深化：一是采取香港中文大學《漢達古籍研究叢書》系列引書、重見資料彙編（與經部相關者，已有《周易》《尚書》《詩經》《周禮》《大戴禮記》《論語》《孟子》等）的方式，基本摸清先秦兩漢傳世典籍引經的規模與模式（同時也要兼顧出土文獻）。楊樹達先生《周易古義》《論語疏證》《老子古義》即如此運作，另如"中國哲學書電子化計劃"數據網有"顯示相似段落"的功能也與此類似。二是在清人疏證基礎上進行經説的細緻劃分，如《白虎通義》引"禮""春秋傳"之類，多數是可以確定典籍出處的，同時還應注意漢人引經的方式（如引經説亦稱經）。清人經解體量較大，可以陳立《白虎通疏證》以及《公羊義疏》爲基礎（同時跳出陳氏爲《白虎通義》所作的分節），尋根究源，旁及漢世經師（諸如何休、鄭玄等）經説譜系。這也是呂思勉先生的經學入門思路，只不過呂先生仍以今古文經説爲標準（其言"今古文同異重要之處，皆在制度"）。此皆可以看作清儒阮元、陳壽祺等設計編撰《經郛》的延續，惜乎該書未傳於世。當然，《白虎通義》本身仍存在文獻學的問題，如石城先生言"《白虎通》至今缺少一部底本精善、資料齊備、校勘審慎的現代整理本"，但清儒校勘、疏證之功仍是至爲堅實的基礎。參閱石城：《〈白虎通〉研究述評》，《中國史研究動態》2022 年第 2 期。呂思勉：《經子解題》，《呂思勉全集》第 16 册，上海古籍出版社 2016 年版，第 96 頁。

② 李零：《蘭台萬卷：讀〈漢書·藝文志〉》，生活·讀書·新知三聯書店 2011 年版，第 18、32 頁。

表 4-7　《白虎通義》引經題名統計表①

	經	傳、記	訓、説	其他	合計
詩	詩 46 周頌 2	詩傳 2 韓詩内傳 4、孔子曰(韓詩外傳)1	詩訓 1 魯訓 1	詩人歌之曰 1	58
書	尚書 56、書 7、書(亡)逸篇 2	尚書敘 1、尚書大傳 13			79
禮	禮經 2，禮士冠經/士冠經 10，禮昏經/昏禮經/昏禮 6，禮士相見經 2，禮大射經 1、禮射 1，觀禮/觀禮經 3，喪服經 2，禮服經 1、禮服傳 5，禮士喪經 1、喪禮經 1，禮士虞經 1 周官 7	禮記 7，曲禮下記 1、曲禮 11，禮檀弓 14，王制 32，月令 6，禮曾子問 1、禮曾子記 1、曾子問 12、曾子 3、禮運 1、禮運記 1，禮器 1，禮郊特牲 7，禮内則 5，禮玉藻 1，明堂記 2，喪服小記 1，禮學記 1，樂記 6，禮雜記 3，禮祭法 1、禮記祭義 1、祭義 2、禮祭義 3，禮祭統 1，禮坊記 1，禮中庸 2，禮奔喪記 2，禮間傳 1；禮保傅記 5、禮三朝記 1、夏小正 1；禮記謚法 1、禮謚法記 1，禮王度記 7、禮三正記 5，禮别名記 2，禮親屬記 1、禮五帝記 1	禮説 1	禮 35 樂元語 2	237
易	易 20				20

① 表 4-7 主要據周德良先生《〈白虎通〉研究——〈白虎通〉暨〈漢禮〉考》一書所作的統計制作，但未計入 31 則緯書，又部分數據稍有調整。另韓敬竹《〈白虎通〉引書輯考》相關統計因計入暗引、互見之文(多重複計算)，數據與周氏出入較大。據韓氏統計，《白虎通義》引《易》經 15 條、傳 46 條、緯 31 條，引《書》今文 107 條、古文 3 條、傳 15 條、緯 37 次，引《詩》經 78 次、《韓詩》33 次、《毛詩》21 次、《魯詩》4 次、《齊詩》1 次、緯 8 次，引《禮記》481 次(含小戴 437 次、大戴 44 次)、《禮經》90 次、逸禮 29 次(包含《王度記》《三正記》《親屬記》等)、《周禮》50 次、"禮"20、緯 26 次，引《春秋》20 次、《公羊傳》96 次、《穀梁傳》26 次、《左傳》27 次、《春秋繁露》57 次、《春秋傳》22 次、緯 127 次，引《爾雅》24 次，引《孝經》17 次、緯 58 次，引《論語》80 次、讖 1 次、《孟子》21 次，引《樂緯》18 次、《河圖》6 次等，其中舛誤甚多，標準也不甚明顯和統一。表 4-7 則主要依據徵引題名而論。

續表

	經	傳、記	訓、説	其他	合計
春秋	春秋 20、春秋經 1	傳 26、春秋傳 55，春秋公羊傳 5，春秋穀梁傳 5，春秋瑞應傳 1		春秋文義 1	114
孝經	孝經 9				9
論語	論語 48、孔子曰 2、子夏曰 1				51
爾雅	爾雅 1				1

如此經學辨體，在傳統經學内部也是一個傳統，如邵懿辰《禮經通論》、曾運乾《三禮通論》皆有詳述。"禮記"内部比較複雜，除書名之外，又有附經之記（《儀禮》諸記）、記中之記的差别，與"傳"類似（《周禮》則是有"傳"無"記"）。記中之記又有大記、小記、雜記之屬，以及《學記》《樂記》《表記》《坊記》一類，還有如《白虎通義》所引《禮運記》《内則記》（《白虎通義》引"禮〇〇記"有時就是指"禮記〇〇"，但此二者皆不見於今本，或者與今本有異）。除與二戴《記》相關篇目外（上文所論《檀弓》《王制》《曾子問》《禮運記》《間傳》《雜記》等皆出自《白虎通義》），《白虎通義》所引"佚記"皆題"禮〇〇記"，可見與佚禮關係緊密，只是殊難質言是《記》百三十一篇之屬，還是《大戴禮記》佚篇，今古文屬性也在疑似之間。若以劉咸炘"蓋有漢世博士《公羊》家説矣，此《白虎通義》所以屢稱也"之言而論，諸記似是今文家説（亦有以之爲緯書者），但很難坐實。相比於五經經傳文本，此類多不具備最強的權威性，更大意義在於彰顯《白虎通義》的議經機制。①

丁輯"佚記"以出自《白虎通義》的《五帝記》《謚法記（號謚記）》《親屬記》

① 石珹先生指出"就内容體例而言，今後的研究宜重視《白虎通》自身意義建構的特徵，以及這一特徵對於揭示漢代經學演化發展的剖面意義"，"講議五經同異，不是簡單地進行正誤判斷以選擇正説、删汰誤説，而是需要藉助一定的機制對舊有經説進行融匯整合"，"從體例上把握《白虎通》整合經説的機制特徵，是今人準確理解該書思想内容的重要基礎"。石珹：《〈白虎通〉研究述評》，《中國史研究動態》2022 年第 2 期。另參徐興無：《通義的形成——〈白虎通義〉的話語機制》，《中華文史論叢》2019 年第 3 期。徐先生認爲"《白虎通》作爲官方博士經學的思想文獻，不是禮樂政教的祀典、法典，而是全部經傳的'通義'。其'通義'的形成有三大機制：經學内部求同存異的話語系統、禮樂政教制度的話語系統、關於宇宙自然知識的數術話語系統"，"這些話語系統在《白虎通》中發揮出不同的功能，形成複合的對話與辯論場域，生成了極具時代特徵的經學公共話語體系"。

《別名記(辨名記)》《王度記》《三正記》諸篇爲先，序次無申説，大致顯示出一個由"五帝"而"三王"的結構。這在《白虎通義》以至五經及其經説之中也是一個常見的敘述模型，《禮記·中庸》即言"仲尼祖述堯舜，憲章文武"，而"三代""四代"之論更是廣見於儒家經典。應該説戰國以降逐漸形成了三皇、五帝以迄三王的歷史譜系，這正是儒學化、經學化的早期文明演變史(具有鮮明的"退化"特徵，但如何認識這種"退化"，儒道之間形成了顯著差異，同時亦參與構築了其他諸子的歷史觀)，① 也因此受到民國"古史辨"派的猛烈批判(出土文獻也證明如此古史系統確是不斷選擇、淘汰的結果)。因《五帝記》内容甚少，已附論於《學禮》篇，其他五篇，今對丁氏序次略作調整，以《三正記》爲先而《王度記》居末(《別録》以《王度記》"似齊宣王時淳于髡等所説")，辨析如下。

一、《三正記》

丁輯《三正記》凡八條，内容有論正朔者，也論及立社、蓍龜與四瀆。劉咸炘言諸記"蓋有漢世博士《公羊》家説"，當以此篇爲最。《白虎通義》專設《三正》篇論改朔文質之義，而"正朔有三"即所謂"三正"，爲《禮記·大傳》所言"得與民變革者"。篇中引《禮·三正記》兩條，一言天地人三正(亦即周殷夏三統)，一言文質：

> 正朔三而改，文質再而復也。三微者，何謂也？陽氣始施黄泉，動微而未著也。十一月之時，陽氣始養根株黄泉之下，萬物皆赤。赤者，盛陽之氣也。故周爲天正，色尚赤也。十二月之時，萬物始牙而白。白者，陰氣。故殷爲地正，色尚白也。十三月之時，萬物始達，孚甲而出，皆黑，人得加功。故夏爲人正，色尚黑。《後漢書·章帝紀》注引《禮緯》(或作"禮記")"正朔三而改，文質再而復"云云與此同。
>
> 質法天，文法地。②

---

① 儒家重三代，墨子稱夏禹，黄老返諸黄帝，農家宗法神農，法家則重當世，陰陽家甚至跳出習見的時空觀念進行理論言説(大九州、五德終始)。按照《論語·先進》"過"與"不及"論，儒家就是"中"的代表，也就是諸子的參照系。參閲李零：《道家與中國古代的"現代化"——重讀先秦諸子的提綱》，《待兔軒文存：讀史卷》，廣西師範大學出版社2011年版，第330~343頁；李零：《先秦諸子的思想地圖——讀錢穆〈先秦諸子繫年〉》，《何枝可依：待兔軒讀書記》，生活·讀書·新知三聯書店2009年版，第78~111頁。

② (清)陳立：《白虎通疏證》卷8，吳則虞點校，中華書局1994年版，第362~363、368頁。

天地人、子丑寅、周殷夏、赤白黑三正三統以及文質之論，爲漢世今文通義，不唯《公羊》家有此説（《春秋繁露·三代改制質文》論述已詳），如同篇亦引《尚書大傳》"夏以孟春月爲正，殷以季冬月爲正，周以仲冬月爲正。夏以十三月爲正，色尚黑，以平旦爲朔。殷以十二月爲正，色尚白，以雞鳴爲朔。周以十一月爲正，色尚赤，以夜半爲朔。不以二月後爲正者，萬物不齊，莫適所統，故必以三微之月也"（《公羊傳》隱公元年何注言"夏以斗建寅之月爲正，平旦爲朔，法物皆見，色尚黑。殷以斗建丑之月爲正，雞鳴爲朔，法物牙，色尚白。周以斗建子之月爲正，夜半爲朔，法物萌，色尚赤"與此略同）、"王者一質一文，据天地之道"同證三正之義，只是《公羊》家似乎更重視其間損益循環的政治意義，並向前推進一步，有爲當世立法改制的雄心與設計。① 三禮之中，《禮記》亦常言三代之制，如《表記》言"夏道尊命""殷人尊神""周人尊禮尚施"，但無《公羊》家如此興味，似乎表明《三正記》的創作可能受到《公羊》學的影響。

丁氏另輯崔靈恩《三禮義宗》引《三正記》一條（見王應麟《玉海·藝文》"禮三正記"條），其言"三正各以正月祭天南郊，日用上辛"②，明顯與上文有關。除郊事外，《三正記》逸文還涉及立社、蓍龜與四瀆。立社事見於《白虎通義·社稷》引《禮·三正記》，言"王者二社，爲天下立社曰太社，自爲立社曰王社。諸侯爲百姓立社曰國社，自爲立社曰侯社"（丁氏輯文又有後文"太社爲天下報功，王社爲京師報功，太社尊於王社，土地久，故而報之"，《續漢書·祭祀

---

① 三統、文質、五德如何貫通融匯，並參與漢王朝的制度建設，其過程較爲複雜，此不贅述。參閱徐興無：《〈春秋繁露〉的文本與話語——"三統""文質"諸説新論》，《中國典籍與文化》2018 年第 3 期。楊權：《新五德理論與兩漢政治："堯後火德"説考論》，中華書局 2006 年版。

② 王氏此條所論不限於《禮·三正記》，還涉及《别名記》《親屬記》《禮運記》《王霸記》《五帝記》《瑞命記》等。（宋）王應麟撰，武秀成、趙庶洋校證：《玉海藝文校證》卷 23，鳳凰出版社 2013 年版，第 1124 頁。又《通典·吉禮》引崔靈恩説"若以《書傳中候》文，依《三正記》推之，則三皇五帝之所尚，可得而知也。以周人代殷用天正而尚赤，殷人代夏用地正而尚白，夏以人正代舜而尚黑，則知虞氏之王當用天正而尚赤，陶唐氏當用地正而尚白，高辛氏當用人正而尚黑，高陽氏當用天正而尚赤，少皞氏當用地正而尚白，黄帝當用人正而尚黑，炎帝當用天正而尚赤，共工氏當用地正而尚白，太皞當用人正而尚黑也"，則是以三統推論皇、帝時代。（唐）杜佑：《通典》卷 55，王文錦、王永興、劉俊文等點校，中華書局 1988 年版，第 1544 頁。

志》劉昭注引《禮·三正記》則至"太社爲天下報功，王社爲京師報功"），① 文實與今傳《禮記·祭法》"王爲群姓立社，曰大社。王自爲立社，曰王社。諸侯爲百姓立社，曰國社。諸侯自爲立社，曰侯社。大夫以下成群立社，曰置社"同，只是不知繫於何代，還是如祭天南郊一般皆三代通行之制。

《三正記》遺文論蓍龜者三條，《白虎通義·蓍龜》兩引《禮·三正記》"天子龜長一尺二寸，諸侯一尺，大夫八寸，士六寸。龜陰，故數偶也。天子蓍長九尺，諸侯七尺，大夫五尺，士三尺。蓍陽，故數奇也"與"灼龜以荆"（丁輯又有後文"以火動龜，不以水動蓍"，不確）。② 另《儀禮·士冠禮》賈疏引《三正記》言"大夫蓍五尺，故立筮。士之蓍三尺，當坐筮"，可補《白虎通義》徵引之文。賈疏據《少牢饋食禮》推測《士冠禮》筮占的具體過程（朱子則以大夫有述命而士禮略之），並以《三正記》論證士當坐筮；又於《少牢饋食禮》鄭注"卿大夫之蓍長五尺，立筮由便"言"云'卿大夫之蓍長五尺'者，《大戴禮》《三正記》皆有此文。立筮由便，以其蓍長，立筮爲便。對士之蓍三尺，坐筮爲便"，乃以《大戴記》有相似之文。劉曉東先生乃言"《大戴禮》三十九篇中無'卿大夫之蓍長五尺'語，'皆'字衍"，推測《三正記》爲《大戴禮記》"有明文可據"的佚篇，亦可從。③

龜蓍長短之數，他書徵引多稱"逸禮"，與《三正記》不盡相同。如《初學記·鳥部》引《逸禮》"天子龜尺二寸，諸侯八寸，大夫六寸，士民四寸。龜者，陰蟲之老也。龜三千歲，上游於卷耳上，老者先知，故君子舉事必考之"，《太平御覽·鱗介部》、陳祥道《禮書·六龜》引《逸禮》與此同，④ 而《三正記》言諸侯一尺、大夫八寸。《藝文類聚·草部》引《逸禮》"天子之蓍九尺，諸侯七

---

① （清）陳立：《白虎通疏證》卷 3，吳則虞點校，中華書局 1994 年版，第 85 頁。（晉）司馬彪：《後漢書》第九《祭祀志下》，《後漢書》，中華書局 1965 年版，第 3202 頁。

② （清）陳立：《白虎通疏證》卷 7，吳則虞點校，中華書局 1994 年版，第 327～328、333 頁。

③ （唐）賈公彥：《儀禮注疏》卷 1、卷 47，彭林校點，《儒藏（精華編）》第 42～43 册，北京大學出版社 2016 年版，第 20、913～915 頁。劉曉東：《〈大戴禮記〉佚篇考辨》，《中國典籍與文化論叢》第 5 輯，中華書局 2000 年版，第 51 頁。

④ （唐）徐堅等：《初學記》卷 30，中華書局 1962 年版，第 744 頁。（宋）李昉等：《太平御覽》卷 931，中華書局 1995 年版，第 4137 頁。（宋）陳祥道：《禮書》卷 73，《景印文淵閣四庫全書》第 130 册，臺灣"商務印書館"1983 年版，第 470 頁。陳祥道以"大夫龜六寸"有誤。陳立《白虎通疏證》引證《太平御覽》作"天子龜尺二寸，諸侯六寸，大夫四寸，士四寸"，當時所據版本有誤。另前述《白虎通義·蓍龜》引《禮·雜記》"龜，陰之老也。蓍，陽之老也。龍非水不處，龜非火不兆，以陽動陰也"，可與"陰蟲之老也"相參。

尺，大夫五尺，士三尺。蓍千歲，三百莖者，先知也"，則與《三正記》相合。① 另《説文解字·龜部》"黿"字"天子巨黿尺有二寸，諸侯尺，大夫八寸，士六寸"、《艸部》"蓍"字"天子蓍九尺，諸侯七尺，大夫五尺，士三尺"，皆與《三正記》合，② 當是出自《三正記》，或是漢儒通義。

《三正記》説四瀆者，見《風俗通義·山澤》引《禮·三正記》"江、河、淮、濟爲四瀆"（丁氏輯文又有"瀆者，通也。所以通中國垢濁，民陵居，殖五穀也。江者，貢也，珍物可貢獻也。河者，播也，播爲九流，出龍圖也。淮者，均，均其務也。濟者，齊，齊其度量也"，不確，如《白虎通義·巡狩》言"謂之瀆何？瀆者，濁也。中國垢濁，發源東注海，其功著大，故稱瀆也"，並非禮文），《爾雅·釋地》亦有是語，應氏並以此文見於《尚書大傳》。③ 江河淮濟四瀆爲古人通識，得爲《三正記》稱述者，或是與南郊、立社一樣言祭祀之禮，然文已失傳。可見《三正記》内容除論正朔文質之義外，可能還對三王時代的禮儀及其時間有所措意，尤其是子丑寅三月之禮事，惜今已難詳。

二、《謚法記（號謚記）》

儒者多以謚法爲周禮，如《禮記·檀弓上》言"死謚，周道也"，《逸周書·謚法解》言爲周公制作，但漢世經説有以堯、舜、禹、湯爲謚者（馬融許堯舜，而不許禹湯），此特爲禮家異説，專見於禮家謚法篇。早期文獻中，除《逸周書·謚法解》外，《世本》亦有《謚法》篇，這是先秦貴族教育的組成部分（《國語·楚語上》"教之世，而爲之昭明德而廢幽昏焉，以休懼其動"）。而禮中有"謚法"之書，最早即《白虎通義》所引"禮記謚法""禮謚法記"，《風俗通義》稱"禮號謚記"，自南朝以降，又以《大戴禮記》有《謚法》一篇，説出沈約《謚法》，今見於王應麟《玉海·藝文》"梁謚法"條所言：

> 《書目》：沈約《謚法》十卷。案約序，**《大戴禮》及《世本》舊並有《謚法》**，而二書傳至約時已亡其篇。唯取《周書》及劉熙《謚法》《廣謚》舊文，

---

① （唐）歐陽詢：《藝文類聚》卷82，汪紹楹校，上海古籍出版社1982年版，第1410頁。

② 段玉裁皆言《三正記》文。陳立則以"《説文》多用古《逸禮》也""蓋亦古《逸禮》語也"，不確。（清）段玉裁：《説文解字注》卷1下、卷13，上海古籍出版社1981年版，第34~35、678~679頁。（清）陳立：《白虎通疏證》卷7，吳則虞點校，中華書局1994年版，第328頁。

③ （漢）應劭撰，王利器校注：《風俗通義》卷10，中華書局2010年版，第461頁。

仍采乘奧《帝王世紀·謚法》篇之異者以爲此書。首列《周書》二篇，後即
以熙爲本，敘次舊文，《廣謚》及乘奧《謚法》各於其下注本文所出。自周
迄宋，帝王名臣，凡有謚者，並列其人名號於左方。今本卷數存文多舛。
梁賀琛《謚法》三卷，采舊《謚法》及《廣謚》，又益以己所撰新謚，分君、
臣、婦人三卷，卷各分美、平、惡三等。其條比沈約《謚例》頗多，亦有
約載而琛不取者。①

　　據此，《謚法記(號謚記)》即很有可能是大戴學派的成果，後世輯佚《大戴
禮記》佚篇亦以此爲據。又如《北堂書鈔·禮儀部》引"《大戴禮·謚禮》云：將
葬作謚者，行之迹也。是以大行受大名，細行受細名。行生於己，名出於人，
謚慎也。以人行之始終悉慎，録之以爲名也"(《逸周書·謚法解》言"大行受大
名，細行受小名。行出於己，名生於人")，《唐六典·太常博士》《通典·凶
禮》"舊有《周書·謚法》《大戴禮·謚法》"。② 劉曉東先生並輯獨孤及《故太保
贈太師韓國苗公謚議》引"《大戴禮》：體和居中曰懿，文賢有成曰獻"，可見
《大戴禮記》有《謚法》已是唐人共識，亦可見《大戴禮記》佚篇之説多出唐人自
有其緣由。

　　如王氏所論，累代撰述與增添"謚法"形成了傳統，但性質與早期文獻所
見略異，實際上應該區分爲兩類内容或形式不斷更新的"謚法"著作。劉熙、
乘奧、沈約、賀琛等撰著《謚法》，多據真實歷史的演進而搜羅越來越多的謚
號。而依附於早期文獻的《謚法》篇目，文本則相對固定，且《逸周書·謚法
解》很可能爲諸書所本。③ 諸如《禮·謚法記》、蔡邕《獨斷·帝謚》(今傳本所

①　(宋)王應麟撰，武秀成、趙庶洋校證：《玉海藝文校證》卷 20，鳳凰出版社 2013
年版，第 956~957 頁。
②　(唐)虞世南：《北堂書鈔》卷 94，《續修四庫全書》第 1212 冊，上海古籍出版社
2002 年版，第 442 頁。(唐)杜佑：《通典》卷 104，王文錦、王永興、劉俊文等點校，中華
書局 1988 年版，第 2719 頁。(唐)李林甫等：《唐六典》卷 14，陳仲夫等點校，中華書局
1992 年版，第 396 頁。(清)董誥等編：《全唐文》卷 386，孫映逵等點校，山西教育出版社
2002 年版，第 2325 頁。
③　汪受寬先生將之視爲"《謚法解》的單篇"。另據先生研究，《謚法解》今存謚字 102
字(本爲 100 字)，《大戴禮·謚法》《世本·謚法》與汲冢古文《師春》(據蘇洵言"載古謚法
百餘字")，皆是抄録自《謚法解》；並將《春秋》《左傳》(謚字 37 字，全見於《謚法解》)、
《國語》(謚字 34 字，全見於《謚法解》)、《竹書紀年》(41 字，僅"慎""鄂""顯"不見於《謚
法解》)、《史記·六國年表》(謚字 122 字，有 7 字不見於《謚法解》)謚號用字與之比較，
考證該篇大致成於楚肅王死至周顯王末年之間(前 370—前 321)。汪受寬：《謚法研究》，
上海古籍出版社 1995 年版，第 220~241 頁。

見序次雜亂,恐非原貌)、杜預《春秋釋例·諡法篇》等大體都在《逸周書·諡法解》的範圍(參見表4-8)。①

丁輯《號諡記(諡法記)》逸文凡六條(兩條稱"禮曰"),涉及三皇、五帝、三王以及西漢諸帝。《白虎通義·號》引《禮記·諡法》"德象天地稱帝,仁義所生稱王"(丁氏輯文又有"帝者,天號。王者,五行之稱也"),陳立以爲《禮記·諡法》"古逸禮篇名",並言"帝王號而得入諡法者,上古質,生前大號,死即因以爲諡也"。②《號》篇又引"《禮》曰:伏羲、神農、祝融,三皇也""《禮》曰:黄帝、顓頊、帝嚳、帝堯、帝舜,五帝也",丁晏、陳立根據《風俗通義·皇霸》引"《禮·號諡記》説"言"伏羲、祝融、神農""夏禹、殷湯、周武王,是三王也"(又以"黄帝、顓頊、帝嚳、帝堯、帝舜是五帝也"出《禮記》),遂以"《禮》曰"二條爲《禮記·諡法》文。③

表4-8 《禮·諡法記》等諡字對比表

	《禮·諡法記》	《逸周書》	《獨斷》	《春秋釋例》
帝	德象天地	德象天地		德象天地
王	仁義所生	仁義所在		仁義歸往
堯	翼善傳聖		翼善傳聖	
舜	仁聖盛明		仁聖盛明	
文	慈惠愛民	經天緯地 道德博厚 勤學好問 慈惠愛民 愍民惠禮 錫民爵位	經緯天地	道德博聞
武	强理勁直	剛强理直 威强叡德 克定禍亂 刑民克服 夸志多窮	剋定禍亂	
惠	柔質慈民	柔質雌民 愛民好與	愛民好與	愛民好與 柔質慈民
文	慈惠愛民	(慈惠愛民)		
景	布義行剛	由義而濟 布義行剛 耆意大慮	致志大圖	耆意大慮 布義行剛

---

① 參閱虞萬里:《先秦名字、爵號、諡號、廟號與避諱論略》《〈春秋釋例·諡法篇〉輯説》,《榆枋齋學術論集》,江蘇古籍出版社2001年版,第301~303、318~336頁。

② (清)陳立:《白虎通疏證》卷2,吳則虞點校,中華書局1994年版,第43~44頁。

③ (清)陳立:《白虎通疏證》卷2,吳則虞點校,中華書局1994年版,第49、52頁。(漢)應劭撰,王利器校注:《風俗通義校注》卷1,中華書局2010年版,第3、8、13頁。

續表

	《禮·謚法記》	《逸周書》	《獨斷》	《春秋釋例》
武	威強叡德	（威强叡德）		
昭	聖聞周達	昭德有芳 威儀恭明 聖聞周達	**聲聞宣遠**	**容儀恭美**
宣	**聖善周聞**	善聞周達	**聖善同文**	**施而不私**
元	行義悅民	能思辨衆 行義說民 始建國都 主義行德	仁義說民	
成	安民立政	安民立政		刑民克服

　　"禮記謚法"，《白虎通義·謚》引稱"禮謚法記"，言"翼善傳聖謚曰堯，仁聖盛明謚曰舜，慈惠愛民謚曰文，强理勁直謚曰武"。① "堯""舜"二字不見於《逸周書·謚法解》，或是禮家之說（如《尚書·堯典》馬融注"謚也，翼善傳聖曰堯""舜，謚也"），這也是《禮·謚法記》與他篇《謚法》的差異所在。據此，《史記·五帝本紀》裴駰《集解》引《謚法》"翼善傳聖曰堯""仁義聖明曰舜"（《漢書·古今人表》張晏注同），亦當源自禮書。《白虎通義》引文只及堯舜文武，堯舜、文武之間似當有禹湯。《尚書·堯典》孔疏引《謚法》有"翼善傳聖曰堯，仁義盛明曰舜"與"淵源流通曰禹，雲行雨施曰湯"（又"或本曰：除虐去殘曰湯"，《史記·殷本紀》裴駰《集解》引《謚法》與或本同，同引張晏注則言"禹湯皆字也"，另《夏本紀》裴駰引"《謚法》曰：受禪成功曰禹"），但馬融言"禹湯不在《謚法》"，可與《白虎通義》引證相參。且《逸周書·謚法解》只有"淵源流通曰恭"②，或可推斷"堯""舜"之謚爲禮家所補，"禹""湯"二謚又是他家所爲，如《帝王世紀·謚法》之類。漢世並有以"顓頊"爲謚者，《通典·凶禮》引《五經通義》言"幼少而王，以致太平，常自愉儉，嗛約自小之意，故兩字爲謚"③，此說似今文家言，但不知出於何家。

---

　　① （清）陳立：《白虎通疏證》卷2，吳則虞點校，中華書局1994年版，第71頁。

　　② 黃懷信、張懋鎔、田旭東：《逸周書彙校集注》卷6，李學勤審定，上海古籍出版社1995年版，第685頁。

　　③ （唐）杜佑：《通典》卷104，王文錦、王永興、劉俊文等點校，中華書局1988年版，第2711頁。《通典》論帝王謚號，又以"黃帝"爲號（蔡邕《獨斷·帝謚》有"靖民則法曰黃"，可能是因《逸周書·謚法》"靜民則法曰皇"而誤）、"堯""舜"先號後謚、"文""武"先謚後號。

又《漢書·惠帝紀》《景帝紀》《武帝紀》《昭帝紀》應劭注引《禮·謚法》"柔質慈民曰惠""布義行剛曰景""威強叡德曰武""聖聞周達曰昭"(丁輯漏"昭"字),《文帝紀》《宣帝紀》《元帝紀》《成帝紀》應劭注引《謚法》"慈惠愛民曰文""聖善周聞曰宣""行義悦民曰元""安民立政曰成",《哀帝紀》《平帝紀》應劭注則直言"恭仁短折曰哀""布綱治紀曰平",前後互證,參諸《風俗通義》,可知應劭所謂"謚法"當是《禮·號謚記》。但"哀""平"二字未稱《謚法》或《禮·謚法》,如果顔注所引未有闕文,似乎表明禮家《謚法》只至"元""成",《禮·謚法記》成書或在成帝以後。而《後漢書》諸紀李賢注皆言"《謚法》曰"云云,有出於、異於《逸周書·謚法解》者,如"能紹前業曰光""温克令儀曰章""不剛不柔曰和""寬容和平曰安",未可遽定源自何家《謚法》。

丁晏以應氏引文與《逸周書·謚法解》同,推測"《逸周書》中多載禮文,若《職方》同於《周官》,《明堂解》同於《禮記》,然則《謚法解》一篇,其亦古禮之流傳者",義與劉咸炘"官禮之流"説同。① 正如《大戴禮記》有《曾子》十篇、《孔子三朝記》七篇以及與荀子、賈誼書互見者,禮家吸納《逸周書·謚法解》或《世本·謚法》之類的文本,自然也有可能,並形成自身的特殊性(尤其是"堯""舜"二謚)。由"帝""王"而"堯""舜""文""武",再至"惠""文""景""武""昭""宣""元""成",《謚法記》很可能就是爲了彰顯三皇、五帝、三王的聖王譜系(參見表4-9),並將漢世諸帝也納入這個系統。而《禮記·中庸》言"仲尼祖述堯舜,憲章文武",正與《白虎通義》引文相合。

另蔡邕《獨斷·帝謚》亦有"堯""舜"謚字,今所存遺文又有"惠"(愛民好與)、"文"(經緯天地)、"景"(致志大圖)、"武"(剋定禍亂)、"昭"(聲聞宣遠,《春秋釋例·謚法篇》作"容儀恭美",皆與《逸周書·謚法解》異)、"宣"(聖善同文)、"元"(仁義説民)、"哀"(恭人短折)、"平"(布綱治紀,《春秋釋例·謚法篇》作"治而無眚",皆見於《逸周書·謚法解》)、"明"(保民耆艾,《春秋釋例·謚法篇》作"思慮果遠",皆與《逸周書·謚法解》異)、"順"(慈仁和民)、"靈"(亂而不損,《春秋釋例·謚法篇》作"死而志成",皆見於《逸周書·謚法解》)而無"成""章"等謚字,只是序次無倫(如"堯""舜"後爲"桀""紂"),未能見其義旨。但以"堯""舜"謚字論,《獨斷·帝謚》當有取於《禮·謚法記》。

---

① (清)丁晏:《佚禮扶微》卷2,師顧堂影印《南菁書院叢書》本,2020年,第30頁。

表4-9　《白虎通義》徵引五帝、三王事類表

類別	三皇			五帝					三王					孔子
	伏羲	神農	燧人祕錄	黃帝	顓頊	嚳	堯	舜	禹	湯	文王	武王	周公	
號	三皇步			五帝趨							三王馳			五伯騖
冠									夏收 毋追 純玄	殷冔 章甫 加白		周弁 委貌 冠色爵，加赤		
謚							翼善傳聖	仁聖盛明			慈惠愛民 剛強理直			
樂				咸池	六莖	五英	大章	簫韶	大夏	大濩		大武象 大武	酌	
京									夏邑	商邑		京師		
師				力牧	綠圖	赤松子	務成子	尹壽	國先生	伊尹	呂望	尚父	虢叔	老聃
禪	繹繹之山					亭亭之山					梁甫之山			
表	日祿衡連珠，大目山准龍狀			龍顏	戴干	駢齒	眉八彩	重瞳子	耳三漏	臂三肘	四乳	望羊	背僂	反宇
正									人正	地正		天正		
朔									尚黑 平旦	尚白 雞鳴		尚赤 夜半		
教									忠	敬		文		
器									明器	祭器		兼用之		
殯									阼階	兩楹		西階		
棺								瓦棺	聖周	膠漆		牆置翣，加巧飾		

三、《親屬記》

《白虎通義》所引"佚記"又有《禮·親屬記》，逸文僅一條，稱名也未見於其他先漢經典。後世用其名者，有朱子《儀禮經傳通解·家禮·親屬記》，其言"此即《爾雅·釋親》篇、《白虎通義》所謂'親屬記'者也"，已開後世輯佚之先。[①] 清儒鄭珍又有《親屬記》二卷，貴陽陳田序言"朱子意在補經，僅及《爾雅》；鄭先生意在考禮徵俗，合古今名稱網羅而肴列之，上自古經，旁及子史稗説、詩文別集，橫行斜上，無不貫串，使讀者一見而知名稱所由來，洵宏覽博物之藪也"，[②] 可見該書專精於親屬稱謂，並注意其歷史演變。梁章鉅《稱謂録》也是如此，但内容更爲廣博。[③]

《白虎通義·三綱六紀》引《禮·親屬記》"男子先生稱兄，後生稱弟。女子先生爲姊，後生爲妹"（丁輯又有"父之昆弟不俱謂之世叔，父之女昆弟俱謂之姑"），陳立以爲"逸禮篇名"。[④] 今傳《爾雅·釋親》言"父之晜弟，先生爲世父，後生爲叔父。男子先生爲兄，後生爲弟。男子謂女子先生爲姊，後生爲妹。父之姊妹爲姑"[⑤]，與之略同。相較而言，《禮·親屬記》更似概括《爾雅·釋親》文。朱子時已將《禮·親屬記》與《爾雅·釋親》相關聯，後世更有將《爾雅》納入禮書者，説見臧庸《拜經日記》"《大戴禮》有《爾雅》"條：

> 《公羊》宣十二年注："禮，天子造舟，諸侯維舟，卿大夫方舟，士特舟。"疏云："《釋水》文也。"案：何邵公引《爾雅·釋水》而儞"禮"者，魏張揖《上廣雅表》言《爾雅》："秦叔孫通撰置《禮記》。"此蓋漢初之事。**《大戴禮記》中當有《爾雅》數篇，爲叔孫氏所取入**。故班孟堅《白虎通》引《爾

---

① （宋）朱熹：《儀禮經傳通解（壹）》，王貽樑校點，朱傑人、嚴佐之、劉永翔主編：《朱子全書（修訂本）》第 2 册，上海古籍出版社、安徽教育出版社 2010 年版，第 33 頁。

② （清）鄭珍：《親屬記》，黃萬機等點校，《鄭珍全集》第 1 册，上海古籍出版社 2012 年版，第 329 頁。

③ 現代人類學研究的主題之一即有親屬制度，參閱王銘銘：《親屬制度：縱式、橫式與觀念》，《人類學講義稿》，世界圖書出版公司北京公司 2011 年版，第 35~48 頁。

④ （清）陳立：《白虎通疏證》卷 8，吳則虞點校，中華書局 1994 年版，第 378~379 頁。

⑤ （清）邵晉涵：《爾雅正義》卷 5，李嘉翼、祝鴻傑點校，中華書局 2017 年版，第 311~313 頁。

雅·釋親》文儷爲《禮·親屬記》。應仲援《風俗通·聲音》篇引《釋樂》"大者謂之產，其中謂之仲，小者謂之箹"爲《禮·樂記》，則《禮記》中之有《爾雅》信矣。或疑《漢·藝文志》禮家不及叔孫通，張氏之言恐未得實，蓋未考之班氏諸書也。①

臧氏舉證除《爾雅·釋親》外（另引《孟子·萬章下》"帝舘甥于貳室"趙岐注"禮謂妻父曰外舅，謂我舅者，吾謂之甥"），還涉及《釋水》《釋樂》，其中《公羊傳》宣公十二年何注之文，又見於《毛詩·大雅·大明》傳（説昏禮親迎之事，鄭箋以"天子造舟"爲周制）、《説文解字·方部》"斻"（亦稱"航"，陳立《公羊義疏》引以爲證，言"蓋《古禮經》文"，馬宗霍亦以爲"疑出《古禮經》之文"）。② 《風俗通義》引《禮·樂記》，當是《樂記·樂器》之文，説已見前。更直接的證據，乃是張揖《上廣雅表》所言叔孫通"撰置《禮記》"之事，王念孫《廣雅疏證》以《後漢書·曹褒傳》"班固所上叔孫通《漢儀》十二篇"當之，黃以周以王氏"不知通有輯記事"而"上下文氣全不相貫"，實際上王念孫《廣雅疏證補正》已引臧説予以補正。③ 臧説後被陳壽祺接受，陳氏乃重新梳理"禮記"在漢世之流傳：

> 然百三十一篇之《記》，**第之者劉向，得之者獻王，而輯之者蓋叔孫通也**。魏張揖《上廣雅表》曰："周公著《爾雅》一篇，爰暨帝劉，魯人叔孫通撰置《禮記》，文不違古。"通撰輯《禮記》，此其顯證。稚讓之言，必有所據。**《爾雅》爲通所採，當在《大戴記》中**。通本秦博士，親見古籍，嘗作《漢儀》十二篇及《漢禮器制度》。而《禮記》乃先秦舊書，聖人及七十子微言大義，賴通以不墜，**功亞河間**。④

---

① （清）臧庸：《拜經日記》卷2，《續修四庫全書》第1158册，上海古籍出版社2002年版，第68~69頁。

② （清）陳立：《公羊義疏》卷47，劉尚慈點校，中華書局2017年版，第1810~1811頁。馬宗霍：《説文解字引禮考》，《説文解字引經考》，中華書局2013年版，第754頁。

③ （清）王念孫：《廣雅疏證》，張靖偉等校點，上海古籍出版社2017年版，第2頁；《廣雅疏證補正》，民國十七年（1928）羅振玉《殷禮在斯堂叢書》本。（清）黃以周：《禮書通故》卷1，王文錦點校，中華書局2007年版，第17頁。

④ （清）陳壽祺：《左海經辨》卷上，《續修四庫全書》第175册，上海古籍出版社2002年版，第417~418頁。

皮錫瑞《經學通論》即據陳氏此説，專設“論《禮記》始撰於叔孫通”條爲《禮記》通論之首。① 孫詒讓也十分重視叔孫通的作用，如《大戴禮記斠補敍》言“漢初撰集《禮記》，稷嗣實爲首出導師，而高堂、后蒼咸在其後，故《大戴》舊本，亦兼述雅訓”“大戴師承既遠，綜覽尤博”。② 叔孫通漢初曾制作漢儀，《論衡·謝短》言有《儀品》十六篇，③《後漢書·曹褒傳》則言《漢儀》十二篇，爲班固所上（章帝對此頗不滿意）。可見，該書班固時已頗有散失、且不敷時用。這除了叔孫通制禮時本來就有“雜就之”的色彩（《史記》《漢書》本傳）外，也可能與該書的流傳方式有關，如《漢書·禮樂志》言其“與律令同録，臧於理官，法家又復不傳”。禮律分流的趨勢，至章帝時也越來越明顯（相比西漢，漢官、漢儀、漢禮之類，亦以東漢人著述爲多）。出土漢簡中有《朝律》《爵律》《賜律》《臘律》《祠律》《葬律》等，當即“與律令同録”之“律令”，但可能很難還原叔孫通所撰禮儀的原貌。④ 叔孫通又有《漢禮器制度》，僅有逸文散見於唐人義疏，丁晏將之列入“補遺”以備考。

陳氏並詳考二戴《記》之關係與《大戴禮記》逸篇：

> 今二戴《記》有《投壺》《哀公問》**兩篇篇名同**，《大戴》之《曾子大孝》篇見《小戴·祭義》，《諸侯釁廟》篇見《小戴·雜記》，《朝事》篇自“聘禮”至“諸侯務焉”見《小戴·聘義》，《本命》篇自“有恩有義”至“聖人因殺以制節”見《小戴·喪服四制》，**其它篇目尚多同者**。《漢書·王式傳》稱《驪駒》之歌在《曲禮》，服虔注云在《大戴禮》。《五經異義》引《大戴·禮器》，《毛詩·豳譜》正義引《大戴禮·文王世子》，唐皮日休有《補大戴禮祭法》。又《漢書·韋玄成傳》引《祭義》、《白虎通·畊桑》篇引《祭義》《曾子問》、《情性》篇引《間傳》、《崩薨》篇引《檀弓》《王制》、蔡邕《明堂月令論》引《檀弓》，**其文往往爲《小戴記》所無**，安知非出《大戴》亡篇中，如

---

① 皮氏言“《禮記》爲叔孫通所撰，説始見於張揖，揖以前無此説。近始發明於陳壽祺，壽祺以前，亦無此説”。（清）皮錫瑞：《經學通論》，吳仰湘編：《皮錫瑞全集》第 6 册，中華書局 2015 年版，第 458～460 頁。曾運乾又承陳氏、皮氏之説，申言《禮記》有三次撰集過程（由叔孫通至大戴，再至小戴與慶氏通力合作而成今本《禮記》），與陳氏所述叔孫通、河間獻王、劉向有異，重點仍在突出二戴《記》的删述關係。曾運乾：《三禮通論》，中國國家圖書館藏民國國立湖南大學講義，第 26～27 頁。

② （清）孫詒讓：《籀廎述林》卷 5，雪克點校，中華書局 2010 年版，第 160 頁。

③ （漢）王充撰，黃暉校釋：《論衡校釋》卷 12，中華書局 1990 年版，第 561 頁。

④ 參閱陳偉：《秦漢簡牘所見的律典體系》，《中國社會科學》2021 年第 1 期。

《投壺》《釁廟》之互存而各有詳略乎?《大戴記》亡篇四十七,唐人所見已然,《白虎通》引《禮·謐法》《王度記》《三正記》《別名記》《親屬記》《五帝記》,《少牢饋食禮》注引《禘于太廟禮》、《周禮》注引《王霸記》,《明堂月令論》引《昭穆篇》,《風俗通義》引《號謐記》,《論衡》引《瑞命篇》,皆《大戴》逸篇。其他與《小戴》出入者,略可舉數,豈能彼此相足。竊謂二戴於百三十一篇之《記》各以意斷取,異同參差,不必此之所棄即彼之所錄也。①

清代以迄今人有關《大戴禮記》佚篇的考索,大致不出陳氏所論。王仁俊接續陳氏之思,乃至完整還原了《大戴禮記》散佚四十六篇的全貌(《大戴》逸篇確可考者二十六篇、《逸樂記》十篇、《爾雅》一篇、《曲臺記》九篇)。② 其中最特殊的仍是《爾雅》,甚至"或有以《爾雅》二十篇足《大戴記》佚篇之數"者(《漢書·藝文志·六藝略》"孝經類"有《爾雅》三卷二十篇)。③ "禮記"顯然是一個吸納能力相當強的集合體,劉向校錄古書時《古文記》已有二百零四篇,《漢書·藝文志》禮樂類諸記合計亦有近二百五十篇,如果二戴《記》並未局限於今文家法,而是有取於諸古文禮書(包含禮經之屬)、儒家諸子書,自可優中選優而彙爲一編。但是,通過《禮·親屬記》將《爾雅》也納入這一過程,顯然是比較巧妙的思路。正如前文所述《禮·謐法記》有其禮家面貌,《禮·親屬記》的出現應該也有其特殊性,如與《喪服》、宗法、廟制相配,只是逸文寡少,我們已很難推知其具體內涵了。

四、《別名記(辨名記)》

丁輯《白虎通義》引《別名記》逸文兩條,一說三公之職,一說聖、傑、賢、英諸名。《白虎通義·封公侯》引《別名記》"司徒典民,司空主地,司馬順天",陳立以爲"逸禮篇名"④,與《韓詩外傳》"三公者何?曰司空、司馬、司

---

① (清)陳壽祺:《左海經辨》卷上,《續修四庫全書》第 175 册,上海古籍出版社 2002 年版,第 417~418 頁。

② (清)王仁俊:《禮記篇目考》,《國故》1919 年第 1 期。

③ 阮廷焯:《禮大戴記佚篇佚文考略》,《大陸雜誌語文叢書》第 1 輯《通論·經學》,臺灣大陸雜誌社 1963 年版,第 267 頁。有關《大戴禮記》佚篇輯佚的綜合考察,下文有專章討論。

④ (清)陳立:《白虎通疏證》卷 4,吳則虞點校,中華書局 1994 年版,第 132 頁。

徒也。司馬主天，司空主土，司徒主人"同，只次序不同，然序次亦無甚深意①。三公所主與"三正"皆有天地人之分，此爲今文家通義。《尚書大傳》及今文《尚書》歐陽、夏侯説即同此，諸書引述之序也不統一，如《尚書大傳》有司徒公、司馬公、司空公與天公（司馬）、人公（司徒）、地公（司空）兩種序次，歐陽、夏侯説據《五經異義》所載以司空、司馬、司徒爲序（三公、九卿、二十七大夫、八十一元士，凡百二十人，《公羊傳》桓公八年何注同此），據《大戴禮記·保傅》盧辯注又以司馬、司徒、司空爲序，參諸漢制則當以司馬居首爲是。② 而古《周禮》説以太師、太傅、太保爲三公，又有少師、少傅、少保爲三孤（三少），冢宰、司徒、宗伯、司馬、司寇、司空則爲六卿之屬（大夫、士、庶人在官者凡萬二千人）。許慎《五經異義》辨今古文三公之不同而從古文説以爲周制，鄭駁無聞，但鄭注《尚書大傳》有"自三公至元士，凡百二十，此夏時之官也。周之官，三百六十"，即以今文説爲夏制，調和了經典之間的不同與矛盾。③ 三公九卿又見於《禮記·王制》，鄭注以爲夏制。三公、三少又見於《大戴禮記·保傅》論成王事，則與古文説周制同。④

《白虎通義·聖人》引《禮·別名記》"五人曰茂，十人曰選，百人曰俊，千人曰英，倍英曰賢，萬人曰傑，萬傑曰聖"⑤，《禮記·禮運》、《左傳》宣公十五年正義引《辨名記》與之類似，但言"倍人曰茂""倍選曰俊""倍傑曰聖"略異⑥。

---

① （漢）韓嬰撰，許維遹集釋：《韓詩外傳集釋》卷8，中華書局1980年版，第291頁。

② 《公羊傳》文公八年何注言"天子有大司徒、大司馬、大司空，皆三公官名也。諸侯有司徒、司馬、司空，皆卿官也"，又襄公十一年何注"古者諸侯有司徒、司空，上卿各一，下卿各二；司馬事省，上下卿各一；上士相上卿，下士相下卿，足以爲治"，是《公羊》家分梳天子三公、大國諸侯三卿甚明。《白虎通義·封公侯》即區分王者三公九卿（一公置三卿）與諸侯三卿，引《別名記》《王制》《禮·王度記》爲證，但根源可能還是《公羊》家説以及《春秋緯》（《春秋元命苞》《春秋合誠圖》皆以天象論諸官）。（清）陳立：《公羊義疏》卷40、卷57，劉尚慈點校，中華書局2017年版，第1510、2164頁。

③ 鄭注《尚書大傳》又有《周禮》六卿"一公兼二卿，舉下以爲稱"之説，皮錫瑞以爲"今古説未免混淆"，又以《周禮·地官·保氏》敍官鄭注引《書敍》"周公爲師，召公爲保"而言"聖賢兼此官"，是用馬融師説，與今古文皆不合。（清）皮錫瑞：《駁五經異義疏證》卷2，吳仰湘編：《皮錫瑞全集》第4冊，中華書局2015年版，第52~55頁；《尚書大傳疏證》卷3，吳仰湘編：《皮錫瑞全集》第1冊，中華書局2015年版，第117~122頁。

④ 方向東：《大戴禮記彙校集解》，中華書局2008年版，第309、317頁。

⑤ （清）陳立：《白虎通疏證》卷7，吳則虞點校，中華書局1994年版，第334~335頁。

⑥ （唐）孔穎達等：《禮記正義》卷29，郜同麟點校，浙江大學出版社2019年版，第571頁。（唐）孔穎達等：《春秋左傳正義》卷17，浦衛忠校點，《儒藏（精華編）》第74冊，北京大學出版社2016年版，第678頁。

《禮記·月令》正義又言"蔡氏《辯名記》"，段玉裁以爲"蔡氏"下當有"引"字，可從①；丁晏以爲"《月令》疏稱'蔡氏'者，詳觀疏中稱'蔡氏'，皆指蔡邕《月令章句》，疑此亦謂蔡邕引《記》爲證"，亦通②。"辨名記"即"別名記"，"辨""別"義通。再如《毛詩·魏風·汾沮洳》"彼其之子，美如英"，毛傳言"萬人爲英"，孔疏以《大戴禮·辨名記》"千人爲英"爲"異人之說殊也"③，則又以《辨名記》出自《大戴禮記》。《春秋繁露·爵國》又有"萬人者曰英，千人者曰俊，百人者曰傑，十人者曰豪"之說（《淮南子·泰族訓》作"百人者謂之豪，十人者謂之傑"，英、俊則同），與禮說大異，而與《毛詩》說同。東漢時人又多集中辨析"英""俊""豪""傑"之名，互有差異，甚至同一人的注解内部也有不同，如王逸注《楚辭·九章》《大招》，高誘注《呂氏春秋·功名》《孟夏紀》《孟秋紀》《知分》（又注《淮南子·氾論訓》《戰國策·齊策》）皆是如此，或是隨文訓釋所致。許慎《説文解字》只言及傑、俊的特徵，《尚書·皋陶謨》鄭注也以人數解俊、乂之義。説義互有異同，但可見漢人對相關的論述非常熟悉，並形成了一套評價人物能力的認知體系（參見表4-10）。④ 漢魏時風氣即是如此，班固《漢書·古今人表》（有上上聖人、上中仁人、上下智人、下下愚人）、劉劭《人物志》乃至漢畫像石中的古聖帝王、英雄豪傑畫像，可以説都是如此品

---

① （唐）孔穎達等：《禮記正義》卷23，郜同麟點校，浙江大學出版社2019年版，第429頁。

② （清）丁晏：《佚禮扶微》卷2，師顧堂影印《南菁書院叢書》本，2020年，第32頁。

③ （唐）孔穎達等：《毛詩注疏》卷5，鄭傑文、孔德凌校點，《儒藏（精華編）》第22册，北京大學出版社2010年版，第393頁。又《爾雅序》疏引《禮·辭名記》"德過千人曰英"，惠棟以"辭"當作"辨"，《辨名記》爲《逸禮》文。（宋）邢昺：《爾雅注疏》卷1，顧寶田、杜苹苹校點，《儒藏（精華編）》第124册，北京大學出版社2012年版，第22頁。

④ 蘇輿：《春秋繁露義證》卷8，鍾哲點校，中華書局1992年版，第237頁。何寧：《淮南子集釋》卷13、卷20，中華書局1998年版，第943、1406頁。又《鶡冠子·博選》"德萬人者謂之雋，德千人者謂之豪，德百人者謂之英"（《能天》篇"雋"作"俊"），《文子·上禮》"智過萬人謂之英，千人謂之雋，百人者謂之傑，十人者謂之豪"。黄懷信：《鶡冠子彙校集注》卷上、卷下，中華書局2004年版，第9~10、387頁。王利器：《文子疏義》卷12，中華書局2000年版，第514、519頁。何志華、朱國藩、樊善標編著：《〈文子〉與先秦兩漢典籍重見資料彙編》，香港中文大學出版社2010年版，第312~314頁。（宋）洪興祖：《楚辭補注》，白化文等點校，中華書局2006年版，第143、226頁。王利器：《呂氏春秋注疏》，巴蜀書社2002年版，第240、391、697、2486頁。（清）焦循：《孟子正義》卷7，沈文倬點校，中華書局1987年版，第226頁。諸祖耿：《戰國策集注彙考（增補本）》卷10，鳳凰出版社2008年版，第581頁。（清）孫星衍：《尚書今古文注疏》卷2，陳抗、盛冬玲點校，中華書局1986年版，第83頁。

評人物風氣的産物。①

表4-10 英、俊、豪、傑辨名表

	五人	十人	百人	千人	萬人	
《禮·别名記》	茂 (倍人曰茂)	選	俊 (倍選曰俊)	英 倍英曰賢	傑	萬傑曰聖 (倍傑曰聖)
《淮南子》		傑	豪	俊	英	
《鶡冠子》			英	豪	雋	
《文子》		豪	傑	雋	英	
《春秋繁露》		豪	傑	俊	英	
《毛傳》					英	
《説文解字》				俊	傑	
王逸 《九章》				俊	(一國高爲傑)	
王逸 《大招》				豪	傑 (一國之高)	
鄭玄			乂	俊		
趙岐				(俊美才 出衆者)	傑	
高誘 《功名》			豪	桀		
高誘 《孟夏紀》 《孟秋紀》				俊(儁)	傑(桀)	
高誘 《知分》			豪		英	
高誘 《氾論訓》			豪	儁	英	
高誘 《齊策》				桀	英	

如是辨名的主要目的當是選才選官，《淮南子》《春秋繁露》之言最明(《墨子·尚賢》則有"千人之官""萬人之官"的説法)。標準則在於才、智與德，當

___

① 參閲王利器、王貞珉：《漢書古今人表疏證》，齊魯書社 1988 年版。李崇智校箋：《〈人物志〉校箋》，巴蜀書社 2001 年版。

然漢人也重"相"，漢代選官諸如茂才、秀才就是這些標準的結合體。① 而
《禮·別名記》尤其不同之處在於對"聖賢"的强調，當然英俊選茂之名也有禮
學文本的來源。如《禮記·王制》載選才之法，有鄉論秀士、司徒選士、升學
俊士、造士。又如《禮記·禮運》"大道之行也，三代之英"，鄭注"大道，謂五
帝時也。英，俊選之尤者"，孔疏徑以"三代之英"爲禹湯文武英異之主，顯然
不符合漢人的觀念。禹湯文武最重要的屬性在於"聖"而非"英"，這在經學典
籍及漢人釋讀中有十分明確的界限，不容隨意跨越。

再如"三皇""五帝""三王""五霸""七雄"以及"暴秦"的歷史認知，也屬
於廣義的"別名"範疇，但在禮家觀念中，"帝""王"之類屬謚法(《逸周書·謚
法解》以神聖帝皇、王君公侯爲先)。而"別名"之"名"與"爵""號""謚"確有
相通之處，以至於唐宋義疏中另有《辨名記》逸文論天子、士之名，而丁氏漏
輯。《公羊傳》成公八年疏引《辨名記》言"天子無爵"②。天子是否有爵，今古
説不同。《五經異義》以今文《易》孟、京説"天子爵號"而以天子有爵，古《周
禮》説則以天子同號於天，自然無爵。③《公羊》家亦以天子爵稱，《白虎通
義·爵》篇所論甚明。徐疏所引《辨名記》，目的是爲了疏通何注"天子者，爵
稱也"之義，徐氏以"天子無爵"爲言天子無諸侯以下九命之爵，當是臆測。然
《辨名記》"天子無爵"同於古文説，上引三公又與古文説異，筆者頗疑徐疏乃
是誤引記文。《孝經注疏》又引《禮·辨名記》"士者，任事之稱也"，與《白虎
通義·爵》篇文同，邢疏亦有引述。邢疏後文又有"傳曰：通古今、辨然不然
謂之士"，校點者多以此文屬《辨名記》，不確，此文仍見於《白虎通義·爵》
篇，只是"傳曰"爲何傳今已無考。如此，邢疏稱引諸文，不唯可見《辨名
記》之遺文，也似乎表明邢氏所見《白虎通義》與今本有異。邢疏此處所引當
點作：

> 《白虎通》曰："士者，事也，任事之稱也。故《禮·辨名記》曰：'士

① 閻步克先生考察漢代察舉制度的變遷，有"以德取人""以能取人""以文取人""以
名取人""以族取人"等多種方式，同時也呈現出政治、社會觀念變化的過程。參閱閻步克：
《察舉制度變遷史稿》，中國人民大學出版社 2009 年版。

② (唐)徐彦：《春秋公羊傳注疏》卷 17，浦衛忠校點，《儒藏(精華編)》第 84 册，北
京大學出版社 2014 年版，第 452 頁。

③ (清)皮錫瑞：《駁五經異義疏證》卷 4，吳仰湘編：《皮錫瑞全集》第 4 册，中華書
局 2015 年版，第 92~96 頁

者, 任事之稱也。'《傳》曰：'通古今、辨然不然謂之士。'"①

今本正闕《禮·辨名記》一句(亦有個別字句差異)。如果徐疏、邢疏所見可靠，則《別名記》或《辨名記》的内容便會得到擴充。《公羊》疏所見《辨名記》以天子無爵，與《白虎通義》"天子者，爵稱也"説異而不見引。邢疏所引《辨名記》只言士爲"任事之稱"，可能在士是否有爵的問題上與《白虎通義》"士非爵"同義(鄭玄以周制士有爵)，因此才得以被引用。《白虎通義·爵》《封公侯》《聖人》諸篇徵引《別名記》，可能並非隨意選擇，顯示出《別名記》的内容或與這三類有關。從儒學傳統的角度而言，"別名"又當是孔子"正名"(《論語·子路》)思想的體現。《荀子·正名》篇有所謂刑名、爵名、文名、散名，程水金先生以"文名從禮"對應孔子之"正名"②，關鍵即在於"禮"("名教"即"禮教"，《春秋》之"名分"亦在於此)。漢世所見禮書有《別名記》，可爲其明證。漢末劉熙《釋名》"故撰天地、陰陽、四時、邦國、都鄙、車服、喪紀，下及民庶應用之器，論敘指歸"之旨，同樣是"正名"思想的體現。③ 在這個意義上，前述《謚法記/號謚記》《親屬記》實則都有"別名"的性質。從傳世逸文看，又各有其特殊性，如《謚法記》有"堯""舜"謚字頗與《逸周書》《世本》不同，《別名記》辨天子、三公、士、聖賢諸名，都顯示出與傳世三禮的不同之處。

五、《王度記》

《白虎通義》徵引與二戴《記》無關之佚記，以《王度記》最多，《三正記》其次。《別錄》以《王度記》"似齊宣王時淳于髡等所説也"(《禮記·雜記下》孔疏

---

① 趙氏即將《白虎通》《禮·辨名記》分讀，又以"傳曰"爲《辨名記》文，不確。(宋)邢昺：《孝經注疏》卷2，趙四方校點，《儒藏(精華編)》第96册，北京大學出版社2018年版，第36頁。

② (清)王先謙：《荀子集解》卷16，王星賢點校，中華書局1988年版，第411頁。程水金：《中國早期文化意識的嬗變：先秦散文發展綫索探尋(第3卷)》，武漢大學出版社2014年版，第701~751頁。另參荀東鋒：《孔子正名思想研究》，上海人民出版社2016年版。

③ 《爾雅》有《釋親》《釋宫》《釋器》《釋樂》，《釋名》有《釋親屬》《釋宫室》《釋樂器》以及《釋姿容》《釋長幼》《釋飲食》《釋采帛》《釋首飾》《釋衣服》《釋喪制》等，都與具體禮制有關。(漢)劉熙撰，(清)畢沅疏證、王先謙補：《釋名疏證補》，祝敏徹、孫玉文點校，中華書局2008年版，第1頁。另參徐晶晶：《劉熙〈釋名〉引文研究》，上海財經大學碩士學位論文，2021年。

引），丁晏亦言"蓋棘下之士採集古禮爲之，疑《王史氏記》之屬，皆六國時人作也"①，即《王度記》可能屬於齊學系統（《齊詩》《公羊》《齊論》皆是齊學）。金德建先生曾特別考證淳于髡其人的生平（齊博士、與孟子論禮）、思想（法治，《史記·田完世家》鄒忌與淳于髡問答而言"謹受令，請謹修法律而督姦吏"）與學術背景（齊地的論禮風氣），其言：

> 齊地這種風尚的由來，推本溯源，或因前此齊地曾經産生過有名的政治人物，管仲與晏嬰的緣故。管仲在齊桓公時，晏嬰在齊靈公、莊公、景公時。管仲相齊，政治上事業功績當然極偉大，然能注意治法制度，恐怕是他的政策中主要特徵之一。……晏嬰生平事蹟，見《晏子春秋》；他的相齊，如何制定法度，已經不可盡考。只能知道晏嬰所事之齊景公，確亦爲好禮之人。……不過古時總把管仲、晏嬰二人並稱（《孟子》《史記》均管晏並稱），想來他們思想宗尚必定不相上下。《史記》稱淳于髡"其陳説穆晏嬰之爲人"，就是説淳于髡的思想淵源上爲管仲、晏嬰輩。然則淳于髡能作《王度記》，齊地有這種論禮節制度的風氣的由來，確是地域上承受前此管晏的影響了。②

其説可參。《漢書·藝文志》雖以《筦子》八十六篇入道家，但以《晏子》八篇爲儒家之首，説明齊地亦有儒學之傳（孔子弟子中有齊人公冶長、公皙哀、樊遲、梁鱣、后處、步叔乘六人，《孔子家語》以樊遲爲魯人）。金先生並以《王度記》內容多屬禮節制度，推論"恐怕和《禮記·王制》的意義相合""'王度'實亦'王制'之意，不過《王度記》內容較單純，佚文所見大都'天子、諸侯、大夫、士、庶人'間禮制，不若《王制》內容泛論社會制度各方面之廣"。③以"度"爲"制"，與古訓相合，《王度記》現存內容與《王制》也確有相應處。

---

① （清）丁晏：《佚禮扶微》卷2，師顧堂影印《南菁書院叢書》本，2020年，第33頁。

② 金先生並作《王度記天子駕六與漢今古文經説》，以證《王度記》可能是《禮記·王制》（金先生贊同文帝時纂集的觀念）今文經説淵源之一。金德建：《淳于髡作王度記考》《王度記天子駕六與漢今古文經説》《司馬遷所見周官即今王制考》《漢文帝使博士諸生作王制考》《孟子王制所述制度相通之證》，《古籍叢考》，中華書局1941年版，第34～46、85～101頁。另李零先生言"齊國兵學甲天下"，參閲李零：《齊國兵學甲天下》，《待兔軒文存：讀史卷》，廣西師範大學出版社2011年版，第268～286頁。

③ 金德建：《淳于髡作王度記考》，《古籍叢考》，中華書局1941年版，第34～46、85～101頁。

今考《王度記》逸文，丁晏所輯有十條（金先生所輯同），出於《白虎通義》者七條、許慎《五經異義》一條（又見於《續漢書・輿服志》注）、《禮記》鄭注一條以及唐人義疏一條，唐人義疏所引蓋亦《白虎通義》之逸文。《白虎通義》引《王度記》或稱"王度記"，或稱"禮王度記"，或稱"禮記王度"，《續漢志》劉昭注又稱"逸禮王度記"，唐人疏則稱"大戴禮王度記"。後世以"禮記""逸禮""大戴禮"諸稱轉相爲證以考《大戴禮記》佚篇，此篇即是一例。但正如前文考證"逸禮"稱名，諸稱之間實際上有時間上的差異，因此才造成錯位的推論。《王度記》逸文以内容相近可分爲兩類：一是專説爵禄之制，二是雜説各種等級禮制。《禮記・王制》亦多有相似内容，可見戰國後期以至漢時儒者内部有多種政治設計的篇章（不唯儒者如此，道、法、雜、陰陽皆如此）。

説爵禄之制者四條，《白虎通義・封公侯》引《禮・王度記》"子男三卿，一卿命於天子"（丁氏輯文又有"諸侯封不過百里，象雷震百里所潤雨同也"，不確，繼而其言《後漢書・光武紀》博士丁恭議古帝王封諸侯亦據佚禮文，亦非篤論，諸侯百里之封在漢代有今古文論爭，未必即出逸禮之説），① 此説與《禮記・王制》相合。《王制》言"小國二卿，皆命於其君"（陳立以爲《王制》文有脱誤），但小國實際上是三卿，《王制》又言"小國之上卿，位當大國之下卿，中當其上大夫，下當其下大夫"，因此鄭注"小國亦三卿，一卿命於天子，二卿命於其君"，《王度記》《王制》各説其中一面而已。另《公羊傳》莊公元年何休注言諸侯貢士之法"禮，諸侯三年一貢士於天子""大國舉三人，次國舉二人，小國舉一人"，② 説出《尚書大傳》，③《禮記・射義》鄭注則以貢數爲"舊説"，亦無定論。陳立並舉以推測諸侯貢士與天子命卿同準此數（皮錫瑞當本陳氏説，文同而不見稱陳立之名），可參。

《白虎通義・爵》引《王度記》"天子冢宰一人，爵禄如天子之大夫"，與《周禮・天官》"冢宰，卿一人"不同。《白虎通義》以《周官》説爲"或曰"，並未區分時代差異，但有今古文之别。冢宰與大夫或卿（《白虎通義》言爲"内爵稱"），即閻步克先生所謂"職位"（官）與"品位"（爵）之别。④《禮記・王制》兩

① （清）陳立：《白虎通疏證》卷4，吳則虞點校，中華書局1994年版，第138頁。

② （清）陳立：《公羊義疏》卷17，劉尚慈點校，中華書局2017年版，第634頁。

③ （清）皮錫瑞：《尚書大傳疏證》卷2，吳仰湘編：《皮錫瑞全集》第1册，中華書局2015年版，第77頁。

④ 參閲閻步克：《品位與職位：秦漢魏晉南北朝官階制度研究》，中華書局2002年版；《從爵本位到官本位：秦漢官僚品位結構研究》，生活・讀書・新知三聯書店2009年版；《中國古代官階制度引論》，北京大學出版社2010年版。

言"冢宰"，一是"冢宰制國用"(《白虎通義》於《王度記》之前徵引之，《周禮》理財之官也爲冢宰官屬)，一是"冢宰齊戒受質"①，地位甚高(君王諒闇三年亦是冢宰主政)，但不詳爵祿，《王度記》則補足了這一信息。因其文與《周禮》不同，儒者經師多以《王度記》所言乃殷制，如陳立言：

> 《曲禮》天子建天官，先六太，曰太宰、太宗云云。天子之五官，曰司徒、司馬云云。鄭君以爲殷制，雖無明據，然太宰非貴卿，而止爲天官之屬，則與宋官名合。宋承殷制，其六卿之名，見於《左氏》文七年、十六年、昭二十二年、哀二十六年者，其目則曰右師、左師、司徒、司馬、司城、司寇，無所謂冢宰也。唯成十六年，於六卿之外復有向帶爲大宰，于司寇之下，其非上卿可知。則殷制冢宰爲天子之大夫明矣。故下《封公侯》篇引《別名記》……以司馬爲天官，則冢宰非六卿之長，其爵但如大夫耳。②

陳氏所言明顯與現今學界的先秦官制研究不合，但其在傳統文獻内部的循環舉證確實較有條理(臧琳、孫詒讓、黄以周皆如此説)，當然方法乃是承鄭玄而來；只是這種解決問題的思路雖然可以彌縫經典之間的差異與矛盾，但並不能有效解釋《白虎通義》爲何引證"殷制"的合理性。即《白虎通義》在引證諸記時，並未刻意區分禮制背後可能的時代差別(似並不以《周官》爲周禮)，而是以三王通行之制視之。從經學解釋而言，漢世經學可能經歷了一個從"王制"到"周禮"的轉變過程；此並非晚清今文家所言今古文禮制之分在於《王制》與《周禮》，而是"三王"之"周"崛起或者重新發現的過程，與《公羊家》"黜杞、

---

① 《王制》"齊戒受質"有三：司會(歲之成)—天子—冢宰(受質)，大樂正、大司寇、市(三官以其成)—天子—大司徒、大司馬、大司空(受質)，百官(各以其成)—大樂正、大司寇、市(百官之成)—天子—百官(受質)。《王制》之冢宰官職特殊，不在一般的百官之列。按照現代歷史研究，職官"宰"在商代已存在，到西周中期時"宰作爲王家行政管理的長官發揮突出的作用"(李峰先生語)。因此，宰最初可能只是君主的私臣，這在《王制》中仍有體現，只是在後來地位越來越重要。而周代官制中卿事寮三有司(司土、司工、司馬)，當是今文經學以司徒、司空、司馬爲三公的歷史源頭。參閱李峰：《西周的政體：中國早期的官僚制度和國家》，吳敏娜等譯，生活·讀書·新知三聯書店 2010 年版，第 58~60 頁。

② (清)陳立：《白虎通疏證》卷 1，吳則虞點校，中華書局 1994 年版，第 41 頁。

新周而故宋，以《春秋》當新王"(《公羊傳》莊公二十七年何注)有相當大的差異。

《王度記》說爵禄者，又如《白虎通義·致仕》引《王度記》"臣致仕于君者，養之以其禄之半"①，此蓋爲異說。《白虎通義》前文明言"在家者三分其禄，以一與之，所以厚賢也"，陳立引沈彤說以三分其禄謂大夫以上，禄之半謂元士以下，爲調和之言。《王制》致仕之制見於養老諸章，有"五十養於鄉，六十養於國，七十養於學"的制度設計，與學制(鄉學、小學、大學)密切相關。二者亦可相互補充，並無明顯矛盾之處。再如《禮記·雜記下》鄭注引《王度記》"百户爲里，里一尹，其禄如庶人在官者"②，《尚書大傳》"古八家而爲鄰，三鄰而爲朋，三朋而爲里"(《禮記·雜記下》孔疏所引作"《洛誥傳》云：古者八家爲鄰"云云)③，鄭注以爲虞、夏制，周制自然以《周禮·地官·遂人》"五家爲鄰，五鄰爲里"爲正。里有七十二家、百户、二十五家之别，《王度記》之說正與《管子·度地》"百家爲里"相合，④ 或可證金德建先生所言不虚。《王制》較少涉及基層制度，只言及"庶人在官者"之食禄五等。《王制》也較少涉及職事官之食禄，《王度記》則有冢宰、里尹等官的記載，可補《王制》之闕。⑤

《王度記》雜說各種等級禮制者六條，其中說玉制者三條。用玉之制，《白虎通義·瑞贄》引《禮·王度記》"玉者，有象君之德，燥不輕，濕不重，薄不橈，廉不傷，疵不掩，是以人君寶之。天子之純玉，尺有二寸。公侯九寸，四玉一石也。伯子男俱三玉二石也"，陳立以此引無言天子、公侯之制，似不確。⑥ 丁氏輯文則全録天子、諸侯用玉之文，理由是《說文解字》也曾引"禮"言用玉之制。《說文解字·玉部》"瓚"字有"禮：天子用全，純玉也。上公用駹，四玉一石。侯用瓚，伯用埒，玉石半相埒也"，瓚爲三玉二石，

---

① (清)陳立：《白虎通疏證》卷6，吳則虞點校，中華書局1994年版，第252頁。

② (唐)孔穎達等：《禮記正義》卷52，郜同麟點校，浙江大學出版社2019年版，第1055頁。

③ 皮錫瑞以《尚書大傳》此文出《虞夏傳》。(清)皮錫瑞：《尚書大傳疏證》卷2，吳仰湘編：《皮錫瑞全集》第1册，中華書局2015年版，第95頁。

④ 黎翔鳳：《管子校注》卷18，梁運華整理，中華書局2004年版，第1051頁。

⑤ 《荀子·王制》"序官"章有十五種官職，學者研究認爲或亦撰作於齊地。樊波成：《政治理想與職官制度——〈荀子·王制〉篇官制新證》，彭林主編：《中國經學》第12輯，廣西師範大學出版社2014年版。

⑥ (清)陳立：《白虎通疏證》卷8，吳則虞點校，中華書局1994年版，第349頁。

則《説文》引"禮"天子、上公玉制同《王度記》，侯伯子男爲異。《周禮·考工記·玉人》有"天子用全，上公用龍，侯用瓚，伯用將"，天子、公、侯、伯明顯有異，但鄭注"公侯四玉一石，伯子男三玉二石"卻與《王度記》同，賈疏以爲鄭説出《禮緯》殷法（文與《王度記》全同），孫詒讓以《禮緯》文本《王度記》，並言"傳禮者各據其所聞，不必合一。賈以爲殷禮，則無據"①。《周禮》及許慎分諸侯公、侯、伯三等，《王度記》《禮緯》及鄭注分公侯、伯子男二等，則許説當是解《周禮》，鄭注反而與《周禮》正文不同，或是太信緯書的結果。

《白虎通義·諫諍》引《王度記》"反之以玦"，丁氏輯文又有"其不待放者，其亦與之物"（與《白虎通義》元大德本同）②，陳立所據《白虎通義》版本則異，乃以"其待放者，亦與之物，明有分土無分民也"亦爲《王度記》文（元大德本"分"作"介"），陳立言"此文疑錯，當云'反之以環，其不得反者'云云也"③。據陳立之疑，《王度記》當作"反之以環，其不得反者，亦與之物，明有分土無分民也"，即"不得反"則與之玦而去。《白虎通義·五行》言"有分土，無分民，何法？ 法四時各有分，而所生者道也"，《漢書·地理志》亦言"古有分土無分民"（齊地"少五穀而人民寡"），顏注以爲"立封疆"與"通往來不常厥居"之別；《公羊傳》何注數言"古有分土無分民"（桓公元年、莊公十七年、昭公十五年），取重民（"察民多少，課功德""齊戍之非也，遂不當坐也"）、大夫不世（"己父未必爲今君臣也"）之義，徐疏言爲"樂就有德"。④ 大夫待放（君待之以禮則遣大夫送至於郊）、得玦而去，即是"樂就有德"，主旨在於"民"之自主與"君"之有禮，則文作"其待放者，亦與之物"也無不可。若據丁晏所目，則"不待放者"因與章旨不合而竟無所繫，當以"其待放者"爲是，"不"字疑涉上文"君絶其禄"而誤（《疏證》所據抱經堂本作"君不絶其禄"，方與上下文及

---

① （清）孫詒讓：《周禮正義》卷 80，王文錦、陳玉霞點校，中華書局 2013 年版，第3326 頁。

② （清）丁晏：《佚禮扶微》卷 2，師顧堂影印《南菁書院叢書》本，2020 年，第 32 頁。

③ （清）陳立：《白虎通疏證》卷 5，吳則虞點校，中華書局 1994 年版，第 231 頁。陳立《公羊義疏》引此作"其不待放者"，與《疏證》不同。（清）陳立：《公羊義疏》卷 63，劉尚慈點校，中華書局 2017 年版，第 2426 頁。

④ （清）陳立：《白虎通疏證》卷 4，吳則虞點校，中華書局 1994 年版，第 197 頁。（清）陳立：《公羊義疏》卷 10、卷 22、卷 63，劉尚慈點校，中華書局 2017 年版，第 381、816、2425 頁。

禮文相合)。

《禮記·曲禮下》孔疏引《大戴禮記·王度記》"大夫俟放於郊，三年得環乃還，得玦乃去"，《荀子·大略》亦言"聘人以珪，問士以璧，召人以瑗，絕人以玦，反絕以環"，《毛詩·檜風·羔裘》鄭箋"以道去其君者，三諫不從，待放于郊，得玦乃去"、《儀禮·喪服》鄭注亦言"以道去君，爲三諫不從，待放於郊"，皆言得環而返、得玦而去。①《禮記·曲禮下》大夫、士三諫不從而"去國踰竟"，三月遂去，孔疏以大夫在待放三年以後。諸家之説，"以道去君"之禮與"三諫不從"有關，"待放""俟放"皆是大夫的主動行爲，即《喪服》鄭注"君臣有合離之義"。這種情況下，國君仍要不絶其禄位，保證大夫妻、子宗廟祭祀的延續。《喪服》齊衰三月"大夫在外，其妻、長子爲舊國君"，鄭注"在外，待放已去者"，與此相合。是大夫待放有"待放已去""待放於郊"兩種情況，君臣之間仍保持雙向互動。但何休以刑不上大夫爲由，解釋《公羊傳》宣公元年"古者大夫已去，三年待放"之文，其言"古者疑獄三年而後斷"而大夫"自嫌有罪當誅，故三年不敢去"，重點突出國君行爲的合理性②，明顯與《白虎通義》"君待之以禮，臣待放；如不以禮待，遂去""古者臣下有大喪，君三年不呼其門，所以復君恩"不同③。

以上《王度記》逸文主要説玉飾之制及以禮待臣之事，《白虎通義·考黜》引《王度記》又有"天子芑，諸侯薰，大夫苢蘭，士兼，庶人艾"(《周禮·春官·鬱人》疏引"苢蘭"作"蘭芝"、"兼"作"蕭"，《周易·震卦》疏引作"大夫蘭")④，與《王制》"賜圭瓚，然後爲芑。未賜圭瓚，則資芑於天子"並論九賜

---

① （唐）孔穎達等：《禮記正義》卷 5，郜同麟點校，浙江大學出版社 2019 年版，第 103 頁。（清）王先謙：《荀子集解》卷 19，沈嘯寰、王星賢點校，中華書局 1988 年版，第 487 頁。（唐）孔穎達等：《毛詩注疏》卷 7，鄭傑文、孔德凌校點，《儒藏（精華編）》第 22 册，北京大學出版社 2010 年版，第 487 頁。

② （清）陳立：《公羊義疏》卷 44，劉尚慈點校，中華書局 2017 年版，第 1647 頁。

③ 《白虎通義》又引"或曰"言"天子之臣，不得言放。天子以天下爲家也"，此義與《公羊傳》桓公八年、僖公二十四年、成公十二年"王者無外"通，重點在於王者的特殊性。

④ （清）陳立：《白虎通疏證》卷 7，吳則虞點校，中華書局 1994 年版，第 307 頁。（唐）賈公彦：《周禮注疏》卷 21，金少華點校，浙江大學出版社 2017 年版，第 505 頁。（唐）孔穎達等：《周易正義》卷 9，趙榮波校點，《儒藏（精華編）》第 2 册，北京大學出版社 2009 年版，第 169 頁。《廣雅·釋天》亦有其文，卿大夫又作"茝蘭"，王念孫以爲"《逸禮·王度記》文"。（清）王念孫：《廣雅疏證》卷 9 上，張靖偉等校點，上海古籍出版社 2017 年版，第 1455 頁。

之鬯，諸家無甚異説。鬯、薰諸物皆宗廟祼事所用，賈疏以爲"皆以和酒"。
而天子又以鬯爲摯(見《禮記・曲禮下》)，鄭注"天子無客禮，以鬯爲摯者，所
以唯用告神爲至也"，可見鬯之特殊。

《白虎通義・嫁娶》引《王度記》"天子諸侯一娶九女"，並解釋爲"法地有
九州，承天之施，無所不生也"，《白虎通義・五行》亦言"法九州，象天之施
也"①，陳壽祺遂以《五經異義》"地有九州，足以承天"即本諸《白虎通義》，
但觀《異義》之文，似難知具體所論爲何②。諸侯一娶九女，今古文無異説，
《毛詩・大雅・韓奕》毛傳言"諸侯一取九女，二國媵之"，《公羊傳》莊公十九
年傳"諸侯壹聘九女，諸侯不再娶"，《禮記・内則》鄭注亦言"諸侯取九女"。
天子娶數則有異説，《白虎通義》引"或曰"言"天子娶十二女，法天有十二月，
萬物必生也"，《禮記・檀弓上》鄭注以爲《春秋》説而爲夏制(蔡邕《獨斷》亦以
之爲夏制)，《公羊傳》成公十年何注即言"唯天子娶十二女"，徐疏以爲《春秋
保乾圖》文。天子娶九女亦有言爲《公羊》説者，《後漢書・劉瑜傳》注言"《公
羊傳》曰：諸侯一聘三女，天子一娶九女，夏、殷制也"，天子九女不見於傳
文，陳立以爲"或《公羊》先師有如此説者"。③天子娶數兩説，都有《春秋》學
背景，漢世也都有信從者，從十二數者如《列女傳》("夫禮，天子十二，諸侯
九，大夫三，士二")、王莽(《漢書・王莽傳》"正十二女之義，以廣繼嗣")、
何休、荀爽(《後漢書・荀爽傳》"天子娶十二，天之數也")，從九數者如《王
度記》、杜欽(《漢書・杜欽傳》"禮壹娶九女，所以極陽數，廣嗣重祖也")、
劉瑜，而《白虎通義》當是以九爲正説，以十二爲別説。蔡邕、鄭玄以十二女
爲夏制(殷增二十七世婦、周又增八十一御妻)，臣瓚以九女爲夏殷之制，陳
立言"《春秋》改周之文，從殷之質，故以一娶十二爲正法也"，又是以十二女

---

① (清)陳立：《白虎通疏證》卷4、卷10，吳則虞點校，中華書局1994年版，第
197、469頁。

② (清)陳壽祺：《五經異義疏證》卷下，曹建墩點校，上海古籍出版社2012年版，
第215頁。(清)皮錫瑞：《駁五經異義疏證》卷10，吳仰湘編：《皮錫瑞全集》第4册，中
華書局2015年版，第309頁。以九州論，鄭玄肯定與《五經異義》不同。鄭玄北郊祭地系
統之中，夏至方丘祭地與夏正郊地有崑崙之神、神州之神的區别，更接近陰陽家大九州
説。

③ (清)陳立：《公羊義疏》卷22，劉尚慈點校，中華書局2017年版，第829~830
頁。點校者句讀有誤，以陳立之言爲李賢注。校者又以《太平御覽》引《五經異義》有"故天
子娶九女，法之也"之文，此亦是陳立引申語(《白虎通義疏證》句讀亦誤)。

爲殷法，説各不同。①

　　許慎《五經異義》引《禮·王度記》"天子駕六，諸侯與卿同駕四，大夫駕三，士駕二，庶人駕一"（《續漢志·輿服志》注稱《逸禮·王度記》），據鄭駁《王度記》當有"今"字而言"今天子駕六"。②《王度記》及許説同今文《易》孟、京與《公羊》説，鄭玄則根據《尚書·顧命》《周禮·夏官·校人》等，從古文《毛詩》天子至大夫同駕四之説，並以《王度記》駕六之文爲漢法。《禮記·雜記下》鄭注引《王度記》"百户爲里"又或推爲殷制，是《王度記》雜殷、漢之制，鄭氏之説自屬推測。此争議焦點仍是天子駕制到底如何，臧琳、陳壽祺、皮錫瑞、黄永武等舉證甚詳，今不贅述。諸家引證中有《白虎通義》駕六之文，不見於今本，其逸文"天子之馬六者，示有事於天地四方也"見於《荀子·勸學》楊倞注，頗可注意。③ 此《王度記》與《公羊》説同，但《公羊傳》並無天子駕六之文，隱公元年何休注甚至言"禮，大夫以上至天子皆乘四馬，所以通四方也"，則與古文説同，徐疏以爲"彼《公羊》説者，自是章句家意，不與何氏合。何氏此處不依漢禮者，蓋時有損益也"，陳立則言"或嚴、顔師傳之殊，不必强而比之也"。④ 東漢今古文經學，及至何休、鄭玄時代，已經是交融一體了，諸如何、鄭解經皆是各取所需，各有突破《公羊》《周禮》先師的言説，未必盡

　　① （唐）孔穎達等：《毛詩注疏》卷18，鄭傑文、孔德凌校點，《儒藏（精華編）》第22册，北京大學出版社2010年版，第1261頁。（清）陳立：《公羊義疏》卷22、卷53，劉尚慈點校，中華書局2017年版，第829、2019頁；《白虎通疏證》卷10，吳則虞點校，中華書局1994年版，第469頁。（唐）孔穎達等：《禮記正義》卷9、卷38，郜同麟點校，浙江大學出版社2019年版，第173、747頁。何志華、朱國藩、樊善標編著：《〈古列女傳〉與先秦兩漢典籍重見資料彙編》，香港中文大學出版社2004年版，第57頁。（漢）班固：《漢書》卷60、卷99，中華書局1962年版，第2668、4051頁。（南朝宋）范曄：《後漢書》卷57、卷62，中華書局1965年版，第1855~1856、2055頁。

　　② （清）皮錫瑞：《駁五經異義疏證》卷10，吳仰湘編：《皮錫瑞全集》第4册，中華書局2015年版，第275~279頁。

　　③ 《白虎通義》以天地四方作解，與漢世今文家論六宗、蓬矢六射同。此或與劉向所定《老子》分章、鄭玄六天説等皆共享渾天説的天道論依據。（清）王先謙：《荀子集解》卷1，沈嘯寰、王星賢點校，中華書局1988年版，第10頁。參閱丁四新：《渾天説的宇宙生成論和結構論溯源——兼論楚竹書〈太一生水〉〈恒先〉與渾天説的理論起源》，《人文雜志》2017年第10期；《"數"的哲學觀念與早期〈老子〉文本的經典化——兼論通行本〈老子〉分章的來源》，《中山大學學報》（社會科學版）2019年第3期；《"數"的哲學觀念再論與早期中國的宇宙論數理》，《哲學研究》2020年第6期。陳贇：《鄭玄"六天"説與禘禮的類型及其天道論依據》，《陝西師範大學學報》（哲學社會科學版）2016年第2期。

　　④ （清）陳立：《公羊義疏》卷3，劉尚慈點校，中華書局2017年版，第95頁。

從師傳。這表明經學在此時已經不是利禄之途，也逐漸擺脱了皇權定議的影響，從而有了知識論的傾向。

以上諸篇，多有明文言出《大戴禮記》，以沈約言《大戴禮記》有《謚法》爲最早，孔疏則言《大戴禮記·辨名記》《大戴禮記·王度記》，賈疏或有言《大戴禮·三正記》，《親屬記》則以張揖《上廣雅表》言叔孫通"撰置《禮記》"而推。蓋《大戴禮記》魏晉以降即已散失，時人遂有比附之舉。《白虎通義》徵引諸篇，《三正記》見於《三正》《社稷》《蓍龜》，《謚法記》見於《號》《謚》，《親屬記》見於《三綱六紀》，《别名記》見於《爵》《封公侯》《聖人》，《王度記》見於《爵》《封公侯》《致仕》《瑞贄》《諫諍》《嫁娶》，可見諸篇義旨所繫。其中《謚法記》有"堯""舜"謚字，《别名記》分别"聖""賢"諸名，《王度記》述職官(冢宰、里尹)之禄，《親屬記》與《爾雅》相合，皆有其獨特性。其間經義，多漢儒通義，《三正記》《王度記》並可與《公羊》説相通，可證劉咸炘"蓋有漢世博士《公羊》家説"之言不虚；自然也有相異者，如《别名記》言"天子無爵"。

諸篇雖各有範疇，但多論"王制"，且與漢世《公羊》學通三統説密切相關，即夏、殷、周、漢成爲王朝譜系正統，"漢道"超越五霸、七雄、暴秦而與三皇、五帝、三王並舉(《周禮》能夠取代《春秋》成爲新的核心經學經典，也有賴於漢人這一歷史觀的建構)。因此凡正朔(《三正記》)、謚法(《謚法記》)、爵號(《别名記》)、官制(《王度記》)、宗法(《親屬記》)，皆以"三王"爲法。《白虎通義》全書引經爲證者，亦有此深意。《白虎通義》今傳四十三篇引"禮"爲證，集中於爵、號、謚、社稷、禮樂、封公侯、巡狩、姓名、嫁娶、紼冕、喪服、崩薨諸事(參見表4-11)，論災變、封禪、八風、商賈、三教、壽命、天地、日月、四時、衣裳(盧文弨、陳立言當入紼冕)、五刑、五經等雖未明引禮文，但與禮書内容相關者尚多。

李申先生嘗論《白虎通義》篇次之義：

> 其順序是從"天子爲爵稱"講到帝王、謚號及天子應祭祀的五祀、社稷，以及天子祭祀所用的禮樂；接着是公卿、諸侯以及與公侯有關的誅伐、諫諍制度。設官效法五行，誅伐要用軍隊，所以五行、軍隊夾在公卿、諸侯之間。致仕、考黜等與公卿有關的問題，放在公卿之後。此後的封禪、巡狩，既是天子事天，又是巡視諸侯的政事。蓍龜是通神手段……而聖人是被認爲全知全能、且與鬼神合其吉凶的人物，所以聖人、八風和蓍龜放在一起。此後是三正、三綱等人事原則和情性、壽命、宗族、姓名等庶人之事。庶人之事以後，是天地、日月、四時等天道問題，再後則是從嫁娶到死喪人人都存在的普遍問題。……但大體可以看出，《白虎通

義》的順序，可説是從人事講到天道，人事中又是先天子、次公侯、最後是庶民，人事中那共同的問題則是從生講到死。這樣，《白虎通義》就涉及了當時所關心的天道、人事的全過程與方方面面。①

綜觀《白虎通義》全文，篇次從天子到庶民重心的變化似乎並不十分明顯。周德良先生亦言其有"縝密而具體之組織結構"：

就《白虎通》之篇章結構而言，主要論述之對象，乃是以王者爲核心之政治組織，以及環繞自王者以下至士、大夫之貴族之禮法制度；而所論述之範圍，上起爵、號，終於嫁娶、喪服之禮儀秩序，内容呈現出縝密而具體之組織結構。無論是就篇章構結，或是引述典籍次數比例，《白虎通》文本既有論禮之義，亦有禮之儀，更多篇幅是在討論以禮所建構之政治制度與人倫秩序之禮制，是集"三禮"之所長，而無"三禮"之所短，甚至是適應於當時政治環境，足以落實爲具體政策之建國藍圖。②

實際上，《白虎通義》幾乎篇篇論王與天子，並特别强調"太平"的理念，有"太平乃制禮作樂"(《禮樂》)、"天下太平乃封親屬"(《封公侯》)、"天下太平功成封禪"、"天下太平符瑞所以來至"(《封禪》)、"太平乃巡狩"(《巡狩》)等説，呈現出的是《春秋公羊》學所示"太平世"構想，鄭玄建構"周禮"體系同樣如此(以《周禮》爲周公致太平之書)。③　在這個意義上，《白虎通義》引"禮"雖相比《春秋》爲多，但並未超越《春秋公羊》學的整體體系。三禮及各遺句、佚篇都只有參考的意義(鄭注引佚經諸篇也是如此，《周禮》的名稱與指向過於清晰，凡有不合者則以虞夏殷魯之制視之)，但也因此留下了佚禮輯佚的可能。

---

①　李申：《中國儒教史》，上海人民出版社 1999 年版，第 506 頁。

②　周德良：《〈白虎通〉研究——〈白虎通〉暨〈漢禮〉考》，臺灣花木蘭文化出版社 2012 年版，第 338 頁。

③　參閲[日]間嶋潤一：《鄭玄と「周礼」：周の太平国家の構想》，(日本)明治書院 2010 年版。陳蘇鎮：《鄭玄的使命和貢獻——以東漢魏晉政治文化演進爲背景》，《兩漢魏晉南北朝史探幽》，北京大學出版社 2013 年版，第 353~372 頁。陳壁生：《從"禮經之學"到"禮學"——鄭玄與"禮"概念的轉化》，《清華大學學報》(哲學社會科學版)2022 年第 1 期。高瑞傑：《重建"周禮"：鄭玄"周禮"觀與會通三禮之探析，虞萬里主編：《經學文獻研究集刊》第 26 輯，上海書店出版社 2021 年版；《周孔陟降：鄭玄聖王觀探析》，《哲學動態》2022 年第 6 期；《"久曠大儀"：東漢前期的制禮實踐興衰考》，《中華文史論叢》2022 年第 4 期。

表 4-11 《白虎通義》引禮分布統計表①

卷 大德本	卷 抱經堂	卷 疏證	篇	問	章 抱經堂/疏證	經	小戴	王制	大戴	禮曰	二戴記	佚記	或曰	一說
10	4	12	43	657	311/308	43	74	32	7	35	18	20	32/34	10
一	一上	一	爵	37	11/10	禮經 士冠經 周官	禮郊特牲 禮祭統 禮中庸	8		2		禮辨名記 王度記	6/5	
			號	25	5	禮士冠經 禮大射經				2		禮記諡法	4	
二		二	諡	18	8	士冠經2	禮曾子問 禮郊特牲	1			曾子問	禮諡法記	1/2	
			五祀	7	4	周官	曲禮下記 月令			1			1	1
		三	社稷	17	13	周官	月令 曾子問 郊特牲2 樂記 禮祭法 祭義	1		1		禮三正記	2	

① 王仁俊曾撰《白虎通義引書表》，今收入林登昱主編《稀見清代四部補編》第 3 册（臺灣經學文化事業有限公司 2019 年版），亦可參。

續表

卷 大德本	卷 抱經堂	疏證	篇	問	章 抱經堂/疏證	經	禮 小戴	禮 王制	禮 大戴	禮 禮曰	佚記 二戴記	佚記 佚記	或曰	一說
二	一下	三	禮樂	30	11		月令 郊特牲 明堂位 樂記2	1		禮記	曾子問 樂記2	樂元語2		3
		四	封公侯	20	14	禮服傳	月令 樂記	4			曾子問	別名記 禮王度記		1
三	二上		京師	4	8			3		1			1	
			五行	79	7		月令、樂記	4		2				1
		五	三軍	12	10	禮射				1				
			誅伐	16	9		禮弓記			1				
四	二下		諫諍	16	8		曲禮、玉藻		禮保傅3			王度記	1	
			鄉射	16	5		禮記祭義			1				
		六	致仕	1	1		曲禮2 祭義	2				王度記	1	

續表

卷			篇	問	章	禮					佚記		或曰	一說
大德本	抱經堂	疏證			抱經堂/疏證	經	小戴	王制	大戴	禮曰	二戴記	佚記		
四	二下	六	辟雍	8	6		曲禮2	2				五帝記		
五			災變	9	4									
			耕耤	3	1	周官	禮祭義							
			封禪	8	2						曾子問祭義		2	
			巡狩	22	10		曾子問2 禮運 禮祭義 禮坊記	1						
六		七	考黜	12	4		禮學記	3		禮記 1		王度記	2	1
			王者不臣	4	7	禮服傳2				1			1	
			蓍龜	10	12	禮士冠經 周官				1	禮雜記	禮三正記2	2	

續表

大德本	卷(抱經堂)	卷(疏證)	篇	問	章(抱經堂/疏證)	禮·經	禮·小戴	禮·王制	禮·大戴(禮曰)	佚記·二戴記	佚記·佚記	或曰	一説
六	三上	七	聖人	7	4				禮説		禮別名記		
			八風	1	1								
			商賈	2	1								
七	三下	八	文質（瑞贄）	18	7	禮士相見經 觀禮2	曲禮		2		禮王度記		
			三正	11	9								
			三教	10	6						禮三正記2	1	
			三綱六紀	15	5				禮記	禮運記	禮親屬記		
八		八	情性	20	6	昏禮						2	
			壽命	1	1								

續表

卷	卷	疏證	篇	問	章	禮	禮	禮	禮	禮	佚記	佚記	或曰	一説
大德本	抱經堂				抱經堂 疏證	經	小戴	王制	大戴	禮曰	二戴記	佚記		
八	三下	八	宗族	6	2	喪服經				2				1
	四上	九	姓名	33	4	禮經 禮士冠經 禮服傳	禮檀弓 曾子問		保傅	1 禮記	禮內則 內則記		1/2	1
		九	天地	4	5									
		九	日月	9	6									
		九	四時	6	4									闕惟
		九	衣裳	6	4									
		九	五刑	4	2								1	
		九	五經	11	7									
九		十	嫁娶	42	33/30	禮昏經2 昏禮經3 禮服經 禮服傳 周官	曲禮 曾子問 禮郊特牲 禮內則3 喪服小記		禮保傅記 夏小正	4 禮記		王度記	2	1

續表

卷			篇	周	章	經	禮				佚記		或曰	一說
大德本	抱經堂	疏證			抱經堂／疏證		小戴	王制	大戴	禮曰	二戴記	佚記		
十	四下	十	紼冕	16	6	士冠經 4	曲禮 禮器 禮郊特牲			2				
		十一	喪服	28	16	喪服經 禮士虞經 周官	曲禮 2 檀弓 5 曾子問 3 曾子曰 2 禮中庸 禮奔喪記			2	禮曾子記 禮間傳 禮雜記 禮奔喪記			
			崩薨	33	22/23	喪禮經 禮士喪經	曲禮 檀弓 5	2		7	禮檀弓 2 禮雜記 禮王制		1	
十	闕文	十二	闕文			覲禮經 2 周官	月令	1	禮三 朝記	禮記 2	（曾子曰）		八	

<h1 style="text-align:center">第三節 疑似"佚記"</h1>

前述諸篇，多有漢世典籍稱引"禮"或"禮記"的形式，來源集中於《白虎通義》《五經異義》《公羊解詁》等書。丁輯"佚記"另有《王霸記》《瑞命記》《青史氏記》，亦出漢人徵引，見於鄭注、《論衡》與《新書》，但風格、義旨皆與傳世禮書經典以及前述諸篇有一定程度的差別。按照《漢書·藝文志》的分類，《王霸記》或有兵家、法家之言，《瑞命記》與符瑞讖緯近，《青史氏記》則與小説家近。

一、鄭注引《王霸記》

《周禮·夏官·大司馬》有"以九伐之法正邦國"（文與《司馬法·仁本》大同小異，《司馬法》言"會之以發禁者九"），"九伐之法"指眚、伐、壇、削、侵、正、殘、杜、滅等九種討伐行爲。① 鄭注引《王霸記》六條分別對應其中六法，而無伐、削、侵三者，但《王霸記》以"削"釋"眚"，又以"滅"釋"殘"，似與《周禮》不是一個體系。如果僅通過《王霸記》遺文，實則很難推知該篇的具體用意爲何，只是與"九伐"的具體行爲過程有相合之處。而"九伐"之目中大半在《春秋》學中又有相當精密的設計。《春秋》微言大義需要通過一字寓褒貶，《周禮》也是通過行爲區分九伐的不同，二者可相互參證（參見表4-12）。

表4-12 《周禮》九伐之法表

《周禮·大司馬》	《王霸記》	《春秋》
馮弱犯寡則眚之《司馬法·仁本》"馮"作"憑"	四面削其地	
賊賢害民則伐之		精者曰伐《公羊傳》莊公十年 凡師有鍾鼓曰伐，無曰侵，輕曰襲《左傳》莊公二十九年 苞人民、毆牛馬曰侵，斬樹木、壞宮室曰伐《穀梁傳》隱公五年

---

① 《大戴禮記·朝事》言"諸侯之得失治亂定，然後明九命之賞以勸之，明九伐之法以震威之"，可參。方向東：《大戴禮記彙校集解》，中華書局2008年版，第1223頁。

續表

《周禮·大司馬》	《王霸記》	《春秋》
暴內陵外則壇之	置之空壏之地	
野荒民散則削之		數有讓而削地《禮記·射義》
負固不服則侵之	（《大雅·皇矣》）	觕者曰侵《公羊傳》莊公十年 侵，淺事也《穀梁傳》僖公二十六年、襄公八年 無鍾鼓曰侵《左傳》莊公二十九年 苞人民、毆牛馬曰侵《穀梁傳》隱公五年
賊殺其親則正之	正，殺之也（《春秋》僖公二十八年）	殺世子、母弟直稱君者，甚之也《公羊傳》僖公五年，何注"甚之者，甚惡親親也" 君無忍親之義，天子諸侯所親者，唯長子、母弟耳《穀梁傳》襄公三十年
放弒其君則殘之	殘滅其爲惡	凡自內虐其君曰弒，自外曰戕《左傳》宣公十八年 戕鄫子于鄫者何？殘而殺之也《公羊傳》宣公十八年
犯令陵政則杜之	犯令者，爲命也（孫詒讓僅以此句爲《王霸記》文）陵政者，輕政法，不循也。杜之者，杜塞使不得與鄰國交通	遷之者何？不通也，以地遷之也《公羊傳》莊公十年，何注"遷，繞也。繞取其地，使不得通四方"
外內亂、鳥獸行則滅之《司馬法·仁本》"鳥"作"禽"	悖人倫，外內無以異於禽獸，不可親百姓，則誅滅去之也《曲禮》	君死乎位曰滅《公羊傳》莊公二十六年 凡勝國曰滅之《左傳》文公十五年

總體而言，《王霸記》佚文較少，也比較簡單，又僅見於鄭注徵引，很難有更深入地推論。但從皇、帝、王、霸的歷史敘事看，戰國秦漢的儒者對此有相當深刻的認識與規模宏大的藍圖設計。《五帝記》（另如《大戴禮記·五帝德》《帝系》）、《三正記》、《王度記》、《王霸記》，從名稱上似乎就構造出了一種政治敘事，而《號謚記》《別名記》以及下文所論《瑞命記》同樣與五帝、三王的聖王譜系密切相關。其中，《王度記》按照金德建先生的觀點，"王度"即"王制"。而《王霸記》則述"王霸"之制，與"王制"界限分明，不似孔門後學當有之設計（另如《禮記·王制》《荀子·王制》《春秋繁露·王道》等皆以"王"爲中

心，"霸""彊"之事多所批駁）。孫詒讓以之爲《漢書·藝文志》"七十子後學者所記""《記》百三十一篇"之一，① 可能並不可靠。

"王霸記"之稱，丁晏申其意云：

> 《王霸記》者，記王及霸事。夫霸者，王之衰也。記曷爲以霸稱也？曰：孫卿不云乎"仲尼之門人，五尺之豎子，言羞稱乎五伯"，而其所著《荀子》有《王霸》一篇，非以王與霸雜也，使知"粹而王，駮而霸""明主之所以謹擇，而仁人之所以務白也"。《記》稱"王霸"猶是意也。②

丁氏之論，本諸《荀子·王霸》《仲尼》篇旨。《荀子》以義、信、權謀分別對應王道、霸道、亡國之道，雖不無稱述霸道之意（蓋當戰國之世，春秋霸道亦復難聞。商鞅見秦孝公，即是彊國之術取代帝王之道的過程），但終與王道有高下之别。而《司馬法·仁本》所言九禁與其前文"王伯之所以治諸侯者六"（以土地形諸侯、以政令平諸侯、以禮信親諸侯、以材力説諸侯、以謀人維諸侯、以兵革服諸侯）並列，即九禁之主語爲"王伯"，正與《王霸記》之"王霸"相合。《周禮》則有九法建邦國（以正、等、作、維、糾、任、用、安、和邦國）、九伐正邦國，意在"佐王平邦國"，與《司馬法》稱述"王伯"有别。因此，雖然《漢志》將《司馬法》由兵家入禮而歸爲"軍禮"，但可能並不符合儒學内部建立起的皇帝王霸歷史觀念。從鄭玄引證《司馬法》的情況看，其也未接受以《司馬法》爲"軍禮"的觀點（參前文"佚經"《軍禮》的討論）。因此，《王霸記》是否"佚記"尚需存疑，其與《司馬法》的關係可能更爲緊密。

二、《論衡》引《瑞命篇》

丁輯《瑞命篇》，又稱《瑞命記》，内容皆言聖王祥瑞之事，凡三條兩類。一類言鳳凰，遺文兩條。王充《論衡·講瑞》引"禮記瑞命篇"言"雄曰鳳，雌曰凰，雄鳴曰即即，雌鳴曰足足"，又言"《瑞命》與《詩》俱言鳳皇之鳴，《瑞命》之言'即即足足'，《詩》云'雍雍喈喈'，此聲異也"。③ 相似之文又見於《韓詩外傳》（"鳳鳴雄曰節節，雌曰足足"，不見於今本，見於《太平御覽·羽族部》

---

① （清）孫詒讓：《周禮正義》卷 55，王文錦、陳玉霞點校，中華書局 2013 年版，第 2285~2291 頁。

② （清）丁晏：《佚禮扶微》卷 2，師顧堂影印《南菁書院叢書》本，2020 年，第 37 頁。

③ 黃暉校釋：《論衡校釋》卷 16，中華書局 1990 年版，第 733~734 頁。

所引）、《白虎通義·封禪》（“雄鳴曰節，雌鳴足足”）、《廣雅·釋鳥》（“雄鳴曰即即，雌鳴曰足足”）等，① 即雄鳳之聲有“即即”“節節”之異，而漢人多以“節節”爲文（另《説文·邑部》“爵”字“取其鳴節節足足也”，與鳳凰無關）。又《文選》張景陽《七命》“鳴鳳在林，翏於黄帝之園”李善注引《禮·瑞命記》“黄帝服黄服，戴黄冠，齋于宫，鳳乃蔽日而來，止帝園，食竹實，棲帝梧桐，終不去”②，其文亦互見於《韓詩外傳》《説苑·辨物》《白虎通義·封禪》③。

　　另一類言芝，丁晏輯文“王者慈仁則芝生，採食之則延年不終，與真人同”，出《藝文類聚·祥瑞部》引《古瑞命記》。④ 另《文選·魏都賦》李善注亦引《古瑞命記》，言“王者慈仁，則芝草生”（《資治通鑑》注引《瑞命記》同）。⑤ 是唐時尚可見《古瑞命記》，但未必就是《論衡》所引《禮記·瑞命篇》。又丁氏漏輯一條，馬第伯《封禪儀》有“《瑞命篇》‘岱嶽之瑞，以日爲應’”之説，文出《續漢志·祭祀志上》劉昭注。⑥ 此“瑞命篇”不知是否出於“禮記”（《漢書·藝文志》禮類有《古封禪群祀》《封禪議對》《漢封禪群祀》諸書，“古”與“漢”對舉，其中或有祥瑞記述），特指泰山封禪之瑞，可見古人對不同禮儀場合、環境的“瑞命”有十分清晰的認知或規定。

　　自漢以降，有關祥瑞災異的記述代有成書，史書如《漢書·五行志》《續漢

---

　　① （宋）李昉等：《太平御覽》卷 915，中華書局 1995 年版，第 4054 頁。（清）陳立：《白虎通疏證》卷 6，吴則虞點校，中華書局 1994 年版，第 288 頁。（清）王念孫：《廣雅疏證》卷 10 下，張靖偉等校點，上海古籍出版社 2017 年版，第 1828 頁。

　　② （梁）蕭統編，（唐）李善注：《文選》卷 35，上海古籍出版社 1986 年版，第 1613 頁。

　　③ （漢）韓嬰撰，許維遹校釋：《韓詩外傳集釋》卷 8，中華書局 1980 年版，第 278～279 頁。（漢）劉向撰，向宗魯校證：《説苑校證》卷 18，中華書局 1987 年版，第 456 頁。（清）陳立：《白虎通疏證》卷 6，吴則虞點校，中華書局 1994 年版，第 288 頁。《白虎通義》所引“黄帝之時，鳳凰蔽日而至”云云，陳立言“舊脱，今據《詩·卷阿》疏、《左傳》昭十七年疏、《御覽》五百十五補”。

　　④ （唐）歐陽詢：《藝文類聚》卷 98，汪紹楹校，上海古籍出版社 1985 年版，第 1703 頁。

　　⑤ （梁）蕭統編，（唐）李善注：《文選》卷 6，上海古籍出版社 1986 年版，第 286 頁。（宋）司馬光編著，（元）胡三省音注：《資治通鑑》卷 21，中華書局 2013 年版，第 567 頁。胡注前引《論衡·驗符》“芝生於土，土氣和則芝草生”，與傳世本文字略異，“芝草生”作“芝生土”。黄暉校釋：《論衡校釋》卷 19，中華書局 1990 年版，第 843 頁。

　　⑥ （晉）司馬彪：《後漢書志》第七《祭祀志上》，《後漢書》，中華書局 1965 年版，第 3169 頁。

書·五行志》《宋書·符瑞志》《南齊書·祥瑞志》《魏書·靈徵志》《隋書·五行志》等，另如吳末帝天璽元年(276)《禪國山碑》明言"其餘飛行之類，植生之倫，希古所覯，命世殊奇，不在瑞命之篇者，不可稱而數也"①，宋明帝時顧昭之爲鄧琬撰《瑞命記》、蘇侃爲齊高帝撰《聖皇瑞命記》，皆可見"瑞命"有古說、有時論(《宋書·志序》即言"聖帝哲王，咸有瑞命之紀")②。而被納入"禮記"的《瑞命篇》，當有其特殊性，又如《文選》李善注一稱"禮瑞命記"，一稱"古瑞命記"，其間當有差異。"瑞命"入"禮"，參諸《文選注》所引黃帝之事，很可能是對聖王瑞命的集合。前述"諡法"也是代有其書，但納入"禮記"的《號諡記》特殊性即在聖王譜系上(尤其是"堯""舜"二諡)。另一方面，在王充生活的時代，災異、讖緯知識廣泛流行，所謂"禮記瑞命篇"也不無緯書的可能。

三、《新書》引《青史氏記》(附論"瞽史記")

丁晏輯"佚記"三十餘種，以題名論，分作"記"(《五帝記》《號諡記(諡法記)》《親屬記》《別名記(辨名記)》《王度記》《三正記》《王霸記》《瞽史記》《青史氏記(青史子)》)、"典"(《祭典》，與《禮記·祭法》相關)、"志"(《聘禮志》《大學志》)、"篇"(《昭穆篇》《本命篇》《瑞命篇(瑞命記)》)、"禮"(《遇禮》《迎禮》《親迎禮》《魯郊禮》)、"傳"(《禮服傳》《禮傳》)及二戴《記》遺文(《檀弓》《王制》《明堂月令(月令記)》《曾子記》《文王世子》《禮運記》《玉藻》《大傳(當爲間傳)》《雜記》《三朝記》及《樂記》之屬)數類。"記"中實則以《瞽史記》《青史氏記》出處最早，但序次居末，大致蘊涵了丁氏存疑的心態。二者從題名看，皆與早期中國的歷史書寫有關，但性質差別較大。《瞽史記》當是瞽史一類人言史記史之書，《青史氏記》據《漢書·藝文志》"《青史子》五十七篇"(班氏自注"古史官記事也")則爲小說家之屬。丁晏並不認同《漢書·藝文志》將《青史子》列入小說家的做法，胎教之道關係"承嗣繼統，禮之大者"，《大戴禮記·保傅》明言"書之玉版，藏之金匱，置之宗廟，以爲後世戒"，故而班固將"青史子"視作"稗官虞初"之屬，明顯降低了《青史子》的作用。③ 章太炎先生則認爲"疑《青史子》即左氏所著書，《左氏》故稱《青史》也。史之所

---

① 毛遠明校注：《漢魏六朝碑刻校注》第 2 册，綫裝書局 2008 年版，第 243 頁。

② (南朝梁)沈約：《宋書》卷 11，中華書局 1974 年版，第 205 頁。

③ (清)丁晏：《佚禮扶微》卷 2，師顧堂影印《南菁書院叢書》本，2020 年，第 39~40 頁。

記，大者爲《春秋》，細者爲小説"，又言"賈生引'胎教之道'云云，是《禮》之別記也，而録在小説家"。① "青史"稱"氏"稱"子"，似别有淵源而成子家之體，未必即是左氏。《大戴禮記·保傅》戴禮注引《後漢書·吴祐傳》"殺青簡以寫經書"以證"青史"之名，則又是另一説。

丁、章二氏對小説家認知不同，但對《青史氏記》的禮記屬性，皆無有質疑。丁晏之所以視《青史氏記》爲"佚記"，明顯源自《大戴禮記·保傅》的徵引（題"青史氏之記"）。"青史氏之記"與"青史子"相關聯，又有《風俗通義·祀典》引"青史子書説"與"青史氏之記"相似爲證。② 今觀《青史氏之記》遺文，遠較其他"佚記"爲詳，確如太炎先生所言爲"《禮》之别記也"。《大戴禮記》所引内容較簡，丁晏乃以《新書·胎教》引文補其闕，其文主體備言"爲太子懸弧之禮義"：

> 古者胎教之道，王后有身，七月而就蔞室。太師持銅而御户左，太宰持斗而御户右，太卜持蓍龜而御堂下，諸官皆以其職御於門内。比三月者，王后所求聲音非禮樂，則太師撫樂而稱不習；所求滋味者非正味，則太宰荷斗而不敢煎調，而曰不敢以待王太子。太子生而立，太師吹銅曰聲中某律，太宰曰滋味上某，太卜曰命云某。

> 然後，爲太子懸弧之禮義。東方之弧以梧，梧者，東方之草，春木也；其牲以雞，雞者，東方之牲也。南方之弧以柳，柳者，南方之草，夏木也；其牲以狗，狗者，南方之牲也。中央之弧以桑，桑者，中央之木也；其牲以牛，牛者，中央之牲也。西方之弧以棘，棘者，西方之草也，秋木也；其牲以羊，羊者，西方之牲也。北方之弧以棗，棗者，北方之草，冬木也；其牲以彘，彘者，北方之牲也。五弧五分矢，東方射東方，南方射南方，中央射中央，西方射西方，北方射北方，皆三射。其四弧具，其餘各二分矢，懸諸國四通門之左；中央之弧亦具，餘二分矢，懸諸社稷門之左。

---

① 章太炎撰，龐俊、郭誠永疏證：《國故論衡疏證》，中華書局 2008 年版，第 313～314 頁。

② 《大戴禮記·保傅》盧辯注言"一曰《青史子》"，戴震、汪照、王樹枏皆以此非盧辯注，而是校書者語。另劉勰《文心雕龍·諸子》言"青史曲綴以街談"，皆以《青史氏之記》與《青史子》爲同一書。方向東：《大戴禮記彙校集解》，中華書局 2008 年版，第 371 頁。(漢)應劭撰，王利器校注：《風俗通義校注》卷 8，中華書局 2010 年版，第 374 頁。(南朝梁)劉勰注，詹鍈義證：《文心雕龍義證》，上海古籍出版社 1989 年版，第 627 頁。

　　　　然後卜王太子名，上冊取於天，下冊取於土，毋取於名山通谷，毋悖
於鄉俗。是故君子名難知而易諱也，此所以養隱之道也。①

　　此記所言王太子胎教(七月、十月)、出生、懸弧、卜名諸儀程，前後相
繼，相對完整(《大戴禮記》無"懸弧之禮義")，遠較《大戴禮記·保傅》篇所引
《學禮》爲詳，但都有五方的結構蘊藏其間。五方弧木(梧、柳、桑、棘、棗)
的搭配與《周書·月令》五時更火之木不同(榆柳、棗杏、桑柘、柞楢、槐檀，
見《論語·陽貨》馬融注)，五方之牲(雞、狗、牛、羊、彘)的搭配與《禮記·
月令》五時之食牲亦不盡同(羊、雞、牛、犬、彘)。《周禮·春官·小宗伯》
"毛六牲"以"頒之于五官"，鄭衆以爲"司徒主牛，宗伯主雞，司馬主馬及羊，
司寇主犬，司空主豕"，則是言祭牲，與《青史氏之記》亦不盡同。②《風俗通
義·祀典》引"雞者，東方之牲也"爲"青史子書説"，亦言春祭之牲(同篇並言
"魯郊祀常以丹雞")。丁晏、王利器先生並以下文"歲終更始，辨秩東作，萬
物觸戶而出，故以雞祀祭也"爲"青史子書説"，不確。③《風俗通義》祭牲之
説，只言雞爲東方之牲、犬爲金畜而有季春磔禳。牛羊豕三牢古來經師似無説
季節搭配者，唯依祭祀規格大小而有特牲、少牢、太牢之別(在《周禮》體系
中，五牲或六牲並無明確的季節限制)。
　　與《青史氏之記》所言相近者，可參今本《禮記·內則》，自將生、子生設
弧、接子、養子至名子(《禮記·內則》言名於燕寢，與《白虎通義·姓名》引
《禮服傳》名於祖廟不同，《白虎通義》又引《內則記》有告名於山川、社稷、四
境之禮，不見於今本，或是逸文，或是經説)、教子，記述相對更爲完備，內
部又區分不同等級、性別與年齡。但《禮記·內則》設弧之禮並不比《青史子之

----

　　① 《大戴禮記》所引有不少差異，如"蔞室"作"宴室"，無太卜事，"養隱之道"作"養
恩之道"。閻振益、鍾夏校注：《新書校注》卷10，中華書局2000年版，第390~391頁。方
向東：《大戴禮記彙校集解》，中華書局2008年版，第371頁。何志華、朱國藩、樊善標編
著：《〈新書〉與先秦兩漢典籍重見資料彙編》，香港中文大學出版社2007年版，第227~
228頁。
　　② 此説官聯之法，《地官·大司徒》"祀五帝奉牛牲"、《小司徒》"凡小祭祀奉牛牲"，
《夏官·大司馬》"喪祭奉詔馬牲"，《秋官·大司寇》"大祭祀奉犬牲"、《小司寇》"小祭祀奉
犬牲"，又牛人屬地官、雞人屬春官，羊人、校人(掌馬)屬夏官，犬人屬秋官。(清)孫詒
讓：《周禮正義》卷36，王文錦、陳玉霞點校，中華書局2013年版，第1440頁。
　　③ (漢)應劭撰，王利器校注：《風俗通義校注》卷8，中華書局2010年版，第374
頁。

記》更詳細，僅言"子生，男子設弧於門左，女子設帨於門右。三日，始負子，男射，女否"以及國君世子生"射人以桑弧、蓬矢六射天地四方"，與《青史氏之記》五方五射似有不同，但皆重"懸弧之義"。《禮記·郊特牲》又有"士使之射，不能則辭以疾，懸弧之義也"，《禮記·射義》言"射者，男子之事也"，鄭注"男子生而有射事"，即以懸弧而言，可見射禮之於男子的重要性。總體而言，《青史氏之記》所記王太子出生禮儀更具系統性，同時也顯示出《大戴禮記·保傅》篇的特殊性。丁晏便敏銳地發現了漢代《保傅》之學的流傳規格遠較其他記篇爲高，其言：

> 《續漢書·祭祀志》注稱蔡邕《明堂論》引《禮記·保傅》篇曰："帝入東學，上親而貴仁。入西學，上賢而貴德。入南學，上齒而貴信。入北學，上貴而尊爵。入太學，承師而問道。"《白虎通·諫諍》篇引《禮·保傅》曰："於是立進善之旌，懸誹謗之木，建招諫之鼓。"又曰："王失度則史書之，士誦之，三公進讀之，宰夫徹其膳。"《姓氏》篇引《保傅》曰："太子生，舉之以禮，使士負之者何？齋肅端綏，之郊見於天。"《嫁娶》篇引《禮·保傅記》曰："謹爲子嫁娶，必謹世有仁義者。"皆《大戴·保傅》文也。《漢書·昭帝紀》詔曰："朕以眇身獲保宗廟，修古帝王之事，通《保傅傳》。"文穎曰："賈誼作《保傅傳》，在《禮大戴記》。"然則**《保傅》一篇固漢之人主所誦習也**。[①]

《白虎通義》、蔡邕所引諸條皆稱"禮"，顯然出自《大戴》，另如《白虎通義·嫁娶》所引《禮·保傅記》，《新書》對應者仍在《胎教》篇中。但《白虎通義》、蔡邕所引之文又與《大戴禮記》今傳本稍有差異，當是流傳變改所致。《大戴禮記·保傅》與《新書》互見之文，如果二者存在文本關聯，大戴本便是綰合《新書·傅職》《保傅》《容經》《胎教》諸篇而成。但漢昭帝始元五年（前82）所稱，則並非《大戴禮記·保傅》。其時《保傅》篇仍處於單篇流行之中，並在流傳上有多種文本形態。如海昏侯墓竹書《保傅》即有兩種抄本，一種內容並沒有超出《新書·保傅》，一種則已是《新書》諸篇的混合，當然也存在異文差異。再如河北定縣八角廊漢簡也有《保傅傳》（墓主中山懷王劉修），據整理者言，亦當是混合之後的文本。韓巍先生對此有深入研究，因海昏侯劉賀卒於

---

① （清）丁晏：《佚禮扶微》卷2，師顧堂影印《南菁書院叢書》本，2020年，第72~73頁。

漢宣帝神爵三年(前59),劉修卒於宣帝五鳳三年(前55),韓先生推論"直到宣帝時期,《保傅》篇的文本仍處於一種相當不穩定的狀態",但"傳世本《大戴禮記·保傅》似乎代表了《保傅》篇文本演變的方向",並認爲《保傅》篇在武帝後期至昭宣時期受重視當與該時期皇位繼承的種種變動有關,其説可從。① 前文引清儒王謨論《公冠》有孝昭冠辭,言"固以孝昭比成王,而以霍光擬周公也",亦與政治局勢有關,並可相參。

綜合比對《新書》、漢簡、《大戴禮記》可知,海昏竹書《保傅》中即已無懸弧文字,説明五方懸弧之射(凡二十五矢十五射)可能並不符合漢人的觀念,反而是《内則》六射天地四方在《禮記》中留存,如今文《尚書》歐陽、夏侯説六宗之義,亦是天地四方(另如《白虎通義·姓名》引《韓詩内傳》言"太子生,以桑弧蓬矢六,射上下四方,明當有事天地四方也")。可見賈誼之後,漢人在整合《保傅》篇時,已經對部分不適合當時觀念的内容進行了删減。

丁氏因《大戴禮記》而及於《青史氏記》,乃又因《青史氏記》而及《瞽史記》。但《瞽史記》徵引見於《國語》,早於賈誼《新書》及《大戴禮記》,因此列於《青史氏記》之前。"瞽史"之屬(類似者還有祝、卜、宗、巫等)很可能掌握着早期中國時期的知識系統,並逐步衍生出"諸子出於王官"的經典論述。從傳世文獻看,這類隸屬於王官的"知識"群體在當時有相當程度的分化,也同時對應着已經分化的不同知識種類:

> 故天子聽政,**使公卿至於列士獻詩,瞽獻曲,史獻書,師箴,瞍賦,矇誦,百工諫**,庶人傳語,近臣盡規,親戚補察,**瞽史教誨**,耆艾修之,而後王斟酌焉,是以事行而不悖。《國語·周語上》召穆公語周厲王(前878—前841在位)②
>
> 教之**春秋**,而爲之聳善而抑惡焉,以戒勸其心;教之**世**,而爲之昭明德而廢幽昏焉,以休懼其動;教之**詩**,而爲之導廣顯德,以耀明其志;教之**禮**,使知上下之則;教之**樂**,以疏其穢而鎮其浮;教之**令**,使訪物官;教之**語**,使明其德,而知先王之務,用明德於民也;教之**故志**,使知廢興者而戒懼焉;教之**訓典**,使知族類,行比義焉。《國語·楚語上》申叔時語楚莊

① 韓巍:《海昏竹書〈保傅〉初探》,朱鳳瀚主編:《海昏簡牘初論》,北京大學出版社2020年版,第120~136頁。定縣漢墓竹簡整理組:《定縣40號漢墓出土竹簡簡介》,《文物》1981年第8期。

② 徐元誥:《國語集解》,王樹民、沈長雲點校,中華書局2002年版,第11~12頁。

王(前 613—前 591 在位)①

　　天生民而立之君，使司牧之，勿使失性。有君而爲之貳，使師保之，勿使過度。是故天子有公，諸侯有卿，卿置側室，大夫有貳宗，士有朋友，庶人、工商、皁隸、牧圉皆有親昵，以相輔佐也。善則賞之，過則匡之，患則救之，失則革之。自王以下各有父兄子弟以補察其政。**史爲書，瞽爲詩，工誦箴諫，**大夫規誨，士傳言，庶人謗，商旅于市，百工獻藝。《左傳》襄公十四年(前 559)師曠語晉悼公②

　　在輿有旅賁之規，位寧有**官師**之典，倚几有誦訓之諫，居寢有**褻御**之**箴**，臨事有**瞽史**之**導**，宴居有**師工**之**誦**。史不失書，矇不失誦，以訓御之，於是乎作《懿》詩以自儆也。《國語·楚語上》左史倚相語申公子亹③

　　自召穆公至左史倚相，前後三百年，如果《左傳》《國語》記載可靠，早期中國的知識分化可見已相當成熟。其間，存在一定數量的書寫文獻未必没有可能，不盡然也不必然需要通過口頭傳統才能傳播，從而形成流傳譜系。《國語·晉語四》史官董因語公子重耳引"瞽史記"之言"嗣續其祖，如穀之滋"(若據韋昭注，下文"必有晉國"亦是《瞽史記》文)，丁晏以爲"佚記"。但丁晏以董因爲"公子董"，不確，時晉國並無所謂"公子董"者。又同篇齊姜語公子重耳引"瞽史之紀"之言"唐叔之世，將如商數"，顯然與"嗣續其祖，如穀之滋"同旨同文，丁氏則漏輯。④ 丁晏引《禮記·玉藻》"動則左史書之，言則右史書

────────────

①　先秦時期"詩書禮樂"多並舉，此處"春秋""世""令""語""故志""訓典"學者亦多視爲書名，韋昭注分別言爲"以天時紀人事""先王之世系""先王之官法、時令""治國之善語""所記前世成敗之書""五帝之書"。徐元誥：《國語集解》，王樹民、沈長雲點校，中華書局 2002 年版，第 485~486 頁。程水金先生將此九目釋爲由西周"舊六藝"(禮樂射御書數)教育向春秋末期"新六藝"(六經)教育過渡的中間階段。程水金：《中國早期文化意識的嬗變：先秦散文發展綫索探尋(第二卷)》，武漢大學出版社 2004 年版，第 102~104 頁。

②　其文繼引《夏書》"遒人以木鐸徇於路，官師相規，工執藝事以諫"之言，今見於僞古文《尚書·胤征》。楊伯峻：《春秋左傳注》，中華書局 1981 年版，第 1016~1017 頁。

③　左史倚相爲楚靈王(前 540—前 529 在位)時人，《左傳》昭公十二年(前 530)載楚靈王言其爲"良史""能讀三墳五典、八索九丘"。又《國語·楚語下》楚大夫王孫圉語晉定公(前 511—前 475)"楚之所寶者"有觀射父、左史倚相，二人分別"能作訓辭以行事於諸侯""能道訓典以敘百物"。徐元誥：《國語集解》，王樹民、沈長雲點校，中華書局 2002 年版，第 501~502、526 頁。

④　徐元誥：《國語集解》，王樹民、沈長雲點校，中華書局 2002 年版，第 325、345 頁。

之，御瞽幾聲之上下"以及上述《左傳》《國語》之言，申言"瞽史之執簡重矣哉"，① 但並不能説明《瞽史記》就是禮之"佚記"。齊姜、董因以"瞽史記"之言勸重耳，事在齊孝公(前 642—前 633 在位)即位之初與魯僖公二十四年(前 636)晉文公即位之初。如果將"瞽史之紀""瞽史記"不以書名視之，而是視爲《玉藻》所言"書之"的動作與過程，似乎也可以得到合理的解釋。

即使視《瞽史記》爲古篇，也面臨前文所論《祭典》同樣的時間問題(與《禮記·祭法》相關)。相比於《祭典》所論，《瞽史記》記史之文並不十分貼合禮文。且《國語》徵引之言不在少數，丁晏必以《祭典》《瞽史記》爲"佚記"，又遺"訓語""禮志""秩官"之文，亦爲不妥。《國語·鄭語》載鄭桓公爲周司徒(事在周幽王八年，即前 774)，史伯爲其論天下興衰，言引"訓語有之曰：夏之衰也，褒人之神化爲二龍，以同於王庭，而言曰：'余，褒之二君也。'夏后卜殺之與去之與止之，莫吉。卜請其漦而藏之，吉。乃布幣焉，而策告之。龍亡而漦在，櫝而藏之，傳郊之"②，性質與"瞽史記"記史之言相近，韋昭以爲《周書》，今無傳。又《國語·晉語四》載秦穆公歸女重耳，趙衰明引"禮志有之曰：將有請於人，必先有入焉。欲人之愛己也，必先愛人。欲人之從己也，必先從人。無德於人，而求用於人，罪也"③，此明爲説禮之文，與"禮尚往來"義近。又《國語·周語中》單襄公語周定王(前 606—前 586 在位)言陳國"不有大咎，國必亡"，其引"周之秩官有之曰"云云，有學者即將《秩官》視爲禮之佚篇(如朱彝尊)：

　　周之秩官有之曰："**敵國賓**至，關尹以告，行理以節逆之。候人爲導，卿出郊勞，門尹除門，宗祝執禮，司里授館，司徒具徒，司空視塗，司寇詰姦，虞人入材，甸人積薪，火師監燎，水師監濯，膳宰致饔，廩人獻餼，司馬陳芻，工人展車，百官以物至，賓入如歸，是故小大莫不懷愛。其**貴國之賓**至，則以班加一等，益虔。至於王吏，則皆官正蒞事，上卿監之。若王巡守，則君親監之。"④

---

① (清)丁晏：《佚禮扶微》卷 2，師顧堂影印《南菁書院叢書》本，2020 年，第 38 頁。
② 徐元誥：《國語集解》，王樹民、沈長雲點校，中華書局 2002 年版，第 473~474 頁。
③ 徐元誥：《國語集解》，王樹民、沈長雲點校，中華書局 2002 年版，第 338 頁。
④ 徐元誥：《國語集解》，王樹民、沈長雲點校，中華書局 2002 年版，第 66~68 頁。

同篇單襄公又引"先王之教曰""夏令曰""其時儆曰""周制有之曰""先王之令有之曰"，亦可見當時知識之分化，更可見能爲禮文者所在多有。且《左傳》亦常徵引古語、古文獻，如僖公二十八年(前 632)楚成王、宣公十二年(前 597)楚孫叔敖、昭公二十一年(前 521)宋廚邑濮皆引"軍志"(杜預以爲"兵書")，成公四年(前 587)魯季文子引"史佚之志有之曰"，襄公四年(前 569)晉魏絳引"夏訓有之曰""虞人之箴曰"，襄公三十年(前 543)鄭子皮引"仲虺之志云"等，丁晏皆未能措意。另如劉咸炘承章學誠《文史通義·書教中》"《逸周書》七十一篇，多官禮之別記與《春秋》之外篇"之說，以《逸周書·謚法》《王會》《職方》《月令》《器服》諸篇"皆古者官守典章之遺，與《司馬法》《逸禮》諸書同類"，① 除《謚法》《月令》丁氏曾論及外，他篇亦爲之所遺。當然，此類早期文獻中的篇目及引書徑直定義爲禮之佚經、佚記，實則並不妥當。只是以丁氏輯佚論列的邏輯看，得此而失彼，有失法度。

第四節 小 結

丁輯"佚記"另列有《風俗通義》所引《禮傳》二條，但該篇似與佚記無關，馬國翰即以之爲荀爽《禮傳》。② 如此，"禮傳"之名更接近一種著述體式，與"禮記"之稱近似，只是"禮記"出現的時間更早，內涵也更爲豐富(《禮經》也

---

① (清)章學誠著，葉瑛校注:《文史通義》，中華書局 2014 年版，第 46 頁。劉咸炘:《舊書別錄》，黃曙輝編校:《劉咸炘學術論集·子學編》，廣西師範大學出版社 2007年版，第 335 頁。劉氏又承莊述祖之說以《周月》《時訓》《明堂》爲明堂陰陽説。

② 《風俗通義·臘》引《禮傳》"夏曰嘉平，殷曰清祀，周曰大蜡"(王利器先生校注以爲"漢改爲臘"亦是《禮傳》語，丁晏未引)，《世説新語》劉孝標注引《五經要義》同(只"漢改爲臘"作"總謂之臘")，丁晏以爲"禮家之緒餘"；而又有作"夏曰清祀，殷曰嘉平，周曰蜡，秦曰臘"者(見蔡邕《月令章句》，但蔡氏《獨斷》又大體與《風俗通義》所引同)，王利器先生言"一人之說，而矛盾如此，未知何故"(宋人黃朝英《靖康緗素雜記》引文同《月令章句》，但言出自《禮記外傳》)。《風俗通義·祖》引《禮傳》"共工之子曰脩，好遠遊，舟車所至，足迹所達，靡不窮覽，故祀以爲祖神"，丁氏另以"祖者，徂也"亦爲《禮傳》文，且闕"足迹所達"四字，王利器先生引馬國翰《玉函山房輯佚書》的觀點，認爲此《禮傳》即荀爽之作(《後漢書·荀爽傳》言其"著《禮》《易傳》《詩傳》《尚書正經》《春秋條例》")，孫思旺先生以爲不確。孫氏認爲荀爽《禮傳》當是釋《禮經》之作，非釋《禮記》。(漢)應劭撰，王利器校注:《風俗通義》卷 8，中華書局 2010 年版，第 379、381 頁。孫思旺:《馬國翰輯佚本荀爽〈禮傳〉證僞》，《文獻》2021 年第 3 期。

可稱"禮記")。① 上文《白虎通義》諸篇單稱"禮記"者,除與二戴《記》相關外(如陳立説《姓名》《嫁娶》二篇),另有不見於傳世篇目者,清儒或以爲"禮説"(如盧文弨説《考黜》《姓名》二篇),或出於緯書(如《考黜》"禮記九錫"出《禮含文嘉》),或以爲出"逸禮"(如陳立説《三綱六紀》《車旂》二篇)。丁氏《佚禮扶微·佚文》部分,又列《説苑·貴德》所引《禮記》"上牲損則用下牲,下牲損則祭不備物"。此文不見於今傳二戴《記》,向宗魯先生以爲"當在《古記》百三十一篇中",並舉《禮記·雜記下》"凶年則乘駑馬,祀以下牲"與之互證,或是"禮記"佚文。② 丁氏另列《齊民要術》引《禮外篇》"周時德澤洽和,蒿茂大,以爲宮柱,名曰蒿宮"一條,今考語出《大戴禮記·明堂》,繆啓愉先生認爲"戴德在整編《大戴禮記》時大概有《内篇》《外篇》之分(或爲後人所分)"③。然考漢世禮説,無内篇、外篇之分,但許慎《五經異義》引《禮》戴説明堂之文稱《盛德記》,今本即在《明堂》篇,且至唐時《盛德》《明堂》尚同屬一篇,如此則《齊民要術》言"禮外篇"或指後世析出之《明堂》,又或南北朝時期二篇已有析分之迹。

與"佚經"大致可對應《漢書·藝文志》"《禮古經》五十六篇"不同,"佚記"在丁晏的輯佚體系中,並不能直接對應"《記》百三十一篇",而是同時需要對接《明堂陰陽》三十三篇,《王史氏》二十一篇:

> 禮家有《明堂陰陽》三十三篇,自注"古明堂之遺事"。《王史氏》二十一篇,自注"七十子後學者",小顏引劉向《別録》曰"六國時人也"。班孟堅謂"《明堂陰陽》《王史氏記》所見,多天子諸侯卿大夫之制,雖不能備,猶瘉后倉等推士禮而致於天子之説"。然則《明堂》等五十四篇,視高堂生等所傳《士禮》,其品節尤爲精詳。今《小戴》僅存《月令》《明堂位》二篇,即《明堂陰陽》之文。《雜記》注引《王度記》,《別録》謂齊宣王時人所説,疑即《王史氏記》,與子政言六國時人合。而五十四篇之原文不能具見,其幸而散見他書者,闕文斷簡,若魯靈光之歸然獨存,綴學之士不亟録而

---

① 參閱洪業:《儀禮引得序》《禮記引得序》,《洪業論學集》,中華書局 1981 年版,第 43~45、199~200 頁。

② (漢)劉向撰,向宗魯校證:《説苑校證》卷 5,中華書局 1987 年版,第 97 頁。

③ (北魏)賈思勰撰,繆啓愉校釋:《齊民要術校釋》卷 10,中國農業出版社 1998 年版,第 790 頁。(北魏)賈思勰撰,石聲漢校釋:《齊民要術今釋》卷 10,中華書局 2009 年版,第 1094 頁。

存之，恐寖傳寖微，久之而其佚癒泯矣。①

丁氏並引太史公"非好學深思，心知其意，固難爲淺見寡聞者道也"(《史記·五帝本紀》)之文，言"輯爲佚記，以視徐生之禮頌、叔孫之綿蕞，吾知其必有異也"，以堅信其説。丁氏之所以如此設計，乃因其將《大戴禮記》八十五篇(今存三十九篇又與《禮記》四十六篇合八十五篇)與《禮記》四十六篇合百三十一篇之數(其晚年説又有變化，乃以《大戴》存三十六篇與《禮記》四十九篇合八十五篇之數，但百三十一篇仍是《大戴》八十五篇與《小戴》四十六篇之和，説見第一章)，然"《大戴》之八十五篇，而《夏小正》《本命》《三朝記》有佚文，《小戴》之四十六篇而《檀弓》《王制》《雜記》等篇有佚文，是《志》所謂百三十一篇者，亦有脱簡"(其中丁晏以《本命篇》爲佚記，不確)。其計算方法不僅將《禮記》篇數重復計算(晚年之論還篇數無定)，在二戴《記》來源的考察上也有矛盾之處，即《記》百三十一篇與《明堂陰陽》三十三篇同時有《月令》《明堂位》。如果説丁晏對《別録》以齊宣王時人(淳于髠等)作《王度記》對接"七十子後學者"之《王史氏》，尚有根據，其對二戴《記》篇數的分梳則陷入了數字游戲之中，很難讓人信服。這與《別録》《漢書·藝文志》詳載禮書篇數而未及二戴《記》的特殊情況有關(參見表 4-13)，也受到中古時期《禮記》文本來源與組成異説的影響。

更爲複雜的是，《別録》明言"《古文記》二百四篇"(見《經典釋文序録》)，而《漢書·藝文志》禮類"記"篇未明確標示《記》百三十一篇、《明堂陰陽》三十三篇、《王史氏》二十一篇的今古文屬性(另又有《樂記》二十三篇、《孔子三朝》七篇)，僅《曲臺后倉》九篇可確定爲今文，其内容古來亦有異説(如淳、晉灼以之專講射禮，黄以周以之言士禮九篇)。若據《漢書·藝文志》所列之次第，經類先言《禮古經》五十六卷，再言今文后氏、戴氏《經》十七篇，記類今文《曲臺后倉》九篇之前似皆可視作古文，又有説類《中庸説》二篇對應《記》百三十一篇、《明堂陰陽説》五篇對應《明堂陰陽》三十三篇。但《漢志》諸"禮記"恐很難截然分別今古，尤其是在二戴《記》可能留存《逸禮》正篇又截取各記的前提下。錢基博先生還曾根據漢世今古文經説，分別《禮記》篇目的今古文屬性。

① (清)丁晏：《佚禮扶微》卷 2，師顧堂影印《南菁書院叢書》本，2020 年，第 27~28 頁。

表 4-13 《漢書·藝文志》與二戴《記》經記對應表

《漢書·藝文志》 經	《漢書·藝文志》 記傳	《漢書·藝文志》 說	《禮記》 經	《禮記》 記	《大戴禮記》 經	《大戴禮記》 記
《禮古經》五十六卷 后氏、戴氏	《記》百三十一篇（46+85=131）	《中庸說》二篇	《奔喪》表服之禮:《曾子問》,表服十篇:《表服小記》上下,《表記》,《問喪》,《服問》,《閒傳》,《三年問》,《表服四制》	《中庸》通論 通論十六篇:《檀弓》上下,《玉藻》,《大傳》,《仲尼燕居》,《孔子閒居》,《經解》,《禮運》,《坊記》,《中庸》,《表記》,《緇衣》,《儒行》,《大學》		
	《明堂陰陽》三十三篇	《明堂陰陽說》五篇		《月令》明堂陰陽記,《明堂位》明堂陰陽	《夏小正》	《盛德》《明堂》
	《古文記》二百四篇《別錄》（215−11=204）					
	《王史氏》二十一篇		《投壺》吉禮,吉事六篇:《冠義》《昏義》《鄉飲酒義》《射義》《燕義》《聘義》,祭祀四篇:《郊特牲》《祭法》《祭義》《祭統》		《投壺》《公冠》《諸侯遷廟》《諸侯釁廟》	
	《王禹記》二十四篇《樂》					
	《樂記》二十三篇《樂》			《樂記》十一篇樂記		
	《孔子三朝》七篇《論語》			世子法一篇:《文王世子》,子法一篇:《內則》,制度六篇:《曲禮》上下,《王制》,《禮器》,《少儀》,《深衣》	《釁禮》（《保傅》）	《千乘》《四代》《虞戴德》《誥志》《小辨》《用兵》《少閒》
	《曲臺后倉》九篇	《中庸說》二篇	《小戴禮記》二篇（《曲禮》《檀弓》《雜記》上下）	《小戴禮記》四十九篇《中庸》（《中庸》上下）		大戴禮記》八十五篇（46+39=85）
《周官經》六篇	《周官傳》四篇 《軍禮司馬法》百五十五篇		《春官·大宗伯》五禮		《春官·典命》大《秋官·大行人》	（《朝事》）

夫《經》十七篇，禮家之今文學也。《周官》六篇，禮家之古文學也。《小戴禮記》四十九篇，非一手所成，或同今文，或同古文。《王制》多同《公羊》《穀梁》，《冠義》《昏義》《鄉飲酒義》《射義》《燕義》《聘義》《朝義》《喪服四制》《問喪》《祭義》《祭統》諸篇皆《經》十七篇之傳，**爲今文說**。而《玉藻》爲古《周禮》說，《曲禮》《檀弓》《雜記》爲古《春秋左氏》說，《祭法》爲古《國語》說，**皆古文說**，則今古學棣者也。而《王制》爲今學禮宗，比之《周禮》爲古文所宗云！**然漢儒說禮，別今古文最嚴。**何休解《公羊傳》，據《逸禮》而不據《周官》，以《逸禮》雖屬古文，不若《周官》之顯然立異也。杜、賈、二鄭解《周官》，皆不引博士說，以博士祇立今文也。鄭衆注《大司徒》五等封地，皆即本經立說，不牽涉《王制》。**獨鄭玄和同今古文兩家說**，疏通證明，以爲周禮、夏殷禮之分；而於不能合者，或且改易文字，展轉求通，專門家法，至此變矣。若乃好引緯書，好改經字，宋儒所譏，固不足爲漢儒病也。惟鄭玄或據《周官》以疑《王制》，未嘗引《王制》以駁《周官》，然則玄之議禮，殆以古文說爲主者乎？①

　　錢氏之說，頗重今古文之分，但從漢世解經的實際情況看，治經當然需要有宗主，但旁及兼治他學亦是通人之法，尤其是許慎、何休、鄭玄等人的解經實踐，說明經學已開始跳出官學利祿之途與權力之爭。另最早對《禮記》篇目進行解說的是劉向《別錄》，其書載有《禮記》四十九篇，此四十九篇或只是《古文記》二百四篇的一部分，抑或別載《禮記》篇目，但編次是否與世傳相同，未有確據。《別錄》將之分爲制度六篇、通論十六篇、明堂陰陽（記）二篇、樂記一篇、世子法一篇、子法一篇、喪服之禮一篇、喪服十篇、吉禮一篇、吉事六篇、祭祀四篇等十一類，② 其中喪服之禮（《奔喪》）、吉禮（《投壺》）可與鄭玄《禮記目錄》互證，當爲禮經之屬；其他類別所屬之記則所在多有，前述二戴《記》"遺句"各篇不論，《白虎通義》所引《三正記》《謚法記》《親屬記》《別名記》《王度記》，其中《別錄》現存逸文僅可見《王度記》之說，但已不知其類別。

───────────

① 錢基博：《經學通志》，《經學論稿》，傅宏星校訂，華中師範大學出版社 2011 年版，第 440~441 頁。

② 後世類讀、類解《禮記》者甚多，唐人相傳盧植只解《禮記》二十九篇或即以類讀之的結果，他如孫炎、魏徵、元行沖皆有專書；朱子《儀禮經傳通解》以《儀禮》爲經、《禮記》爲傳的做法，影響了元明清《禮記》重纂之學的大興，《四庫全書總目》論述已詳，此不贅述。

相較之下，《王度記》與《王制》相似，當屬制度類；《謚法記》稱"法"，或與世子法、子法別爲一類；《親屬記》與《內則》皆説內治之法，或屬子法；《三正記》《別名記》以內容論，似在制度與通論之間。

前考諸篇還有一個特別現象，即漢時似已有文獻遺文可見《大戴禮記》佚篇，如《五經異義》言"大戴説禮器"，或作"大戴禮説"，劉曉東先生以爲《禮器》是否在《大戴禮記》中難以確定。《漢書·儒林傳·王式》服虔注以逸《詩》《駉駒》見《大戴禮記》，王式以《駉駒》在《曲禮》，遂有學者推論《大戴禮記》有《曲禮》；劉曉東先生亦以爲存疑，此説《駉駒》之詩在《大戴》，非説《曲禮》在《大戴》，可從。而中古時期又逐漸將各"佚記"與"逸禮""大戴禮"混同，如沈約以《大戴禮記》舊有《謚法》（《北堂書鈔》引《大戴禮記·謚禮》、《唐六典》言《大戴禮記·謚法》），《毛詩·魏風·汾沮洳》疏言"大戴禮辨名記"、《毛詩·豳譜》疏言"大戴禮文王世子篇"（《儀禮·士冠禮》疏、《禮記·樂記》疏、《史記·周本紀》正義皆言"大戴禮"）、《毛詩·大雅·靈臺》疏在"大戴禮盛德篇"後繼引"政穆篇"（即蔡邕《明堂月令論》所言"禮記昭穆篇"）、《儀禮·少牢饋食禮》疏言"大戴禮三正記"、《禮記·曲禮下》疏言"大戴禮王度記"（《續漢志·輿服志上》劉注、《宋書·禮志五》稱"逸禮王度記"）等。另如《藝文類聚》等類書引《大戴禮記·保傅》篇文稱"逸禮""大戴禮逸禮"，《通典》稱"逸禮本命篇"，又"佚經"中《禘於太廟禮》賈公彥稱"大戴禮文"，因此在"逸禮"與"大戴禮"之間畫上等號，學者輾轉相證，以成《大戴禮記》佚篇有佚經、有佚記、有與《禮記》相同篇目之説。① 此種考證亦是標準不一，下章即對該問題做學術史的考察。從歷史時間看，漢代三十九篇之《逸禮》與《大戴禮記》散佚之四十五篇在唐代有混言的趨勢，皆在"逸禮"言説的範圍之中，甚至《大戴禮記》未散佚者亦稱"逸禮"，可見《大戴禮記》流傳之衰。

綜合前文"佚經""佚記"，丁氏所輯大致以漢人典籍徵引爲主，從學術史

---

① 劉曉東先生態度較爲審慎，將《大戴禮記》佚篇的考證分爲"七篇爲有明文可據者"（《謚法（號謚記）》《文王世子》《王度記》《辨名記（別名記）》《政穆篇（昭穆篇）》《三正記》《禘於太廟禮》）、"六篇皆可定爲古記之佚篇"（《明堂陰陽錄》《親屬記》《五帝記》《王霸記》《瑞命記》《太學志》）、"或是大戴之佚篇，或是存篇之佚文"一篇（《曾子記》）、"與《小戴記》名同，大戴是否曾刪取入八十五篇中存疑"三篇（《曲禮》《禮器》《祭法》）、"引《小戴》篇目之文而今無或與今本異者"七篇（《禮運記》《曾子問》《祭義》《王制》《檀弓》《內則記》《樂記》）。劉先生所涉及篇目與前文"佚記"之考大略對應，多在王應麟、丁晏輯佚範圍之內。劉曉東：《〈大戴禮記〉佚篇考》，《中國典籍與文化論叢》第 5 輯，中華書局 2000 年版，第 47~55 頁。

的流變看，總體與二戴《記》四十九篇、八十五篇相關，進而及於《漢書·藝文志》禮類的“經”“記”篇目。丁氏所引漢人典籍，以二戴爲分界綫，早於二戴者有伏生、叔孫通、《韓詩外傳》、賈誼等；晚於二戴者，從《白虎通義》、王充到許慎，再到蔡邕、何休、鄭玄、應劭等，大致構成了漢世禮學流傳的主要脈絡。内容以及體量上，佚記要比佚經更爲豐富，更易考見漢世今古文之間、各經師之間的異同，從唐時開始又都彙入《大戴禮記》佚篇之中，但這個話題直到清儒才予以清晰地揭示。

第五章 《大戴禮記》佚篇考

世傳《大戴禮記》並非全帙，今僅存三十九篇。相比於《周禮》《儀禮》《禮記》三禮，《大戴禮記》的研習和流傳在歷史上並不繁盛，至清代樸學大興，方有較爲完整的疏體著作。歷來對《大戴禮記》佚篇的考證，臧琳、臧庸、陳壽祺、梁啓超、武内義雄、阮廷焯、錢玄、劉曉東、孫顯軍、甘良勇等皆有纂述。① 從學術源流看，《大戴禮記》佚篇首先是與小戴刪大戴説相關聯，然後才有《大戴禮記》佚文佚篇的專門考證。這一話題的經學詮釋史，關涉二戴《記》篇目數字的彌縫與今古文家法的言説，更與本書所論佚禮輯佚相關。而通過勾連、對比諸家考證的異同之處，也可一窺傳統禮學文獻考證的細微之處。

---

① 清人陳壽祺雖不是該問題最早的提出者，但擁有基本完備的解釋，其後諸家輯佚皆不出其所定範圍。梁啓超、武内義雄、阮廷焯、錢玄、劉曉東等皆注重對諸篇的分類，在取捨態度上也有存疑。洪業《儀禮引得序》《禮記引得序》二文，對漢代禮學流傳作了完整而精到的分析。孫顯軍、甘良勇先生博士學位論文設有專章專節討論該問題，甘氏書僅列舉武内義雄、阮廷焯、劉曉東三家之説，孫氏則對清代資料的搜集比較完備。（清）臧琳撰，梅軍校補：《經義雜記》卷 20，中華書局 2020 年版，第 467~468 頁。（清）臧庸：《拜經日記》卷 2，《續修四庫全書》第 1158 册，上海古籍出版社 2002 年版，第 69 頁。（清）陳壽祺：《左海經辨》卷上，《續修四庫全書》第 175 册，上海古籍出版社 2002 年版，第 417~421 頁。梁啓超：《要籍解題及其讀法》，張品興主編：《梁啓超全集》，北京出版社 1999 年版，第 4668 頁。[日]武内義雄：《兩戴記考》，江俠菴編譯：《先秦經籍考》，商務印書館 1931 年版，第 156~185 頁。洪業：《儀禮引得序》《禮記引得序》，劉夢溪主編：《中國現代學術經典·洪業卷》，河北教育出版社 1996 年版，第 77~143 頁。阮廷焯：《禮大戴記佚篇佚文考略》，《大陸雜誌語文叢書》第 1 輯《通論·經學》，臺灣大陸雜誌社 1963 年版，第 262~267 頁；《禮大戴記佚文考略》，《大陸雜誌》1964 年第 29 卷 1 期，第 27~28 頁。錢玄：《三禮通論》，南京師範大學出版社 1996 年版，第 48~52 頁。劉曉東：《〈大戴禮記〉佚篇考辨》，《中國典籍與文化論叢》第 5 輯，中華書局 2000 年版，第 47~55 頁。孫顯軍：《〈大戴禮記〉詮釋史考論》，社會科學文獻出版社 2011 年版，第 50~77 頁。甘良勇：《〈大戴禮記〉研究》，浙江大學博士學位論文，2012 年，第 38~51 頁。

第一節　删述説與篇數調和論

關於二戴《記》的關係，小戴删大戴之説影響最廣。該説漢代無聞，《漢書·藝文志》也未載二書。此説最早見於晉陳邵《周禮論序》（陸德明《經典釋文序録》引），有戴德删古《禮》二百四篇爲八十五篇、戴聖删大戴爲四十九篇之説，古《禮》二百四篇本自劉向《別録》（《經典釋文序録》亦有徵引）。① 據此，《大戴禮記》的佚篇就是傳世本《禮記》，即《大戴禮記》並未散佚。這種説法的主要依據，是對傳世文獻記載的禮書篇卷數目進行比附與調和。傳世文獻中，"禮記"類文獻篇目的記述，主要出自劉向《別録》、班固《漢書·藝文志》、鄭玄《六藝論》、《隋書·經籍志》等：

《古文記》二百四篇。《經典釋文序録》引劉向《別録》

《記》百三十一篇。《明堂陰陽》三十三篇。《王史氏》二十一篇。《曲臺后倉》九篇。《漢書·藝文志》

後得孔氏壁中、河間獻王古文《禮》五十六篇，《記》百三十一篇，《周禮》六篇。……今《禮》行於世者，戴德、戴聖之學也。戴德傳《記》八十五篇，則《大戴禮》是也。戴聖傳《禮》四十九篇，則此《禮記》是也。《經典釋文敍録》《禮記正義》引鄭玄《六藝論》

戴德删古《禮》二百四篇爲八十五篇，謂之《大戴禮》；戴聖删《大戴禮》爲四十九篇，是爲《小戴禮》。《經典釋文序録》引陳邵《周禮論序》

漢初，河間獻王又得仲尼弟子及後學者所記一百三十一篇獻之，時亦無傳之者。至劉向考校經籍，檢得一百三十篇，向因第而叙之。而又得《明堂陰陽記》三十三篇、《孔子三朝記》七篇、《王史氏記》二十一篇、《樂記》二十三篇，凡五種，合二百十四篇。戴德删其煩重，合而記之，爲八十五篇，謂之《大戴記》。而戴聖又删大戴之書，爲四十六篇，謂之《小戴記》。漢末馬融，遂傳小戴之學。融又定《月令》一篇、《明堂位》一篇、《樂記》一篇，合四十九篇；而鄭玄受業於融，又爲之注。《隋書·經籍志》

---

① 吳承仕：《經典釋文序録疏證》，中華書局 1984 年版，第 101 頁。

由上引諸文可知，鄭玄時尚未明確表達小戴刪大戴之説，經過陳邵、陸德明等人的傳述，至隋唐時，該説已成定讞，且細節越加豐富，構築起了由河間獻王到劉向、戴德、戴聖，再到馬融、鄭玄的流傳、整理譜系。洪業先生《禮記引得序》除徵引前文外，又添補唐徐堅《初學記》"東海后蒼善説禮，於曲臺殿撰禮一百八十篇，號曰《后氏曲臺記》"、杜佑《通典》"四百十一篇"等説。① 但其中矛盾頗多，一是篇數錯雜，如百三十一篇與百三十篇及百四十篇、二百四篇與二百十四篇及二百二篇之異；二是篇目有調整，如《孔子三朝記》《樂記》與劉向整理本的關聯，以及馬融增補《月令》《明堂位》《樂記》三篇（杜佑説無《樂記》）與《小戴禮記》四十九篇的關係；② 三是時間先後有待考證，戴聖以博士參與石渠閣會議在前（前51），劉向雖然也曾參加石渠閣會議，但校書中秘在後（始於前26年，至前6年去世仍在持續校書）。

雖然隋唐至明多認同小戴刪大戴説，但至清代，隨着考據學的發展，這一説法日益引起學者懷疑，並引出兩種新的解釋路徑：一種仍是着眼於篇數的調和，利用與隋唐人可見的相同材料，得出了相異的結論，有"破壞"小戴刪大戴説之功；一種是輯佚《大戴禮記》佚篇，則有建設之力，詳見下文。前者之中，尤以錢大昕之説影響最大。錢氏之説，主要是從篇數上論證了《大戴禮記》八十五篇與《小戴禮記》四十九篇，正合《漢書·藝文志》"《記》百三十一篇"之數，而多出來的三篇是由於《小戴禮記》中《曲禮》《檀弓》《雜記》各有上

---

① 徐堅之説論大戴刪后氏、小戴刪大戴爲四十六篇、諸儒又加三篇爲"今之《禮記》"四十九篇。此與陸德明言"後漢馬融、盧植考諸家同異，附戴聖篇章，去其繁重及所敘略而行於世，即今之《禮記》是也"以及《隋書·經籍志》所論大同小異，可見"今之《禮記》"有別於漢之《禮記》當是隋唐時人的共同觀點，只是徐堅説更注重大小戴的師承淵源。杜佑以河間獻王得"四百十一篇"乃傳抄有誤，"四百"當是"百四"（承襲者見《舊唐書·禮儀志》"王又鳩集諸子之説，爲禮書一百四十篇"）。杜説應是本自《隋志》，但篇數有異，除百三、百四有別外，《明堂陰陽記》作二十二篇、《王史氏記》作二十篇、劉向第而敘之"總二百二篇"、小戴刪大戴爲四十七篇、馬融增《月令》《明堂位》兩篇，皆與《隋志》不同。（唐）徐堅：《初學記》卷21，中華書局1962年版，第498~499頁。（唐）杜佑：《通典》卷41，王文錦、王永興、劉俊文等點校，中華書局1988年版，第1120頁。

② 對馬融足篇説的否定，可參孫思旺：《馬融增益〈禮〉説辨正——兼釋禮學史上的若干疑義》，虞萬里主編：《經學文獻研究集刊》第24輯，上海書店出版社2020年版；《馬融注〈禮〉説辨僞——兼論馬國翰輯佚本之不成立》，《文史》2022年第1輯。

下篇所致。①

　　錢大昕論證的主要依據仍是本自劉向《別録》、班固《漢書》、鄭玄《六藝論》等書的篇數記載。以錢大昕爲關節點，錢氏之前多主張小戴删大戴説，錢氏之後大致趨勢如曾運乾先生所言"大率清以前諸儒之説，謂小戴删取大戴。清代諸儒之説，謂大小戴各自爲書"②。但曾運乾本人其實更認同小戴删取大戴之説，只是轉換了説法。清人亦有新説論證《大戴禮記》並未散佚，或者説即使有散佚，也與《小戴禮記》篇目近似。諸家差異（參見表 5-1），除是否贊同小戴删大戴説外，諸家之説的不同之處，主要有兩方面：一是《小戴禮記》篇卷數目之形成，二是二戴《禮記》之來源。

　　其中對《小戴禮記》篇數的認識，主要差別在於四十六篇之外的三篇，即對《月令》《明堂位》《樂記》三篇或《曲禮》《檀弓》《雜記》三篇的選擇。前者在陳邵小戴删大戴之説外，又增加了一種禮學流傳異説，即馬融足篇説；從禮學源流看，該説不僅後起，也頗爲迂曲。後者經錢大昕闡發，直接開啓了《大戴禮記》佚篇的考證。皮錫瑞以鄭玄《六藝論》證無小戴删大戴之説，言"近人推闡鄭義者，陳壽祺《左海經辨》爲最晰"，其中陳壽祺即引錢大昕之説以爲證；且皮氏《六藝論疏證》亦以錢大昕、陳壽祺二説爲據。③

　　諸家對二戴《記》來源的判斷，也有二種：一是劉向校書所録諸《記》，陳邵、陸德明、《隋志》、杜佑、晁公武、錢大昕、沈欽韓、陳壽祺等皆主此説，其中錢大昕説最爲巧妙。各家對諸《記》最初來源、篇卷數目、今古文性質的判斷，

---

①　（清）錢大昕：《廿二史考異》卷 7，孫開萍等點校，陳文和主編：《嘉定錢大昕全集》第 2 册，江蘇古籍出版社 1997 年版，第 175~176 頁。洪業：《禮記引得序》，劉夢溪主編：《中國現代學術經典·洪業卷》，河北教育出版社 1996 年版，第 117~129 頁。洪氏《禮記引得序》還引證了戴震、沈欽韓、陳壽祺等人的觀點。馬楠先生對陳邵大戴删小戴説、馬融足篇説有辨析，總體上認同錢大昕有關百三十一篇合大小戴《記》的説法，並認爲劉向校書時，經書傳記多已編纂成書，並非單篇流傳，進而反思學界關於二戴《記》成書在東漢的説法。馬楠：《劉向〈別録〉"古文記二百四篇"析疑》，彭林主編：《中國經學》第 25 輯，廣西師範大學出版社 2019 年版，第 151~158 頁。另甘良勇先生又以《三國志》裴松之注引《別録》言"作《三朝記》七篇，今在《大戴禮》"一條爲有力證據，反駁《大戴禮記》成書於東漢的觀點。但裴注所引《別録》佚文一條，諸家利用者不多，且有疑慮。孔廣森注引此文，點校者即分開點斷。甘良勇：《〈大戴禮記〉研究》，浙江大學博士學位論文，2012 年，第 1、26 頁。

②　曾運乾：《三禮通論》，中國國家圖書館藏民國國立湖南大學講義，第 30 頁。

③　（清）皮錫瑞：《六藝論疏證》《經學通論》，吳仰湘編：《皮錫瑞全集》第 3、6 册，中華書局 2015 年版，第 565~568、371~373 頁。

表 5-1　二戴《記》來源與關係異說簡表①

	異說	來源（諸《記》）	大戴《記》	小戴《禮記》
小戴刪大戴說	陳邵	204（古禮）	→85	→49
	《隋志》	131→130＋33（《明堂陰陽記》）＋7（《孔子三朝記》）＋21（《王氏史氏記》）＋23（《樂記》）→214	→85	→46＋3（《月令》、《明堂位》、《樂記》）
	徐堅	180（《后蒼曲臺記》）	→85	→46＋3
	杜佑	141→130＋22（《明堂陰陽記》）＋7（《孔子三朝記》）＋20（《王氏史記》）＋23（《樂記》）→202	→85	→47＋2（《月令》、《明堂位》）
	晁公武	150（河間獻王集而上之，劉向校定）；131（河間獻王獻）＋33（《明堂陰陽記》）	→85	→46＋3
	曾運乾	131（叔孫通第一次撰輯；大小戴所輯有出於此《記》之外者）	→85（第二次撰輯）	→49（第三次撰輯，與慶氏合作）
	錢大昕	131（《漢志》）	→85＋46（《曲禮》、《檀弓》、《雜記》三篇）	→49（《檀弓》、《雜記》三篇分上下而有49篇）
各自為書說	沈欽韓	204（古禮）	→85	49篇不出大戴
	陳壽祺	131（叔孫通輯之，河間獻王得之，劉向第之）→131＋3＋7＋21＋23→215（《樂記》11篇小戴同）→204	→85	49篇不出大戴
增廣說	丁晏	49（后蒼之師法，實本止四十九篇）	46＋39→85	←46
		131（《漢志》）←85（大戴）＋46（小戴）	49＋36→85	←49
	黃懷信	49（《后蒼曲臺記》）	46＋39→85	←46

① 諸說來源除前文所述外，另參（宋）晁公武：《郡齋讀書志》卷1上，《景印文淵閣四庫全書》第674冊，臺灣"商務印書館"1983年版，第168~169頁。（清）沈欽韓：《漢書疏證》卷24，《續修四庫全書》第266冊，上海古籍出版社2002年版，第655頁。（清）丁晏：《佚禮扶微》卷4，師顧堂影印《南菁書院叢書》本，2020年，第143~151頁。曾運乾：《三禮通論》，中國國家圖書館藏民國國立湖南大學講義，第23~27頁。黃懷信：《關於〈大戴禮記〉源流的幾個問題》，《齊魯學刊》2005年第1期。其中丁晏說早年與晚年有變化，說見前章。

雖互有差異，但對河間獻王與劉向作用的認識相對一致，大多承認《漢志》所著録的經書，有相當一部分來自古文的大發現。《漢書》記載的古文來源，首先是河間獻王所得，"皆古文先秦舊書，《周官》、《尚書》、《禮》、《禮記》、《孟子》、《老子》之屬，皆經傳説記，七十子之徒所論"；其次是魯恭王壞孔子壁所見"古文《尚書》及《禮記》、《論語》、《孝經》凡數十篇"，後歸於孔安國；再次是魯淹中所得，稱"《禮古經》"者，出於魯淹中及孔氏，與十七篇文相似，多三十九篇"。① 其中，魯淹中最爲可疑，其與孔壁古書、河間獻王的關係，後世各有異説。至劉向校書，對《禮記》的著録，《別録》稱"《古文記》二百四篇"，而班固《漢志》所載諸《記》已不言今古。後世以界限嚴明的今古文之爭，對《漢志》所載諸經傳記説進行今古文性質的判定，如洪業以二戴傳今文學，不應雜以古文之經、記，而吕思勉以百三十一篇之《記》爲今文，無論是從古書通例，還是從學術源流看，其實都有難通之處。② 曾運乾先生在諸家基礎上，尤其是藉助陳壽祺的觀點（突出叔孫通的作用），將《記》的形成與流傳分爲前後三次撰輯，並未將今古文作爲核心的要素。

　　二是后蒼所傳之《記》，主要依據是二戴皆傳后蒼今文禮學。徐堅最早倡此説，但所記篇數與《漢志》載《曲臺記》九篇不合，王葆玹先生以此一百八十篇是百三十一篇《記》與四十九篇《禮記》的合數。③ 宋代鄭樵《禮經奥旨》以《曲臺記》即今之《禮記》，但不知有何依據。④ 丁晏、黃懷信則逆向思考，以《大戴禮記》是在《禮記》基礎上增廣而成，皆不言所本。二者的差異在於丁晏並不言《曲臺記》即是《禮記》，黃懷信先生則同鄭樵説，且進而猜測《漢書》載《曲臺記》"九篇"前脱"四十"二字。丁氏、黃氏之説實際上反向説明了《大戴禮記》並没有散佚，但在小戴删大戴説之外，又構築起大戴廣小戴

　　① （漢）班固：《漢書》卷30《藝文志》、卷53《河間獻王傳》，中華書局1964年版，第1706、1710、2410頁。"與十七篇文"字句有異説，"與十七"三字是劉敞所改，本作"學七十"。黃以周以爲改"學"爲"與"非是，"及"即言與，另改"孔"爲"后"，言"后氏學"與後文"猶瘣倉等"相應。（清）黃以周：《禮書通故》，王文錦點校，中華書局2007年版，第7~8頁。

　　② 今古文首先是文獻學概念（更直接的是字體差異），其次才是學派。洪業：《禮記引得序》，劉夢溪主編：《中國現代學術經典·洪業卷》，河北教育出版社1996年版，第136~137頁。吕思勉：《經子解題》，華東師範大學出版社1995年版，第51頁。

　　③ 王葆玹：《禮類經記的各種傳本及其學派》，《經學今詮續編》，遼寧教育出版社2001年版，第334頁。

　　④ （宋）鄭樵：《禮經奥旨》，《四庫全書存目叢書·經部》第103册，齊魯書社1997年版，第501頁。

之説。洪業先生更是以此"大戴"與戴德無關，並根據許慎《五經異義》所引只言"禮戴""大戴"，而不説戴德、戴聖，也不説大戴、小戴，懷疑"大戴禮"之"大"就是增廣之義，跳出了二戴關係的爭論。① 洪氏推論較爲大膽，今人所取者甚少。

不難發現，諸家之説，都有刻意發揮的地方。謹慎言之，或可言二戴《記》傳后蒼之學，但是否取自后蒼《曲臺記》，從文獻證據看，至少需要存疑。此説最大的價值並非能夠解釋二戴《記》的來源與成書，而是將視角放置於今文禮學内部考察。黄以周《禮書通故》甚至以《曲臺記》九篇特指今文禮家解《士禮》九篇(士冠禮、士昏禮、士相見禮、士喪禮、既夕、士虞禮、特牲饋食禮、鄉飲酒禮、鄉射禮)之文②，尤有新義，並可能影響了沈文倬先生對漢代今文禮學"推致説"家法的復原③。

以劉向著録諸《記》爲説者，較爲注重文獻源流，尤其是漢代古文經典的出現，後世的反駁意見也多集中於此。而以后氏今文禮學爲説者，則更重視學脈淵源，即今文禮傳授的譜系，最爲新穎。二説都有今古文的背景，前者重古文源流，後者重今文家法。從《大戴禮記》散佚與否論，不論是支持《大戴禮記》並未散佚的傳統小戴删取大戴説、後起的大戴增廣小戴説，還是支持《大戴禮記》有散佚的觀點，這種數字上的彌縫、文獻脈絡的推演，只是一種比較巧妙的思路。傳世文獻中存在的禮類逸經、逸記，經由古人尤其是清人輯佚，更易與《大戴禮記》佚篇關聯。另如從年代(漢時並無小戴删大戴説、二戴早於劉向)、文獻内容(二戴《記》的來源、今古文類别、叢書性質、分類、相似内容、散佚原因)角度，也能證明《大戴禮記》確實存在散佚。

第二節 佚禮輯佚與佚篇調整

從年代學和文獻内容看，《大戴禮記》的散佚較爲明顯。上文從篇數調和的角度，突出了《大戴禮記》流傳的多元解釋。在此基礎上，可以進一步討論

---

① 洪業：《禮記引得序》，劉夢溪主編：《中國現代學術經典·洪業卷》，河北教育出版社 1996 年版，第 141 頁。

② (清)黄以周：《禮書通故》，王文錦點校，中華書局 2007 年版，第 6 頁。

③ 沈文倬：《從漢初今文經的形成説到兩漢今文〈禮〉的傳授》，《菿闇文存——宗周禮樂文明與中國文化考論》，商務印書館 2006 年版，第 528~530 頁。

《大戴禮記》的散佚篇目。《大戴禮記》佚文佚篇的輯佚，據筆者所目，始於元代陶宗儀《説郛·大戴禮逸》。① 但真正系統的輯佚實踐，要到清代樸學的展開之後。按照孫啓治、陳建華《古佚書輯本目録》所載，有關《禮記》的輯本（不含注解之書）有十餘種，其中輯佚《大戴禮記》的僅兩種（《説郛》、顧觀光），但所輯都不全備，另《王度記》（附《三正記》）有專門的輯本。② 今梳理諸家文獻，其中對《大戴禮記》佚篇考證較爲完備者，有陳壽祺、王仁俊、武内義雄、阮廷焯、錢玄、劉曉東等。③

其中陳壽祺奠定了基本的考證範圍，其後諸家多是對陳氏説往復辯證，或增或減。陳壽祺《左海經辨》中有《大小戴禮記考》一篇，在錢大昕、臧琳、臧庸等人的基礎上，對《大戴禮記》的佚篇做了集中交代，贅引如下：

> 今二戴《記》有《投壺》、《哀公問》兩篇篇名同，大戴之《曾子大孝》篇見小戴《祭義》，《諸侯釁廟》篇見小戴《雜記》，《朝事》篇自"聘禮"至"諸侯務焉"見小戴《聘義》，《本事》篇自"有恩有義"至"聖人因殺以制節"見小戴《喪服四制》，其他篇目尚多同者。《漢書·王式傳》稱驪駒之歌在《曲禮》，服虔注云"在《大戴禮》"。《五經異義》引《大戴·禮器》，《毛詩·幽譜》正義引《大戴禮·文王世子》，唐皮日休有《補大戴禮祭法》。又《漢書·韋玄成傳》引《祭義》，《白虎通·耕桑》篇引《祭義》、《曾子問》，《情性》篇引《間傳》，《崩薨》篇引《檀弓》、《王制》，蔡邕《明堂月令論》引《檀弓》，其文往往爲《小戴記》所無，安知非出大戴亡篇中，如《投壺》、《釁廟》之互存而各有詳略乎？《大戴記》亡篇四十七，唐人所見已然。《白虎通》引《禮·謚法》、《王度記》、《三正記》、《別名記》、《親屬記》、《五帝記》，《少牢饋食禮》注引《禘于太廟禮》，《周禮》注引《王霸記》，《明堂月令論》引《昭穆篇》，《風俗通》引《號謚記》，《論衡》引《瑞命篇》，皆大戴逸篇。其他與小戴出入者，略可舉數，豈能彼此相足。竊謂二戴於百三十一篇之記各以意斷取，異同參差，不必此之

① （元）陶宗儀：《説郛》，《景印文淵閣四庫全書》第 876 册，臺灣"商務印書館"1983 年版，第 242~243 頁。

② 孫啓治、陳建華編：《古佚書輯本目録》，中華書局 1997 年版，第 45、49 頁。

③ （清）王仁俊：《禮記篇目考》，《國故》1919 年第 1 期，第 1~4 頁。

所棄即彼之所録也。①

陳氏所舉《大戴禮記》佚篇的範圍，一是與《小戴禮記》同篇名者，其邏輯起點是現存二戴《記》中存在内容重複現象，因此傳世文獻中與世傳《禮記》同篇名的佚文可視作《大戴禮記》佚篇佚文；一是傳世文獻中存在數量不少的逸禮、逸記，如賈公彦以《祫于太廟禮》即出自《大戴禮記》，且二戴《記》中同樣是經記並存(如《小戴禮記》中的《奔喪》《投壺》，鄭玄明言"實逸曲禮之正篇""實曲禮之正篇"，後世將《大戴禮記》中的《諸侯遷廟》《諸侯釁廟》等亦作逸經看待，即據鄭説推論)，類推則其他經記篇目也可歸入《大戴禮記》佚篇，只是陳壽祺並未對逸禮篇目進行整合。另陳氏所言"《大戴記》亡篇四十七"，即存三十八篇，是因爲唐人所見《大戴禮記》中，《盛德》與《明堂》尚爲一篇，臧琳《經義雜記》已論及。②

除以上篇目外，陳氏還認同叔孫通將《爾雅》置於《禮記》的説法。三國魏人張揖《上廣雅表》曾言周公著《爾雅》一篇，而"爰暨帝劉，魯人叔孫通撰置《禮記》，文不違古"，王念孫以叔孫通事對應《後漢書·曹褒傳》所言《漢儀》十二篇，臧庸則進一步發揮出《大戴禮》有《爾雅》的説法：

> 《公羊》宣十二年注"禮，天子造舟，諸侯維舟，卿大夫方舟，士特舟。"疏云："《釋水》文也。"案：何邵公引《爾雅·釋水》而僞"禮"者，魏張揖《上廣雅表》言《爾雅》："秦叔孫通撰置《禮記》。"此蓋漢初之事。《大戴禮記》中當有《爾雅》數篇，爲叔孫氏所取入。故班孟堅《白虎通》引《爾雅·釋親》文僞爲《禮·親屬記》，應仲援《風俗通·聲音》篇引《釋樂》"大者謂之産，其中謂之仲，小者謂之箹"爲《禮·樂記》，則《禮記》中之有《爾雅》信矣。或疑《漢·藝文志》禮家不及叔孫通，張氏之言恐未得實，蓋未考之班氏諸書也。③

---

① (清)陳壽祺：《左海經辨》卷上，《續修四庫全書》第 175 册，上海古籍出版社 2002 年版，第 418 頁。"祫于太廟禮"下小注"疏云《大戴禮》文"，"瑞命篇"後小注"《毛詩·靈臺》正義引《政穆篇》即《昭穆篇》，'彼汾'正義引《大戴·辨名記》即《別名記》，《文選注》引《禮·瑞命記》即《瑞命篇》"。

② (清)臧琳撰，梅軍校補：《經義雜記》卷 20，中華書局 2020 年版，第 467~468 頁。

③ (清)臧庸：《拜經日記》卷 2，《續修四庫全書》第 1158 册，上海古籍出版社 2002 年版，第 68~69 頁。

此説主要以古書重複内容爲由，以出土文獻視角下的古書形成研究視之，《白虎通》、何休、應劭所引實則未必是《爾雅》原文(陳壽祺對世傳《禮記》同篇佚文的判定也是如此)。但古人對古書經典形成的認識，在聖人制作觀念的影響下，一般都重視綫性的因果鏈條。無論如何，此説爲陳壽祺、王仁俊、阮廷焯等人所接受，甚至有學者以《爾雅》二十篇還原了《大戴禮記》所佚四十六篇的全貌。① 總體而言，在判定《大戴禮記》佚篇時，清儒臧琳、臧庸、陳壽祺、王仁俊等相對武斷，近今人武内義雄、阮廷焯、錢玄、劉曉東諸家較爲審慎。按照是否明言出自《大戴禮記》和是否同於《小戴禮記》篇名來分類，綜合諸家輯佚成果，諸佚篇可簡化成表 5-2。諸家所考佚篇篇目，多以《辨名記》與《別名記》同，《昭穆篇》與《政穆篇》同，《瑞命(篇)》與《瑞命記》同，《謚法》與《號謚記》同。但也有不同意見，陳壽祺、梁啓超皆以《謚法》與《號謚記》爲二；王仁俊以《古大明堂禮》與《昭穆篇》爲《古大明堂禮昭穆篇》，並以《曾子記》爲《明堂曾子記》；武内義雄先生以《古大明堂禮》爲《古文明堂禮》。

其中明言出自《大戴禮記》的佚篇有十篇，武内義雄先生於此不列《祭法》與《三正記》，言《祭法》又稱《祀典》《祭典》；劉曉東先生以《曲禮》《禮器》《祭法》三篇存疑。甘良勇先生所列無《曲禮》《禮器》《三正記》，且認爲《王度記》《禘于太廟禮》被歸入《大戴禮記》，是孔穎達、武内義雄的誤讀；甘氏又以戴德《喪服變除》是《大戴禮記》的佚篇，可備爲一説。② 阮廷焯先生在十篇基礎上，則增《親屬記》《五帝記》《王霸記》《太學志》《瑞命記》五篇確定爲《大戴禮記》佚篇。

關於各家對諸篇經、記的區分，實則與二戴《記》存篇的分類與來源相關，如《小戴禮記》中的《奔喪》《投壺》，《大戴禮記》中的《諸侯遷廟》《諸侯釁廟》《公冠》等被認爲是《禮古經》的篇目，或稱《逸禮》，或稱《儀禮逸經》。諸家所列逸禮、逸記，實則宋人王應麟已有論述。

---

① 阮廷焯先生認爲"張揖撰置《爾雅》於《禮記》中之説至塙"，且張揖所稱《禮記》是指百三十一篇之《記》，但有學者"以《爾雅》二十篇足《大戴記》佚篇之數，則妄矣"。(清)王仁俊：《禮記篇目考》，《國故》1919 年第 1 期。阮廷焯：《禮大戴記佚篇佚文考略》，《大陸雜誌語文叢書》第 1 輯《通論・經學》，臺灣大陸雜誌社 1963 年版，第 267 頁。武内義雄認爲《爾雅》是屬於叔孫通所撰十六篇《禮記》中的一篇，與《漢志》諸《記》有别。[日]武内義雄：《兩戴記考》，江俠菴編譯：《先秦經籍考》，商務印書館 1931 年版，第 169 頁。

② 戴德《喪服變除》的研究，可參馬曉玲：《戴德〈喪服變除〉佚文校勘整理與研究》，《國學學刊》2015 年第 2 期。

表 5-2 《大戴禮記》佚篇分類表①

		言出《大戴》	不言出《大戴》
同小戴		《文王世子》 《曲禮》 《禮器》 《祭法》(孔廣森)	《曾子記》(王仁俊、劉曉東) 《禮運(記)》《曾子問》《祭義》《王制》《檀弓》《內則(記)》《玉藻》《樂記》《雜記》《間傳》 《大傳》《服傳》(武內義雄)
異小戴	經	《禘于太廟禮》	《學禮》《朝事儀》 《天子巡狩禮》《朝貢禮》《王居明堂禮》《古文明堂禮》/《古大明堂禮》 《中霤禮》《烝嘗禮》《奔喪禮》(武內義雄) 《爾雅》(臧庸、陳壽祺、王仁俊)
	記	《謚法》/《號謚記》 《王度記》 《辨名記》/《別名記》 《昭穆篇》/《政穆篇》 《三正記》	《親屬記》《五帝記》《王霸記》《瑞命記》/《瑞命篇》 《太學志》 《泰山威德記》(王仁俊) 《瞽史記》《青史氏記》(錢玄) 《明堂陰陽錄》(劉曉東) 《喪服變除》(甘良勇)

　　《逸禮》有三十九篇……餘三十九篇絕無師説，祕在於館。今其篇名
頗見於他書，若《學禮》《天子巡狩禮》《朝貢禮》《朝事儀》《烝嘗禮》《中霤
禮》《王居明堂禮》《古大明堂禮》《昭穆篇》《本命篇》《聘禮志》，又有《奔
喪》《投壺》《遷廟》《釁廟》《曲禮》《少儀》《內則》《弟子職》諸篇見大小戴
《記》及《管子》。

────────────

① 表 5-2 是綜合諸家輯佚、判定的結果，不代表每位學者都如此認定。表中"言出
《大戴》"與"不言出《大戴》"以出處言，經與記的區分則以名稱言。其中"逸禮"的輯佚是另
外一個話題，關乎學者對古文《禮經》五十六篇、《逸禮》三十九篇的認知。從二戴《記》的
內容看，大小戴在傳今文《禮經》的同時，以二人命名的"禮記"類著述實兼收今古文。且禮
類"記"體文獻不僅見於專門的"禮記"，也見於"禮經"之中。漢時"禮記"更有指稱"禮經"
的文例，洪業《儀禮引得序》有論。至於二戴《記》及佚篇今古文篇目的確定，綫索並不明
顯，是以表 5-2 未區分今古文，事實上也很難區分。

　　《隋志》云"河間獻王得仲尼弟子及後學者所記一百三十一篇獻之"，今逸篇之名可見者，有《三正記》《別名記》《親屬記》《明堂記》《曾子記》《禮運記》《五帝記》《王度記》《王霸記》《瑞命記》《辨名記》《孔子三朝記》《月令記》《大學志》，《雜記》正義云"案《別録》《王度記》云，似齊宣王時淳于髡等所說也"。①

　　這其實已經涉及另外一個問題，即漢代禮學文獻中《逸禮》三十九篇以及逸記的輯佚。該話題同樣有豐富的學術信息可以挖掘，參閱前章"佚經""佚記"的討論。通過對比，王仁俊所列"逸禮"與王應麟大同小異。王應麟列《朝事儀》《昭穆篇》爲《逸禮》篇目（後世多以二篇爲記之屬），王仁俊同此。但王仁俊不取見於今本二戴《記》及《管子》的篇目，又不取《本命篇》《聘禮志》，並將《昭穆篇》與《古大明堂禮》合二爲一。武内義雄先生則不取《學禮》《朝事儀》，而特別確定爲《大戴禮記》佚篇的有《中霤禮》《烝嘗禮》，另補入《奔喪禮》一篇，爲他家所無。

　　在對諸《記》的判斷上，黃懷信先生以《大戴禮記》佚篇主要是與《小戴記》篇名同者，並引陳壽祺説爲佐證，其他諸《記》則不太可能是《大戴記》的佚篇。方向東先生則認同《四庫全書總目》的判斷，認爲《王度記》《三正記》《別名記》《親屬記》等明確標示屬於逸禮、逸記的篇目比較可靠。② 錢玄先生在引述陳壽祺觀點的同時，也與丁晏的論述相比較。與《小戴記》篇名不同者，丁晏以爲是《古文記》《明堂陰陽》《王史氏》之屬；與《小戴記》篇名同者，丁晏以爲是今本《禮記》的脫文，武内義雄、阮廷焯等先生也有這種傾向。錢玄先生進而認爲諸佚篇，其實已無法一一分別考辨，但不出《大戴禮記》逸篇、《禮記》脫文、百三十一篇之《古文記》逸篇三種可能。③ 後世學者因世傳《禮記》中有《逸禮》篇目，多以此類推《大戴禮記》佚篇，實際上是以今古文混融爲前提。

---

① （宋）王應麟：《漢藝文志考證》，尹承整理，王承略、劉心明主編：《二十五史藝文經籍志考補萃編》第 1 卷，清華大學出版社 2014 年版，第 83~84 頁；《困學紀聞》，欒保群、田松青、呂宗力校點，上海古籍出版社 2008 年版，第 572 頁；《玉海藝文校證》，武秀成、趙庶洋校證，鳳凰出版社 2013 年版，第 197~198 頁。

② 方向東：《大戴禮記彙校集解》，中華書局 2008 年版，第 3~4 頁。

③ 丁晏《佚禮扶微》輯禮之逸經、逸記較爲全備，其後諸家如阮廷焯、錢玄等皆受其益。上文已述，丁晏逆向思考《大戴禮記》的成書，反對小戴删《大戴禮記》之說，《大戴禮記》是增廣《禮記》而成，因此諸《記》自然不可能是《大戴禮記》的内容。錢玄：《三禮通論》，南京師範大學出版社 1996 年版，第 48~52 頁。

第三節　輯佚標準與篇目取捨

　　《大戴禮記》確實存在佚篇佚文，這一點容易被學者們接受，但何者足以證實爲《大戴禮記》佚篇，諸家所定標準則互有異同。其中，武內義雄先生言之較詳：

　　　　現存於《大戴禮記》中之諸篇，及上所舉之《大戴》佚篇文，爲班固《白虎通》、應劭《風俗通義》、蔡邕《明堂月令》等後漢之儒所引者，往往單標《禮·某記》，或《禮記·某某》而已，多不明言《大戴禮》。蓋後漢儒者，對於兩戴《記》，均稱爲《禮記》，故當時著作，援引《禮記》之文，若不見於《小戴記》者，多是《大戴》之語，所以班、應、蔡諸儒所稱爲《禮記》之語，其不見於《小戴記》者，可以想像爲《大戴》佚篇之名。①

　　武內氏主要是通過時代先後，區分二戴《記》與東漢諸儒所引之"記"，並通過"想像"的方式實現《大戴禮記》佚篇的判定。武內氏所論仍然較爲武斷，卻是諸家所采用的基本預設。即輯佚各篇多有異名，或單稱"某記"，或稱"禮記某"，或稱"禮某記"，或稱"逸禮某記"，又有"大戴禮逸禮""禮記逸禮"之稱，前後貫通，互畫等號，遂可定佚篇名目。較之武內義雄，劉曉東先生態度更爲謹慎：

　　　　考《大戴》佚篇，須先明數事：其一，《大戴》不立學官，其名不定，故魏晉以降，有稱之爲"逸禮"者，亦有稱之爲"禮記"者。然"逸禮"爲三十九篇逸《禮經》之專稱，"禮記"爲小戴四十九篇之定名，而《大戴禮》抑或稱之，則當辨名析實矣。其二，漢魏迄唐所引不在今大小戴《記》之文，有有篇名者，亦有無篇名者。其有篇名者，爲《大戴》八十五篇之佚篇抑《大戴》未采之古《記》佚篇不易定也。其無篇名者，爲佚篇之存文抑存篇之佚文亦不易定也。前賢考《大戴》佚篇者，率拘牽於《漢志》之篇數，多方彌合之，強以附八十五篇之數，若陳壽祺、孫志祖、王仁俊等，或短促

---

　　① ［日］武內義雄：《兩戴記考》，江俠菴編譯：《先秦經籍考》，商務印書館 1931 年版，第 167 頁。

不備，或汎濫無擇，均未愜當。①

　　劉先生所言與錢玄先生所論"三種可能"近似，遂定"有明文可据者，可確定爲《大戴禮記》之佚篇"七篇（《號諡記》《文王世子》《王度記》《別名記》《政穆篇》《三正記》《禘于太廟禮》）、"可定爲古《記》之佚篇"六篇（《明堂陰陽録》《親屬記》《五帝記》《王霸記》《瑞命記》《太學志》）、"或是《大戴》之佚篇，或是存篇之佚文"一篇（《曾子記》）、存疑三篇（《曲禮》《禮器》《祭法》）、"引《小戴》篇目之文而今無或與今本異者"七篇（《禮運記》《曾子問》《祭義》《王制》《檀弓》《内則記》《樂記》）。從諸佚篇實際稱引的篇名看，明言出自《大戴禮（記）》的十篇，漢人稱引者只有《御覽》引許慎《五經異義》（《禮器》）、《漢書》顏注引服虔注（《曲禮》）兩條，而劉先生都以爲不可靠而存疑。六朝僅宋王應麟《玉海》引沈約一條（《諡法》），剩下七篇皆爲唐人所稱引，其中皮日休《補大戴禮祭法》一條，劉先生亦列入存疑。

　　而黄懷信先生從年代、家法入手，得出了相反的結論，認爲唐人所引《大戴禮記》佚文都不可信，因爲《大戴禮記》在唐前或已只傳今本所見篇目；而漢人所引如言"見《大戴禮》"（服虔注言《曲禮》條）則不可不信。② 前文已述，黄氏不信小戴删大戴説，與丁晏一樣，認爲大戴有增廣小戴之舉，是以《大戴禮記》所佚四十六篇主要是《小戴禮記》所有之篇。以上多是針對佚篇立論，傳世文獻中又有不知出於何篇、但明言出自《大戴禮記》的佚文。清儒孔廣森即已注意到這一現象：

　　　　鄭君《喪服》注云"神不歆非族"，《檀弓》注云"吉笄無首素總"，《郊特牲》注云"庭燎之差，公蓋五十，侯伯子男皆三十"，疏者並以爲《大戴禮》文。又《詩·雲漢》正義引"一穀不升，徹鶉鷃；二穀不升，去鳧雁；三穀不升，去兔；四穀不升，去圉獸；五穀不升，祭不備牲"，《樂記》正

① 劉曉東：《〈大戴禮記〉佚篇考辨》，《中國典籍與文化論叢》第 5 輯，中華書局 2000 年版，第 48～49 頁。

② 黄懷信：《大戴禮記彙校集注》，孔德立、周海生參撰，三秦出版社 2004 年版，第 18～19 頁。黄先生還主張因爲環境與人爲的原因，盧辯可能只注了《大戴禮記》二十四篇，並影響了《大戴禮記》的散佚，今本有可能就是盧注本之舊。黄先生又指出戴震早就言及"隋唐間《大戴》闕篇與今本無異"，並以司馬貞《史記索隱》所言"四十七篇亡，見今存者有三十八篇"未計入單篇流傳的《夏小正》，其間論證似有不備。關於《大戴禮記》篇卷流傳之異，涉及版本流傳，此不贅述。

義引"文王年十五而生武王發",《士冠禮》疏引"文王十三生伯邑考",《喪服》疏引"大功以上唯唯,小功以下額額然",《士喪禮》疏引"大夫于君命,升聽命,降拜",《少牢饋食》疏引"卿大夫之著長五尺",《文選·景福殿賦》注引"禮義之不愆,何恤人言",《舞賦》注引"驪駒在門,僕夫具存",《歸去來分辭》注引"君道當,則萬物皆得其宜",《後漢書》注引"六十無妻曰鰥,五十無夫曰寡",今《記》皆無其語,則唐本信有增多于今者矣。①

孔氏所引,除部分可與上述佚篇重合,如"卿大夫之著長五尺"下孔廣森言"似《三正記》亦《大戴》篇名也",其他都無篇題。此可知唐人所見《大戴禮記》確與今本有別,但似亦不至如黃先生所言絕不可信。圍繞此類佚文,清儒姚鼐則注重從經文、記文體式出發予以討論,其說本自伯父姚範(號姜塢):

> 《儀禮·喪服傳》疏引《大戴禮》"大功以上唯唯,小功以下額額",此非今《大戴禮記》也,大戴説十七篇之辭也,又非賈公彥唐人所能引載也。魏晉六朝以來舊義疏得見大戴説者所引,而賈氏襲之。《晉書·禮志》載杜元凱云:"《士喪》一篇,戴聖之記雜錯其間。"二戴之説,晉時尚存,是以知其雜錯也。今則存於經者無以辨之,而其亡者不可得見矣。②

姚範、姚鼐將此《大戴禮》佚文解釋爲大戴説《禮經》之文,唐人乃是承六朝義疏而知。此説已深入經學解釋層級的深處,只是施行起來頗爲困難,但對反思《大戴禮記》佚文佚篇的考證,頗有助益。推論"記"之體,禮學典籍中起碼存在《儀禮》經之"記"、二戴説《禮經》之"記"與二戴《記》之"記"(還可細分今文、古文)。因此,對佚文與佚篇的性質都有重新並深入思考的必要。當然還有另一種極端的觀點,不僅以世傳《儀禮》十七篇無散佚,亦以所謂《大戴禮記》佚篇爲"《詩》疏所謂文多假託者也"。③ 邵懿辰又言二戴《記》還可隨《禮經》次第編次,"可附者略相比附,不可附者併歸通記通論,而非必經記別相傳授",似有姚氏所説之義,但取消了《大戴禮記》佚文佚篇這一問題存在的合

---

① (清)孔廣森:《大戴禮記補注》,王豐先點校,中華書局 2013 年版,第 13~14 頁。

② (清)姚鼐:《惜抱軒九經説》卷 11,《續修四庫全書》第 172 册,上海古籍出版社 2002 年版,第 662 頁。

③ (清)邵懿辰:《禮經通論》卷上,黃銘、秦婷點校,丁耘編:《思想史研究(第七輯)》,上海人民出版社 2009 年版,第 396 頁。

理性。邵氏注重今文禮學内部的系統性，尤其是"四際八篇"之論，前承朱子《儀禮經傳通解》、李光地之説，後啓康有爲《新學僞經考》之作。① 從今文家法而言，其系統頗爲完備，但不足以解釋傳世文獻中出現的佚文與佚篇。至如王聘珍對今存《大戴禮記》各篇進行考訂，反推《禮三本》、《禮察》、《保傅》、《夏小正》、《曾子立事》、《五帝德》、《帝系》、《孔子三朝記》七篇、《朝事》（"《禮經》之記"）諸篇出自孔壁二百四篇之古文《記》，《諸侯遷廟》、《諸侯釁廟》（二篇名屬經，内容屬記）、《投壺》、《公符》諸篇屬於《禮古經》，《盛德》《明堂》諸篇屬於古記《明堂陰陽》，不唯承襲舊説，又未能探賾深思而過於籠統。②

可見，諸家對《大戴禮記》佚篇的探究，實則與各自對二戴《記》成書與流傳的判斷有關。各家在爲得出結論所采取的方法上，又多有强作調人之嫌。學者自身的智識、目的、學力各有不同，所得結論也有不少差異。贊同《大戴禮記》未散佚者，論如小戴删取大戴之説、大戴增廣小戴説，多在篇數、文獻傳承脈絡、家法上用力。贊同《大戴禮記》散佚者，往往將佚篇的觸角伸入傳統佚禮輯佚之學的内部，並注重引證時代與語境的分析，同時也淡化今文與古文、今文學與古文學、經與記的區别。這種知識的考證，往往是一個複雜的系統工程。在面對漢代的經書文本時，學者首先要面對今古文的采擇，進而思考經、記諸體式的性質與混雜情況，當然還要面對傳世文獻層累性質地解讀。事實上，各家的調和與解釋，在没有確切出土文獻佐證的情況下，難有對錯之分，但有精粗之别。以學術源流論，通過梳理各家説法的來源與差異，前後的變遷軌跡卻是十分清晰，並有助於繼續思考禮學文獻内部的傳承與詮釋問題。

①　王汎森：《清季的社會政治與經典詮釋——邵懿辰與〈禮經通論〉》，《中國近代思想與學術的系譜（增訂版）》，上海三聯書店 2018 年版，第 38~54 頁。

②　（清）王聘珍：《大戴禮記解詁》，王文錦點校，中華書局 1983 年版，第 1~9 頁。

第六章 "佚文"考源

　　相比於在流傳過程中逐漸形成確定篇題與篇目的"禮經""禮記"，在漢代以前的文獻中還有不少標明"禮曰""禮也"等形式的佚文(更準確地説是被後世學者認定爲佚文)。這部分佚文與《儀禮》《禮記》《大戴禮記》並不能完全對應，代表了早期學術與思想中"禮"之表達的多重面貌，也凸顯出"禮"在各經典文獻中難以取代的地位。本章所討論的"禮"之"佚文"，主要圍繞丁晏《佚禮扶微·佚文》部分展開。丁書主要涉及《孟子》《荀子》《説苑》《白虎通義》《漢書》《説文解字》《公羊解詁》《風俗通義》《齊民要術》《文選注》《通典》等書。① 其中，《文選注》《通典》所引"逸禮"説見"佚經"，《白虎通義》引"禮"、《説苑·貴德》引"禮記"、《齊民要術》引"禮外篇"説見"佚記"，《風俗通義》所引"禮"文較少，已附論於相關條目。因而本章"佚文"的主體內容實際上就是先秦孟子、荀子二家與漢代許慎、何休二家。

第一節 《孟》《荀》引禮考

　　在出土文獻多批次、大規模現世以前，先秦時期孔子以後的儒家主要以孟子、荀子爲代表，昭示出早期儒學發展相輔相成的不同面向。② 但二者在後世

---

　　① 丁晏所列次序爲《孟子》《荀子·大略》《説苑·貴德》引"禮記"、《齊民要術》引"禮外篇"、《白虎通義》《風俗通義》《説文解字》《漢書》《通典》《文選注》《公羊解詁》引"禮"，未言次第有何意義，或非成於一時所致。

　　② 參閱王博：《中國儒學史·先秦卷》，北京大學出版社 2011 年版，第 307~364、515~627 頁。丁爲祥：《發生與詮釋：儒學形成、發展之主體向度的追尋》，人民出版社 2015 年版，第 304~335 頁。郭齊勇：《中國哲學通史·先秦卷》，江蘇人民出版社 2021 年版，第 314~350、675~709 頁。郭齊勇先生指出"在孔子之後，孟子與荀子均繼承了儒家的主要的思想內涵，孟荀之間同大於異，他們各自有所偏重，各有創建"。

地位差別顯著，隨着孟子在宋代從祀孔廟，並取代顏回而稱"亞聖"，《孟子》亦逐漸升格爲經，並成爲朱子四書學體系的核心經典之一。荀子雖然也在宋代從祀孔廟，但在明代嘉靖改制中又被罷祀（明初孟子亦曾短暫罷祀，但終未成功），晚清時期甚至受到猛烈批判（同時，清代也是荀學復興的時期）。二者歷史地位的起伏升降明顯與時代思潮有關，而二者在思想上的不同氣質又啓發了後世學者對儒學流變的簡單概括，如傳道（人師）、傳經（經師）之分，如宋學、漢學之別，甚至今古文之争也可在其中找尋到一定的脈絡與基礎。①

二者的經典之學，約略言之，孟子重《詩》《書》與《春秋》，荀子重禮（《荀子》諸篇盛稱"禮義"）。但孟子顯然對禮學亦有相當的造詣，荀子亦不僅引《詩》《書》爲據，並傳諸經於後世（清儒汪中考證漢代《毛詩》《魯詩》《韓詩》《左傳》《穀梁傳》皆荀子之傳，而"曲臺之《禮》，荀卿之支與餘裔也""劉向又稱荀卿善爲《易》，其義亦見《非相》《大略》二篇""荀卿之學，出於孔氏，而尤有功於諸經"）。② 二人更重要的區别在於對經典的態度，如説《詩》，王博先生概括爲"孟子是以心性説《詩》，荀子則是以禮統《詩》"③。具體到"禮"，丁晏認定爲"佚文"者，《孟子》有四條，《荀子》則集中於《大略》一篇。

丁晏所輯《孟子》引"禮"者四條，或稱"禮曰"，或稱"禮"，見於《公孫丑下》《滕文公下》《離婁下》，多可與《禮記》等文獻互證（參見表6-1）。④ 其中"朝廷不歷位而相與言，不踰階而相揖也"條，與《禮記·曲禮上》所言不同，

---

① 甘鵬雲《經學源流考》言戰國經學流派即孟子、荀子二大派，並言"孟子之學，長於微言大義而不務章句，與子夏一派不同。荀子傳子夏之學""孟子之學，實開後世宋學一派。荀子之學，實開後世漢學一派。孟子之功在經世，其在孔門則政事之科。荀子之功在傳經，其在孔門則文學之科也"。甘鵬雲：《經學源流考》卷1，《國學珍籍彙編》，臺灣廣文書局1977年版，第6頁。

② （清）汪中：《荀卿子通論》，田漢雲點校：《新編汪中集》，廣陵書社2005年版，第412~414頁。另參張小苹：《荀子傳經考》，浙江大學博士學位論文，2011年。曹旻：《乾嘉學派與荀子思想關係研究》，南京大學博士學位論文，2016年。曾暐傑：《想像與嫁接——荀子傳經系統的建構與問題》，臺灣《政大中文學報》2016年第26期。曾氏文以"荀子傳經"之論出於清儒對"宋學"的反動，"利用荀子填補漢代道統的空缺，以建構'漢學'的權威與正當性"，其説可從。相似的建構之路，另參趙四方：《孔門傳經弟子的形象重塑與清代經學轉型——以子夏爲中心》，《江海學刊》2022年第4期；《鄭玄在清代學術史上的形象演變》，《福建論壇》（人文社會科學版）2022年第9期。

③ 王博：《中國儒學史·先秦卷》，北京大學出版社2011年版，第623頁。

④ （清）焦循：《孟子正義》卷8、卷12、卷17，沈文倬點校，中華書局1987年版，第258、421~422、595頁。

焦循引陳祥道之言，以《曲禮上》所言爲燕居之禮，《孟子》所言爲朝廷之禮，而"朝廷尚嚴，燕居尚和，言之不同，所主之禮異也"，其義較爲通達。其他三條(實爲兩條)意義皆不複雜，大致是戰國時期通行的禮儀規則。

表 6-1

出處	原文	互證
《公孫丑下》	禮曰：父召無諾，君命召不俟駕	父召無諾，先生召無諾，唯而起《禮記·曲禮上》 凡君召以三節，二節以走，一節以趨。在官不俟屨，在外不俟車。……父命呼，唯而不諾《禮記·玉藻》 君命召，不俟駕行矣《論語·鄉黨》 諸侯召其臣，臣不俟駕，顛倒衣裳而走，禮也。《詩》曰："顛之倒之，自公召之。"天子召諸侯，諸侯輦輿就馬，禮也。《詩》曰："我出我輿，于彼牧矣。自天子所，謂我來矣。"《荀子·大略》
《滕文公下》	禮曰：諸侯耕助，以供粢盛；夫人蠶繅，以爲衣服(犧牲不成，粢盛不絜，衣服不備，不敢以祭)焦循以"犧牲不成"以下亦孟子述禮之文，丁晏未輯 惟士無田，則亦不祭丁晏分爲兩條	天子親耕於南郊以共齊盛，王后蠶於北郊以共純服。諸侯耕於東郊亦以共齊盛，夫人蠶於北郊以共冕服《禮記·祭統》 天子親耕以共粢盛，王后親蠶以共祭服《穀梁傳》桓公十四年 宮室不設，不可以祭。衣服不修，不可以祭。車馬器械不備，不可以祭。有司一人不備其職，不可以祭《穀梁傳》成公十七年
		無田禄者不設祭器，有田禄者先爲祭服《禮記·曲禮下》 大夫士宗廟之祭，有田則祭，無田則薦《禮記·王制》
《離婁下》	禮，朝廷不歷位而相與言，不踰階而相揖也	臨喪不笑，揖人必違其位《禮記·曲禮上》

除此之外，《孟子》論禮之言遠不止上述四條，如據甘鵬雲《經學源流考》統計：

孟子説禮，有明言"禮"者，如"禮曰諸侯耕助"云云、"禮朝廷不歷位而相與言"云云是也。"諸侯失國"云云、"在國曰市井之臣"云云，下文皆曰"禮也"。"丈夫之冠也，父命之"云云，上文云"子未學禮乎"。"三年之喪，齊衰之服"云云、"天子一位"云云，皆曰"嘗聞"。"君薨聽于冢宰"，引"孔子曰"。"天子適諸侯"云云，兩見，一引"晏子曰"，皆古禮也。有不明言禮者，如"古者棺槨無度"云云、"夏后氏五十而貢"云云、"夏曰校"云云、"卿以下必有圭田"云云、"歲十一月徒杠成"云云、"招虞人以皮冠"云云、"天子之地方千里"云云、"犧牲既成"云云、"有布縷之征"云云是也。有與人論禮者，如景丑曰"禮曰父召無諾"云云、淳于髡曰"男女授受不親，禮與"、齊宣王曰"禮爲舊君有服"、萬章曰"父母愛之，喜而不忘"云云，與《內則》略同。①

甘氏以《孟子》述禮之言有數種形式，丁晏所引四條(實則三條)即在"有明言'禮'者"與"有與人論禮者"中，另有"皆曰'禮也'""上文云'子未學禮乎'""皆曰'嘗聞'""有不明言禮者"等形式(參見表6-2，表中互證之説並非完全佐證《孟子》之言，頗有不一致處，只是可證時人關注的話題較爲一致，卻不乏相異的言説與設計)。其中，孟子論井田税法、爵祿之制尤其受到關注，並與今文學有相通之處。劉師培嘗論《公羊》與《孟子》相通七例，未涉及禮學、禮制(僅《告子下》論大貉小貉、大桀小桀與《滕文公上》論三代貢、助、徹之法相通)，但頗可説明孟子之學的氣質。②

① 甘鵬雲：《經學源流考》卷1，《國學珍籍彙編》，臺灣廣文書局1977年版，第4頁。(清)焦循：《孟子正義》卷4、卷9、卷10、卷12、卷15、卷16、卷18、卷20、卷21、卷25、卷28、卷29，沈文倬點校，中華書局1987年版，第122、281、323、334、343、350~362、417、521、543、547、610、675~688、711、719、721、840、974、999頁。

② 劉氏言："《公羊》得子夏之傳，孟子得子思之傳。近儒包孟開謂《中庸》多《公羊》之義，則子思亦通《公羊》學矣。子思之學傳於孟子，故《公羊》之微言多散見於《孟子》之中。"此種學脈譜系與學術理念關係的表述，只是一種可能性敘述。劉師培：《群經大義相通論》，吳方編校：《中國現代學術經典·劉師培卷》，河北教育出版社1996年版，第575~577頁。另如廖平《今古學考》亦將《孟子》視爲"今學書目"。(清)廖平：《今古學考》，黃海德、楊世文校點，舒大剛、楊世文主編：《廖平全集》第1冊，上海古籍出版社2015年版，第34頁。廖氏將《荀子》亦視爲"今學書目"(《穀梁》亦是)，劉氏則以《孟子》之義多近《公羊》而爲齊學，《荀子》之義則多近《穀梁》而爲魯學(劉氏又以《公羊》與《荀子》相通，荀子實爲"通儒之學")。

表 6-2 《孟子》引禮補表

出處	原文	互證
《梁惠王下》	晏子對曰：善哉問也！天子適諸侯曰巡狩，巡狩者，巡所守也。諸侯朝於天子曰述職，述職者，述所職也。無非事者，春省耕而補不足，秋省斂而助不給	參佚經《天子巡守禮》條
《公孫丑下》	古者棺椁無度，中古棺七寸，椁稱之。自天子達於庶人，非直爲觀美也，然後盡於人心	《禮記·檀弓上》《喪大記》
《滕文公上》	諸侯之禮，吾未之學也。雖然，吾嘗聞之矣：三年之喪，齋疏之服，飦粥之食，自天子達於庶人，三代共之	申也聞諸申之父曰：哭泣之哀，齊斬之情，饘粥之食，自天子達《禮記·檀弓上》，焦循"是孟子亦述曾子之言，蓋嘗聞諸師者也"
	孔子曰：君薨，聽於冢宰。歠粥，面深墨，即位而哭，百官有司莫敢不哀，先之也	《儀禮·士喪禮》
	夏后氏五十而貢，殷人七十而助，周人百畝而徹，其實皆什一也。徹者，徹也。助者，藉也。……請野九一而助，國中什一使自賦。卿以下必有圭田，圭田五十畝，餘夫二十五畝。死徙無出鄉，鄉田同井，出入相友，守望相助，疾病相扶持，則百姓親睦。方里而井，井九百畝，其中爲公田，八家皆私百畝，同養公田，公事畢，然後敢治私事，所以別野人也。此其大略也	什一者，天下之中正也。多乎什一，大桀小桀；寡乎什一，大貉小貉。什一者，天下之中正也。什一行而頌聲作矣《公羊傳》宣公十五年 九夫爲井，井間廣四尺，深四尺，謂之溝。方十里爲成，成間廣八尺，深八尺，謂之洫。方百里爲同，同間廣二尋，深二仞，謂之澮《周禮·考工記·匠人》，鄭注引《孟子》 古者公田藉而不稅，市廛而不稅，關譏而不征，林麓川澤，以時入而不禁。夫圭田無征《禮記·王制》，鄭注引《孟子》
	庠者，養也。校者，教也。序者，射也。夏曰校，殷曰序，周曰庠，學則三代共之，皆所以明人倫也	古之教者，家有塾，黨有庠，術有序，國有學《禮記·學記》

續表

出處	原文	互證
《滕文公下》	子未學禮乎：丈夫之冠也，父命之。女子之嫁也，母命之，往送之門，戒之曰：往之女家，必敬必戒，無違夫子。以順爲正者，妾婦之道也	參佚經"親迎禮"條
《離婁上》	男女授受不親，禮也。嫂溺援之以手者，權也	故男女授受不親，御婦人則進左手，姑、姊妹、女子已嫁而反，男子不與同席而坐。寡婦不夜哭，婦人疾，問之，不問其疾。以此坊民，民猶淫泆而亂於族《禮記·坊記》
《離婁下》	歲十一月徒杠成，十二月輿梁成，民未病涉也	子曰：師，爾過，而商也不及。子產猶衆人之母也，能食之，不能教也《禮記·仲尼燕居》，鄭注"子產嘗以其乘車濟冬涉者，而車梁不成，是慈仁亦違禮"，孔疏"鄭約《孟子》爲注"
	禮爲舊君有服	子思曰：古之君子，進人以禮，退人以禮，故有舊君反服之禮也。今之君子進人若將加諸膝，退人若將隊諸淵，毋爲戎首，不亦善乎？又何反服之禮之有？《禮記·檀弓下》
《萬章上》	父母愛之，喜而不忘。父母惡之，勞而不怨	(曾子曰)父母愛之，嘉而弗忘。父母惡之，懼而無怨《禮記·祭義》《大戴禮記·曾子大孝》
《萬章下》	(周室班爵祿)其詳不可得聞也。諸侯惡其害己也而皆去其籍，然而軻也嘗聞其略也。天子一位，公一位，侯一位，伯一位，子男同一位，**凡五等**也。君	王者之制祿爵：公、侯、伯、子、男，**凡五等**。諸侯之上大夫卿、下大夫、上士、中士、下士，**凡五等**。天子之田方千里，公侯田方百里，伯七

續表

出處	原文	互證
《萬章下》	一位, 卿一位, 大夫一位, 上士一位, 中士一位, 下士一位, **凡六等**。天子之制, 地方千里, 公侯皆方百里, 伯七十里, 子、男五十里, **凡四等**。不能五十里, 不達於天子, 附於諸侯曰附庸。天子之卿受地視侯, 大夫受地視伯, 元士受地視子男。大國地方百里, 君十卿祿, 卿祿四大夫, 大夫倍上士, 上士倍中士, 中士倍下士, 下士與庶人在官者同祿, 祿足以代其耕也。次國地方七十里, 君十卿祿, 卿祿三大夫, 大夫倍上士, 上士倍中士, 中士倍下士, 下士與庶人在官者同祿, 祿足以代其耕也。小國地方五十里, 君十卿祿, 卿祿二大夫, 大夫倍上士, 上士倍中士, 中士倍下士, 下士與庶人在官者同祿, 祿足以代其耕也。耕者之所獲, 一夫百畝, 百畝之糞, 上農夫食九人, 上次食八人, 中食七人, 中次食六人, 下食五人。庶人在官者, **其祿以是爲差**	十里, 子男五十里。不能五十里者, 不合於天子, 附於諸侯曰附庸。天子之三公之田視公侯, 天子之卿視伯, 天子之大夫視子男, 天子之元士視附庸。制: 農田百畝。百畝之分, 上農夫食九人, 其次食八人, 其次食七人, 其次食六人。下農夫食五人。庶人在官者, 其祿以是爲差也。諸侯之下士視上農夫, 祿足以代其耕也。中士倍下士, 上士倍中士, 下大夫倍上士。卿四大夫祿, 君十卿祿。次國之卿三大夫祿, 君十卿祿。小國之卿倍大夫祿, 君十卿祿。次國之上卿, 位當大國之中, 中當其下, 下當其上大夫。小國之上卿, 位當大國之下卿, 中當其上大夫, 下當其下大夫。其有中士下士者, 數各居其上之三分。……諸侯之下士, 祿食九人, 中士食十八人, 上士食三十六人, 下大夫食七十二人, 卿食二百八十八人, 君食二千八百八十人。次國之卿, 食二百一十六人, 君食二千一百六十人。小國之卿, 食百四十四人, 君食千四百四十人。次國之卿, 命於其君者, 如小國之卿。天子之大夫爲三監, 監於諸侯之國者, 其祿視諸侯之卿, 其爵視次國之君, 其祿取之於方伯之地。方伯爲朝天子, 皆有湯沐之邑於天子之縣內, 視元士《禮記·王制》

續表

出處	原文	互證
《萬章下》	諸侯失國而後託於諸侯，禮也	
	在國曰市井之臣，在野曰草莽之臣，皆謂庶人。庶人不傳質爲臣，不敢見於諸侯，禮也	凡自稱於君，士大夫則曰下臣。宅者在邦，則曰市井之臣；在野，則曰草茅之臣；庶人則曰刺草之臣。他國之人則曰外臣《儀禮·士相見禮》
	(招虞人)以皮冠。庶人以旃，士以旂，大夫以旌	十二月，齊侯田于沛，招虞人以弓，不進。公使執之。辭曰："昔我先君之田也，旃以招大夫，弓以招士，皮冠以招虞人。臣不見皮冠，故不敢進。"乃舍之。仲尼曰："守道不如守官。"《左傳》昭公二十年
《告子下》	(孟子曰)天子適諸侯曰巡狩，諸侯朝於天子曰述職。春省耕而補不足，秋省斂而助不給	又見《梁惠王下》"晏子對曰"
	天子之地方千里，不千里，不足以待諸侯。諸侯之地方百里，不百里，不足以守宗廟之典籍	參《萬章下》"天子一位"條
《盡心下》	犧牲既成，粢盛既絜，祭祀以時，然而旱乾水溢，則變置社稷	乃命太史次諸侯之列，賦之犧牲，以共皇天、上帝、社稷之饗《禮記·月令》家主中霤而國主社，示本也。唯爲社事，單出里；唯爲社田，國人畢作；唯社，丘乘共粢盛，所以報本反始也《禮記·郊特牲》
	有布縷之征，粟米之征，力役之征	凡宅不毛者，有里布；凡田不耕者，出屋粟；凡民無職事者，出夫家之征《周禮·地官·載師》

雖然孟子及其後學對禮學十分重視，但禮學在孟子學派中並不具備真正的核心地位。先秦儒家系統闡述禮之作用者，實首推荀子，其所作《禮論》《樂論》《儒效》等篇，備言禮之大體與適用，全書更是不斷申言"禮義"與"隆禮"之義。汪中以"二戴《禮》並傳自孟卿。《大戴禮·曾子立事》篇載《修身》《大略》二篇文，《小戴·樂記》《三年問》《鄉飲酒義》篇載《禮論》《樂論》篇文"①，甘鵬雲言"其學尤長於禮，故《荀子》一書，言禮者過半。大戴所傳之《禮三本》篇、《哀公問五義》篇、《勸學》篇、《曾子立事》篇，小戴所傳之《三年問》篇、《樂記》篇、《鄉飲酒義》篇、《聘義》篇，大都皆見於《荀子》"②，謝墉甚至認爲"荀子所著載在二戴《記》者尚多，而本書或反缺佚"③。有關二戴《記》內容的來源，在出土文獻的觀照下，實則還需更深入的討論，④ 但在傳統學術脈絡的討論中，從荀子、賈誼到二戴的學術傳承一再被強化。至少從論"禮"的主題而言，《荀子》之書確實是先秦儒家最爲重要的集成文獻，羅根澤先生有"禮學成於荀子"之說：

> 荀子之書，於人生政治心性名理，以及天人之際，術數之微，無不詳論。然其執一御萬之方，解決一切之術，則一而已。一者何？曰"禮"。**全書大恉，骨歸於禮**，不惟《禮論》一篇然也。《大小戴記》純講禮學，而其書時襲《荀子》，然則謂**禮學成於荀子**，無不可也。⑤

---

① （清）汪中：《荀卿子通論》，李金松校箋：《述學校箋》，中華書局 2014 年版，第 452~453 頁。

② 甘鵬雲：《經學源流考》卷 1，《國學珍籍彙編》，臺灣廣文書局 1977 年版，第 5~6 頁。

③ （清）謝墉：《聽鐘山房集》卷 9《荀子序》，《清代詩文集彙編》第 345 冊，上海古籍出版社 2010 年版，第 149 頁。

④ 另如劉寧先生從文體角度討論《荀子》專論的特色，認爲荀子文章呈現的"集義"格局，實際上就是接續儒家"七十子後學散文"側重師道教誨的傳統（但荀子在思辨性、邏輯性和體系性的專論意識上，相對於七十子後學"傳記"又有很大改變，主要體現在正名論證和辨析群言的大量運用）。以此爲論，如果二戴《記》多七十子後學文章，則《荀子》與二戴《記》的關係甚至可以部分倒轉。參閱劉寧：《漢語思想的文體形式》，華東師範大學出版社 2012 年版，第 5~22 頁。另參何志華、朱國藩、樊善標編著：《〈荀子〉與先秦兩漢典籍重見資料彙編》，香港中文大學出版社 2005 年版。

⑤ 先生又言："近人往往摘取片言，依據隻字，不讀其人之書，未見其人之全，妄肆抨擊，武斷是非，自詡爲確鑿有據，評覈允當，而竅之全書，繹其宏旨，其意每不在此，或竟與此相反。荀子禮言，固有不適於現代者，而偏激者流，資假一義，詆其全體，一若荀子不惟毫無價值，且爲萬惡之藪者，抑亦太過矣。今比類通銓，揭示荀子論禮之真，世有君子，可觀覺焉。"羅根澤：《荀子論禮通釋》，《女師大學術季刊》1931 年第 2 卷第 2 期。

羅先生詳考荀子論禮義、天子諸侯卿大夫之禮（"用於國家臣民，鑄成'禮治主義'"）、士庶人之禮（即家庭之禮、父子之禮，分述事生、送死、祭祀之禮）之言，並特別重視孔、孟、荀的義理言說以及荀子禮學的歷史影響，所論尤多精義，贅引如下：

> 荀子爲由儒入法之過渡人物。**荀子而上，孔子、孟子其言政也，植本於仁**。仁之義爲相人偶，其目的在盡人我，相與之道，以組織社會，是倫理的。荀子而下，韓非、李斯其言政也，專重於法。……荀子則以禮爲治。禮之義爲分，其目的在明分使群以組織社會，是政治的。**孔子言仁，以恕爲之說，全爲歆動力。孟子言仁，以義爲之說**，於歆動勸導之外，稍有限制之意。禮，全主於限制，然力量未甚嚴鉅。法則整齊劃一，不容絲毫軼出繩墨之外，純爲强制矣。孟子見以恕言仁之效未大驗，故以義言仁。**荀子見仁恕、仁義之效未大驗，故倡禮**。韓非見禮之效未大驗，故倡法。禮能爲之分，而犯分亂理則無以治之（充其量不過斥其非禮而已），法則裁制人之犯分亂理者也。世人每疑荀子爲儒家大師，而一傳之後，即爲韓非法家之學，不知正一脈相傳，不足異也。

此論由仁而禮而法，荀子爲樞紐人物。又言：

> 統觀諸篇所言，則荀子謂禮之意義可知矣：**一言以蔽之，曰"分"**。其意義與作用，在建設一種分的制度，使其各守所分而不相逾越侵犯也。……**荀子釋禮，義主於"分"，承其學者，兩漢儒家猶明斯義**，故《禮記·仲尼閒居》謂"禮也者，理也"。《史記·禮書》全襲《荀子·禮論》，《禮記·樂記》及《史記·樂書》全襲《荀子·樂論》，釋禮亦自不悖。下至東漢白虎講學，亦謂"禮義者，有分理"（《白虎通·性情》篇）。即晉之初葉，王肅僞《孔子家語》亦曰"禮者，理也"（《論理》篇），其義仍未失。然自姬周崇禮右文，下更**兩漢**，禮數益增，繁文縟節，不勝其擾，**禮意失而禮節盛**，其遭非斥，理固宜然。故老莊謂爲"道之華而亂之者"，而**東晉**之士，尤鄙夷不屑道。及隋唐物極而返，禮復尊隆，然亦徒擷取皮毛，以牢籠一世之人心，非實明禮義，實行禮義也。**宋儒糅合儒佛，謂"禮者，天理之節文，人事之儀則"**（朱子《論語集注·學而》篇），而解釋天理，以爲如有物焉，得於天而具於心。蹈於玄虛，鄰於意見，則禮意已因之玄渺

不可捉摸；而又繁其節儀，使人難爲。則其究也，足以導世人趨於虛僞，
今人之非棄禮教，斥爲妖孽，詆爲吃人，雖言或過當，亦自身腐爛有以致
之也。則禮意云何，又可不亟亟表而出之，以與世人評其得失，沽其價值
也哉！①

此論禮義、禮儀二千年演變史，並及"今人之非棄禮教，斥爲妖孽，詆爲
吃人"之因由，發人深省。對禮義的追求與推重，自孔子時代即已如此，荀子
則將之塑造爲最根本的政治綱領。《荀子》論禮義尤爲精詳，也有具體禮文的
記述，較爲集中地呈現在《大略》篇中，丁氏所列《荀子》言禮之"佚文"即出自
該篇，但未全部列舉，只是舉例而言，並以"禮也"爲標識：

> 欲近四旁，莫如中央，故王者必居天下之中，禮也。
> 天子外屏，諸侯内屏，禮也。
> 諸侯召其臣，臣不俟駕，顛倒衣裳而走，禮也。
> 天子召諸侯，諸侯輦輿就馬，禮也。
> 天子山冕，諸侯玄冠，大夫裨冕，士韋弁，禮也。
> 天子御珽，諸侯御荼，大夫服笏，禮也。
> 天子彤弓，諸侯彤弓，大夫黑弓，禮也。②

"天子外屏""天子彤弓"二條，亦見於何休《公羊解詁》（莊公三十一年、

---

① 陳蘇鎮先生認爲荀子禮學在漢初生發了"以禮爲治"的政治學説（賈誼、申
公），與董仲舒"以德化民"説共同構成貫穿漢世的兩種不同的"撥亂反正之道"。參閲
陳蘇鎮：《〈春秋〉與"漢道"：兩漢政治與政治文化研究》，中華書局 2011 年版，第
133~158 頁。

② 劉咸炘言："此篇皆短節，有《禮論》《解蔽》諸篇之散句，多引曾子，或引而不明
著爲曾子。"劉咸炘：《子疏定本》，黃曙輝編校：《劉咸炘學術論集·子學編》，廣西師範大
學出版社 2007 年版，第 26 頁。劉師培以《毛詩》《左傳》《穀梁》《公羊》與《荀子》相通，亦
多及《大略》篇。劉師培：《群經大義相通論》，吳方編校：《中國現代學術經典·劉師培
卷》，河北教育出版社 1996 年版，第 579~601 頁。（清）王先謙：《荀子集解》卷 19，沈嘯
寰、王星賢點校，中華書局 1988 年版，第 485~487 頁。丁晏另將《荀子·禮論》開篇置於
附錄，其言"漢褚先生補《史記》亦取《禮三本》《議兵》篇及《禮論》之首章以作《禮書》，今考
荀卿《禮論》篇其尤粹者，二戴已入之《記》中，兹不更録，惟首章説禮甚醇，僅見於褚生所
采，故特著之以補禮文之闕云"。（清）丁晏：《佚禮扶微》卷 4，師顧堂影印《南菁書院叢
書》本，2020 年，第 117 頁。

定公四年)，惟"大夫嬰弓"略異，亦稱"禮"。① "諸侯召其臣""天子召諸侯"
二條，可參前文《孟子》引"禮"的討論。"天子山冕"條與冕服、冠服制度有
關，閻步克先生以爲荀子及其後學所述冕制蓋以冕之高低、冕版大小而分三
等，與《周禮》六冕制度有別。② "天子御斑"條又見於《大戴禮記·虞戴德》，
並可與《禮記·玉藻》"天子搢珽""諸侯荼，前詘後直""大夫前詘後詘"相參。
另如同篇所引《聘禮志》、所論親迎之禮已論於前章。除此之外，該篇論禮之
言尚多，如論喪、論拜、論齒命等，但皆無"禮也"之類的標識。又"寢不踰
廟，設衣不踰祭服，禮也"條，③ 丁氏漏輯。《大略》另有數條亦是"禮也"形
式，但與具體禮文無關。丁晏所輯"佚文"，多有"禮曰""禮""禮也"等形式上
的要求(諸如《説文解字》引經則形式更明顯，但丁氏未關注《春秋》三傳中"禮
也"的表述，只涉及何休《公羊解詁》中的引"禮"之言)，内容也與具體禮儀規
則相關，因此可視爲《禮經》《禮記》之外的散佚文字，當然其中也頗多互異之
處，顯示出早期禮學的複雜面貌。

孟子、荀子而外，先秦諸子多有述禮之言，只是立場各異而已，即諸子共
享了禮學的知識話語。諸如道家、墨家對儒家禮學的批評，墨家又重構新的墨
式禮制，法家則剥離掉禮的柔性色彩，實際上都是對三代之禮或"周禮"的不
同闡釋。④ 當然這部分内容，因爲超出儒學、經學視域，自然也不能成爲禮學
正統。而在儒學内部，圍繞禮學的爭論，或因傳聞各異，或因現實訴求不同，
也呈現出頗有歧異的面貌。且隨着六藝經典的儒學化與官學化，今古文經典之
間的差異與矛盾逐漸被放大(同時也有整合的趨勢)，不同性質、不同來源的
文本被放在同一平面予以比較和取捨，又加劇了歧異的發生，這都持續考驗着
後世的經學家。

---

① (清)陳立：《公羊義疏》卷 26、卷 69，劉尚慈點校，中華書局 2017 年版，第 955、
2671 頁。

② 閻步克：《服周之冕：〈周禮〉六冕禮制的興衰變異》，中華書局 2009 年版，第
42~46 頁。

③ 《禮記·王制》有"燕衣不踰祭服，寢不踰廟"。(清)王先謙：《荀子集解》卷 19，
沈嘯寰、王星賢點校，中華書局 1988 年版，第 495 頁。

④ 楊華師概括爲儒家的復古禮樂觀、墨家的功利禮樂觀(下層百姓的利益要求)、道
家的虛無禮樂觀、法家的實用禮樂觀(專制集權)。楊華：《先秦禮樂文化》，湖北教育出版
社 1996 年版，第 242~276 頁。另參陸建華：《先秦諸子禮學研究》，人民出版社 2008 年
版。

第二節 《説文解字》引禮考

《佚禮扶微·佚文》部分最具特色者，是對漢代典籍引"禮"之文的彙集，尤其是《白虎通義》《説文解字》《春秋公羊經傳解詁》之間可以形成對話（進而及於"禮是鄭學"）。當然，丁晏更重視"佚文"的性質，重點並非不同典籍之間的禮學差異，但這已充分顯示出丁氏的學術眼光，同時也是吳中經學學術重視漢代"古義"傳統的延續。許慎在當時號稱"五經無雙"，今僅有《説文解字》爲完璧，《五經異義》僅存逸文。丁氏研讀《説文》前後十數年，在《佚禮扶微》中即有對江西南城吳照《説文引經考異》的批評，後又因鄉賢吳玉搢《説文引經考》而作《説文舉隅》，可見丁晏對《説文解字》引經引禮十分熟悉。《佚禮扶微》輯《説文解字》引"禮"佚文七條凡九字：

> 禮：天子造舟，諸侯維舟，大夫方舟，士特舟。方部"舫"字
>
> 禮：天子用全，純玉也。上公用駹，四玉一石。侯用瓚，伯用埒，玉石半相埒也。玉部"瓚"字
>
> 禮：佩刀，天子玉琫而珧珌。諸侯璗琫而璆珌。士珕琫而珧珌。玉部"琫""璗""珕"字
>
> 禮曰：封諸侯以土，蒩以白茅。艸部"蒩"字
>
> 禮記曰：知天文者冠鷸。鳥部"鷸"字
>
> 禮：天子樹松，諸侯柏，大夫欒，士楊。木部"欒"字
>
> 禮：天子赤墀。土部"墀"字

丁晏對"天子造舟""天子用全""佩刀""知天文者冠鷸"四條皆有解讀，其中"天子造舟""佩刀"二條（實則四條）與《毛詩》有關，丁氏特言"《毛詩傳》去古未遠，多述禮文，唐孔氏不能盡詳所出，學《詩》者不可不留意也"；"天子用全"條有與《王度記》相合者，"知天文者冠鷸"條則爲"逸禮"：

> 《説文》引"天子造舟"云云，《大雅》毛傳有此文，《爾雅·釋水》亦載之。何休注《公羊》宣十七年傳云"禮，天子造舟，諸侯維舟，卿大夫方舟，士特舟"，與許君引"禮"合。
>
> 《毛詩·瞻彼洛矣》傳云："天子玉琫而珧珌，諸侯璗琫而璆珌，大夫

鐐瑓而璗珧，士珨瑓而珬珧。"《正義》云："傳因瑓珧，歷道尊卑，所用似有成文，未知所出何書也。"考《説文》所引《逸禮》，與《故訓傳》合，知毛公據古禮文也。《爾雅·釋器》云："黄金謂之璗，其美者謂之鏐。白金謂之銀，其美者謂之鐐。"又云："以脣者謂之珧。"疑即釋古禮之制也。

《説文》又稱"天子用全，純玉。上公，四玉一石"，與逸禮《王度記》同。

小顔《匡謬正俗》亦引"逸禮曰：知天文者冠鷸"，皆與許君引"禮"合。①

"天子造舟"條並與《爾雅》有關，而何休《公羊解詁》亦稱"禮"（説見宣公十二年，丁氏以爲宣公十七年，誤），② 清儒遂有以《爾雅》入禮書的議論，説參前章有關"佚記"的討論。丁氏《説文舉隅》以爲許慎據《逸禮》文。"天子用全"條，《王度記》載天子、公侯、伯子男之制，僅天子、上公與《説文》引"禮"同，侯伯子男之制則異；《考工記·玉人》載天子、上公、侯、伯之制，其中"上公用龍""伯用將"用字與《説文》略異，丁氏《説文舉隅》以爲"將乃埒之訛也"。③ 此條許慎明顯是解釋《考工記》，《王度記》所示或是今文説（鄭玄注解未從許説，與《王度記》同，前章已述及），丁氏未及分梳。顔師古《匡謬正俗》以"知天文者冠鷸"出"逸禮記"（丁氏稱引只言"逸禮"，或是所據版本不同）④，其注《漢書·五行志》又言"《逸周書》曰：知天文者冠鷸冠"⑤，今傳《逸周書》未見此文，馬宗霍言"以顔證顔，疑'周書'二字或'禮記'之誤，亦未可知"⑥。丁氏《説文舉隅》以之出《漢志》百三十一篇之《記》。"佩刀"條，丁氏以《説文》與《毛傳》合，其中士人之制今本《説文》作"珧珌"，《毛傳》作

---

① （清）丁晏：《佚禮扶微》卷 3，師顧堂影印《南菁書院叢書》本，2020 年，第 94 頁。《毛傳》"大夫鐐瑓而璗珧"，"璗"今多作"鏐"。

② （清）陳立：《公羊義疏》卷 47，劉尚慈點校，中華書局 2017 年版，第 1810 頁。

③ （清）丁晏：《説文舉隅》，中國國家圖書館藏清稿本、同治二年（1863）丁賜福抄本。

④ （唐）顔師古著，劉曉東平議：《匡謬正俗平議》卷 4，山東大學出版社 1999 年版，第 103 頁。

⑤ （漢）班固：《漢書》卷 27，中華書局 1962 年版，第 1366 頁。

⑥ 馬宗霍：《説文解字引禮考》，《説文解字引經考》，中華書局 2013 年版，第 769 頁。

"璏珌"，馬宗霍以爲"疑涉'珧'篆之注而誤"，① 可參。

"封諸侯以土"條，今三禮無明文，但與《逸周書·作雒解》"將建諸侯，鑿取其一面之土，苞以黄土，苴以白茅，以爲土封"相合②。"天子樹松"條與《禮緯含文嘉》相關（文見《白虎通義·崩薨》篇），但有"土楊"（《禮緯含文嘉》言庶人樹以楊柳）與"樹以槐"之别。③ "天子赤墀"條，段玉裁懷疑亦出於《禮緯含文嘉》，今無明文、出處可證，或爲《逸禮》之文。總體而言，七條之中僅有"天子用全"一條不應納入"佚文"。而通觀《説文解字》引"禮"之字，與今傳三禮無相應者，尚有十餘字，其中情況較爲複雜，丁氏在其他《説文》著述中亦有提及。

丁晏在《説文引經説直稱經考》一文中注意到漢人引經的特殊現象：

> 《説文》引《易》曰"井，法也"，此説井卦之文。《釋文》引鄭注亦云"井，法也"，古刑法字从井，《風俗通》云"井者，法也"。又引《易》曰"地可觀者，莫可觀於木"，此説觀卦之文。《漢書·五行志》於《易》地上之木爲觀，其於正事威儀容貌亦可觀也。又引《書》曰"圛圛升雲，半有半無"，此説《商書》"曰驛"之文。《詩·載驅》鄭箋，《古文尚書》以弟爲圛圛明也。又引《書》曰"竹箭如榰"，此説《禹貢》"篠簜"之文，《史記》"篠簜"作"竹箭"，《大射儀》注古文箭作晉，榰音晉，義同。凡皆引《易》《書》之説而直稱之曰《易》曰《書》，《説文》引經之例也。又人部引《詩》曰"不醉而怒謂之䜑"，《毛詩·大雅》傳之文。日部又引《虞書》曰"仁覆閔下"，《五經異義》稱《古文尚書》説之文。則知經説稱經，乃許書之通例。後人誤謂經之逸文，失其旨矣。示部"周禮有郊宗石室"，《御覽》引許慎《五經異義》"古《春秋左氏》説：歲禱於壇，禘及郊宗石室"，**賈逵、鄭衆説仲尼脩《春秋》，約之以周禮，《左氏傳》据成周之禮，故曰周禮，非指《周官經》也**。許又引"周禮：五歲一禘，三歲一禘"，今《周禮》無之，《後漢·張純傳》引"禮：三年一祫，五年一禘"，《禮緯稽命徵》亦有此文。許又引"周禮：禡於所征之地"，今《周禮》亦無之，見《禮記·王

① （唐）孔穎達等：《毛詩注疏》卷14，鄭傑文、孔德凌校點，《儒藏（精華編）》第23册，北京大學出版社2010年版，第882~883頁。馬宗霍：《説文解字引禮考》，《説文解字引經考》，中華書局2013年版，第740頁。
② 黄懷信、張懋鎔、田旭東：《逸周書彙校集注》卷5，上海古籍出版社1995年版，第571頁。
③ （清）陳立：《白虎通疏證》卷11，吳則虞點校，中華書局1994年版，第559頁。

制》，**此皆据成周之禮，俱不指《周官經》也**。凡讀經務在會通，無取膠
□，願與究心《説文》者參之。①

引經説亦稱經，亦見於《白虎通義》，蓋爲漢人通行之法，與漢代經學師
授家傳的性質有關。丁晏注意到《説文解字》"祏""禘""祫""禡"諸字引"周
禮"，實與《周禮》經文無關，而是許慎將當時的《左傳》經説、《禮緯》以及《禮
記·王制》皆視爲"周禮"的結果。② 除此四字之外，又有以《周禮》經説而稱
"周禮"或"禮"者：

> 周禮：二十五家爲社，各樹其土所宜之木。示部"社"字
> 周禮曰：孤服鷩冕。鳥部"鷩"字
> 周禮：距國五百里爲都。邑部"都"字
> 周禮曰：馬有二百十四匹爲廄，廄有僕夫。广部"廄"字
> 周禮：戟長丈六尺。戈部"戟"字
> 周禮曰：二百四十斤爲秉，四秉曰筥，十筥曰稯，十稯曰秅，四百秉
> 爲一秅。禾部"秅"字
> 禮：祭束茅加于裸圭而灌鬯酒，是爲茜，象神歆之也。酉部"茜"字③

以上諸條皆經無明文，或可據經文推導而知，或爲禮家舊説。其中"秅"

---

① （清）丁晏：《頤志齋文集》卷3，《清代詩文集彙編》第587册，上海古籍出版社
2010年版，第115頁。《説文舉隅》"禡"字下言"此《王制》文，周禮謂成周之禮，不指《周
官經》也"。

② 許慎對"周禮"的言説，在《説文解字》與《五經異義》中還有更複雜的面向。如黄
珊先生發現許慎在二書中對周禮的論述並不一致，"不僅《異義》和《説文》的周禮觀相衝突，
而且《異義》《説文》本身對周禮的敘述也前後矛盾"，並認爲"漢代經學家對周代禮制的不
確定認識是今、古學之分的原因之一，這對於重新認識漢代經學史，無疑有重要的參考意
義"。參閲黄珊：《論〈五經異義〉中的"周禮"問題》，《福州大學學報》（哲學社會科學版）
2010年第4期。

③ 馬宗霍《説文解字引禮考》對許氏引經分梳甚詳，本書所舉示例皆據馬氏説。馬氏
又以許氏引《周禮》多櫽栝之言，如"館""盥""筵""ㄑ""弩""彝""算"等字引"周禮"，
"席""殳"等字引"禮"，皆是。另許氏引經與今傳本僅用字有異者（其中許氏引《明堂月令》
與《禮記·月令》《今月令》的關係，參考前文"佚經"部分的論述），本書皆不作討論，相關
解釋可參虞萬里：《兩漢經師傳授文本尋蹤——由鄭玄〈周禮注〉引起的思考》，《文史》2018
年第4輯。

字引"周禮",又可與《儀禮·聘禮》記文相參。再如刀部"刷"字引"《禮》：布刷巾"，服虔釋《左傳》桓公二年"藻率鞞鞛"之"率"亦爲"刷巾"，或是《左傳》家說，又或是出自《逸禮》。另如广部"庠"字引"《禮》：官養老，夏曰校，殷曰庠，周曰序"，與《禮記·王制》《孟子·滕文公上》互有異同。糸部"繙"字言"《禮》有繙緣"，或說"繙"當爲"緣"，但許釋"緣"字無有引禮之文。豐部"豐"字引"一曰鄉飲酒有豐矦者"（段玉裁以"鄉"當作"禮"），鄭玄只言"豐"，阮諶、崔駰、李尤則有"豐矦"說。此皆可視爲禮家舊說或異說，被許慎接受而納入《説文解字》。總體而言，許氏引禮之言仍以《周禮》爲大宗，前引諸字稍有逸出《周禮》範圍者，又都在許氏整體"周禮"觀的視域之中。

有關《説文解字》引經的綜合考察，清儒已做過詳盡的梳理，及至民國，馬宗霍先生《説文解字引經考》乃集大成。其中，《説文解字引禮考敘例》對許氏引"禮"有詳細而精審地歸納與說明，贅引如下：

> 許君引禮，不主誰氏，《説文自敘》但謂其偁"禮周官"爲古文，前人於許敘皆分"禮周官"爲兩讀，桂馥以爲"禮"謂出孔壁之《禮》，即今《儀禮》。段玉裁亦謂"禮"爲《儀禮》，不言記者，言禮儀該記也。**愚案《説文》雖三禮竝引，然實以《周官》爲大宗。**全書偁"周禮"者凡九十五字。魚部鱻下所偁"周禮"，爲"周雒"之誤。戈部戣下所偁"周禮"，小徐本作"周制"，乃"周書"之誤，今並不錄。偁"禮"者止二十八字，有八字所引亦見《周官》，瓚璋瓺及柶席鉉茜。一字見《禮記》，曽。兩字則說《周官》之事，兩字則偁"禮"兼偁"周官"，**專屬《儀禮》者僅七字，且無一字在鄭注所云古文之內。**餘則或出《詩》毛傳，或出禮說，或出《禮緯》，或則不知所出，而亦以"禮"偁之。**是"禮"字所施者泛，不以《禮經》爲畫也。**偁"禮記"者止四字，有一字非許書原文，有一字亦出《周官》，一字出《逸禮記》，一字見《儀禮·公食大夫》記，而其字則從今文，**其爲《戴記》者無一焉。別有偁"明堂月令"者九字，偁"少儀"者一字，**此則實出《戴記》而又不以"記"偁之，或其篇於時單行，與《戴記》各自爲書耳。然則許敘"禮周官"云者，疑與《易》孟氏、《書》孔氏、《詩》毛氏、《春秋》左氏句例相同，蓋謂禮之《周官》爲古文也。觀其注中皆偁"周禮"，敘則變言《周官》，**正以《儀禮》亦周代之禮，"周禮"可爲大名，**恐人混而爲一，故特於敘以《周官》明之，亦猶《春秋傳》爲三傳大名，而注中所偁《春秋傳》則指《左傳》，故亦於敘文變言左氏以明之也。且《儀禮》雖有古經，而漢世傳禮之儒，皆習今文。《禮記》雖有古記，而二戴損益以後，慮亦古今雜糅，惟《周官》晚出，有古無今，

其後流傳有故書今書，蓋非本經之舊，斯又許君禮主《周官》之微意也。①

馬宗霍先生説許氏引禮出處甚詳（參見表 6-3、表 6-4），要之《説文解字》引禮以《周禮》爲宗則無疑義。這一點也體現在《五經異義》相關禮學逸文之中，黃永武先生言"許君《異義》從古《周禮》説者凡十三，兼採《周禮》《禮戴》之説者一，其釋《禮記》之條凡五，以無明文而闕疑者一"②，皆可見許氏禮學之主要傾向。黃先生又推索許訓之來源，較馬宗霍先生又推進一步，即許訓説禮之文可與杜子春、鄭興、鄭衆、古《周禮》家、《毛傳》、古《左氏》説、古《尚書》説、《禮緯》以及鄭玄等注解相合，同時也存在譌奪、以今文爲本字、不分正字借字的現象（參見表 6-3）。③ 除禮學專論外，許氏又用範圍更大、内涵更豐富的"周禮"（如"禑"字引"周禮"實出《禮記·王制》）來調節、整合禮書内部以及經書之間（尤其是《左傳》）的禮制言説。但丁氏所輯"佚文"並未關注許氏的《春秋》學説解（主要體現在《五經異義》之中，丁氏《説文引經説直稱經考》也注意到"《左氏傳》据成周之禮"的現象），卻詳盡收錄了何休《公羊解詁》的引禮之言。黃永武先生言許氏《五經異義》"凡論《春秋》之條，即論禮制之條"，雖與"佚禮"未必一一相關，但對理解許慎及漢儒禮學的全貌則不無助益。

《左傳》《周禮》同屬古文經典，後世學者多有論二書相通者，如劉師培屢言此義，並關注到許慎《五經異義》的經學解釋：

> 是兩漢巨儒治《周官》者，皆兼治《左氏》，則二書微言大義多相符合，可以即彼通此，彰彰明矣。又許氏作《五經異義》，所舉古文家説，多《左

---

① 馬宗霍：《説文解字引禮考》，《説文解字引經考》，中華書局 2013 年版，第 631~632 頁。

② 黃永武先生指出，《五經異義》中"從古《周禮》説者"爲田税、朝名、天子聘諸侯、竈神、復讎、九賜、天子無爵、祭主所用之木、卿大夫士無主、大夫有刑、祀宗廟當卜、爵制、玉色等十三條，"兼採《周禮》《禮戴》之説者"爲論城長城高之制，"釋《禮記》"者爲郊禖、珽、桃、征役之年及明堂，涉及《禮記·月令》《玉藻》《祭法》《王制》與《大戴禮記·盛德》（實爲今本《明堂》），明堂條又爲"無明文而闕疑者"。黃永武：《許慎之經學》，臺灣"中華書局"2019 年版，第 369~370 頁。

③ 黃先生言："今考許君引禮諸條，以《周禮》爲大宗，間引禮説而非經文者，亦多爲古《周禮》説，所引《禮記》，鮮有與古説異者。若其引《儀禮》今文家説者，必是《周禮》古文爲假借，今文爲本字，許君本字是依，不嫌並有今文，此則爲例不多，亦猶《毛詩》字爲假借，三家爲本字，故許引三家《詩》者同例。"黃永武：《許慎之經學》，臺灣"中華書局"2019 年版，第 427 頁。

氏》與《周官》並言。此有二書相符之確證。①

經裁魯史，以制義法，則傳釋經事，凡以禮、非禮相明者，均《周禮》也。其有事僅見傳，傳以禮、非禮相詮者，亦《周禮》也。惟諸侯五年再朝，傳云古制，知與周殊。夫《周禮》之文，傳凡七見，是蓋舊章之屬，象魏所懸，衡以《周官》，同名殊實。惟《周官》自出，亦溯姬公，典制法程，宜相吻合。故漢師釋《傳》，互況《周官》，及說經文，引徵益數。遇爲冬遇，禮有詛盟，三望爲山川分野星是也。古學二經，互爲表著，語其離合，有若斳黐。辟之《公》《穀》二家，必衷《王制》，師灋所著，百世莫能易也。②

今觀《左氏》一書，其待後儒之討論者約有三端：一曰禮，二曰例，三曰事。昔江都凌氏作《公羊禮疏》，番禺侯氏作《穀梁禮徵》，而《左氏》則缺如。今觀《左氏》所載古禮，多與《周官》相合，若以《周官》證《左氏》，以西周之禮證東周，以周禮證魯禮，則事半功倍。且《五經異義》一書，所引古文家言多《左氏》之佚禮，若能疏通證明，亦考古禮者所必取也。③

劉氏此說有其家學影響，④ 又受到晚清今古文之爭話語的宰制（如論"《公》《穀》二家，必衷《王制》"）。其論《五經異義》"多《左氏》與《周官》並言"，並不準確。《五經異義》傳世逸文所見，僅有論城長城高之制以《左傳》《周禮》並舉，《左氏》說、《周禮》說多是單獨出現（有少量條目與其他各經同出，如論爵制《周禮》與《毛詩》同出，論明堂《周禮》與古《孝經》說同出，論靈臺與盟牲《左氏》與《毛詩》同出，論冠齡《左氏》與古《尚書》說同出）。但論《五經異義》"所引古文家言多《左氏》之佚禮"則無誤，這實際也是廖平以禮制平分今古論的延續。黃永武先生分梳更詳。

---

① 劉師培：《群經大義相通論》，吳方編校：《中國現代學術經典·劉師培卷》，河北教育出版社 1996 年版，第 602 頁。

② 劉師培：《〈春秋左氏傳〉古例詮微》，黃錦君選編：《劉師培儒學論集》，四川大學出版社 2010 年版，第 214~215 頁。

③ 劉師培：《讀〈左〉劄記》，黃錦君選編：《劉師培儒學論集》，四川大學出版社 2010 年版，第 200 頁。

④ 徐興無：《釋〈春秋〉必以周禮明之——讀劉文淇〈春秋左氏傳舊注疏證·注例〉》，《南京曉莊學院學報》2006 年第 3 期。

表 6-3　《説文解字》引禮分類表

		周禮　偁"周禮"者凡九十五字	禮　偁"禮"者凡二十八字	禮記　偁"禮記"者凡四字　偁"少儀"者一字	明堂月令　偁"明堂月令"者凡九字
馬宗霍	《周禮》	祏袷袼禬社閏珥璥迗祣祿訰靯鷙朧矓副刜䎘筵蕢鼓館久柘禰都郶瓬旗廢䔞盨鷫窆㜵稍耤嗇罷䇏儋俈祲愯庽鷺而焌䕚皐泑僤桙醷閒斄搞䇫奉奴戟匰弓笯緐鏊况〈餗䰝鬵閼橆奿几與攟駉刱帗贁䡵軞輨讋算	瓊璂組又枏席鉉茜所引示見《周官》，兩字則説《周官》之事，皐鬟兩字秉偁《周官》	䀠亦出《周官》	
	周禮説				
	《儀禮》		醞莫哲髮婚醮專屬《儀禮》者惟七字，且魚一字在鄭注所云云之文之内	竼見《儀禮·公食大夫》記	薙虹酊
	《禮記》		酋一字見《禮記》	祭非許書原文　偁《少儀》	
	毛傳		玢跳瀿		
	禮説		豐庠綃刷瓯		
	禮緯		樂墭		
	逸禮		韇《司馬法》抗	觸出逸禮記	魮魥魴鸗孔鷊

續表

	周禮 佚"周禮"者凡九十五字	禮 佚"禮"者止二十八字	禮記 佚"禮記"者止四字 佚"禮"作"儀"者一字	明堂月令 佚"明堂月令"者九字
杜子春	褐副袻簚梭椯置	讝席		
鄭興	膴朐	茜		
鄭眾	閜瑑靼瓹鏇簨栙庌廦宧圂墍塈槅奉奴繢靷韈	柶		
鄭玄	襎訏取筳館斂都挑旗猜喉蹟〈鮪間〉搞眠蜡鼃醫	漳稙乆奠墾婚茜	監	雜甒乳虹酹
《周禮》經文	杜艘盥積醙而葬	觶甋		
古《周禮》家	托	㧢瓞瀳阬		
《毛傳》		刷		
古《左氏》說	拓			
古《尚書》說	剫裘衮今《尚書》說			
《禮緯》	裕褕皆所以存遂制，與引經證字義之例，判然有別，本不得羼入《說文》引經之修者也	樂堆	祭非詳書原文	
黃永武　誤奪	檜粢注本與羊詳同㩜泅		卝冊	舫《今月令》"榕" 䨮《今月令》"棄"
今文本字	珒儿倴隮顂嘵煉桃儿與制糊酖筭	璜哲罷鉉		
不分正字借字	副鼏鼐鼏㼉游	鉉		魞

表6-4 《説文解字》引"禮"表①

	引"禮"	今本原文	
示 祏	周禮有鄭宗石室《御覽·禮儀部》引《説文》作"禮鄭宗石室"。嚴可均謂"此蓋《禮緯》"，"又見《春秋緯》"。一曰大夫以石爲主亦《五經異義》所引《左氏》説	馬宗霍：據此（《五經異義》），則鄭宗石室乃《春秋左氏》説之文。《五經異義》亦許君所作，彼云《左氏》，此云《周禮》者，蓋謂《周禮》有此文也。禮典，非謂《周官經》有此文也。故許於《説文》以"一曰"二字別之，而於《五經異義》則駁之。《公羊》今文説，別之者，兼存《左氏》古説也	周禮
示 祔	周禮曰：五歲一袷，禘先王之禮也。陳壽祺以爲當作"五歲一禘，疑先王之禮也"。《禮緯稽命徵》"三年一袷，五年一禘"	馬宗霍：則此所偁蓋亦禮家之説。然《異義》既是駁五歲一禘與此云"周禮"不符。以《禮》爲禮，東漢初已然。當時諸儒迎合上意，多傅會經書，依而取決。鄭玄《駁異義》且以"三歲一袷，五歲一禘，爲百王通禮"，又引《禮讖》以證成其説，馬端臨《文獻通考》謂"康成蓋以漢禮爲周禮"，其言近之。然則許君此偁"周禮"者，蓋亦漢於時制也	
示 祫	周禮曰：三歲一袷，此周禮也	馬宗霍：則與鄭義異，蓋得經恉	
示 禡	周禮曰：禡於所征之地鄭注	天子將出征，類乎上帝，宜乎社，造乎禰，禡於所征之地。鄭注：禡，師祭也，爲兵禱，其禮亦亡	禮記王制

① 表6-4主要依據馬宗霍《説文解字引禮考》制作，並附有馬氏案語以明經説源流。表6-4大致以《説文解字》引禮稱名如"周禮曰""《周禮》曰""《禮》曰""《禮記·明堂月令》曰"前後排序，内部又以今本出處如《周禮》《儀禮》《禮記》等稍作調整。

續表

部首	字	引"禮"	今本原文	官名	出處
艸	苴	《周禮》有"茊菹"	加豆之實，芹菹、兔醢、深蒲、醓醢、箈菹、鴈醢、筍菹、魚醢。鄭注：魚醢，芹，楚葵也。	醢人	《天官》
虫	蚳	《周禮》有蚳醢	饋食之豆，其實葵菹、蠃醢、脾析、蠯醢、蜃、蚳醢、豚拍、魚醢。	醢人	
艸	櫢	《周禮》曰：饋食之籩，其實乾櫢	饋食之籩，其實棗、栗、桃、乾梅、榛實。鄭注：乾櫢，乾，乾也。有桃諸、梅諸，是其乾者。	籩人	
肉	臕	《周禮》有"臕判"馬宗霍：許引經易"胖"爲"判"，與鄭大夫同。疑許君以"臕判"爲一事。鄭與先鄭、杜、許說皆異	腊人掌乾肉，凡田獸之脯腊膴胖之事。凡祭祀，共豆脯，薦脯膴胖，凡腊物。鄭注：胖讀爲判	腊人	
肉	膒	《周禮》有"膴膒"馬宗霍：《說文》魚部魚"膒"字，疑此所偁《周禮》故書也	凡用獸獻，春行羔豚，膳膏香；秋行犢麛，膳膏腥；冬行鱻羽，膳膏羶；夏行腒鱐，膳膏臊	庖人	
肉	鱢	《周禮》曰：膳膏鱢。馬宗霍：案子春，先鄭雞大夫異說，其爲獸膏之臭則一。《說文》下云與先鄭義正合	凡用禽獻，春行羔豚，膳膏薌；夏行腒鱐，膳膏臊		
刀	劑	《周禮》曰：劀殺之齊	瘍醫掌腫瘍、潰瘍、金瘍、折瘍之祝藥劀殺之齊。鄭注：劀刮去膿血。	瘍醫	
木	柘	《周禮》曰：設梐枑再重馬宗霍：字與訓梐杜注：故書枑爲柜，許蓋本其師說也	掌舍掌王之會同之舍。	掌舍	
禾	稴	《周禮》曰：牛宜稴	凡會膳食之宜，牛宜稴，羊宜黍，豕宜稷，犬宜粱，鴈宜麥，魚宜苽。	食醫	

續表

部首	引"禮"	今本原文		
疒	《周禮》曰：春時有痟首疾 馬宗霍：許但以疾首疾 馬宗霍：鄭經經爲説，許就字爲説	疾醫掌養萬民之疾病。四時皆有癘疾：春時有痟首疾，夏時有痒疥疾，秋時有瘧寒疾，冬時有漱上氣疾	疾醫	《天官》
巾	《周禮》有幎人。許訓就字爲説	幎人掌共巾幎 馬宗霍：許訓字爲説	冪人	
衣	《周禮》曰：王后之服褘衣 馬宗霍：許但引經以證"褘"字，故許取之。引經而又釋之曰"謂畫袍"者，明經義與本義殊，所以説段借也	内司服掌王后之六服：褘衣、揄狄、闕狄、鞠衣、展衣、緣衣、素紗 馬宗霍：素沙，鄭謂之與許（畫袍）應	内司服	
广	《周禮》曰：牛夜鳴則庮（臭如朽木）馬宗霍：許又本先鄭	辨腥臊膻香之不可食者。牛夜鳴則庮	内饔 許説	
魚	《周禮》：春獻王鮪	獻人掌以時獻，爲梁。春獻王鮪	獻人	
手	《周禮》曰：籍魚鼈 馬宗霍：此約詞也	鼈人掌取互物，以時籍魚鼈龜蜃凡貍物	鼈人	
酉	《周禮》有醫酒 馬宗霍：引《周禮》蓋證列義，故在"一曰"之下	辨四飲之物，一曰清、二曰醫、三曰漿、四曰酏	酒正	
耒	《周禮》曰：以興鋤利甿 馬宗霍：許訓蓋本《孟子·滕文公》篇語。鄭大夫、杜子春所讀，字雖並合於《孟子》，而取義則別	凡治野，以下劑致甿，以田里安甿，以樂昏擾甿，以土宜教甿稼穡，以興鋤利甿，以彊予任甿，以時器勸甿，以彊予任甿，以土均平政	遂人	《地官》

續表

		引"禮"	今本原文	
竹	簨	供盆簝以待事馬宗霍：《說文》為字書，訓義各從其本	凡祭祀，共其牛牲之互與其盆簝以待事 鄭司農：盆所以盛血，簝受肉籠也。	牛人
敔	鼓	《周禮》六鼓：靁鼓，皋鼓，晉鼓皆兩面，靈鼓八面，路鼓四面 馬宗霍：蓋以祇於神事與地求人者為最差別，為尊之宇次也。又後鄭解"晉鼓"用祇，人鬼降殺以鬲，疑其本解雷，靈，路三鼓面數不從先鄭本之待中，故與許說合	以靁鼓鼓神祀，雷鼗，八面鼓也。以靈鼓鼓社祭，靈鼗，六面鼓也。以路鼓鼓鬼享，路鼗，四面鼓也。以鼖鼓鼓軍事，以晉鼓鼓金奏《大司樂》鄭司農：雷鼓，雷鼗，靈鼓，靈鼗，路鼓，路鼗，皆謂六面可擊者也。鄭注：雷鼓，雷鼗，四面。靈鼓，靈鼗六面。路鼓，路鼗四面	鼓人
食	館	《周禮》：五十里有市，市有館，館有積，以待朝聘之客 馬宗霍：此處樸格偁之，朝聘即經所云"會同"也。許訓參合者，主《禮》為文說，乗用毛詁也	凡賓客，會同，師役，掌其道路之委積，凡國野之道，十里有廬，廬有飲食，三十里有宿，宿有路室，路室有委；五十里有市，市有候館，候館有積 鄭注：委，積者，廩食可以給賓客也。一市之間，有三廬一宿	遺人 《地官》
邑	郇	《周禮》曰：任郇地，在天子三百里之內馬宗霍：任郇地，或者，明"郇"以外當有刻本也。《地官》序鄭人鄭注"距王城三百里曰郇，許鄭字異說同，《載師》貫即字從鄭本，而釋以稍稍，實用許說	以廛里任國中之地，以場圃任園地，以宅田，士田，賈田任近郊之地，以官田，牛田，賞田，牧田任遠郊之地，以公邑之田任甸地，以家邑之田任稍地，以小都之田任縣地，以大都之田任畺地	載師 稍人
石	磺	《周禮》有廿人馬宗霍：鄭即採許說	廿人 鄭注：廿之言礦也。	廿人
門	閭	《周禮》：五家為比，五比為閭馬宗霍：兩注《將仲子》《大司徒》並與許訓，亦隨文而異其訓	今五家為比，使之相保；五比為閭，使之相受；四閭為族，使之相葬；五族為黨，使之相救；五黨為州，使之相賙；五州為鄉，使之相賓	大司徒

續表

部	引"禮"	今本原文	出處
土	《周官》謂之塡之爲宗彝，許訓亦引《春秋傳》及二禮爲證，與先鄭合。故垣曰"謂之垟"，不引二禮原文，以見諸經經字異而義同耳，此亦引經之一例也	及塡，執斧以涖匠師 及塡，陳役 及塡，執斧以涖 大喪，始崩，戒敎傅達于四方，塡亦如之	鄉師 遂人 冢人 大僕 《地官》
穴	《周禮》曰: 及塡執斧	及塡，執斧以涖匠師 及塡，執斧以涖	鄉師 冢人
示	《周禮》曰: 禬之祝號 馬宗霍: 《藝文類聚》引《説文》"禬" 惡之祭曰禬"，《初學記》引又與今本同。馬宗霍: 許訓 "禬"爲 "會福祭也，既與祭之爲禳異，亦非二鄭之謂（除 也，禬刬去也），其説當別有所本	詛祝掌盟、詛、類、造、攻、説、禬、禜之祝號 鄭注: 入者之辭，皆所以告神明也。盟詛主於要誓，大事曰盟，小事曰詛	詛祝
玉	《周禮》曰: 琮圭璧	琮圭璋璧琮，纁皆二采一就，以斂聘 鄭司農云: 璪有所鄂，璪珛	典瑞
刀	《周禮》曰: 副辜祭 馬宗霍: 此約詞也。"副"爲籀文，副省袚當之，疑"副"爲古文而小篆仍之	琮圭璋璧琮八寸，璧琮八寸，以覜聘 鄭注: 璪，文飾也 以血祭祭社稷、五祀、五嶽，以貍沈祭山林、川澤，以疈辜祭四方百物	玉人 大宗伯 《春官》
木	《周禮》: 以禷祀祠司中司命馬宗霍: 疑許所據《周禮》故書作"祠"。許之此兩經，不徒分各字義，且以明 《詩》《禮》之相應，又引經之一例也	以禋祀祀昊天上帝，以實柴祀日、月、星、辰，以禋祀司中、司命、飌師、雨師 燎祀司中司命	大宗伯 雨師

續表

字	引"禮"	今本原文	出處
旐	《周禮》曰：縣鄙建旒。馬宗霍：詳云蓋用《考工記·輈人》與《輈人》義相應，故許本《司常》作訓，而下引《司常》證之。鄭君以《輈人》注此亦本以此注以經證彼經	司常掌九旗之物名，各有屬，以待國事。日月爲常，交龍爲旂，通帛爲旜，雜帛爲物，熊虎爲旗，鳥隼爲旟，龜蛇爲旐，全羽爲旞，析羽爲旌。及國之大閱，贊司馬頒旗物：王建大常，諸侯建旂，孤卿建旜，大夫士建物，師都建旗，州里建旟，縣鄙建旐，道車載旞，斿車載旌。皆畫其象焉，官府各象其事，州里各象其名，家各象其號	司常
旗	《周禮》曰：率都建旗。馬宗霍：許引作"率"者佚故書（《春官·樂師》鄭注）		
旟	《周禮》曰：州里建旗。馬宗霍：		
旃	《周禮》曰：通帛爲旃。馬宗霍：蘇林有此比制，故許君亦用之以作訓（申紛傳），或柔《周禮》，不必爲此用之以作訓		
閏	《周禮》曰：閏月，王居門中終月也。宗霍：蓋經語耳，本無"中"字，許引經字，以意足之，非所據《周禮》與今本異也。惟先鄭言明堂之門，則門謂明堂之門也。許言宗廟，於《玉藻》言路寢門，居門謂寢門也……後鄭《駁異》之義，亦本明堂告朔，與許不同。其《周禮》本文承"頒告朔"之下，則先鄭於閏月雖未明言告朔，其意當承明堂	閏月，詔王居門終月。鄭注：門，謂路寢門。鄭司農云：《月令》十二月分在青陽、總章、明堂，左个、右个，明堂之位，惟閏月無所居，故居之閏之門大史	《春官》
		玄端而朝日於東門之外，聽朔於南門之外，閏月則闔門左扉，立于其中。鄭注：閏月，非常月也，聽其朔月。馬宗霍：許言"門中"，蓋依《玉藻》	禮記 王藻
竈	《周禮》曰：大喪甫竈。馬宗霍：此約詞也。	大喪既有日，請度甫竈，遂爲之尸	家人
夢	《周禮》：以日月星辰占六夢之吉凶。一曰正夢，二曰噩夢，三曰思夢，四曰寤夢，五曰喜夢，六曰懼夢	以日月星辰占六夢之吉凶。一曰正夢，二曰噩夢，三曰思夢，四曰寤夢，五曰喜夢，六曰懼夢	占夢

續表

	字	引"禮"	今本原文		《春官》
巾	幣	《周禮》曰：驖車大幣馬宗霍：今《周禮》無此文。《說文》表衣裘魚本異字，"褋""幦"之别體，"褋"亦作"幦"。許與鄭本異字，疑許所據本有别本耳。"幦"當作"犬"，傳寫《說文》者涉本經上文"犬褋"字而誤耳	木車，蒲蔽，犬幦，尾橐，疏飾，小服皆疏。驖車，蒲蔽，藻幦，鞎飾。髹飾（既夕鄭注："幦，古文"幦"為"幦"")	巾車	
人	傀	《周禮》曰：大傀異馬宗霍：大徐本誤奪"災"字	凡日月食，四鎮五嶽崩，大傀異裁，諸侯薨，令去樂	大司樂	
火	焌	《周禮》曰：遂籥其焌（燋在前，以焞焯龜）馬宗霍：許謂"以焯焞龜"則亦兼用《儀禮》《士喪禮》之文。蓋二經皆言卜事，而《周禮》不如《儀禮》節次之詳。《周禮》文同，故許於此特表而出之	華氏掌共燋契，以待卜事。凡卜，以明火爇燋，遂龡其焌契，以授卜師，遂役之馬宗霍：此經句讀訓義，杜鄭皆不相同。許君讀與杜同，而解傳與鄭異	華氏	
火	燋	《周禮》曰：以明火爇燋也			
本	皋	《周禮》曰：詔來瞽皋舞馬宗霍：許云"皋，告之也"，則但用先鄭之義，而字與後鄭同	詔來瞽皋舞馬宗霍：經文本作"鼓"，或作"皋"。先鄭從正作，後鄭從或作。許與後鄭合	樂師	
手	摷	《周禮》：六曰摷祭	辨九祭，一曰命祭，二曰衍祭，三曰炮祭，四曰周祭，五曰振祭，六曰摷祭，七曰絕祭，八曰繚祭，九曰共祭	大祝	
匚	匰	《周禮》曰：祭祀共匰主馬宗霍：許訓可申成杜說，後鄭亦從祐	祭祀則共匰主及道布及蒩館	司巫	

續表

部	引"禮"	今本原文	出處
糸	**彝** 《周禮》六彝，雞彝、鳥彝、黃彝、虎彝、雌彝、斝彝，以待裸將之禮馬宗霍：此梁栝經義，非鄭注預用詳說之也。《左氏》定四年杜傳注即用此	辨六彝之名物，以待果將，春祠夏禴，裸用雞彝、鳥彝，皆有舟。秋嘗冬烝，裸用斝彝、黃彝，皆有舟。凡四時間祀追享朝享，裸用虎彝、雌彝，皆有舟。	小宗伯 司尊彝
酋	**尊** 《周禮》六尊，犧尊、象尊、箸尊、壺尊、大尊、山尊，以待祭祀賓客之禮馬宗霍：此與今系部"尊"下所引同例，亦梁栝經義，非鄭注本文也。鄭引晨云禮賓云之器，蓋許之所本。《鄭志》"賓人之彝說"，是後鄭主從先鄭矣	辨六尊之名物，以待祭祀，賓客。其朝踐用兩獻尊，其再獻用兩象尊，皆有罍，諸臣之所昨也。秋嘗冬烝，其朝獻用兩著尊，其饋獻用兩壺尊，皆有罍，諸臣之所昨也。凡四時之間祀追享朝享，其朝踐用兩大尊，其再獻用兩山尊，皆有罍，諸臣之所昨也	
土	**挑** 《周禮》曰：挑五帝於四郊馬宗霍：許所據此經故書也。許用正字也。本用此字異而義同	兆五帝於四郊，四望，四類亦如之	《春官》 小宗伯
几	**几** 《周禮》五几，玉几、彤几、雕几、鬃几、素几馬宗霍：此亦約詞也。鄭亦以几為坐而安體之器，則段打鄭許，以鄭證許	司几筵掌五几、五席之名物，辨其用與其位。凡大朝覲、大享射、凡封國、命諸侯，王位設黼依，依前南鄉，設莞筵紛純，加繢席畫純，加次席黼純，左右玉几。祀先王，昨席亦如之。諸侯祭祀席，蒲筵繢純，加莞席紛純，右彫几。昨席莞筵紛純，加繅席畫純，筵國賓于牖前亦如之，左彫几。甸役則設熊席，右漆几。凡喪事，設葦席，右素几	司几筵
巾	**席** 《禮》：天子諸侯席有黼黻繢純飾馬宗霍：此亦梁栝經義也。二鄭義狹而許義廣，疑其是段而非經文也		
車	**軝** 《周禮》曰：孤乘夏軝。一曰：下棺車也馬宗霍：孤乘夏軝，卿乘夏縵，大夫乘墨車，士乘棧車，庶人乘役車鄭注車中	服車五乘，孤乘夏篆，卿乘夏縵，大夫乘墨車，士乘棧車，庶人乘役車。故書"夏篆"為"夏縁"	巾車

續表

部首	字	引"禮"	今本原文	官
又	取	《周禮》：獲者取左耳馬宗霍：此引經證從耳之意，所以說字形也	大獸公之，小禽私之，獲者取左耳	大司馬
竹	箙	《周禮》：仲秋獻矢箙	中秋獻弓弩，中秋獻矢箙鄭注：弓弩成於和，矢箙成於堅。箙，盛矢器也，以獸皮為之	
弓	弓	《周禮》六弓，王弓、弧弓、夾弓、庾弓以射干革甚質，唐弓、大弓以授學射者馬宗霍：先鄭未必作"甚"，許書別有所據。許作"甚"正合於《禮經》	及其頒之，王弓、弧弓以授射甲革椹質者，夾弓、庾弓以授射豻侯鳥獸者，唐弓、大弓以授學射者、使者、勞者	司弓矢
弓	弩	《周禮》四弩，夾弩、庾弩、唐弩、大弩馬宗霍：此據格經文，非述經也	凡弩，夾、庾，利攻守，唐、大利車戰，野戰	閭師
广	庌	《周禮》曰：夏庌馬馬宗霍：許引與先鄭同。後鄭釋即用許義	閭師掌教國人養馬，春除蓐，釁廄，始牧，夏庌馬，冬獻馬鄭注：故字"房"為"訝"，鄭司農云"房為廡"	《夏官》
火	爟	《周禮》曰：司爟掌行火之政令宗霍：先鄭說與許引皆以爟為權之重文，則與《周禮》本經司爟，《周禮》雖有其例，但分屬二官者亦異。愚案二例亦互見，其有兼證引義者，則必加"一曰"於其上。或又引經中出訓解	司爟掌行火之政令，四時變國火，以救時疾	司爟
言	訝	《周禮》曰：諸侯有卿訝發宗霍：今《周禮》"魚"字，疑大徐本誤作"發"字，小徐本"發"字作"也"，可證	凡賓客，諸侯有卿訝，卿有大夫訝，大夫有士訝，士皆有訝鄭注：此迎朝親視問之日，王所使迎賓客于館之訝	掌訝 《秋官》

續表

	引"禮"	今本原文		《秋官》
囧	《周禮》曰:國有疑則盟,諸侯再相與會,十二歲一盟,北面詔天之司慎,司命盟,殺牲歃血,朱盤玉敦,以立牛耳馬宗霍:此蓋約耳,其下又僕據《左傳》(昭十三年,襄十一年,戎右)、《禮記》(《曲禮下》)之文以爲爲說。《公羊》隱元年傳何休注云"盟者殺牲歃血"亦同詳說	凡邦國有疑會同,則掌其盟約之載及其禮儀,北面詔明神。既盟,則貳之	司盟	
网	《周禮》曰:議能之辭馬宗霍:許並舉賢能者,蓋本經上文議賢言之	以八辟麗邦灋,附刑罰:一曰議親之辟,二曰議故之辟,三曰議賢之辟,四曰議能之辟,五曰議功之辟,六曰議貴之辟,七曰議勤之辟,八曰議賓之辟	小司寇	
鬼	《周禮》有赤魃氏馬宗霍:鄭蓋取聲訓,許蓋所據本有異	赤犮氏掌除牆屋之物也馬宗霍:鄭蓋取聲訓,許蓋所據本有異	赤犮氏	
石	《周禮》曰有哲族氏馬宗霍:"曰"字誤衍。許之訓義又從先鄭	哲族氏馬宗霍:後鄭解釋字形,疑亦本諸許說。後鄭字雖不從先鄭,而解"哲"與許合	哲族氏	
手	《周禮》:上辠桔拲而桎馬宗霍:許訓奠先鄭義合	掌囚掌守盜賊凡囚者。上罪桔拲而桎,中罪桔桎,下罪桔,王之同族桔,有爵者桎,以待弊罪	掌囚	
女	《周禮》曰:其奴男子入于辠隸,女子入于舂槀馬宗霍:"槀"字當從《說文》,《說文》艸部魚"則當從《周禮》	其奴男子入于辠隸,女子入于舂槀	司厲	

續表

部首	字	引"禮"	今本原文		
車	軹	《周禮》曰：立當前軹馬宗霍：今《周禮》無此文。愚案據《詩·小雅·蓼蕭》、《論語·鄉黨》孔疏，《周禮》此文並作"前侯"。許此所偁"前侯"之異文。愚案先鄭以胡釋廢，胡庾雙聲字，古通用	諸侯之禮，執信圭七寸，繅藉七寸，冕服七章，建常七斿，樊纓七就，貳車七乘，介七人，禮七牢，朝位賓主之間七十步，立當車軹，廟中將幣三享，王禮壹裸而酢，饗禮七獻，食禮七舉，出入四積，再問再勞	大行人	《秋官》
車	轚	《周禮》曰：舟輿轚互者馬宗霍：引經蓋轉寫者涉注文"擊"字而誤耳	凡道路之舟車轚互者，敘而行之	野廬氏	
虫	蜡	《周禮》：蜡氏掌除骴馬宗霍：此亦引經説段借也	蜡氏掌除骴胔 省鄭注引《月令》"掩骼埋胔"，正文注引《月令》"掩骼埋胔"	蜡氏	
革	鞄	《周禮》：柔皮之工鮑氏馬宗霍：引經似防當作"皮"，今作"柔皮"，蓋涉注文而云"攻皮"，"鞄"下亦云"攻皮"，可證也。許又云"鞄即鮑即鮑"者，是許説正與先鄭合，亦當本之《蒼頡篇》	攻皮之工，函、鮑、韗、韋、裘	考工記	《考工記》
水	洍	《周禮》曰：石有時而泐馬宗霍：此亦引經説段借之例也	天有時以生，有時以殺，草木有時以死，有時以生，石有時以泐，水有時以凝，有時以澤，此天時也	考工記	
瓦	瓬	周家搏埴之工也馬宗霍："家"謂之"周家"，於詞不典，《説文》凡偁引《考工記》皆偁"周禮""家"字傳寫疑"家"字可證"周禮"可證也	搏埴之工陶瓬	慌氏	
水	況	《周禮》曰：以況溫其絲七日馬宗霍：此引以無"水"字，疑轉寫奪之耳。先鄭從故書，許引以作"況"，與後鄭同從今書也	慌氏湅絲，以況水溫其絲七日，去地尺暴之鄭注：故書"況"作"湄"。馬宗霍：今案賈疏所云諸家，當指賈馬諸儒而言。"況"作"湄"，然則許蓋本之賈説	慌氏	

續表

部首	字	引"禮"	今本原文	篇名	
玉	珩	《周禮》曰：天子執珩四寸	天子執珩四寸，以朝諸侯鄭注：名玉曰冒者，言德能覆蓋天下也。四寸者，方以事接卑，以小爲貴鄭宗霍，此非冒之本義	玉人	《考工記》
艸	歓	《周禮》曰：觳弊不歓	陽也者稹理而堅，陰也者疏理而柔，是故以火養其陰而齊諸其陽，則觳雖敝不歓鄭注："鎮讀爲幕。"玄謂幕必桃滅，故革榦起之幕，歓當作耗。		
禾	稹	《周禮》曰：稹理而堅	陽也者稹理而堅，陰也者疏理而柔鄭注：稹，致也。又堅之也		
火	煉	《周禮》舊本或與正義《說文》所偁合。鄭，詳義亦不異	凡揉牙，外不廉而内不挫，旁不腫，謂之用火之善	輪人	
手	揅	《周禮》曰：輮欲其揅鄭宗霍：此蓋約詞	望其輻，欲其揅爾而纖也鄭宗霍：後鄭所讀，即本《爾雅》，偲取音同		
車	鰈	《周禮》曰：加軫與鰈焉鄭宗霍：詳訓與先鄭合	六尺有六寸之輪，軹崇三尺有三寸也，加軫與鰈焉四尺也		
車	輗	《周禮》曰：望其轂，欲其輗鄭宗霍：是作"眼"二鄭同，而取義各別，訓則有所據，當與先鄭限切之讀爲近	望其轂，欲其眼也		
竹	筵	《周禮》曰：度堂以筵鄭宗霍：此陸詩偁偁之也。許以席訓筵，與鄭說合	室中度以几，堂上度以筵，宮中度以尋，野度以步，涂度以軌		

續表

	引"禮"	今本原文	
〈	《周禮》：匠人為溝洫，耜廣五寸，二耜為耦，一耦之伐，廣尺深尺謂之〈。倍〈謂之遂，倍遂曰溝，倍溝云云　馬宗霍曰：其"倍〈"云云，但據格經義言之，非本經文也	匠人為溝洫，耜廣五寸，二耜為耦，一耦之伐，廣尺深尺謂之〈。田首倍之，廣二尺，深二尺謂之遂。九夫為井，井間廣四尺，深四尺，謂之溝。方十里為成，成間廣八尺，深八尺，謂之洫。方百里為同，同間廣二尋，深二仞，謂之澮	匠人
鼏	《周禮》：廟門容大鼏七箇	廟門容大鼏七个　鄭注：大鼏，牛鼎之鼏，長三尺	
久	《周禮》曰：久諸牆以觀其橈　馬宗霍：此約偁之	灸諸牆以眂其橈之均也	
人	《周禮》曰：句兵欲無僤　馬宗霍：先鄭易"僤"為"撣"，訓與先鄭"椑"義亦相足，疑許說本賈侍中也	凡兵，句兵欲無彈，刺兵欲無蜎，是故句兵椑，刺兵摶　鄭注：故書"椑"或作"偟"	廬人
頵	《周禮》：數目頵脰　馬宗霍：許字從今書而義與先鄭合，說或本之賈侍中	銳喙決吻，數目顧脰，小體騫腹，若是者謂之羽屬　鄭注："顧"或作"䐡"	
而	《周禮》：作其鱗之而　此引《說文》之例，引經以證本字為主，自不釋及"之"字，其於經義之貫侍中下固不可知也	凡攫援簭之類，必深其爪，出其目，作其鱗之而　鄭注：之而，頰頷也	梓人
糸	《周禮》曰：纁帛三入　馬宗霍：此約詞也	上綱與下綱出舌尋，纁寸焉	
金	《周禮》曰：重三鋝（北方以二十兩為鋝）馬宗霍：經詳此注即用《古尚書》說，其引"北方"云云，蓋今文說有如此者	重三鋝　鄭注：玄謂許叔重《說文》云"鋝"，鋝也。或曰：重三鋝，鋝六兩大半兩，鋝鈞似鋝而三鋝為一斤四兩	冶氏

《考工記》

續表

部	字	引"禮"	今本原文	官	出處
斗	斛	《周禮》曰：桼三斛與斜馬宗霍：今《周禮》魚文（"桼三斛"）。許但訓斛為量，不言所受多少	九和之弓，角與幹權，筋三侔，膠三鋝，絲三邸，漆三斛	弓人	《考工記》
車	轈	《周禮》曰：參分軹圍，去一以為賢圍 訓耤為軹圍國合於先鄭，然"橫軹"連文又合於後鄭。段說可通訓許為鄭之義，後鄭於軹軹之"軹"云"與轂末同名"，則視許為分析，可補許說之疏	參分軹圍，去一以為賢圍	輿人	
示	社	《周禮》：二十五家為社。馬宗霍：二十五家為社"。賈逵既有此說，則許蓋本之待中 各其樹其土所宜之木馬宗霍：案此字說解，今古文兼用。"地主"之訓，用今文《孝經》者，用古文《左傳》說。偁《左傳》說也	設其社稷之壝而樹之田主，各以其野之所宜木，遂以名其社與其野馬宗霍：鄭玄注之置社有叢木也，與許異。某注《周禮》樹木云"所宜木謂若松柏栗也"，亦用《論語》，則與許合	地官大司徒	
鳥	鷩	《周禮》曰：孤服鷩冕馬宗霍：段玉裁謂許蓋以天子之孤當侯伯，孫詒讓亦曰賈逵等說王國孤服如是，段、孫之說是也。惟經魚此文，則許《周禮》舊說耳	侯伯之服，自鷩冕而下如公之服；子男之服，自毳冕而下如子男之服。孤之服，自希冕而下如子男之服	春官司服	《周禮》說
邑	都	《周禮》：距國五百里為都馬宗霍：今《周禮》魚此文，許之所偁，蓋與《周禮》說也。小徐本作"周禮制"，正與《司馬法》合（《地官·載師》）	馬宗霍：後鄭諸注，並可與許說相參也（《天官·太宰》《司會》《考工記·匠人》）		
广	廄	《周禮》：馬有二百十四匹為廄，廄有僕夫馬宗霍：許所偁蓋《周禮》說，非經有此文也。"四"當為"六"之誤	凡頒良馬而養乘之。乘馬一師四圉。三乘為皁，皁一趣馬。三皁為繫，繫一馭夫。六繫為廄，廄一僕夫	夏官校人	

續表

字	引"禮"	今本原文	出處	《周禮》
戈	《周禮》：戟長丈六尺曰車戟。《周禮》無此文。鄭玄注與許所偁合。嚴可均許引皆蓋《周禮》說，是也。	廬人為廬器，戈柲六尺有六寸，殳長尋有四尺，車戟常，酋矛常有四尺，夷矛三尋	考工記 廬人	《周禮》說
禾	周禮曰：二百四十斤為秉，四百秉為一秅，十稯曰秅孫詒讓"偁"者，謂此經舊有"周禮"，即《異義》所偁《説文》同，故《異義》秉為，古《周禮》曰"二百秉曰秅"，以下，見《儀禮·馬宗霍云：今《周禮》秉曰秅"記	十斗曰斛，十六斗曰籔，十籔曰秉。十斗曰斞，十六斗曰籔，十籔曰秉。四秉曰筥，十筥曰稯，十稯曰秅。四百秉為一秅，而《說文》"秅"之《聘》記前後文亦不相豪。許鄭所主雖或殊，必不涉至之數斷可知也	儀禮 聘禮	
酉	《禮》：祭束茅加于祼圭而灌鬯酒，是為茜，象神歆之也于宗霍：今《禮經》無此"茜"，而許從之也，惟鄭不以為裸儀耳。毛公亦作"茜"字，蓋即許之所宗。惟《詩》義與《禮》有列，此則所當辨耳	祭祀共蕭茅鄭大云："蕭字或為"茜"，茜讀為縮。束茅立之祭前，沃酒其上，酒滲下去，若神飲之，故謂之縮	天官 甸師	
玉	《禮》：天子用全，純玉也。上公用駹，四玉一石。侯用瓚，玉石半相將也《王度記》，鄭公羹不分者，據賈氏說，其支出衻《禮緯》，周與許異。惠棟謂許氏之說蓋本貫達，路是也	天子用全，上公用龍，侯用瓚，伯用將玉五尺，公侯九寸，四一石，伯男三玉二石	考工記 玉人	《周禮》
玉	《禮》六幣，圭以馬，璋以皮，璧以帛，琮以錦，琥以繡，璜以黼馬宗霍：總言其配之幣，以見其為朝聘所用之玉，上下文可互照也	合六幣：圭以馬，璋以皮，璧以帛，琮以錦，琥以繡，璜以黼	秋官 小行人	《周禮》

續表

	引"禮"	今本原文	出處
殳	《禮》：受以積竹八觚，長丈二尺，建於兵車，旅賁氏先驅馬宗霍：然亦陳楛格之，非《周禮》有此文也。後鄭注與許令。《詩·衛風·伯兮》"伯也執殳，為王前驅"，毛傳云"殳長丈二尺而無刃也"，亦其旁證	廬人為廬器，戈柲六尺有六寸，殳長尋有四尺，車戟常，酋矛常有四尺，夷矛三尋：殳長尋有四尺，崇於人四尺，謂之四等	考工記 廬人 《周禮》
		旅賁氏掌執戈盾，夾王車而趨，祭祀，授旅賁殳，故士戈盾，授舞者兵亦如之	旅賁氏 司戈盾
艸	《禮》曰：封諸侯以土，租以白茅，租並有此文，詳君不偁。《周書》《春秋》所偁，《周書》《禮》者，蓋出自封之禮也與《春秋》與《記》，未可知也。	將建諸侯，鑿取其一面之土，苞以黃土，苴以白茅，且以黃土以為土封；凡封土封，設其社稷之壝，封其四疆	周書 作雒 / 地官 封人
豈	《禮》：晉鼓四通為大鼓，夜半三通為戒晨，曰明五通為發明馬宗霍：今《禮經》無此文。詳所偁乃《司馬法》之文	晉鼓四通為大鼓，夜半三通為戒晨，旦明五通為發昫（地官）《司馬法》"凡軍旅，鼓"《軍禮》"夜鼓夜鼙"鄭注	司馬法
角	《禮》：一人洗舉觶馬宗霍：此約辭也。以辨《禮詩》說之非。鄭亦爵制不徒與許異趣，且謂《周禮》與《禮詩》說合矣	一人洗，升，舉觶于賓	鄉飲酒禮
角	鄉飲酒禮之爵也馬宗霍：段玉裁謂"鄉"當作"禮"。一曰觴受三升者謂之觚	一人洗，升，舉觶于賓	鄉射禮 《儀禮》
丁	《禮》有奠祭者馬宗霍：王裁曰："禮"謂《禮經》也，《士喪禮》《既夕禮》祭皆謂之奠	馬宗霍：此雖非引經文，然考《儀禮·鄉飲酒禮》《禮記·鄉飲酒禮》則解飲酒義，皆有解奠無飯，惟《禮·大射禮》《特牲饋食禮》則解飯兼用 馬宗霍：如奠字所從者廣《釋名·釋衣制》曰"表祭"。《釋名·釋衣制》曰"表祭"，事主禮而言，非義之本也	士喪禮 既夕禮

續表

字	引"禮"	今本原文	出處
日	《禮》曰：晳明行事　馬宗霍：經文本字當從此引	質明行事	士冠禮
髟	《禮》：女子髮髢　馬宗霍：此約詞也〔弔則不髢。魯臧武仲與齊戰于狐鮐，魯人迎喪者始見《春秋左氏》襄公四年，故許即述《左傳》文以明弔髮非禮之正〕	女子子在室爲父，布總箭笄髽衰三年	喪服
		魯婦人之髽而弔也，自敗於臺鮐始也　馬宗霍：婦人弔禮本不髽，《禮弓》記此蓋弔髮變之始	禮記檀弓上
木	《禮》有柄	馬宗霍：三禮皆有柄，見於《儀禮》者尤多。或以棘爲，或以板醴，其制則剡，率以角爲之，故多角柄遠文	
鹿	《禮》：麗皮納聘	納徵，玄纁束帛儷皮，如納吉禮	士昏禮
		擯者入告，出詩。上介奉儷皮，二人贄	聘禮
女	《禮》：娶婦以昏時　馬宗霍：此白虎乘經義，非述經文也〔婦人陰也，故曰婚　許謹詩說蓋與奉班同《白虎通·嫁娶》〕	記。士昏禮，凡行事，必用昏昕，受諸禰廟	士昏禮 《儀禮》
金	《禮》謂之鬲　馬宗霍：今《儀禮》皆作"鬲"。《禮》之今文作"鬵"，與《易》同。許以"鬵"亦作"鬲"，蓋本於《儀禮》同經文主今文也。今《周禮》作"鬲"，疑《周禮》爲古文假字，而許所據兩經皆作"鬲"爲今文字，故鼎部引《周禮》而全部引《儀禮》，蓋互見之例也	若毅，則特豚，載合升，離肺實于鼎，設扃鼏　鄭注：今文"扃"爲"鉉"，古文"鼏"爲"密"。馬宗霍：密。愚謂古文不必一本，不得視爲今文而疑及鄭本。許鄭所據不必皆同。許云"《禮》謂之鬲"者當爲古文別本，不得視爲今文而疑及鄭本今文之"鬲"亦當作"鬲"也	士冠禮
酉	冠娶禮祭　馬宗霍：愚疑許說本分兩讀，"冠娶禮"爲一讀，"祭也"爲一讀。許君以冠昏禮之醮爲醴爲義耳	若不醴，則醮用酒 / 父醮子，命之	士冠禮 士昏禮

續表

	引"禮"	今本原文	出處	文獻
本	《禮》：祝曰皋（登謌曰奏枝五菜：《禮經》或言謌、言奏樂，實皆奏也）	升自前東榮，中屋北面，招以衣，曰"皋某復"三 及其死也，升屋而號，告曰："皋某復！"	士喪禮 禮記 禮運	《儀禮》
刂	《禮》：布刷巾馬宗霍：今據《說文》，則知"刷巾"之文蓋出於《禮》，服說與許正同	馬宗霍：《左傳》桓二年"藻率鞞鞛"依孔疏引服虔以藻爲畫藻，鞞爲刷巾，又曰服言"禮有刷巾"事金所出		《禮》說
豐	一曰鄉飲酒有豐侯者馬宗霍：許偁此而云"一曰"，蓋亦以爲列義，不以爲正設也	段玉裁曰："鄉"當作"禮"，許云"豐"者，蓋漢時說禮家之語。漢人（阮諶、崔駰、李尤）得《禮經》之說，李尤以爲正設也，鄭不云之用，許則襲禮家說也		
糸	《禮》有繢緣馬宗霍：今《禮經》無此文，則《六書故》亦似此有魚。然《說文》"繢"二字義後有列，仍未可遽合爲一	公子爲其母，練冠，麻，麻衣縓緣；爲其妻，縓冠，葛絰帶，麻衣縓緣，皆既葬除之 練，練衣黃裏，縓緣 期而小祥，練冠，練衣縓緣，要絰不除 童子之節也，緇布衣，錦緣，錦紳并紐，錦束髮，皆朱錦也段玉裁也以爲錦緣未錦爲緣，或紺緣績緣。馬宗霍言亦無確證，似當闕疑	喪服 檀弓上 間傳 王藻	闕疑
木	《禮》：天子樹松，諸侯柏，大夫欒，士楊馬宗霍：當系《春秋》《禮緯》"緯"字，而許君則專系之《禮》耳。許君所據《禮》，或然人無樹，亦未可知，不必定有專文，家所據樹，或栖或榆，蓋亦定也	天子墳高三刃，樹以松；諸侯半之，樹以柏；大夫八尺，樹以藥草；《白虎通》引《春秋·含文嘉》引《禮緯》曰土四尺，樹以槐，庶人無墳，樹以楊柳《春秋·含文嘉》。士人"以爵等爲丘封之度與其樹數"賈疏引	含文嘉	《禮緯》

續表

	字	引"禮"	今本原文		
土	墀	《禮》：天子赤墀馬宗霍：段玉裁以爲蓋出《禮緯含文嘉》之文。其制至漢猶存			《禮緯》
玉	玼	禮，佩刀，玼珧玉珌馬宗霍：今作"玼"，疑涉"玼"字之誤			
玉	珧	《禮》，佩刀，天子玉琫而珧珌馬宗霍：惟許"珧"下云"佩刀，天子以玉"與此云"天子玉琫而珧珌"異。佩刀之飾，天子上玉下金，諸侯上金下玉，大夫士上下皆金屬，士上下皆蜃屬，毛傳之意若是耳	天子玉琫而珧珌，諸侯璗琫而璆珌，大夫鐐琫而鏐珌，士珧琫而珧珌，蓋必有所本。今本珧作玼，如毛傳同毛傳即出於《禮》。惟許謂玼而珌偏而許偏即出於《説文》所偏者蓋《逸禮》，胡承珙謂毛亦必從《説文》逸篇之文是也。("公珧珌不列於璧")與今本異	瞻彼洛矣	《毛傳》
玉	遙	《禮》，佩刀，諸侯璗琫而璆珌馬宗霍：《禮記·玉藻》"諸侯璗琫而璆珌"文與此異，彼當有誤			
方	舫	《禮》：天子造舟，諸侯維舟，大夫方舟，士特舟馬宗霍：疑出《古禮經》之文，而《爾雅》《毛傳》述之。王氏此言孔疏引《詩》王基》當有所本，然則此蓋周代所傳禮之制也。許引之者，蓋證就此方舟意之偁	天子造舟，諸侯維舟，大夫方舟，士特舟，庶人乘泭	爾雅釋水	
			天子造舟，諸侯維舟，大夫方舟，士特舟	大明毛傳	
			禮，天子造舟，諸侯維舟，卿大夫方舟，士特舟	宣十二何休	
土	堋	《禮》謂之封馬宗霍："封"字在《禮經》爲今文	乃窆，主人哭踊無筭鄭注：今文"窆"爲"封"	儀禮既夕禮	《禮記》
			縣棺而封段玉裁謂《小裁記》一書，即《禮記》謂之封之文，從今文。鄭司農《周官注》云"《禮記》"，知本於"禮"爲今說，然不偁"禮"而偁《戴記》蓋主古文，後鄭並欲據《禮經》以從古文矣	禮弓上	

續表

字	引"禮"	今本原文	篇名	書名
酋	《禮》有大酋，掌酒官也馬宗霍：不見《禮經》，是《禮記》文。鄭兩注（《月令》《酒正》）自相異。許君主酒以大酋為掌官，當亦主酒正言。蓋亦引經說叚借之例。	（仲冬）乃命大酋，秫稻必齊，麴糵必時，湛熾必潔，水泉必香，陶器必良，火齊必得。兼用六物，大酋監之，毋有差貸。鄭注：酒熟曰香，大酋者，酒官之長也，於周則為酒人。	月令	《禮記》
广	《禮》：宫養老，夏曰校，殷曰序，周曰庠馬宗霍：《史記·儒林傳》與《孟子》同，作《漢書》《說文》正與《漢書》云。然子長，孟堅並緣大常博士之義，不知何以有異	有虞氏養國老於上庠，養庶老於下庠。夏后氏養國老於東序，養庶老於西序。殷人養國老於右學，養庶老於左學。周人養國老於東膠，養庶老於虞庠，虞庠在國之西郊。（王制）庠者養也，校者教也，序者射也。夏曰校，殷曰序，周曰庠，學則三代共之，皆所以明人倫也	王制 內則 滕文公上	《禮記》 《孟子》
血	《禮記》有醢醢馬宗霍："今《禮記》魚此文，疑二徐本"記"字衍行，詳以其字從血，故訓為血醢醢，引經而又釋之者，明經義與本義殊，所以說叚借也	朝事之豆，其實韭菹、醓醢、昌本、麋臡、菁菹、鹿臡 韭菹以東醓醢、昌本、昌本南麋臡，以西菁菹、鹿臡	天官 醢人	《周禮》
艸	《禮記》：鉶毛牛藿羊芊豕薇鄭宗霍：許從今文，鄭從古文。古今字異而義亦異。	鉶芼牛藿羊苦豕薇微鄭宗霍注：今文"苦"為"芊"	公食大夫禮	《儀禮》
鳥	《禮記》曰：知天文者冠鷸馬宗霍：今《禮記》魚此文，今《禮》亦魚此文，蓋在《記》百三十一篇中，而今逸之也。	逸禮記曰：知天文者冠鷸 逸周書曰：知天文者冠鷸，許之倆，查《記》百三十一篇中，馬宗霍：今《禮記》不見此語，疑《周書》或"禮記"之誤，《逸周書》顏注引《五行志》引	公食大夫禮 逸禮記	《儀禮》

續表

		引"禮"	今本原文	
示	祭	《禮記》曰：雩祭祭水旱馬宗霍：小徐本"禮記"上有"臣鉉等"三字，則是小徐引語，非許書原文	雩宗，祭水旱也鄭注："宗"皆當爲"榮"，字之誤也。馬宗霍：破字爲"榮"，實始於鄭，許君牟輩在鄭前，安得從鄭易字，段諸家刪之是也	祭法
人	偭	《少儀》曰：尊壺者偭其鼻馬宗霍：許書偏"禮"者，止一字出《戴記》	尊壺者面其鼻	少儀
艸	蕉	《明堂月令》曰：季夏燒蕉馬宗霍：許之所偏不惟存古名，亦兼存古制	(季夏)燒薙行水，利以殺草，如以熱湯	
骨	骴	《明堂月令》曰：掩骼薶骴馬宗霍：惟鄭此注似指人言，許事榮之鳥獸，微不同耳	(孟春)掩骼埋胔	《禮記》
人	儀	《明堂月令》：數將幾終馬宗霍：許引作"儀"，蓋所據本不同	(季冬)數將幾終	月令
舟	舫	《明堂月令》曰：舫人習水者馬宗霍：《月令》在渍時有兩本	(季夏)命漁師伐蛟、取鼉、登龜、取黿鄭注：《今月令》"漁師"爲"榷人"	
雨	霝	《明堂月令》曰：霝雨	(季春)行秋令，則天多沈陰，淫雨蚤降鄭注：《今月令》曰"素雨"	

續表

	引"禮"	今本原文	月令	《禮記》
乚	《明堂月令》：玄鳥至之日，祠于高禖以請子宗霍："以請子"三字，今《禮記》魚，疑許君以意足之，增成其義也。《通典》篇"高禖"修下引盧植，正與許"以請之"之說合	（仲夏）玄鳥至。至之日，以大牢祠于高禖，天子親往	月令	《禮記》
蟲	《明堂月令》曰：腐艸爲蠣馬宗霍：許訓文義皆與鄭異有教本	（季夏）腐草爲螢		
蟲	《明堂月令》曰：虹始見馬宗霍：許訓亦與《爾雅》合	（季春）虹始見		
酉	《明堂月令》曰：孟秋天子飲酎馬宗霍：許引作"孟秋"，當爲博窃之誤。許訓與鄭義同。以上偏"禮記"者四字，偏"明堂月令"者九字，偏"少儀"者一字	（孟夏）天子飲酎，用禮樂		

《春秋》與禮，本相表裏，故《異義》所主《左氏》説，所商榷者多爲禮；而《説文》所引《春秋傳》文，其説解亦多與《周禮》家相應。……是《左傳》之事蹟，每得與禮相徵。今蒐輯《五經異義》之佚説，中論《春秋》之條過半，其間從《左氏》者又其泰半，然凡論《春秋》之條，即論禮制之條，鄭君博洽於禮，故於此駁論亦特多。至於《説文》引《春秋傳》，則專守《左氏》。明言引《公羊》者當三條。《異義》早成，其間有從《左氏》者，三十六條。有從《公羊》者，二條。有從《左氏》《穀梁》者，一條。有並從《左氏》與《公羊》者，二條。有從《公羊》與《穀梁》者，一條。又有總論大義或按語失考者，五條。乃致詳白虎觀諸儒異同之論，退而撰成者，意在博通，故不泥執於一家。夫白虎觀之論經義，本以李育、賈逵爲首，李育習《公羊春秋》，亦頗涉獵古學，嘗作《難左氏》四十一事，育以《公羊》義難賈逵，所謂"往返皆有理"，許君與聞於斯，故記敘三傳異同亦特詳。至晚年撰定《説文》，已一意習古文之學，間引今文之字，則乃形從本字之故。許撰《説文》，折衷於逢，逢《周禮》學出杜子春，《左氏》學本本乎家傳，然杜子春與賈徽，並從劉歆受業，《左氏》《周官》二學，至子駿始粲然，故二書文義及訓解，自相融會，今考《説文》引《春秋左氏傳》，其説解亦每得與《周禮》家説互證。①

黃先生言《五經異義》"凡論《春秋》之條，即論禮制之條"，如"從《左氏》者"有論禘祭、祭天有尸、社神、稷神、大夫祖諸侯、逆祀大惡、閏月朝廟告朔、脤膰、祔而作主、君薨期年即行禴嘗禘于廟、虞主所藏、未踰年之君立廟、未踰年之君繫父與否、諸侯訃辭稱卒、諸侯不爲天子奔喪、諸侯自相奔喪、諸侯夫人喪葬、諸侯未踰年之自稱、諸侯妾母喪、諸侯朝宿湯沐邑、唐虞萬國、盟詛、諸侯純臣等，皆詳辨今古文禮制差異，其中鄭駁者較多；也不乏"佚禮"存於其間，只是多有爭議，且散佚各處，可能因此丁氏才未措意於此（何休引禮之言亦多異説，蓋更易檢讀，且更爲系統，故爲丁氏所重視）。至於許慎《説文解字》引《春秋傳》"説解亦每得與《周禮》家説互證"，黃先生所論

---

① 黃永武：《許慎之經學》，臺灣"中華書局"2019年版，第497~498頁。

亦詳且精。① 本书不再赘述，僅略述大概於前。

第三節 《公羊解詁》引禮考

《佚禮扶微·佚文》所輯諸書引"禮"之文，以出自何休《春秋公羊經傳解詁》者最多，凡八十七條，皆有"禮"云云作爲標誌(丁氏輯文皆删去"禮"字，只引"禮"後之文)，其中隱公十三條、桓公九條、莊公十九條、閔公一條、僖公十條、文公七條、宣公十一條、成公一條、襄公三條、昭公四條、定公七條、哀公二條。丁氏所輯，稍有錯誤，主要是時間誤植：

> 禮，聘受之於大廟，孝子謙，不敢以己當之，歸美於先君，且重賓也。隱公七年傳"母弟稱弟，母兄稱兄"注，丁晏作"隱六年"
>
> 禮，君不求媵，二國自往媵夫人，所以一夫人之尊。莊公十九年傳"諸侯娶一國，則二國往媵之，以姪娣從"注，丁晏作"莊十八年"
>
> 未踰年之君，禮，臣下無服。莊公三十二年傳"未踰年之君也，有子則廟，廟則書葬。無子不廟，不廟則不書葬"注，丁晏作"莊三十三年"，顯係筆誤，莊公無三十三年
>
> 禮，禘祫從先君數，朝聘從今君數，三年喪畢，遭禘則禘，遭祫則祫。閔公二年傳"曷爲未可以吉？未三年也"注，丁晏作"閔元年"
>
> 禮，外孫初冠，有朝外祖之道。僖公五年傳"内辭也，與其子俱來朝也"，丁晏作"僖六年"

以何休注爲中心的"逸禮"考察，清儒又有陳奐《公羊逸禮考徵》之作。陳書共輯七十六條(弟子陳倬又補輯十二條)，並言"何邵公不信《周官》，故注《春秋公羊傳》援據逸禮，間參漢法。中所稱引不少先秦舊典，徐彦疏解多指爲時王之禮，蓋考之未審也"，揭示出漢儒經學詮釋在《周禮》與《公羊》、先秦舊典與時王之制之間存在巨大張力。陳氏所輯雖少於丁氏，但兩相比較，丁氏漏輯者亦多，計有二十一條(含陳倬補輯者四條)：

---

① 黄先生言："《説文》引《春秋》經傳，義從《左氏》古文説，故所稱《春秋傳》曰者凡一百七十八字，咸以《左氏》字義爲主，明言引《春秋公羊傳》者三字，皆《左氏傳》無其字，故以字並存者。"黄永武：《許慎之經學》，臺灣"中華書局"2019年版，第634頁。黄先生又推許氏訓解淵源於賈逵、鄭興、鄭衆，並及於服虔《左傳》注、鄭玄禮注、韋昭《國語》注、杜預《春秋左氏經傳集解》等，頗可見經説源流之跡。

禮，男子年六十閉房，無世子，則命貴公子，將薨亦如之。隱公元年傳"國人莫知"注

禮，天子六師，方伯二師，諸侯一師。隱公五年傳"將尊師衆稱某率師"注

禮，妾廟子死則廢之。隱公五年傳"始祭仲子也"注

禮，朝之於大廟，與聘同義。隱公十一年傳"諸侯來日朝，大夫來日聘"注

禮，天子親耕東田千畝，諸侯百畝。后夫人親西郊采桑，以共粢盛祭服，躬行孝道以先天下。桓公十四年傳"御廩者何？粢盛委之所藏也"注

禮，練祭取法存君。莊公元年傳"正月以存君，念母以首事"注

禮，尊者嫁女于卑者，必待風旨。莊公元年傳"天子嫁女乎諸侯"注

禮，同姓本有主嫁女之道。莊公元年傳"築之，禮也；于外，非禮也"注

禮，公子無去國道。莊公九年傳"君前臣名也"注，此條陳倬補輯

禮，兵敵則戰，不敵則守。莊公二十四年傳"戎衆以無義，君請勿自敵也"注，此條陳倬補輯

禮，七十，雖庶人，主孝而禮之。莊公二十五年傳"陳侯使女叔來聘"注，陳氏以"孝"字譌，當作"字"，然"禮未聞"

禮，夫人始見廟，當特祭。僖公八年傳"禘用致夫人，非禮也"注

《禮·士虞記》曰：桑主不文，吉主皆刻而諡之。文公二年傳"練主用栗"注

禮，取其廟室筆以爲死者炊沐。文公二年傳"毁廟之主，陳于大祖"注

禮，天子庶兄冠而不名。宣公十五年傳"長庶之號也"注

禮，盛德之士不名，天子上大夫不名。宣公十七年經"公弟叔肸卒"注

禮，皮弁以征。成公二年傳"衣服與頃公相似毁廟之主，陳于大祖"注

禮，君不求媵，諸侯自媵夫人。成公八年傳"媵不書，此何以書"注，此條陳倬補輯，義與莊公十九年傳注相參。

禮，逆王后當使三公。襄公十五年傳"以邑氏也"注

《禮記·玉藻》曰：天子旒十有二旒，諸侯九，卿大夫七，士五。襄公十六年傳"君若贅旒然"注，此條陳倬補輯

禮，天子崩，諸侯奔喪會葬；諸侯薨，有服者奔喪，無服者會葬。定公十五年傳"奔喪，非禮也"注①

以上諸條，《禮記·玉藻》佚文，丁氏已將之輯入《佚禮扶微·佚記》。何

---

① （清）陳奐：《公羊逸禮考徵》，楊柳青點校，曾亦、郭曉冬主編：《清代春秋學彙刊·春秋公羊禮疏（外五種）》，上海古籍出版社 2015 年版，第 721~743 頁。

注引《禮·士虞記》亦不見於今本，丁氏則漏輯。① 其他各條涉及範圍甚廣，可見何注說禮之文與義内涵極爲豐富。但不論是丁晏，還是陳奐，都只注意到何注明確稱"禮"這一具體的引證形式，實際上何氏引禮說禮之文尚多，除明引暗引禮書文本以及稱"禮"之外，如其言"古者"如何，亦意在解說禮制：

> 古者諸侯非朝時不得踰竟。隱公二年經"公會戎于潛"注
>
> 古者天子邦畿千里，遠郊五百里，諸侯至遠郊，不敢便入，必先告至，由如他國至竟而假塗也。皆所以防未然，謹事上之敬也。王者以諸侯遠來朝，亦加殷勤之禮以接之。爲告至之頃，當有所住止，故賜邑於遠郊，其實天子地，諸侯不得專也。桓公元年傳"諸侯時朝乎天子，天子之郊，諸侯皆有朝宿之邑焉"注
>
> 古者有分土，無分民。莊公十七年傳"衆殺戍者也"注
>
> 古者諸侯有難，王者若方伯和平之，後相犯，復故罪。僖公二十七年傳"故終僖之篇貶也"注
>
> 古者三載考績，三考黜陟幽明。文公元年傳"命者何？加我服也"注
>
> 古者刑不上大夫，蓋以爲摘巢毀卵，則鳳皇不翔；刳胎焚夭，則麒麟不至。刑之則恐誤刑賢者，死者不可復生，刑者不可復屬，故有罪放之而已，所以尊賢者之類也。宣公元年傳"古者大夫已去，三年待放"注
>
> 古者有四民：一曰德能居位曰士，二曰辟土殖穀曰農，三曰巧心勞手以成器物曰工，四曰通財鬻貨曰商。四民不相兼，然後財用足。成公元年傳"譏始丘使也"注
>
> 說古制司馬官數。古者諸侯有司徒、司空，上卿各一，下卿各二；司馬事省，上下卿各一；上士相上卿，下士相下卿，足以爲治。襄公十一年傳"何譏爾？古者上卿下卿，上士下士"注
>
> 古者諸侯師出，世子率與守國。次宜爲君者，持棺絮從，所以備不虞，或時疾病相代行，本史文不具，故《傳》疑之。昭公二十年傳"或爲主于國，或爲主于師"注
>
> 古者諸侯將朝天子，必先會間隙之地，考德行，一刑法，講禮義，正

---

① 何注明引暗引群經、群書之文不在少數，張廣慶先生曾搜羅統計《公羊解詁》引經籍數量凡 319 處，其中引《儀禮》11 處、《禮記》73 處、《大戴禮記》2 處、逸禮 2 處、《禮緯》5 處，並以《公羊解詁》經說之淵源多本《白虎通義》。張廣慶：《何休春秋公羊解詁研究》，臺灣師範大學碩士學位論文，1988 年，第 149、171 頁。另參安仲全：《〈春秋公羊解詁〉研究》，山東師範大學碩士學位論文，2009 年，第 33~53 頁。安氏對何注徵引文獻的分析較爲簡略，未能深考何氏之義。丁氏對何注引《禮經》《禮記》之文亦有簡要分梳，只是集中於何注稱"禮"的具體形式。

文章，習事天子之儀，尊京師，重法度，恐過誤。<small>定公十四年經"郜姜子來會公"注①</small>

再如《公羊傳》本身頗多"禮也""非禮也"的判斷，何氏亦有説明，又多有説王者之制者，皆可以禮文視之。清儒凌曙《春秋公羊禮疏》即大大擴展了何注説禮之文的範圍，凌疏綜論《公羊》及何注之禮凡三百六十一條（以引經、傳、注計，疏則有一條多疏者），其中隱公六十八條、桓公四十二條、莊公三十六條、閔公四條、僖公二十八條、文公三十六條、宣公六十二條、成公十六條、襄公十二條、昭公三十二條、定公十三條、哀公十二條。凌疏又有單疏經文、單疏傳文、單疏注文、合疏傳注四種形式，單疏經、傳者除外（各有三、二十九條），涉及何注者三百二十九條。② 段熙仲先生在凌疏基礎上，有《〈公羊〉禮輯》，分改元、即位、爵國、立嗣、貢賦、國用、宮室、輿服、樂律、度制、冠禮、昏禮、喪禮、祭禮（郊祀、宗廟）、鄉飲禮、相見禮、律（兵、刑）、曆等十八類，徵引何注述禮之文凡三百四十三條。③ 高瑞傑先生綜合段熙仲、盧鳴東、張廣慶諸家所論，參照《白虎通義》所分禮制篇名細目，將《公羊解詁》所涉相關禮制三百七十七條，分爲冠禮、昏禮、喪葬禮、祭禮（郊社、宗廟、祭祀）、繼承與選舉制、尊老敬賢、君臣義、朝聘禮、巡守與軍禮、封國與官制、稱謂、刑法、田狩與田制、禮器名物、僭禮與春秋制等十五類。④

---

① （清）陳立：《公羊義疏》卷4、卷10、卷22、卷35、卷38、卷44、卷50、卷57、卷64、卷72，劉尚慈點校，中華書局2017年版，第135、372、816、1304、1418、1647、1910、2164、2460、2763頁。

② （清）凌曙：《春秋公羊禮疏》，黃銘點校，曾亦、郭曉冬主編：《清代春秋學彙刊·春秋公羊禮疏（外五種）》，上海古籍出版社2015年版，第1~223頁。

③ 段熙仲：《春秋公羊學講疏》，魯同群等點校，南京師範大學出版社2002年版，第639~664頁。段先生另有《〈公羊〉古義輯》，搜輯《禮記》《韓詩外傳》《白虎通義》《春秋緯》《釋名》《史記》《漢書》《後漢書》《三國志》《吳越春秋》《逸周書》《越絶書》《淮南子》《韓非子》《鹽鐵論》《新序》《説苑》《法言》《論衡》等引《公羊》之義，言"世人多不讀書，常悍然舉與古文家説齟齬者，一切歸咎於何邵公。其實《公羊》非常異義可怪之論，及犖犖大義，何君前已多稱引，以之病何君，何君不受也"，亦可參。

④ 高文主要是以何注的經典依據爲標準，其統計有《詩》七條、《書》七條、《儀禮》二十二條、《禮記》一百一十一條、逸禮十條、《周禮》十條、《易》一條、《穀梁》十八條、讖緯四十條、《白虎通義》七十八條、先師説二十一條、其他群書五十二條等。高瑞傑：《論何休〈公羊解詁〉的禮學面向》，曾亦、郭曉冬主編：《春秋學研究》第1輯，上海古籍出版社2023年版，第20~39頁。另參盧鳴東：《公羊傳何休注禮説研究》，香港浸會大學博士學位論文，2000年。

此大致可見何休《公羊解詁》引禮述禮的廣度與深度，且多數都有經典與經說的來源，真正可稱"佚禮"者明顯没有衆家所輯之夥。即如丁晏、陳奂所輯，所謂"佚文""逸禮"也重在指示何休之禮學，但未如凌曙、陳立等人深入考究。

賈逵以"《左氏》義深於君父，《公羊》多任於權變"（《後漢書·賈逵傳》），鄭玄以"《左氏》善於禮，《公羊》善於讖，《穀梁》善於經"（《六藝論》），突出了《春秋》古文學的禮學面向。而參諸何休《公羊墨守》《左氏膏肓》《穀梁廢疾》，亦可進一步補充何休基於今文《公羊》學的禮學。《春秋》爲"禮義之大宗"（《史記·太史公自序》），三傳內部即有諸多禮的言説，直接標明"禮也""非禮也"的文字便不在少數。如《公羊墨守》成公六年、《左氏膏肓》僖公三十一年等條言"非禮"之事，《左氏膏肓》桓公九年、莊公元年、文公元年、文公二年、文公五年、文公九年、襄公十一年，《穀梁廢疾》宣公八年等條辨"禮也"之事，又如《左氏膏肓》隱公元年辨古制與士禮、宣公五年辨反馬、宣公十年辨世卿、成公十七年辨三命、襄公七年辨郊祀、昭公四年辨藏冰、昭公二十六年辨繼嗣等條，皆何休説禮之文。① 何休基於《公羊》學立場的禮學，內涵極爲豐富，未必即如丁氏所説皆爲"古禮之文"。且何休還會根據自身目的調整和改造部分《公羊》學禮制舊説，乃至不惜與《公羊》傳文相悖，甚至删

---

① 竇秀艷、孫連營彙校：《鄭玄〈春秋〉類輯佚書彙校》，中國社會科學出版社 2021 年版。《彙校》集中點校了無名氏、袁鈞、孔廣林、王復、王謨、黄奭、皮錫瑞等人的輯佚、疏證成果，頗便利用。另《春秋》三傳禮學之整體與差異，本書暫不涉及。參閱（清）朱大韶：《春秋傳禮徵》，楊柳青點校，曾亦、郭曉東主編：《清代春秋學彙刊·春秋公羊禮疏（外五種）》，上海古籍出版社 2015 年版，第 305~669 頁。（清）侯康：《穀梁禮證》，徐淵點校、楊柳青覆校，曾亦、郭曉東主編：《清代春秋學彙刊·春秋公羊禮疏（外五種）》，上海古籍出版社 2015 年版，第 671~718 頁。傅隸樸：《春秋三傳比義》，中國友誼出版公司 1984 年版。浦衛忠：《春秋三傳綜合研究》，文津出版社 1995 年版。許子濱：《〈春秋〉〈左傳〉禮制研究》，上海古籍出版社 2012 年版。朱騰：《早期中國禮的演變——以春秋三傳爲中心》，商務印書館 2018 年版。諸經禮徵、禮證之作除前引諸書外，尚有不少，《禮記·經解》疏引皇侃言"六經其教雖異，總以禮爲本"，後儒發揮言爲"六經皆禮"（其背後即"以禮解經"的經學詮釋方法與"以禮經世"的現實面向）。本書原擬作《諸經禮徵考》一章，概述諸經考禮的脈絡源流，但頭緒繁多，學力有限，只能俟諸他日。參閱顧濤：《論"六經皆禮"説及其延伸路徑》，《中國哲學史》2018 年第 2 期。李才朝：《"六經皆禮"説考論》，《國際儒學論叢》2016 年第 2 期，社會科學文獻出版社 2016 年版。丁鼎、馬金亮：《"六經皆禮"説申論》，《孔子研究》2021 年第 4 期。陳壁生：《兩種"六經皆禮"》，《中國哲學史》2022 年第 2 期。

改傳文。①

　　而清人在關注何休禮學時，亦在"漢學"視域中展開。以凌氏、丁氏、陳奐三書論，凌氏書成於嘉慶二十四年(1819)，丁氏撰著《佚禮扶微》稍後。凌氏曾參加嘉慶六年至七年(1801—1802)間阮元組織的大型經說輯佚工程《十三經經郛》，雖然凌氏亦受到常州今文學者劉逢禄(1776—1829)的影響，但參與《經郛》輯佚的經歷，也大大影響了《春秋公羊禮疏》的撰著。② 而丁晏、陳奐二人時間相近，又籍貫同爲江蘇(凌曙亦是江蘇人)，且學脈相近，並同時將視野跳出許鄭而及於何休今文之說，但陳奐考《公羊》逸禮遠在丁氏之後。丁晏《佚禮扶微》書初成於嘉慶二十三年(1818)，時年二十五歲；陳奐《公羊逸禮考徵》則成於道光三十年(1850)，已屆晚年。③ 當然，二人並未對漢代今文家之禮學進行更深入的探究，胡玉縉先生評價丁書"其書補苴罅漏，張皇幽渺，講求佚禮者，要必以是爲淵藪焉"、陳書"全書疏通證明，具有師法，非空疏及駁雜者所能企，實在凌曙《公羊禮說》之上"，④ 實則也是自身學術立場的體

---

　　① 如馬清源先生梳理了何休對王魯説、喪期、"天子親迎否"、傳文"臣子一例"原則的調整。李若暉先生則以何休刪改了莊公元年"天倫"語(今見於《穀梁傳》隱公元年，《五經異義》引《公羊》説又有"武王爲天誅紂"説)、昭公二十五年"天子僭天"語(今見於《周禮·考工記·畫繢》鄭注)，從而塑造了"誅不加上之義"與所謂"君天同尊"的經學體系。馬清源：《何休〈春秋公羊經傳解詁〉禮制調整説》，《泰山學院學報》2019 年第 4 期。李若暉：《棄其天倫：何休篡改〈公羊〉發覆》，《中國哲學史》2023 年第 1 期；李若暉：《從"天子僭天"到"君天同尊"》，《久曠大儀：漢代儒學政制研究》，商務印書館 2018 年版，第 196~235 頁。當然何休亦有失誤之處，如吳仰湘師以僖公二年何注"以馬齒長戲之，喻荀息之年老"、襄公二十六年何注"故衛人未有説(悦)"二條，爲訓釋訛誤。黃銘先生以成公十五年何注對叔仲惠伯事跡的判斷以及昭公三十一年何注坐實"叔術妻嫂"之說，有違義理。參閱吳仰湘：《何休〈春秋公羊經傳解詁〉訓釋訛誤兩例——兼論清代學者糾改之失》，《湖南大學學報》(社會科學版)2006 年第 1 期。黃銘：《何休〈公羊解詁〉質疑略説》，《雲南大學學報》(社會科學版)2016 年第 2 期。

　　② 《經郛》的編纂前後經歷了十餘年，至嘉慶十五年(1810)，又道光十二、十三年間(1832、1833)欲請陳頌南校正而未果，道光十六年(1836)阮氏乃從《經郛》中輯出《詩》《書》二經而成《詩書古訓》六卷，惜乎《經郛》餘稿逐漸散失。參閱虞萬里：《〈正續清經解〉編纂考》，《榆枋齋學術論集》，江蘇古籍出版社 2001 年版，第 687~691 頁。前述段熙仲先生作《〈公羊〉古義輯》，與《經郛》用意正相合。

　　③ 柳向春：《陳奐交遊研究》，華東師範大學出版社 2010 年版，第 58~59 頁。

　　④ 胡玉縉：《許廎經籍題跋》《續修四庫全書總目提要禮類稿》，胡玉縉撰，吳格整理：《續四庫提要三種》，上海書店出版社 2002 年版，第 426、940 頁。

現(段熙仲先生則言淩氏"《禮疏》甚精，非陳奂《公羊逸禮考徵》所及也")，並未進一步深究如此禮學考證的差異與意義。但江南經儒同時關注今文禮學，已顯示出所謂"漢學"內部的相似取徑與趨向，淩曙所謂"吾以爲治是經者，由聲音訓詁而明乎制度典章，以進求夫微言大義"，與戴震《題惠定宇先生授經圖》所言"松崖先生之爲經也，欲學者事於漢經師之故訓，以博稽三古典章制度，由是推求理義，確有依據"如出一轍，即是樸學考據方法與義理述求相激蕩的表徵。①

總體而言，丁氏所輯何休禮學佚文限於稱"禮"的特定形式，但多有遺漏，且解釋較少。其言"《後漢書·儒林傳》稱何邵公精研六經，世儒無及者。今考其《公羊解詁》淹通古禮，援據詳洽，足補經記所未備"，並據何注部分引"禮"之言與《儀禮》《禮記》《尚書大傳》《毛傳》等相通相合(論及二十條佚文)，推論"則他所引之禮，其不見於經記者，亦必古禮之文，而非讖緯之説可知矣"，還將何氏《冠儀約制》置於"附錄"以備考(丁氏以其文"古雅"，可與"佚禮參觀")。② 丁晏實際上只是提出了問題，並未進一步深入何休禮學。因何注引"禮"之文較多(説禮之文更多)，本書亦未及逐條考證，限於學力，只能略述梗概如上，並整理列表如表6-5。③

---

① 魏源《兩漢經師今古文家法考跋》亦言"今日復古之要，由詁訓聲音以進於東京典章制度，此齊一變至魯也；由典章制度以進於西漢微言大義，貫經術、故事、文章於一，此魯一變至道也"。(清)戴震：《題惠定宇先生授經圖》，楊應芹、諸偉奇主編：《戴震全書》第6冊，黃山書社2009年版，第498頁。(清)淩曙：《春秋公羊禮疏》，黃銘點校，曾亦、郭曉冬主編：《清代春秋學彙刊·春秋公羊禮疏(外五種)》，上海古籍出版社2015年版，第6頁。(清)魏源：《古微堂外集》卷1，《魏源全集》第12冊，嶽麓書社2004年版，第137頁。另參閱李子卓：《論陳立〈公羊義疏〉之家法範疇與具體疏解》，臺灣《中國文學研究》2021年總第52期。黃聲豪：《清代公羊禮學研究》，臺灣大學碩士學位論文，2015年。

② 今觀《冠儀約制》之文，非釋《儀禮·士冠禮》，似爲簡化通行而作，與後世所謂"雜禮"書有相通之處(漢儒另如鄭衆《鄭氏婚禮》，或稱《婚禮謁文》，王仁俊以鄭玄亦有《婚禮謁文》，亦非解經之文，或是制作時行之禮所需)，故不作詳論。(清)丁晏：《佚禮扶微》卷3、卷4，師顧堂影印《南菁書院叢書》本，2020年，第96～110、136～138頁。

③ 學界已開始關注漢代更大範圍的禮學(一個很重要的原因是現代經學學術中《春秋》學的"興起")，而不是僅僅聚焦於"禮是鄭學"。

表 6-5 何休《公羊解詁》引"禮"表①

時間			傳文	何休	丁晏/陳立	陳奐
隱	元年	正月	桓幼而貴，隱長而卑	禮，年二十見正而冠。案古禮有是語，故此注及《荀子》《說苑》《白虎通》並依用焉。惟此言二十，彼言十九者，年未二十，則禮之變。	《五經異義》：今《禮》戴說，男子，陽也，成於陰，故二十而冠《白虎通·緣冕》	△
			國人莫知	禮，男子年六十閉房，無世子，則命貴公子，將薨亦如之陳立：各本脫"禮"字，依鄂本正	《禮記·內則》《白虎通·嫁娶》《家語·好生解》《毛詩傳》	◆
			立適以長不以賢，立子以貴不以長	禮，適夫人無子，立右媵；右媵無子，立左媵；左媵無子，立嫡姪娣；嫡姪娣無子，立右媵姪娣；右媵姪娣無子，立左媵姪娣立：鄭樂此處珠爲勉强	《藏書》：立適以長不以賢，固立長矣，固立而立子，以貴不以長，貴矣。若魚長與貴，貴約，何以別之？故須卜《白虎通·嫁娶》	○
			母以子貴	禮，妾子立，則母得爲夫人	《五經異義》："妾母之子爲君，得尊其母爲夫人否？"	○
		五月	母欲立之，已殺之，如勿與而已矣	禮，母欲立之，有司請于公，公曰宥之；及三宥，不對，走出，有司使人敕之，如其倫之喪，無服，親哭之陳立：此約《禮記·文王世子》文也	《文王世子》文	○

① 表6-5主要依據丁晏《佚禮扶微》與陳奐《公羊逸禮考徵》製作，丁晏簡要說解詁之文附於其中，並據陳立《公羊義疏》提示相關互證，互參文獻《尤其是與《白虎通義》《五經異義》相關者，但爲避免繁雜，不引具體文本，只略引陳立關鍵案語。陳奐《公羊逸禮考徵》）與丁氏互見相關者作○，陳氏弟子陳倬補輯者作△，丁氏遺輯者作◆。

續表

時間			傳文	何休	丁晏／陳立	陳奂
隱	元年	七月	賵者蓋以馬，以乘馬，束帛	禮，大夫以上至天子皆乘四馬，所以通四方也（陳立：何氏此注謂大夫以上皆駕四，與《異義》所引《公羊》說異，天子馬曰龍，高七尺以上；卿大夫士曰駒，高五尺以上）	《五經異義》：天子駕六，《易》京孟、《春秋公羊》說天子駕四，《毛詩》說天子至大夫同駕四，士駕二	○
		十二月	兼之，非禮也	禮不賵妾，既賵而賵之陳立以異尊卑也，君與夫人，遣子，適子，赴禮止，餘皆止。則妾死，天子諸侯魚從賵之也	《穀梁傳》：禮，賵人之母則可，賵人之妾則不可	△
			所見異辭，所聞異辭，所傳聞異辭	所以三世者，禮為父母三年，為祖父母期，為曾祖父母齊衰三月。立愛自親始，為曾祖袼始，上治祖袼，尊尊也。故《春秋》文。以《禮記·祭義》文。故《禮記·大傳》"上治祖袼……"也"	《儀禮·喪服》文斬衰三年，不杖期辛，齊衰三月辛	
			辭窮者何？無母也	禮，有母，母當命諸父兄師友，師友以行	陳立：稱諸師友或稱諸其辭，亦採載其辭，稱諸父兄師友	○ 即《昏禮記》云"宗子無父，母命之"
	二年	九月	有則何以不稱母？母不通也	禮，婦人無外事（但得命諸父兄師友，稱諸父兄師友以行耳）	陳立：《說苑·修文》篇似掉人得其外事，有母命之禮矣。子政習《穀梁》，或《穀梁》舊說	

續表

時間		傳文	何休	丁晏/陳立	陳奂
隱	二年 九月	何譏爾?譏始不親迎也	禮所以必親迎者，所以示男先女也。何氏亦以天子當親迎，與《異義》所載《公羊》説異也，於廟者，告本也。夏后氏逆於庭，殷人逆於堂，周人逆於户。逆於户者《書傳》制質文	《五經異義》《禮》戴説，《左氏》説，《白虎通》《嫁娶》《釋療疾》《春秋公羊》	○
	二年 十月	婦人謂嫁曰歸	禮，男之將取，女之將嫁，男子三日不舉樂，思嗣親也；女三日不息燭，思相離也	《曾子問》文《韓詩外傳》《白虎通·嫁娶》	
	三年 四月	世卿，非禮也	禮，公卿大夫士皆選賢而用之	《春秋繁露·精華》《十指》《立元神》《説苑·君道》《潛本》	
	三年 十二月	不及時而日，渴葬也	禮，天子七月而葬，同軌畢至。諸侯五月而葬，同盟至。大夫三月而葬，士踰月而葬。春秋云皆隱元年《左氏》，舊疏云皆隱元年《左氏》，劉向，故依用焉。何氏此注既分三月，踰月，自宣亦如鄭，蘇氏之意，而作《膏肓》又據《王制》駮之《左氏》，或作《膏肓》書成在先，作注時未及更正者與?	《風俗通義》亦引《禮記》曰：大夫三月葬，同位畢至《白虎通·崩薨》《説苑·修文》	
	五年 秋	將尊師衆稱某率師	禮，天子六師，方伯二師，諸侯一師，諸侯陳立文。宜爲方伯三師，諸侯二師。何氏以師爲二千五百人，與諸家異	《白虎通·三軍》	◆ 此據周初之禮制
	五年 九月	始祭仲子也	禮，妾爾子死則廢之	《穀梁傳》《禮記·喪服小記》（鄭注"以其非正"）	◆ 即《喪服小記》云"慈母與妾母不世祭"

續表

時間		傳文	何休	丁晏/陳立	陳奐
隱	五年 九月	一相處乎內	禮，司馬主兵，司徒主教，司空主土，皆氏以今文家說為前代制	《五經異義》《今文尚書》夏侯、歐陽說，古《周禮》說，《白虎通·封公侯》	○
	七年 夏	母弟稱弟，母兄稱兄	禮，聘受之於大廟，孝子謙，不敢以己當之，歸美於先君，且重賓也	《儀禮·聘禮》《周官·大行人》	何氏不信《周官》，所據《逸禮》文
	八年 三月	泰山之下，諸侯皆有湯沐之邑焉《五經異義》	禮，四井為邑，邑方二里，東方二州四百二十國，凡為邑廣四十里，麥四十二里，取足止共稿穀而已	《白虎通·封公侯》《周禮·小司徒》	
	十一年 春	諸侯來曰朝，大夫來曰聘	禮，朝之於大廟，與聘同義		◆
桓	二年 正月	故於是先改孔父之家	禮，臣死，君字之。陳立：如此注，則《公羊》家所據，未知名之。當時傳習《公羊》者，不僅鄭一人，與今杜氏異，與《左傳》異說。與？《左氏》朔與何氏同，故亦以孔父為字也。師鄭衆、賈逵等所傳之精義，故何氏不取也	《五經異義》《公羊》說，《左氏》說，《穀梁》說，《禮記·五案》	○ 《穀梁傳》文
	二年 四月	宋始以不義取之，故謂之郜鼎	禮，祭，天子九鼎，諸侯七，卿大夫五，元士三者遂云《春秋》說，云鼎十有二，係古《周禮》說，不必通之於《春秋》，故何氏不取也	《儀禮·士虞禮》《少牢饋食禮》，《禮記·郊特牲》《周禮·膳夫》	○ 《春秋》說文

續表

時間		傳文	何休	丁晏/陳立	陳奂
三年	九月	諸侯越竟送女，非禮也	禮，送女，父母不下堂，姑姊妹不出門	《穀梁傳》《白虎通·嫁娶》	○何邵公審據《穀梁傳》而未明祭門之說
四年	正月	何譏爾？遠也	禮，諸侯田狩不過郊。陳立：孔氏《左疏》盡該洽。轉迂回不可通也	《禮記·檀弓》	○
	夏	其稱宰渠伯糾何？下大夫也	禮，君於臣而不名者有五，《詩》曰"王札子"是也，上大夫不名，祭伯是也；老臣不名，叔肹是也，宰渠伯糾是也	宣十七年注引禮：天子庶兄，冠而不名，盛德之士不名，天子，上大夫不名《白虎通·王者不臣》《說苑·臣術》	
五年	夏	讓父老子代從政也	禮，七十縣車致仕舊疏云《春秋》說文	《白虎通·致仕》	○《春秋》說文
六年		久無正也。子公羊子曰："其諸以病桓與？"	禮，生與來日，死與往日。各取其所見日也。陳立：鄭注與何氏此注異。何氏以生為往，已過為來，生以方至之日數，死以已過之日數。同是死未日，第以未往分說生死耳，亦未以與其為數生之明日，與往為數死之前日也	《曲禮》文	
	九月		禮，世子生三日，卜士負之寢門外，以桑弧蓬矢六射天地四方，明當有天地四方之事；三月，君名之，大夫負子朝于天廟，以名徧告之	《內則》文《禮記·郊特牲》《曾子問》。陳立：彼言大禮，故宰辭告，此記諸侯禮，如當侯大夫也《說苑·修文》《白虎通·姓名》	
桓					

續表

時間	傳文	何休	丁晏/陳立	陳奐
桓 八年 正月	春曰祠，夏曰礿，秋曰嘗，冬曰烝	禮，天子、諸侯，卿大夫牛羊豕凡三牲，曰大牢；天子元士、曰少牢，諸侯之士特豕，天子之牲角握，諸侯角尺，卿大夫索牛	《禮記·禮器》《王制》《曾子問》《祭義》鄭《特牲》《大戴禮記》《國語》陳立：夫命位不同，禮亦異數。天子之大士，與諸侯之大士命數既殊，則禮亦宜異，何疑之有？	○
十四年 八月	御廩者何？粢盛委之所藏也	禮，天子親耕東田千畝，諸侯百畝，以共粢盛祭服，躬行孝道人親西郊采桑，以先天下〔舊疏云是爲出此〕《禮記·祭義》與此異，〔魚此文，《禮記·祭義》百畝之〕說與此合	《穀梁傳》《白虎通》《禮記·月令》陳立：此句引禮，及《白虎通·耕桑》引《曾子問》，蓋皆逸禮逸文。〔周制〕蠶于北郊；逸禮所記，或異代禮也	◆
十八年 十二月	諡在外，則何以書葬？君子辭也	禮，生有爵，死有諡。諡者，生有爵，所以勸善惡惡也。陳立：周時以士爲爵而有諡，故殷以前制，殷時大夫乃爲爵，死乃有諡 禮，諸侯薨，天子諡之。卿大夫受諡於君，唯天子稱天以諡之	《御覽》引《大戴禮》，《白虎通》《禮記·表記》 《白虎通·諡》	○即《曾子問》曰"賤不誄貴，幼不誄長"
莊 元年 三月	正月以存君，念母以首事	禮，練祭取法存君。夫人當首祭事，鄭氏《小記》注引此"正月存親"事，則與何、賈，服同矣	《禮記·喪服小記》，夏二十九年《傳》"正月以存君也"	◆
	齊侯怒，與之飲酒	禮，飲酒不過三爵	《禮記·玉藻》《詩·賓》二年	○

續表

時間	傳文	何休	丁晏/陳立	陳奂
夏	單伯者何？吾大夫之命乎天子者也	禮，諸侯三年一貢士於天子，天子命與諸侯輔助爲政，所以通賢共治，示不獨專，重民之至。大國舉三人，次國舉二人，小國舉一人皆《書傳》文	《尚書大傳》與《公羊注》引禮合《說苑·修文》皆本《書大傳》爲說《禮記·射義》引"舊說云"蓋亦用《書傳》說也	○
	天子嫁女乎諸侯，必使諸侯同姓者主之。諸侯嫁女于大夫，必使大夫同姓者主之	禮，尊者嫁女于卑者，必待風目。爲卑者不敢先求，亦不可斥與之者，申陽倡陰和諸侯之道。天子嫁女於諸侯，備姪娣如諸侯之禮，義不可以天子之尊絕人繼嗣之路	《集解》引《九家易注》、《國學紀聞》引《京氏易傳》	◆
秋	築之，禮也；于外，非禮也	禮，齊衰不接弁冕，仇讎不接婚姻	《穀梁》（陳立：何氏所本《穀梁》）	○
		禮，同姓本有主嫁女之道。必關地于夫人之下，群公子之上也		◆ 同姓有來媵之文
十月	命者何？加我服也	禮有九錫：一曰車馬，二曰衣服，三曰樂則，四曰朱戶，五曰納陛，六曰虎賁，七曰弓矢，八曰鈇鉞，九曰秬鬯。皆所以勤善扶不能舊疏此《禮緯含文嘉》文也。陳立：禮疏云《公羊》之義，異人之說，《含文嘉》不同，一曰加賜云云，一曰加節云云，大略同也。《由禮》所引《公羊》考，《異義》又異，蓋先師舊說惡哉《緯詩外傳》引《傳》曰，其次又異	或曰：疏家所釋九鼎之說出《含文嘉》說文，九錫之制出《春秋》說文，前席並見《春秋緯》文，周城軒城之說並見《春秋緯》，安知非引出讖緯而過信《春秋緯》以供文乎？余曰不然，讖緯起於哀平，見《文心雕龍·正緯》篇，而九錫之文，毛公《棫高》《旱麓》《江漢》，伏生、毛公之文，先有此說，撰《緯》者采以爲說	○

莊 元年

續表

時間		傳文	何休	丁晏/陳立	陳奐
莊	元年 十月	其言桓公何？追命也	禮，百里不過九命，七十里不過七命，五十里不過五命，侯七命，伯子男三命，蓋與許同也。九命，伯、子，侯九命也。據何氏，蓋與許同，先鄭亦與許、何說同	《白虎通·考黜》"一說"（陳立：錫分三等黜陟，與此微異。蓋依此子男三命，伯、子，侯九命也）	○何氏不信《周官》，所據《逸禮》
		紀伯姬卒	禮，生有善行，死當加善諡，不當復加善錫	《五經異義》《春秋公羊》說、《穀梁傳》	△
	四年 三月		禮，天子諸侯絕期，大夫絕繼	《白虎通·喪服》	○
	冬	齊侯則其稱人何？譏與讎狩也	禮，父母之讎不同戴天，兄弟之讎不同國，九族之讎不同鄉黨，朋友之讎不同市朝陳立：何氏所說復譏之之次，與《白虎通》合，與《大戴禮》異	《禮記·曲禮》《禮弓》《大戴禮·曾子制言》《周禮·調人》（《郯志》）《白虎通·誅伐》	
	八年 正月	祠兵者何？出曰祠兵	禮，兵不徒使，故將出兵必祠於近郊，陳兵習戰，殺牲饗士卒陳兵："治兵"之義，與何氏異，說與《公羊》說同，是《公羊》以《左氏》，亂其家法矣	《五經異義》《公羊》說、《左氏》說，藏珠：《周禮》《左傳》《穀梁》《爾雅》皆為治兵，知《公羊》作祠，是據近之之誤。郯君徧通諸經而析衷之，故能灼然明見其義，改作祠，《周禮注》用《公羊》經，改作祠，謂郯所見本異。《詩正義》引《詩箋》云：春秋因魯史之文，則又據移魚定矣，何氏所載，《公羊》已作祠兵，依不文順字之通。唯鄭氏精於校勘，故不為讀本所惑	○

續表

時間			傳文	何休	丁晏/陳立	陳奂
莊	九年	夏	君前臣名也	禮，公子無去國道。臣異國義，故去公子，見臣於魯也	《感精符》《白虎通·五行》	△◆
	十九年	秋	諸侯娶一國，則二國往媵娣從，以姪娣從	禮，君不求媵，二國自往媵夫人，所以一夫人之尊	《白虎通·嫁娶》	△
	二十三年	秋	丹桓宮楹，非禮也	禮，天子斷而礱之，加密石焉，不加密石；大夫礱之，士首本	《國語·晉語》《尚書大傳》《禮緯含文嘉》，《穀梁傳》莊二十四年	○
	二十四年	夏	親迎，禮也	禮，諸侯娶三月，然後夫人見宗廟，然後成婦禮	《禮記·曾子問》《昏義》	○
		八月	棗栗云乎？腶脩云乎？	禮，婦人見舅姑，以棗栗為贄，以腶脩為贄；見女姑，兼而用之	《士昏禮》	○
				禮，夫，夫人至，大夫大夫皆郊迎。明日大夫宗婦皆見		○禮未聞
		冬	戎菜以無義，君請勿自敵也	禮，兵敵則戰，不敵則守	《孫子·謀攻》，《穀梁傳》僖二十二年	△
	二十五年	春	陳侯使女叔來聘	禮，七十，雖庶人，主孝而禮之	《禮記·王制》《月令》	△◆
	二十七年	冬	大夫越竟逆女，非禮也	禮，大夫任重，爲越竟逆女，於政事有所損曠，故免內乃得親迎，所以屈私趨公也	《士昏禮》，《表服傳》齊衰三月	◆禮未聞

續表

時間		傳文	何休	丁晏/陳立	陳奐
莊 三十一年	春	何譏爾?臨民之所漱浣也	禮，天子外屏，諸侯內屏，大夫帷，士簾，所以防泄慢之漸也舊云□□(《廣韻》引《風俗通》與此所引《禮》說正合) 陳立：	《荀子·大略》《禮記·郊特牲》鄭注 "大夫以廉，士以帷"（疏引《禮緯》文同）	○
	四月		禮，天子有靈臺，以候天地，以候四時舊云時者《禮》說文	《白虎通·辟雍》《五經異義》《公羊》說，《左氏》說、《毛詩》、《韓詩》說）	○
		何譏爾?遠也	禮，諸侯之觀不過郊 論極洽	《五經異義》《公羊》說	○
三十二年	十月	未踰年之君也，有子則廟，廟則書葬。無子不廟，不廟不書葬	未踰年之君，禮，臣下無服。故子不廟，不廟則不書葬，示一年不二君也陳立：(疏)	《五經異義》《公羊》說、《左氏》說、大鴻臚生）	○
閔 二年	五月	曷爲未可以吉?未三年也	禮，禘祫從先君數，朝聘從今君數，遭祫則祫 喪畢，遭禘則禘		○
僖 元年	正月	臣子一例也	禮，諸侯臣諸父兄弟，以臣之繼君，猶子之繼父也，其服皆斬衰，故《傳》稱臣子一例	《喪服》斬衰章、大功章、《禮記·喪服小記》《白虎通·封公侯》《王者不臣》	○

續表

時間		傳文	何休	丁晏、陳立	陳奐
僖	五年 春	內辭也，與其子俱來朝也	禮，外孫初冠，有朝外祖之道，故使若來朝其子，以殺直來之恥，所以辟教戒之不明也	陳立：《士冠禮》無見外祖禮，何氏蓋以意推之也	○惠云：注直云禮，絕無疑辭，皆先秦舊典
	八年 七月	祫用致夫人，非禮也	禮，夫人始廟見，當特祭，而因祫諸公廟見，欲以省煩勞，不謹敬，故譏之	《士昏禮》《禮記·曾子問》	◆
	十年 正月	晏齊、卓子者，驪姬之子也，荀息傅焉	禮，諸侯之子八歲受之少傅，教之以小學，業小道焉，履小節焉；十五受大傅，教之以大學，業大道焉，履大節焉：《書傳》所說，公卿大夫適子之制，此及《戴禮》所說，天子諸侯世子與?諸侯世子似不必拘彼制也	與《大戴禮》，賈誼《新書》，《書大傳》，《漢·藝文志》合，信其為古禮之文也《白虎通·辟雍》	○
	十四年 六月	非使來朝，使來請己也	禮，男不親求，女不親許舊疏云"男不親求"即《昏禮》"不稱主人"之屬是也，"女不親許"即"女不親主人"即致女之禮是	《白虎通·嫁娶》	△
	二十年 五月	以有西宮，亦知諸侯之有三宮也	禮，夫人居中宮，少在前；右媵居西宮，少在後禮，諸侯娶三國女多莊十九《傳》左媵居東宮，少在後禮，何氏所引禮文，或《逸禮》語，今不可考矣	《周禮·內宰》，《穀梁傳》桓十四年，《禮記·祭表》	

續表

時間		傳文	何休	丁晏／陳立	陳奐
僖	二十五年 四月	宋三世無大夫，三世內娶也	禮，不臣妻之父母，國內皆臣，無娶道，故絕去大夫名，正其義也	《禮記·坊記》鄭注"不內娶於國中"《白虎通·王者不臣》《嫁娶》	○《駁雅》
	四月	卜郊，非禮也	禮，天子不卜郊	《五經異義》（《古》《周禮》氏）説	○《公羊》説，卜郊非禮
		免牲，禮也	禮，卜郊不吉，則爲牲作玄衣纁裳，使有司玄端，放之於南郊。明本爲天，不敢留天牲	《穀梁傳》（又袁元年袁），《公羊》無此《淮南子·齊俗訓》	○
三十一年		山川有能潤于百里者，天子秩而祭之	禮，祭天牲角繭栗，社稷宗廟角握，六宗五嶽四瀆角尺《王制》黃《禮》説文。天燎地瘞，日月星辰卜，山縣水沈，風磔雨升，取俎上七體，與其珪寶在辨中，置於柴上燒之	《穀梁》疏引《稽命徵》，《書大傳》《春秋繁露·郊事對》，《周禮·司服》	
			禮，平明而葬，日中而反虞。以陽求陰，求之不見，皇皇無所見，喪以下壙，親喪虞者，謂之虞。日中而反虞，而虞事之	《禮記·問喪》《禮弓》《士虞禮》	○
文	二年 二月	虞主用桑《禮弓》"重主道也"引	禮，虞祭，天子九，諸侯七，卿大夫五，士三，其尊處猶告祭舊禮云自諸侯七以下，《韓記》文。夫天子九虞者，何氏無文	《五經異義》（《公羊》説、《禮》本無文，《春秋左氏》説），陳立：虞而作主，以主唯一而已。按《異義》説，明主云虞而後用桑主，此虞古文家歟義之説，而固創此一主之議，杜預短喪之説，若謂祔後即無主矣	○

續表

時間	傳文	何休	丁晏/陳立	陳奂
二年 二月	練主用栗	《禮·士虞記》曰：桑主不文，吉主皆刻而諡之，蓋爲禘祫時別昭穆也。鄉云《士虞記》之逸篇，題云《禮》之……而中廣言天子諸侯之禮，此是《禮》諸侯之禮	今《士虞記》無此文	◆
八月	欲久喪而後不能也	《禮》，作練主當以十三月	《禮記·喪服四制》	○
	毀廟之主，陳于大祖	禮，取其廟室至于所死者炊冰	《禮記·喪大記》《士喪禮》	◆
	五年而再殷祭	禮，天子特禘特祫……之。《公羊》亦《禮記》及《春秋》説，舊疏云此誤，蓋"禮"字"王制"之誤。諸侯禘則不祫，今《王制》亦禘則祫。舊疏云禘之即魚是也。祫其高祖	陳立：鄭氏取《公羊》爲正説也。杜預等以禘爲三年大祭，在太祖之廟，取其序昭穆謂之祫，取其各羣祖祖謂之禘，與《禮經》違，不可從。《禮記·王制》《曾子問》	
六年 十月	葬晉襄公	禮，諸侯薨，使夫人吊，自會葬……用《公羊》《禮記》所云，故與《異義》所引《公羊》義合	陳立：何氏用《公羊》先師義，故與《異義》所引《公羊》説合。《五經異義》《公羊》説、《左氏》説	○惠云：直言禮必有據，且與《左氏》同盟之説合
	不告月者何？不告朔也	禮，諸侯受十二月朔政於天子，藏於大祖廟，每月朔朝廟，使大夫南面奉天子命，謹之。此時使有司先告朔，至此受於廟者，受於廟朝也。受於廟者，不敢自專也	《禮記·月令》《周禮·大史》	○

文

續表

時間		傳文	何休	丁晏／陳立	陳奐
文	九年　冬	兼之，非禮也	禮主于敬，當各使一使，所以別尊卑	《歲貢》《釋廢疾》	
	十二年 二月	其貴奈何？母弟也	禮，男子不絕婦人之手，婦人不絕男子之手	《既夕禮》《喪大記》文	
	十六年 五月	公四不視朔	禮，月終于廟先受朝政，乃朝，禮也；明王教尊朝廟，故以不視朔爲重		
宣	五年　冬	言叔姬之來，而不言高固之來，則不可	禮，大夫妻歲一歸宗	《禮器》文　《喪服》齊衰三月，《鄭志》	○
	六年	使諸大夫皆内朝	禮，公族朝於内朝，親親也；雖有貴者，以齒，明父子也。外朝以官，尊異姓也。宗廟之中，以爵爲位，崇德也。宗人授事以官，尊賢也。升餞受爵以上嗣，尊祖之道也。喪紀以服之精粗爲序，不奪人之親也	《文王世子》文	
	春	靈公望見趙盾，愬而再拜	禮，臣拜然後君答拜	《士相見禮》《禮記·曲禮》《周禮·士師》	○
			禮，天子爲三公下階，卿前席，大夫興席，士式几筵以爲《春秋》說文	惠氏《禮說》云此坐朝之禮	○
		趙盾之車右祁彌明，國之力士也	禮，大夫駢乘，有車右，有御者	《禮記·曲禮》《月令》，《周禮·大僕》	△

續表

時間		傳文	何休	丁晏/陳立	陳逆
宣	八年 六月	繹者何？祭之明日也	禮，繹繼昨日事，但不灌地降神爾。天子諸侯曰繹，大夫曰賓尸，士曰宴尸，舊疏以為《春秋》說文。去事之殺也	《有司徹》《禮記·禮器》《郊特牲》，《緯末》文	○
			禮，天子以卿為尸，諸侯以大夫為尸，卿大夫以下以孫為尸。夏立尸，殷坐尸，夏質，殷漸文，旅酬六尸陳立：此三代質文之變，周備文也	《士虞記》《禮記·祭統》《郊特牲》《曾子問》《禮記·既醉》箋《石渠禮議》"周公祭天用太公為尸"	○
		猶者何？通可以已也	禮，大夫死，為一時之祭。有事於廟而繹。有事於廟而聞之者，卒樂卒事，廢繹	《禮記·檀弓》《穀梁傳》	○即《檀弓下》"仲遂卒于垂"事
	十月	乃者何？難也	禮，卜葬從遠日	《禮記·曲禮上》"喪事先遠日"	○
	十二年 六月	晉荀之走者，舟中之指可掬矣	禮，天子造舟，諸侯維舟，大夫方舟，士特舟《爾雅·釋水》文也。《說文》"撉"，蓋《古禮經》文	與《爾雅》《毛詩傳》《大雅·大明》《說文》引逸禮合《說苑·復恩》	○
	十五年 夏	長庶之號也	禮，天子庶兄冠而不名	《白虎通》	◆
	十七年 十一月	公弟叔肸卒	禮，盛德之士不名，天子上大夫不名	《孟子·萬章》《白虎通》"王朝不臣"	◆
	十八年 十月	哭君成踊	禮，臣為君本服斬衰，故成踊，莫哭踊，三日朝哭踊，比二日朝莫不復哭踊，去事之殺也	《禮記·奔喪》《雜記》《喪大記》《士喪禮》疏	

續表

時間	傳文	何休	丁晏/陳立	陳奐
二年 七月	衣服與頃公相似	禮，皮弁以征陳立：昭二十五年注，《緯詩傳》亦有是語。蓋皆今文家說	《韓詩傳》：皮弁以征不義《白虎通·三軍》，《周禮·弁師》"弁服"	◆
六年 二月	立武宮，非禮也	禮，天子諸侯立五廟，受命始封之君立一廟。周至於子孫，過高祖，尊有德，立高祖，武廟，文、武廟，自於子孫，至於子孫，家祖有功，自高祖已下而七廟。天子大夫比元士夫三廟，元士二廟，諸侯之士一廟，諸侯之士一廟	《禮記·喪服小記》《王制》，《周禮·鈎命決》《獨斷》《鈎命決》陳立：鄭、何與玄成同也	○
八年 冬	膝不書，此何以書？	禮，君不求膝，諸侯自膝夫人	多引公十九年傳"諸侯娶一國"注	△◆
九年 夏	此其言致女何？錄伯姬也	婦人未廟見而死，歸葬於女氏之黨	《曾子問》文	
十五年 三月	吾子相之，老夫抱之	禮，大夫七十而致事。若不得謝，則必賜之几杖，行役以婦人從，適四方乘安車，自稱曰老夫	《曲禮》文	
十五年 二月	以邑氏也	禮，逆王后當使三公者有故之時。陳立：此注與彼注（桓八年"祭公來"）及《異義》所載《公羊》家說皆不同，未知何義	《五經異義》"親逆"	◆此何氏據時王之禮
十六年 三月	君若贅旒然	《禮記·王藻》，卿大夫九，卿大夫士七，士五陳立：今五《五藻》無此文，舊疏引《稽命徵》及《含文嘉》	《玉藻》無此文《廣雅·釋天》《周禮·中車》	△

續表

時間		傳文	何休	丁晏/陳立	陳奐
襄	十九年 七月	大夫以君命出，進退在大夫也	禮，兵不從中御外，臨事制宜，當敵為師，唯義所在	《白虎通·三軍》《王者不臣》《淮南子·兵略訓》《說苑·指武》《孔叢子·問軍禮》	○
	二十九年 五月	去之延陵	禮，公子無去國之義，故不禔兗	《春秋繁露·玉英》《白虎通·五行》	
	三十年 七月	不見傅母不下堂	禮，后夫人必有傅母，所以輔正其行，衛其身也。選老大夫為傅，選老大夫夫妻為母	《禮記·內則》	○
		設兩觀	禮，天子諸侯臺門，《禮器》文。天子外闕兩觀，諸侯內闕一觀舊疏云《禮》說文	《禮記·禮運》	○
		乘大路	禮，天子大路，諸侯路車，大夫大車，土飾車	《大戴禮·朝事》《禮記·明堂位》《郊特牲》《周禮·巾車》	○《顧命》之文
		有夫不祥，君無所辱大禮	禮，臣受君錫，答拜，謂之拜命之辱	《覲禮》《士相見禮》	
昭	二十五年 九月	寡人有不腆先君之服，未之敢服	禮，天子朝皮弁，夕玄端，朝服以聽朝，玄端以征不義，取禽獸，行射。諸侯朝朝服，夕深衣，玄端以燕，卿大夫冕服而助君祭，朝服祭其祖禰，土爵弁祭其祖禰舊疏云皆出《禮記》，玄端以祭羣臣衣裳以助公祭，亦然	《士冠禮》《覲禮》《周禮·司服》《禮記·玉藻》《白虎通·紼冕》	○

續表

時間	傳文	何休	丁晏/陳立	陳奐
定 元年 三月	不襄城也	禮, 諸侯爲天子治城, 各有分丈尺《公羊禮說》;《公羊》之義, 不絶異説, 一事兩説, 往往並載。舊亦非魚見也	《周禮·大司馬》	△
		禮, 始死於北牖下, 浴於中霤, 飯含於牖下, 小斂於戶內, 夷於兩楹之間; 大斂於阼階, 殯於西階之上, 祖于庭, 葬于墓, 奪孝子之恩動以遠也今《檀弓》"魚於牖下""死於牖下"一語	《禮記·檀弓》《坊記》	
六月	正棺於兩楹之間, 然後即位	禮, 天子五日小斂, 七日大斂, 諸侯三日小斂, 五日大斂; 卿大夫士二日小斂, 三日大斂, 夷而成服, 故成辰後即位。凡襲, 三日授子杖, 五日授大夫杖, 七日授士杖, 婦人不杖, 童子不能病故也	《士喪禮》《表服傳》《禮記·表大記》《表服小記》《表服四制》《白虎通·前蒸》	
七月	錄我主也	禮, 諸侯人爲天子大夫, 更受采地於京師, 天子使大夫爲其治城, 有功而卒者, 當益封其子	《白虎通·京師》	○"天子使大夫, 身冶其國", 於禮未聞
四年 十一月	挾弓而去楚	禮, 天子雕弓, 諸侯彤弓, 大夫嬰弓, 士盧弓陳立 文也。舊疏云古禮無文, 則《禮緯》亦魚是語	考何注明稱禮文, 受自荀卿, 與何氏所引合, 此真漢世經師傳授之學, 沖遠以經事不經見, 不已謬歟?	○

續表

時間	傳文	何休	丁晏/陳立	陳奂
八年 冬	賣者何？實判白	禮，珪以朝，璧以聘，琮以發衆，璜以發兵，以此五者，蓋皆《逸禮》文也	《白虎通·瑞贄》《周禮·典瑞》	○禮未聞
十二年 夏	百雉而城	禮，天子千雉，子男五十雉；天子周城，諸侯軒城；天子受百雄之比十，伯七十雄，缺南面以受過也舊疏云《春秋》說文。陳立：何說雜糅與《韓詩》說合	《五經異義》《戴《禮》》及《左氏》說、古《周禮》及《左氏》說。	○
十四年 秋	腥曰脤，熟曰燔	禮，諸侯朝天子，助祭於宗廟，然後受祖實	《五經異義》《左氏》說《論語》《鄉黨》、《禮記·曲禮》《祭統》	○何氏不信《周官》，鄭注《春秋》即引《周官》爲證
定 十五年 五月	奔喪，非禮也	禮，天子崩，諸侯奔喪會葬；諸侯薨，有服者奔喪。禮有不吊者三：兵死，壓死，溺死舊疏云《春秋》說文	《五經異義》《公羊》說、《左氏》說	◆見《左傳》
春	譏始用田賦也	禮，稅民公田，不過什一，軍賦十井不過什一乘	《禮記·檀弓》"死而不吊者三"、"曾子問"《白虎通·喪服》《聖證論》	○
哀 十二年 五月	譏娶同姓也。蓋，吳女也。	禮，不娶同姓。買妾不知其姓，則卜之。《白虎通》與何氏說同	《五經異義》《左氏》說《周禮》說	○
		禮，婦人繫姓不繫國，雖不諱，睡不繫國，與禽獸無別也，不忘本也，故隱元年注"婦人以姓配字姓也"	《曲禮》文《五經異義》《今春秋公羊》說、《左氏》說、《白虎通·嫁娶》、《禮記·坊記》	、

第四節　小　結

丁晏《佚禮扶微·佚文》列目十一項，真正具有比較價值、可構成跨時空對話的引"禮"經典，實則只在《孟子》《荀子》《白虎通義》《説文解字》《公羊解詁》之間。前二者性質特殊，爲經子元典，丁氏只論《孟》《荀》，而不及儒學内部其他經子典籍(尤其是《春秋》三傳)，也未超出儒家經典的範疇(唯一另外是《管子·弟子職》)，與《春秋傳禮徵》《穀梁禮證》性質相通，可證禮學實爲儒門之學的基礎知識與思維底色。後三者則皆漢世經説淵藪，加之丁氏初好鄭學，其隱隱然在《白虎通義》、許慎、何休、鄭玄之間構築起對話的空間，也在乾嘉文字聲韻之學之外而別有懷抱，但丁氏的佚禮輯佚工作仍停留在存"古義"的階段，並未進一步興發今古文之別與爭的經典話題，也未能詳細梳理諸家禮學之異同與互動，不知是否與"吳派"傳人的學術特性有關(惠棟之學明顯有更高的追求，其傳人似少有惠氏氣象，戴學傳人亦是如此；而丁氏學術、思想實則較爲複雜，只是在特定階段，面對特定對象，其風格特質略近於所謂"吳派")。

丁氏對《白虎通義》《説文解字》《公羊解詁》引"禮"之文的關注，已經展現了今古文禮學在漢代的基本狀態，並將之與"佚經""佚記"並列，更是展現了禮學文本與觀念的複雜性與豐富性。自唐以降甚稱"禮是鄭學"，而鄭學的對話對象，學界多關注影響中古禮制建設甚鉅的"鄭王之爭"，近來學界開始探究鄭玄與前代、同代學人的互動。鄭玄被尊爲"經神"，正是在這種互動中才得以形成如此影響力，如與"五經無雙"的許慎圍繞"五經異義"的跨時空對話，與"學海"何休圍繞《春秋》三傳的爭論，都是學術史的經典話題(《白虎通義》的影響則更爲普遍，這從《五經異義》《公羊解詁》《駁五經異義》便可見端倪)。但晚清以降逐漸僵化的今古文之爭解釋模型，並不足以更加有效地解釋經議中的互動與歧出。這顯然需要回到具體的歷史語境，並深入體味學者與文本的深層邏輯與現實關懷，才能有所反思。

廖平《今古學考》根據《五經異義》等書，論證漢代今古文之爭的關鍵差異在於禮制，蒙文通先生以爲清學三大發明之一，確屬精義。但廖氏以古文宗《周禮》、今文宗《王制》，則可能並未深察漢世《春秋》學的巨大影響力，且對漢代禮學内部今古各説如何流傳、互動、融通也缺少清晰的認識。郜積意先生即認爲區分今古學應以何休《公羊》禮爲據，並且通過探討漢代今古學家的先王禮和周禮觀，可爲理解漢代今古學的實質性分歧開闢新的途徑。① 青年學者高瑞傑先生則尤其關注東漢制禮困局下的今古文禮學互動，通過分析許慎、何休、鄭玄等人的經學爭議，其言"東漢今古文經議之爭逐漸開始兼通融會，禮學體系愈發謹嚴綿密，此反映出漢世'制禮'的内在渴求，使經學趨向禮制化、體系化、系統化，成爲漢末經學一大趨勢，並呈現出漢末經學既'針鋒相對'又'殊途同歸'的學術風貌"②。在如此視域下，在鄭玄禮學之外，漢代禮學將會有極大的擴充，而"佚文"所展示的禮學差異也會强化"佚禮"的思想性，這是"佚經""佚記"本身較難達到的目標（相較之下，廣泛見於《白虎通義》的"佚記"更易引申發揮）。

邸先生進而將許慎、鄭玄、何休等人的不同，視爲"經學家個人的智識産品"，突出漢代經學之爭在意識形態之外的知識學内涵：

> 從何休、鄭玄的分歧来看，經學作爲官方意識形態的"身份"有了轉移，一則分歧不再關涉到利禄，或爭立博士官的動因，二則分歧也無須由皇帝親自裁決。這使得經學之爭能夠擺脱官方意識形態的要求，而具備**知識學的色彩**。作爲一門學問，經學的知識學特徵在上文已有所揭示，如對史實、訓詁的重視。尤值得一提的，是何、鄭的辭例學批判，使經學落實到文本的相互比照上。這種批判的意義，不僅在於和史實、訓詁一樣，能夠提供可靠的證據，而且在於，經、傳文的相互比照，必然要求經學家們

---

① 邸積意：《漢代今、古學的禮制之分——以廖平〈今古學考〉爲討論中心》，臺灣《"中央研究院"歷史語言研究所集刊》第 77 本第 1 分，2006 年。另參邸積意：《漢代今、古學之爭的再認識——以賈逵與〈公羊〉之爭爲例》，臺灣《中國文哲研究集刊》2003 年第 22 期；《漢代今、古學的分殊與一致——許慎〈五經異義〉初論》，臺灣《孔孟月刊》2006 年第 12 期。黃珊：《論〈五經異義〉中的"周禮"問題》，《福州大學學報》（哲學社會科學版）2010 年第 4 期。史應勇：《許慎的經義取捨——殘存〈五經異義〉不從古文説 27 條考》，《國學學刊》2011 年第 1 期。[日]田中麻紗巳：《〈白虎通〉之"或曰"與"一説"》，劉瑩譯，石瑊校，虞萬里主編：《經學文獻研究集刊》第 21 輯，上海書店出版社 2019 年版。

② 高瑞傑：《何休、鄭玄關於嗣君居喪諸禮之辨析——以〈五經異義〉諸議爲中心》，彭林主編：《中國經學》第 28 輯，廣西師範大學出版社 2021 年版。另參高瑞傑：《鄭玄宗廟禘祫義考辨——以何休禘祫義爲參照》，虞萬里主編：《經學文獻研究集刊》第 20 輯，上海書店出版社 2018 年版；《論世卿禮議之爭端——以何休、鄭玄與〈五經異義〉爲中心》，《國際社會科學雜誌》2022 年第 4 期；《漢代三統論之演進——從董仲舒到何休》，《哲學分析》2021 年第 3 期；《今文經學視域下的孔子聖化》，《孔子研究》2021 年第 3 期；《何以太平：何休井田制析義》，陳明、朱漢民編：《原道》第 42 輯，湖南大學出版社 2022 年版。

對經、傳文及其相關的各種敍述了然於胸，從而客觀上促進經學自身的發展。正如鄭玄和許慎關於《五經》之異義的不同理解，是經學家個人的智識産品一樣，何、鄭之爭也可在此層面得到解釋，因爲無論是何休，還是鄭玄，決定他們分歧之優劣的不再是他者的影響，而是**自身對經典的理解**。基於此，雖然何休的批判還帶著明顯的經學"前見"，但批判本身所透露出的知識學特色，卻讓人們看出漢代經學之爭在意識形態之外的不同内涵。①

在"知識學的色彩"的觀照之下，許慎、何休、鄭玄在精神氣質上並無不同，"五經無雙""學海""經神"之稱，已經暗示他們在開啓有別於官方色彩濃厚的今古文之爭的新經學世界，這也是有關學者個體、群體生命的新境界。日本學者齋木哲郎先生即將《五經異義》與《白虎通義》、《春秋》學的演變關聯，突出許慎"儒者自身の獨創性"及其對當時王朝制度的回應(即由西漢到東漢儒學有一個從重視王權到申發自身議論的過程)。② 間嶋潤一先生亦通過細緻分析今古異説、許鄭異義，重點關注鄭玄的經學特徵與體系及《春秋》學變遷(主要是討論孔子作《春秋》與"魯禮"的關聯，進而從"魯禮"思考鄭玄以"周禮"爲核心的"周の太平国家構想")。③ 而何休自身的特點，如前文所説，則更爲獨特，其删改傳文、違背傳義、改造舊説之舉並不罕見。而禮學、禮制正是白虎觀論議諸儒到許慎，再到何休、鄭玄，充分展現個人"智識"的思想實驗場，同時也映射出時代的基本特徵。因此，"禮"之"佚文"的利用，也向學者提出

---

① 邰積意：《經義之爭的立場與邏輯——以何休、鄭玄之分爲例》，《中國文化》2006年第 22 期。

② ［日］齋木哲郎：《許慎の『五經異義』について》，《後漢の儒學と『春秋』》，（日本）汲古書院 2018 年版，第 179~205 頁。齋木先生認爲鄭玄打斷了許慎以"異義"方式建構新經學的可能性。如果這一觀點能夠被接受，鄭玄新經學的形成及其《春秋》學的定位，便是一個引人深思的問題。《春秋》學(尤其是《公羊》學)作爲漢代顯學，鄭玄在由《春秋》而《周禮》這一調轉核心經典的過程中，不可能不對《春秋》學進行系統的整合與涵化。同理，許慎、何休基於《春秋》學的經學體系同樣需要對禮學予以妥善安置。其中不僅僅有陳蘇鎮先生所言"以禮爲治"與"以德化民"政治哲學的不同，也有閻步克先生所言"宗經""復古"與"尊君""實用"的拉扯與張力。參閱陳蘇鎮：《〈春秋〉與"漢道"：兩漢政治與政治文化研究》，中華書局 2011 年版。閻步克：《服周之冕：〈周禮〉六冕禮制的興衰變異》，中華書局 2009 年版。

③ ［日］間嶋潤一：《鄭玄と「周礼」：周の太平国家の構想》，（日本）明治書院 2010年版。

了更高的要求。

丁晏將"佚文"納入"佚禮"的範疇，極大延展了以"經""記"爲中心的傳統輯佚模式，也擴大了"佚禮"可參與的歷史、思維世界。當然其關注《孟子》《荀子》引"禮"，而不及《易》《書》《詩》《春秋》諸經及古注之"禮徵""禮證"（何休《公羊解詁》除外），又爲"佚禮"話題留下了可以深入探討的空間。且隨着百年來出土文獻的不斷現世，楚簡、秦簡、漢簡等之中不乏禮書、禮儀、禮律類文本，也需要綜合搜討而集中研究。而傳統禮學文獻之中，蘊藏着與"佚禮"相關的諸多問題，尤其是宋元明禮學的流傳與脈絡、邏輯與述求，同樣值得更細緻地挖掘。本書主要藉助丁氏《佚禮扶微》"佚經""佚記""佚文"的結構，考索相關禮學、輯佚學問題，而其他話題的討論只能俟諸他日了。

主要參考文獻

一、古籍

（漢）班固：《漢書》，中華書局 1962 年版。

（漢）蔡邕著，鄧安生編：《蔡邕集編年校注》，河北教育出版社 1999 年版。

（清）曹元弼：《復禮堂文集》，王有立主編：《中華文史叢書》第 46 冊影印民國六年（1917）刊本，臺灣華文書局股份有限公司 1974 年版。

（清）曹元弼：《周易鄭注箋釋》，林慶彰主編：《民國時期經學叢書》第 1 輯第 14 冊影印民國十五年（1926）刻本，臺灣文聽閣圖書有限公司 2008 年版。

（清）曹元弼：《禮經學》，周洪校點，北京大學出版社 2012 年版。

（宋）晁公武：《郡齋讀書志》，《景印文淵閣四庫全書》第 674 冊，臺灣“商務印書館”1983 年版。

（宋）晁說之：《嵩山文集》，《四部叢刊續編》景舊鈔本第 8 冊，商務印書館 1934 年版。

（清）陳奐：《公羊逸禮考徵》，楊柳青點校，上海古籍出版社 2015 年版。

（清）陳澧：《東塾讀書記》，黃國聲主編：《陳澧集》第 2 冊，上海古籍出版社 2008 年版。

（清）陳立：《白虎通疏證》，吳則虞點校，中華書局 1994 年版。

（清）陳立：《公羊義疏》，劉尚慈點校，中華書局 2017 年版。

（晉）陳壽：《三國志》，中華書局 1964 年版。

（清）陳壽祺：《左海經辨》，《續修四庫全書》第 175 冊影印清道光三年（1823）刻本，上海古籍出版社 2002 年版。

（清）陳壽祺：《五經異義疏證》，曹建墩點校，上海古籍出版社 2012 年版。

（宋）陳祥道：《禮書》，《景印文淵閣四庫全書》第 130 冊，臺灣"商務印書館"1983 年版。

陳雄根、何志華編著：《先秦兩漢典籍引〈禮記〉資料彙編》，香港中文大學出版社 2012 年版。

程繼紅輯箋：《黄式三黄以周禮學文獻輯箋》，鳳凰出版社 2017 年版。

（清）戴震：《經考》，楊應芹、諸偉奇主編：《戴震全書（修訂本）》第 2 冊，黄山書社 2010 年版。

（清）戴震：《方言疏證》，楊應芹、諸偉奇主編：《戴震全書（修訂本）》第 3 冊，黄山書社 2010 年版。

（清）戴震：《戴氏雜録》，楊應芹、諸偉奇主編：《戴震全書（修訂本）》第 6 冊，黄山書社 2010 年版。

（明）鄧元錫：《三禮編繹》，《四庫全書存目叢書·經部》第 106、107 冊影印明萬曆三十三年（1605）史繼辰等刻本，齊魯書社 1997 年版。

（清）丁壽恒等編：《柘唐府君年譜》，四川大學古籍整理研究所編：《儒藏·史部·儒林年譜》第 45 冊，四川大學出版社 2007 年版。

（清）丁晏：《説文舉隅》，中國國家圖書館藏清稿本、同治二年（1863）丁賜福抄本。

（清）丁晏：《柘翁七十自敘》，南開大學圖書館藏清同治二年（1863）丁氏家刊本。

（清）丁晏著，（清）段朝端釋：《説文通説》，湖北省圖書館藏清鈔本。

（清）丁晏：《讀經説》，《叢書集成續編》第 15 冊影印《頤志齋叢書》本，臺灣新文豐出版公司 1988 年版。

（清）丁晏：《周禮釋注》卷 2，《續修四庫全書》第 81 冊影印清咸豐二年（1852）聊城海源閣刻《六藝堂詩禮七編》本，上海古籍出版社 2002 年版。

（清）丁晏：《儀禮釋注》，《續修四庫全書》第 93 冊影印清咸豐二年（1852）楊以增刻本，上海古籍出版社 2002 年版。

（清）丁晏：《投壺考原》，《續修四庫全書》第 1106 冊影印清光緒十四年（1888）刻《南菁書院叢書》本，上海古籍出版社 2002 年版。

（清）丁晏：《頤志齋文集》，《清代詩文集彙編》第 587 冊影印民國三十八年（1949）丁步坤鉛印本，上海古籍出版社 2010 年版。

(清)丁晏:《佚禮扶微》，師顧堂影印《南菁書院叢書》本，2020 年；《續修四庫全書》第 110 册影印中國國家圖書館藏清稿本，上海古籍出版社 2002 年版。

(清)董誥等編:《全唐文》，孫映逵等點校，山西教育出版社 2002 年版。

董治安主編:《兩漢全書》第 35 册《兩漢石刻文獻》，山東大學出版社 2009 年版。

竇秀艷、孫連營匯校:《鄭玄〈春秋〉類輯佚書匯校》，中國社會科學出版社 2021 年版。

(唐)杜佑:《通典》，王文錦、王永興、劉俊文、徐庭雲、謝方點校，中華書局 1992 年版。

(清)段玉裁:《説文解字注》，上海古籍出版社 1981 年版。

(南朝宋)范曄:《後漢書》，中華書局 1965 年版。

方向東:《大戴禮記彙校集解》，中華書局 2008 年版。

方勇、李波譯注:《荀子》，中華書局 2011 年版。

(唐)房玄齡等:《晉書》，中華書局 1974 年版。

(清)馮登府:《逸經補正》，《叢書集成續編》第 16 册影印民國初刻《適園叢書》本，上海書店 1994 年版。

傅亞庶:《孔叢子校釋》，中華書局 2011 年版。

甘鵬雲:《經學源流考》，影印民國二十七年(1938)甘氏家藏叢稿崇雅堂聚珍版，廣文書局 1977 年版。

(清)龔自珍:《龔自珍全集》，王佩諍校，上海古籍出版社 1999 年版。

(明)貢汝成:《三禮纂注》，《四庫全書存目叢書·經部》第 105 册影印明萬曆三年(1575)陳俊刻本，齊魯書社 1997 年版。

古風主編:《經學輯佚文獻彙編》，國家圖書館出版社 2010 年版。

(清)管庭芬:《一瓻筆存》，天津圖書館編:《中國古籍珍本叢刊·天津圖書館卷》第 59 册影印清道光稿本，國家圖書館出版社 2013 年版。

郭超穎、王域鋮:《四庫經部禮類提要彙輯校訂》，廣陵書社 2020 年版。

(漢)韓嬰撰，許維遹校釋:《韓詩外傳集釋》，中華書局 1980 年版。

何寧:《淮南子集釋》，中華書局 1998 年版。

何志華、朱國藩、樊善標編著:《〈大戴禮記〉與先秦兩漢典籍重見資料彙編》，香港中文大學出版社 2004 年版。

何志華、朱國藩、樊善標編著：《〈古列女傳〉與先秦兩漢典籍重見資料彙編》，香港中文大學出版社 2004 年版。

何志華、朱國藩、樊善標編著：《〈荀子〉與先秦兩漢典籍重見資料彙編》，香港中文大學出版社 2005 年版。

何志華、朱國藩、樊善標編著：《〈新書〉與先秦兩漢典籍重見資料彙編》，香港中文大學出版社 2007 年版。

何志華、朱國藩、樊善標編著：《〈文子〉與先秦兩漢典籍重見資料彙編》，香港中文大學出版社 2010 年版。

（宋）洪興祖：《楚辭補注》，白化文等點校，中華書局 2006 年版。

（清）侯康：《穀梁禮證》，徐淵點校、楊柳青覆校，上海古籍出版社 2015 年版。

（清）胡掄：《禮樂通考》，《四庫全書存目叢書·經部》第 111 册影印清乾隆蔡照軒刻本，齊魯書社 1997 年版。

（清）胡培翬：《儀禮正義》，張文、徐到穩、殷嬰寧校點，《儒藏（精華編）》第 47~48 册，北京大學出版社 2016 年版。

胡玉縉：《許廎學林》，王欣夫輯，中華書局 1958 年版。

胡玉縉撰，吳格整理：《續四庫提要三種》，上海書店出版社 2002 年版。

華學誠：《揚雄方言校釋匯證》，王智群、謝榮娥、王彩琴協編，中華書局 2006 年版。

（漢）桓譚：《新輯本桓譚新論》，朱謙之校釋，中華書局 2009 年版。

（晉）皇甫謐：《高士傳》，劉曉東校點，遼寧教育出版社 1988 年版。

黃懷信、張懋鎔、田旭東：《逸周書彙校集注》，李學勤審定，上海古籍出版社 1995 年版。

黃懷信：《大戴禮記彙校集注》，孔德立、周海生參撰，三秦出版社 2004 年版。

黃懷信：《鶡冠子彙校集注》，中華書局 2004 年版。

黃暉：《論衡校釋（附劉盼遂集解）》，中華書局 1990 年版。

（清）黃奭：《漢學堂經解·逸禮》，《叢書集成三編》第 4 册影印清道光間甘泉黃氏刻《漢學堂知足齋叢書》本，臺灣新文豐出版公司 1997 年版。

（清）黃以周：《禮書通故》，王文錦點校，中華書局 2007 年版。

（清）黃以周：《軍禮司馬法考徵》，董平點校，詹亞園、張涅主編：《黃式三黄以周合集》第 14 册，上海古籍出版社 2014 年。

（清）黄虞稷：《千頃堂書目》，瞿鳳起、潘景鄭整理，上海古籍出版社 2001 年版。

（唐）賈公彦：《儀禮注疏》，彭林校點，《儒藏（精華編）》第 42、43 册，北京大學出版社 2016 年版。

（唐）賈公彦：《周禮注疏》，金少華點校，浙江大學出版社 2017 年版。

（北魏）賈思勰撰，繆啓愉校釋：《齊民要術校釋》，中國農業出版社 1998 年版。

（北魏）賈思勰撰，石聲漢校釋：《齊民要術今釋》，中華書局 2009 年版。

（漢）賈誼撰，閻振益、鍾夏校注：《新書校注》，中華書局 2000 年版。

（清）江永：《鄉黨圖考》，《景印文淵閣四庫全書》第 210 册，臺灣“商務印書館”1983 年版。

（清）江永：《禮書綱目》，《叢書集成續編》第 14 册影印光緒二十一年（1895）廣雅書局刻本，臺灣新文豐出版公司 1988 年版。

（清）姜兆錫：《儀禮經傳内外編》，《四庫全書存目叢書·經部》第 112 册影印清雍正乾隆間刻《九經補注》本，齊魯書社 1997 年版。

（清）焦循：《孟子正義》，沈文倬點校，中華書局 1987 年版。

（元）舊題吳澄：《三禮考注》，《四庫全書存目叢書·經部》第 104 册影印明成化九年（1473）謝士元刻本，齊魯書社 1997 年版。

（清）康有爲：《新學僞經考》，姜義華、張榮華編校：《康有爲全集》第 1 册，中國人民大學出版社 2007 年版。

（清）孔廣森：《大戴禮記補注》，王豐先點校，中華書局 2013 年版。

（唐）孔穎達等：《周易正義》，趙榮波校點，《儒藏（精華編）》第 2 册，北京大學出版社 2009 年版。

（唐）孔穎達等：《毛詩注疏》，鄭傑文、孔德凌校點，《儒藏（精華編）》第 22 册，北京大學出版社 2010 年版。

（唐）孔穎達等：《春秋左傳正義》，浦衛忠校點，北京大學出版社 2016 年版。

（唐）孔穎達等：《禮記正義》，郜同麟點校，浙江大學出版社 2019 年版。

來新夏、韋力、李國慶彙補：《書目答問彙補》，中華書局 2011 年版。

黎翔鳳：《管子校注》，梁運華整理，中華書局 2004 年版。

李崇智校箋：《〈人物志〉校箋》，巴蜀書社 2001 年版。

（宋）李昉等：《太平御覽》，影印涵芬樓影印宋本，中華書局 1995 年版。

（清）李光地：《榕村集》卷，《景印文淵閣四庫全書》第 1324 册，臺灣"商務印書館" 1983 年版。

（明）李經綸：《禮經類編》，《四庫全書存目叢書·經部》第 108 册影印清鈔本，齊魯書社 1997 年版。

（唐）李林甫等：《唐六典》，陳仲夫等點校，中華書局 1992 年版。

（清）李林松：《鄉黨禮説》，王欣夫編、吳格整理：《學禮齋經解》第 18 册影印清光緒五年（1879）通州劉恕刻本，上海人民出版社 2022 年版。

梁啓雄：《荀子簡釋》，中華書局 2009 年版。

（清）廖平：《古學考》，楊世文校點，舒大剛、楊世文主編：《廖平全集》第 1 册，上海古籍出版社 2015 年版。

（清）廖平：《今古學考》，黃海德、楊世文校點，舒大剛、楊世文主編：《廖平全集》第 1 册，上海古籍出版社 2015 年版。

（清）廖平：《群經凡例》，楊世文校點，舒大剛、楊世文主編：《廖平全集》第 2 册，上海古籍出版社 2015 年版。

（清）廖平：《容經淺注》，楊世文校點，舒大剛、楊世文主編：《廖平全集》第 5 册，上海古籍出版社 2015 年版

（清）廖平：《穀梁春秋經傳古義疏》，舒大剛、楊世文主編：《廖平全集》第 6 册，上海古籍出版社 2015 年版。

（清）林昌彝：《三禮通釋》，《故宮珍本叢刊》影印清咸豐間林氏朱格進呈抄本，海南出版社 2000 年版。

（清）林昌彝：《小石渠閣文集》，《續修四庫全書》第 1530 册影印清光緒福州刻本，上海古籍出版社 2002 年版。

（清）林春溥：《古書拾遺》，《叢書集成三編》第 5 册影印清咸豐四年（1854）刻《竹柏山房叢書》本，臺灣新文豐出版公司 1997 年版。

林忠軍：《〈易緯〉導讀》，齊魯書社 2002 年版。

（清）凌曙：《春秋公羊禮疏》，黃銘點校，上海古籍出版社 2015 年版。

（清）凌廷堪：《禮經釋例》，紀健生校點，《凌廷堪全集》第 1 册，黃山書社 2009 年版。

（清）劉寶楠：《論語正義》，高流水點校，中華書局 1990 年版。

劉善澤：《三禮注漢制疏證》，嶽麓書社 1997 年版。

劉師培：《群經大義相通論》，吳方編校：《中國現代學術經典·劉師培卷》，河北教育出版社 1996 年版。

劉師培：《〈春秋左氏傳〉古例詮微》，黃錦君選編：《劉師培儒學論集》，四川大學出版社 2010 年版。

劉師培：《讀〈左〉劄記》，黃錦君選編：《劉師培儒學論集》，四川大學出版社 2010 年版。

劉師培：《逸禮考》，四川大學古籍整理研究所編：《儒藏·經部·三禮類》第 23 冊影印《劉申叔先生遺書》本，四川大學出版社 2016 年版。

（清）劉士林：《古學經輯注》，中國國家圖書館藏清初抄本。

（漢）劉熙撰，（清）畢沅疏證、王先謙補：《釋名疏證補》，祝敏徹、孫玉文點校，中華書局 2008 年版。

（漢）劉向撰，向宗魯校證：《説苑校證》，中華書局 1987 年版。

（南朝梁）劉勰注，詹鍈義證：《文心雕龍義證》，上海古籍出版社 1989 年版。

（後晉）劉昫等：《舊唐書》，中華書局 1975 年版。

（清）劉汋：《先君子蕺山先生年譜》，四川大學古籍整理研究所編：《儒藏·史部·儒林年譜》第 24 冊影印清乾隆四十二年（1777）刊本，四川大學出版社 2007 年版。

劉兆祐編：《儀禮論著目録》，臺灣洪葉文化事業有限公司 2000 年版。

（明）劉宗周：《劉蕺山集》，《景印文淵閣四庫全書》第 1294 冊，臺灣“商務印書館”1983 年版；吳光主編：《劉宗周全集》，浙江古籍出版社 2012 年版。

（清）吕調陽：《逸經釋》，《叢書集成續編》第 15 冊影印清光緒十四年（1888）刻《觀象廬叢書》本，臺灣新文豐出版公司 1989 年版。

馬宗霍：《説文解字引經考》，中華書局 2013 年版。

馬宗霍：《説文解字引群書考》，中華書局 2014 年版。

毛遠明校注：《漢魏六朝碑刻校注》，綫裝書局 2008 年版。

（宋）聶崇義：《新定三禮圖》，《中華再造善本》影印宋淳熙二年（1175）鎮江府學刻公文紙印本，北京圖書館出版社 2006 年版。

（宋）歐陽修、宋祁：《新唐書》，中華書局 1975 年版。

（唐）歐陽詢：《藝文類聚》，汪紹楹校，上海古籍出版社 1982 年版；《景印文淵閣四庫全書》第 888 冊，臺灣"商務印書館"1983 年版。

（清）皮錫瑞：《尚書大傳疏證》，吳仰湘編：《皮錫瑞全集》第 1 冊，中華書局 2015 年版。

（清）皮錫瑞：《答臨孝存周禮難疏證》，吳仰湘編：《皮錫瑞全集》第 3 冊，中華書局 2015 年版。

（清）皮錫瑞：《六藝論疏證》，吳仰湘編：《皮錫瑞全集》第 3 冊，中華書局 2015 年版。

（清）皮錫瑞：《鄭志疏證》，吳仰湘編：《皮錫瑞全集》第 3 冊，中華書局 2015 年版。

（清）皮錫瑞：《駁五經異義疏證》，吳仰湘編：《皮錫瑞全集》第 4 冊，中華書局 2015 年版。

（清）皮錫瑞：《魯禮禘祫義疏證》，吳仰湘編：《皮錫瑞全集》第 4 冊，中華書局 2015 年版。

（清）皮錫瑞：《王制箋》，吳仰湘編：《皮錫瑞全集》第 4 冊，中華書局 2015 年版。

（清）皮錫瑞：《箴膏肓疏證》，吳仰湘編：《皮錫瑞全集》第 4 冊，中華書局 2015 年版。

（清）皮錫瑞：《聖證論補評》，吳仰湘編：《皮錫瑞全集》第 5 冊，中華書局 2015 年版。

（清）皮錫瑞：《經學歷史》，周予同注釋，中華書局 2004 年版；吳仰湘編：《皮錫瑞全集》第 6 冊，中華書局 2015 年版。

（清）皮錫瑞：《經學通論》，吳仰湘編：《皮錫瑞全集》第 6 冊，中華書局 2015 年版。

（清）齊召南：《寶綸堂文鈔》，《續修四庫全書》第 1428 冊影印清嘉慶二年（1797）刻本，上海古籍出版社 2002 年版。

（清）錢大昕：《廿二史考異》，孫開萍等點校，陳文和主編：《嘉定錢大昕全集》第 2 冊，江蘇古籍出版社 1997 年版。

（清）秦蕙田：《五禮通考》，方向東、王鍔點校，中華書局 2020 年版。

屈萬里：《漢石經尚書殘字集證》，臺灣聯經出版事業公司 1984 年版。

（清）邵晉涵：《爾雅正義》，李嘉翼、祝鴻傑點校，中華書局 2017 年版。

（清）邵懿辰：《禮經通論》卷上，黃銘、秦婷點校，丁耘編：《思想史研究

(第七輯)》，上海人民出版社 2009 年版。

（清）沈欽韓：《漢書疏證》，《續修四庫全書》第 266 册影印清光緒二十六年（1900）浙江官書局刻本，上海古籍出版社 2002 年版。

（南朝梁）沈約：《宋書》，中華書局 1974 年版。

（晉）司馬彪：《後漢書志》，《後漢書》，中華書局 1965 年版。

（宋）司馬光編著，（元）胡三省音注：《資治通鑑》，中華書局 2013 年版。

（漢）司馬遷：《史記》，中華書局 1963 年版。

（清）宋翔鳳：《過庭録》，梁運華點校，中華書局 1986 年版。

蘇輿：《春秋繁露義證》，鍾哲點校，中華書局 1992 年版。

孫殿起：《販書偶記》，中華書局 1959 年版。

（清）孫馮翼輯：《皇覽》，《續修四庫全書》第 1212 册影印清嘉慶十三年（1808）瀋陽孫氏刻《逸子書》本，上海古籍出版社 2002 年版。

（清）孫希旦：《禮記集解》，沈嘯寰、王星賢點校，中華書局 1989 年版。

（清）孫星衍：《尚書今古文注疏》，陳抗、盛冬玲點校，中華書局 1986 年版。

（清）孫詒讓：《籀廎述林》，雪克點校，中華書局 2010 年版。

（清）孫詒讓：《周禮正義》，王文錦、陳玉霞點校，中華書局 2013 年版。

唐文治：《十三經提綱》，鄧國光輯釋，歐陽艷華、何潔瑩輯校：《唐文治經學論著集》第 1 册，上海古籍出版社 2019 年版。

（清）唐晏：《兩漢三國學案》，吳東民點校，中華書局 1986 年版。

（元）陶宗儀：《説郛》，《景印文淵閣四庫全書》第 876 册，臺灣"商務印書館"1983 年版。

（清）汪紱：《理學逢源》，《續修四庫全書》第 947 册影印清道光十八年俞氏敬業堂刻本，上海古籍出版社 2002 年版。

（明）汪克寬：《經禮補逸》，《四庫提要著録叢書》第 14 册影印明弘治十年（1497）汪璋等刻本，北京出版社 2011 年版。

（清）汪中撰，田漢雲點校：《新編汪中集》，廣陵書社 2005 年版。

（清）汪中撰，李金松校箋：《述學校箋》，中華書局 2014 年版。

（清）汪宗沂：《逸禮大義論》，《四庫未收書輯刊》第 1 輯第 5 册影印舊鈔本，北京出版社 2000 年版。

（清）汪宗沂：《逸禮大義論》，王欣夫編、吳格整理：《學禮堂經解》第 9 册影印吳縣王氏學禮齋傳抄稿本，上海人民出版社 2022 年版。

（清）王朝榘：《十三經拾遺》，《四庫未收書輯刊》第 1 輯第 9 册影印清嘉慶五年（1800）尋孔顏樂處刻本，北京出版社 2000 年版。

（清）王漸鴻：《鄉黨圖考補證》，《續修四庫全書》第 157 册影印清光緒三十四年（1908）丁氏海隅山館刻本，上海古籍出版社 2002 年版。

王利器、王貞珉：《漢書古今人表疏證》，齊魯書社 1988 年版。

王利器：《文子疏義》，中華書局 2000 年版。

王利器：《吕氏春秋注疏》，巴蜀書社 2002 年版。

（清）王鳴盛：《十七史商榷》，黄曙輝點校，上海書店出版社 2005 年版。

（清）王鳴盛：《蛾術編》，陳文和主編：《嘉定王鳴盛全集》第 7 册，中華書局 2010 年版。

（清）王謨：《大戴禮公符篇考》，《四庫未收書輯刊》第 3 輯第 8 册影印清乾隆五十七年（1792）敬業堂刻本，北京出版社 2000 年版。

（清）王謨：《漢魏遺書鈔》，《續修四庫全書》第 1199 册影印清嘉慶三年（1798）金溪王氏刻本，上海古籍出版社 2002 年版。

（清）王念孫：《廣雅疏證補正》，民國十七年（1928）羅振玉《殷禮在斯堂叢書》本。

（清）王念孫：《廣雅疏證》，張靖偉等校點，上海古籍出版社 2017 年版。

（清）王聘珍：《大戴禮記解詁》，王文錦點校，中華書局 1983 年版。

（清）王仁俊：《經籍佚文》，《續修四庫全書》第 1211 册影印清稿本，上海古籍出版社 2002 年版。

（清）王仁俊：《白虎通義引書表》，林登昱主編：《稀見清代四部補編》第 3 册，臺灣經學文化事業有限公司 2019 年版。

（清）王紹蘭：《周人經説》，《叢書集成新編》第 10 輯影印清光緒初年潘祖蔭編《功順堂叢書》刊本，臺灣新文豐出版公司 2008 年版。

（清）王先謙：《荀子集解》，沈嘯寰、王星賢點校，中華書局 1988 年版。

王欣夫：《蛾術軒篋存善本書録》，鮑正鵠、徐鵬標點整理，上海古籍出版社 2002 年版。

（宋）王應麟：《困學紀聞（全校本）》，欒保群、田松青、吕宗力校點，上海古籍出版社 2008 年版。

（宋）王應麟撰，武秀成、趙庶洋校證：《玉海藝文校證》，鳳凰出版社 2013 年版。

(宋)王應麟：《漢藝文志考證》，尹承整理，王承略、劉心明主編：《二十五史藝文經籍志考補萃編》第 1 卷，清華大學出版社 2014 年版。

(北齊)魏收：《魏書》，中華書局 1974 年版。

魏小虎編撰：《四庫全書總目彙訂》，上海古籍出版社 2012 年版。

(清)魏源：《古微堂外集》，《魏源全集》第 12 册，嶽麓書社 2004 年版。

(唐)魏徵等：《隋書》，中華書局 1982 年版。

吳承仕：《經典釋文序録疏證》，中華書局 1984 年版。

(元)吳澄：《儀禮逸經傳》，《四庫提要著録叢書·經部》第 17 册影印明弘治十年(1497)程敏政刻本，北京出版社 2011 年版。

(南朝梁)蕭統編，(唐)李善注：《文選》，上海古籍出版社 1986 年版。

(清)謝塘：《聽鐘山房集》，《清代詩文集彙編》第 345 册影印稿本，上海古籍出版社 2010 年版。

(宋)邢昺：《爾雅注疏》，顧寶田、杜苹苹校點，《儒藏(精華編)》第 124 册，北京大學出版社 2012 年版。

(宋)邢昺：《孝經注疏》，趙四方校點，《儒藏(精華編)》第 96 册，北京大學出版社 2018 年版。

熊公哲：《荀子今注今譯》，臺灣"商務印書館"1975 年版。

(唐)徐堅：《初學記》，中華書局 1962 年版。

(唐)徐彦：《春秋公羊傳注疏》，浦衛忠校點，《儒藏(精華編)》第 74 册，北京大學出版社 2014 年版。

徐勇主編：《先秦兵書佚文輯解》，天津人民出版社 2002 年版。

徐元誥：《國語集解》，王樹民、沈長雲點校，中華書局 2002 年版。

(清)閻若璩：《尚書古文疏證》，黃懷信、吕翊欣校點，上海古籍出版社 2013 年版。

(唐)顏師古著，劉曉東平議：《匡謬正俗平議》，山東大學出版社 1999 年版。

(漢)揚雄：《方言》，國家圖書館出版社影印宋刻本 2017 年版。

楊伯峻：《春秋左傳注》，中華書局 1981 年版。

楊朝明、宋立林主編：《孔子家語通解》，齊魯書社 2009 年版。

(清)楊守敬、熊會貞：《水經注疏》，段熙仲點校、陳橋驛復校，江蘇古籍出版社 1989 年版。

（清）姚際恒：《儀禮通論》，陳祖武點校，中國社會科學出版社 1998 年版。

（清）姚鼐：《惜抱軒九經説》，《續修四庫全書》第 172 冊影印清同治五年（1866）省心閣刻《惜抱軒全集》本，上海古籍出版社 2002 年版。

（清）姚振宗：《漢書藝文志拾補》，項永琴整理，王承略、劉心明主編：《二十五史藝文經籍志考補萃編》第 2 卷，清華大學出版社 2011 年版。

（清）姚振宗：《漢書藝文志條理》，項永琴整理，王承略、劉心明主編：《二十五史藝文經籍志考補萃編》第 3 卷，清華大學出版社 2011 年版。

（清）姚振宗：《隋書經籍志考證》，項永琴整理，王承略、劉心明主編：《二十五史藝文經籍志考補萃編》第 15 卷，清華大學出版社 2011 年版。

（漢）應劭撰，王利器校注：《風俗通義校注》，中華書局 2010 年版。

（明）應撝謙：《禮學彙編》，《四庫全書存目叢書·經部》第 110 冊影印清丁氏八千卷樓抄本，齊魯書社 1997 年版。

（清）于鬯：《香草校書》，中華書局 2006 年版。

（唐）虞世南：《北堂書鈔》，《續修四庫全書》第 1212 冊影印清光緒十四年（1888）孔氏三十三萬卷堂刻本，上海古籍出版社 2002 年版。

（清）臧琳撰，梅軍校補：《經義雜記》，中華書局 2020 年版。

（清）臧庸：《拜經日記》，《續修四庫全書》第 1158 冊影印清嘉慶二十四年（1819）武進臧氏拜經堂刻本，上海古籍出版社 2002 年版。

（明）湛若水：《二禮經傳測》，《四庫全書存目叢書·經部》第 104 冊影印明刻本，齊魯書社 1997 年版。

（清）章學誠著，葉瑛校注：《文史通義校注》，中華書局 1985 年版。

（宋）張淳：《儀禮識誤》，《叢書集成初編》第 126 冊影印《得月簃叢書》本，商務印書館 1936 年版。

張煥君、刁小龍：《武威漢簡〈儀禮〉整理與研究》，武漢大學出版社 2009 年版。

（清）趙翼：《陔餘叢考》，曹光甫校點：《趙翼全集》第 2 冊，鳳凰出版社 2009 年版。

（宋）鄭樵：《禮經奧旨》，《四庫全書存目叢書·經部》第 103 冊影印涵芬樓影印清道光十一年（1831）六安晁氏木活字《學海類編》本，齊魯書社 1997 年版。

（清）鄭珍：《親屬記》，黃萬機等點校，《鄭珍全集》第 1 册，上海古籍出版社 2012 年版.

中國古籍總目編纂委員會編：《中國古籍總目·經部》，中華書局 2012 年版。

中國科學院圖書館整理：《續修四庫全書總目提要·經部》，中華書局 1993 年版。

周廣騫、丁延峰校注：《海源閣楊氏詩文校注》，國家圖書館出版社 2020 年版。

（明）周應賓：《九經逸語》，《四庫全書存目叢書·經部》第 150 册影印明萬曆刻本，齊魯書社 1997 年版。

（清）朱大韶：《春秋傳禮徵》，楊柳青點校，上海古籍出版社 2015 年版。

（宋）朱熹：《四書章句集注》，中華書局 1983 年版。

（宋）朱熹：《儀禮經傳通解（壹）》，王貽樑校點，朱傑人、嚴佐之、劉永翔主編：《朱子全書（修訂本）》第 2 册，上海古籍出版社、安徽教育出版社 2010 年版。

（宋）朱熹：《小學》，王光照、王燕均校點，朱傑人、嚴佐之、劉永翔主編：《朱子全書》第 13 册，上海古籍出版社、安徽教育出版社 2010 年版。

（宋）朱熹：《晦庵先生朱文公文集（肆）》，徐德明、王鐵校點，朱傑人、嚴佐之、劉永翔主編：《朱子全書（修訂本）》第 23 册，上海古籍出版社、安徽教育出版社 2010 年版。

（清）朱彝尊撰，林慶彰、蔣秋華、楊晉龍、馮曉庭主編：《經義考新校》，上海古籍出版社 2010 年版。

諸祖耿：《戰國策集注彙考（增補本）》，鳳凰出版社 2008 年版。

二、論著

《文史知識》編輯部編：《經書淺談》，中華書局 1984 年、2005 年版。

蔡長林：《從文士到經生——考據學風潮下的常州學派》，臺灣“中央研究院”中國文哲研究所 2010 年版。

曹建墩：《先秦古禮探研》，社會科學文獻出版社 2018 年版。

曹建墩：《戰國竹書與先秦禮學研究》，人民出版社 2018 年版。

曹建墩：《先秦禮制探賾》，天津人民出版社 2010 年版。

曹書杰：《中國古籍輯佚學論稿》，東北師範大學出版社 1998 年版。

曾軍編著：《禮學檔案》，武漢大學出版社 2016 年版。

曾聖益：《漢書藝文志與書目文獻論集》，臺灣文史哲出版社 2013 年版。

曾運乾：《三禮通論》，中國國家圖書館藏民國國立湖南大學講義。

陳侃理：《儒學、數術與政治：災異的政治文化史》，北京大學出版社 2015 年版。

陳來：《古代思想文化的世界：春秋時期的宗教、倫理與社會思想》，生活·讀書·新知三聯書店 2009 年版。

陳平原編校：《中國現代學術經典·胡適卷》，河北教育出版社 1996 年版。

陳戍國：《中國禮制史·秦漢卷》，湖南教育出版社 2002 年版。

陳蘇鎮：《〈春秋〉與“漢道”：兩漢政治與政治文化研究》，中華書局 2011 年版。

陳蘇鎮：《兩漢魏晉南北朝史探幽》，北京大學出版社 2013 年版。

陳寅恪：《陳寅恪集》，生活·讀書·新知三聯書店 2012 年版。

陳致：《詩書禮樂中的傳統：陳致自選集》，上海人民出版社 2012 年版。

程發軔主編：《六十年來之國學·經學之部》，臺灣正中書局 1972 年版。

程水金：《中國早期文化意識的嬗變：先秦散文發展綫索探尋(第 2 卷)》，武漢大學出版社 2004 年版。

程水金：《中國早期文化意識的嬗變：先秦散文發展綫索探尋(第 3 卷)》，武漢大學出版社 2014 年版。

程蘇東：《從六藝到十三經：以經目演變爲中心》，北京大學出版社 2018 年版。

程元敏：《漢經學史》，臺灣“商務印書館”2018 年版。

［美］鄧爾麟：《錢穆與七房橋世界》，藍樺譯，社會科學文獻出版社 1995 年版。

丁鼎主編：《三禮學通史》，人民出版社 2020 年版。

丁爲祥：《發生與詮釋：儒學形成、發展之主體向度的追尋》，人民出版社 2015 年版。

杜維明：《靈根再植：八十年代儒學反思》，北京大學出版社 2016 年版。

段熙仲：《春秋公羊學講疏》，魯同群等點校，南京師範大學出版社 2002

年版。

傅隸樸：《春秋三傳比義》，中國友誼出版公司 1984 年版。

傅斯年：《戰國子家敘論》，雷頤編校：《中國現代學術經典·傅斯年卷》，河北教育出版社 1996 年版。

部積意：《兩漢經學的曆術背景》，北京大學出版社 2013 年版。

耿素麗、胡月平選編：《民國期刊資料分類彙編·三禮研究》，國家圖書館出版社 2009 年版。

［日］工藤卓司：《近三百年來日本學者〈三禮〉之研究》，臺灣萬卷樓圖書股份有限公司 2016 年版。

苟東鋒：《孔子正名思想研究》，上海人民出版社 2016 年版。

［日］古勝隆一：《漢唐注疏寫本研究》，社會科學文獻出版社 2021 年版。

顧濤：《漢唐禮制因革譜》，上海書店出版社 2018 年版。

顧頡剛：《顧頡剛讀書筆記》，中華書局 2011 年版。

郭超穎：《〈儀禮〉文獻探研錄》，人民出版社 2020 年版。

郭國慶：《清代輯佚研究》，民族出版社 2010 年版。

郭齊勇：《中國哲學通史·先秦卷》，江蘇人民出版社 2021 年版。

［美］赫伯特·芬格萊特：《孔子：即凡而聖》，彭國翔、張華譯，江蘇人民出版社 2002 年版。

洪業：《洪業論學集》，中華書局 1981 年版。

洪業撰，劉夢溪主編：《中國現代學術經典·洪業卷》，河北教育出版社 1996 年版。

胡新生：《周代的禮制》，商務印書館 2016 年版。

許子濱：《〈春秋〉〈左傳〉禮制研究》，上海古籍出版社 2012 年版。

華友根：《西漢禮學新論》，上海社會科學院出版社 1998 年版。

黃侃撰，滕志賢編：《新輯黃侃學術文集》，南京大學出版社 2008 年版。

黃永武：《許慎之經學》，臺灣"中華書局"2019 年版。

惠吉興：《宋代禮學研究》，河北大學出版社 2011 年版。

賈海生：《周代禮樂文明實證》，中華書局 2010 年版。

［日］間嶋潤一：《鄭玄と「周礼」：周の太平国家の構想》，（日本）明治書院 2010 年版。

姜龍翔：《經學守舊考：以清儒所建構之經學守舊現象爲探討核心》，臺灣麗文文化事業股份有限公司 2017 年版。

金德建：《古籍叢考》，中華書局 1941 年版。

［日］近藤啟吾：《四禮の研究——冠婚葬祭儀禮の沿革と意義》，（日本）臨川書店 2003 年版。

李峰：《西周的政體：中國早期的官僚制度和國家》，吳敏娜等譯，生活·讀書·新知三聯書店 2010 年版。

李零：《何枝可依：待兔軒讀書記》，生活·讀書·新知三聯書店 2009 年版。

李零：《待兔軒文存：讀史卷》，廣西師範大學出版社 2011 年版。

李零：《蘭台萬卷：讀〈漢書·藝文志〉（修訂版）》，生活·讀書·新知三聯書店 2011 年版。

李啓謙、王式倫編：《孔子弟子資料匯編》，山東友誼書社 1991 年版。

李若暉：《久曠大儀：漢代儒學政制研究》，商務印書館 2018 年版。

李若暉：《不喪斯文：周秦之變德性政治論微》，上海人民出版社 2019 年版。

李申：《中國儒教史》，上海人民出版社 1999 年版。

李肖聃：《李肖聃集》，嶽麓書社 2008 年版。

李雲光：《三禮鄭氏學發凡》，華東師範大學出版社 2012 年版。

梁家榮：《仁禮之辨：孔子之道的再釋與重估》，北京大學出版社 2010 年版。

梁啓超：《要籍解題及其讀法》，張品興主編：《梁啓超全集》，北京出版社 1999 年版。

梁啓超：《清代學術概論》，俞國林校，中華書局 2020 年版。

梁啓超：《中國近三百年學術史》，俞國林校，中華書局 2020 年版。

林慶彰：《清初的群經辨偽學》，華東師範大學出版社 2011 年版。

林慶彰主編：《五十年來的經學研究》，臺灣學生書局 2003 年版。

劉豐：《北宋禮學研究》，中國社會科學出版社 2016 年版。

劉豐：《經典與意義：禮與早期儒學的衍變》，中國社會科學出版社 2022 年版。

劉寧：《漢語思想的文體形式》，華東師範大學出版社 2012 年版。

劉咸炘：《舊書別錄》，黃曙輝編校：《劉咸炘學術論集·子學編》，廣西師範大學出版社 2007 年版。

　　劉咸炘：《子疏定本》，黃曙輝編校：《劉咸炘學術論集・子學編》，廣西師範大學出版社 2007 年版。

　　劉咸炘：《舊書録》，《推十書・丁輯》，上海科學技術文獻出版社 2009 年版。

　　劉咸炘：《目録學》，《推十書・丁輯》，上海科學技術文獻出版社 2009 年版。

　　劉咸炘：《治記緒論》，《推十書・己輯》，上海科學技術文獻出版社 2009 年版。

　　劉永華：《禮儀下鄉：明代以降閩西四保的禮儀變革與社會轉型》，生活・讀書・新知三聯書店 2019 年版。

　　柳向春：《陳奐交遊研究》，華東師範大學出版社 2010 年版。

　　柳詒徵撰，楊共樂、張昭軍主編：《柳詒徵文集》，商務印書館 2018 年版。

　　陸建華：《先秦諸子禮學研究》，人民出版社 2008 年版。

　　路則權：《中國殯葬史・秦漢》，社會科學文獻出版社 2017 年版。

　　羅新慧：《曾子研究——附〈大戴禮記〉“曾子”十篇注釋》，商務印書館 2013 年版。

　　吕思勉：《經子解題》，《吕思勉全集》第 16 册，上海古籍出版社 2016 年版。

　　潘斌：《宋代〈禮記〉學研究》，吉林人民出版社 2011 年版。

　　潘斌：《二十世紀中國三禮學史》，南京大學出版社 2016 年版。

　　潘斌：《宋代“三禮”詮釋研究》，人民出版社 2018 年版。

　　彭國翔：《身心修煉：儒家傳統的功夫論》，上海三聯書店 2022 年版。

　　彭林：《三禮研究入門》，復旦大學出版社 2012 年版。

　　浦衛忠：《春秋三傳綜合研究》，文津出版社 1995 年版。

　　錢基博：《經學通志》，錢基博：《經學論稿》，傅宏星校訂，華中師範大學出版社 2011 年版。

　　錢玄：《三禮名物通釋》，江蘇古籍出版社 1987 年版。

　　錢玄：《三禮通論》，南京師範大學出版社 1996 年版。

　　[日]喬秀岩、葉純芳：《學術史讀書記》，生活・讀書・新知三聯書店

2019 年版。

曲利麗：《兩漢之際文化精神的演變》，中華書局 2017 年版。

任慧峰：《先秦軍禮研究》，商務印書館 2015 年版。

任銘善：《無受室文存》，浙江大學出版社 2005 年版。

［日］深町英夫：《教養身體的政治：中國國民黨的新生活運動》，生活·讀書·新知三聯書店 2017 年版。

沈文倬：《菿闇文存——宗周禮樂文明與中國文化考論》，商務印書館 2006 年版。

舒大剛主編：《儒學文獻通論》，福建人民出版社 2012 年版。

孫啓治、陳建華編撰：《中國古佚書輯本目錄解題》，上海古籍出版社 2009 年版。

孫顯軍：《〈大戴禮記〉詮釋史考論》，社會科學文獻出版社 2011 年版。

孫欽善：《清代考據學》，中華書局 2018 年版。

唐雄山：《賈誼禮治思想研究》，中山大學出版社 2005 年版。

田天：《秦漢國家祭祀史稿》，生活·讀書·新知三聯書店 2015 年版。

佟大群：《清代文獻辨偽學研究》，人民出版社 2012 年版。

汪受寬：《謚法研究》，上海古籍出版社 1995 年版。

王博：《中國儒學史·先秦卷》，北京大學 2011 年版。

王鍔：《〈禮記〉成書考》，中華書局 2007 年版。

王鍔：《三禮研究論著提要（增訂本）》，甘肅教育出版社 2007 年版。

王汎森：《權力的毛細管作用：清代的思想、學術與心態（修訂版）》，北京大學出版社 2015 年版。

王汎森：《中國近代思想與學術的系譜（增訂版）》，上海三聯書店 2018 年版。

王汎森：《晚明清初思想十論（增訂版）》，北京師範大學出版社 2020 年版。

王銘銘：《人類學講義稿》，世界圖書出版公司北京公司 2011 年版。

鄔可晶：《〈孔子家語〉成書考》，中西書局 2015 年版。

吳承仕：《吳承仕文錄》，北京師範大學出版社 1984 年版。

吳萬居：《宋代三禮學研究》，臺灣"國立編譯館" 1999 年版。

夏微：《宋代〈周禮〉學史》，中國人民大學出版社 2018 年版。

胥仕元：《秦漢之際禮治與禮學研究》，人民出版社 2013 年版。

徐剛：《古文源流考》，北京大學出版社 2008 年。

徐興無：《經緯成文：漢代經學的思想與制度》，鳳凰出版社 2015 年版。

薛夢瀟：《早期中國的月令與"政治時間"》，上海古籍出版社 2018 年版。

閻步克：《品位與職位：秦漢魏晉南北朝官階制度研究》，中華書局 2002 年版。

閻步克：《察舉制度變遷史稿》，中國人民大學出版社 2009 年版。

閻步克：《從爵本位到官本位：秦漢官僚品位結構研究》，生活·讀書·新知三聯書店 2009 年版。

閻步克：《服周之冕：〈周禮〉六冕禮制的興衰變異》，中華書局 2009 年版。

閻步克：《中國古代官階制度引論》，北京大學出版社 2010 年版。

閻步克：《士大夫政治演生史稿》，北京大學出版社 2015 年版。

嚴壽澂：《近世中國學術思想抉隱》，上海人民出版社 2008 年版。

楊華：《先秦禮樂文化》，湖北教育出版社 1996 年版。

楊華：《古禮新研》，商務印書館 2012 年版。

楊華：《古禮再研》，商務印書館 2021 年版。

楊華：《中國禮學研究概覽》，武漢大學出版社 2021 年版。

楊寬：《古史新探》，中華書局 1965 年版。

楊寬：《楊寬古史論文選集》，上海人民出版社 2003 年版。

楊權：《新五德理論與兩漢政治："堯後火德"説考論》，中華書局 2006 年版。

楊世文：《近百年儒學文獻研究史》，福建人民出版社 2015 年版。

楊新勛：《宋代疑經研究》，中華書局 2007 年版。

楊逸：《宋代四禮研究》，浙江大學出版社 2021 年版。

楊英：《祈望和諧：周秦兩漢王朝祭禮的演進及其規律》，商務印書館 2009 年版。

葉國良：《禮學研究的諸面向》，臺灣"清華大學出版社"2010 年版。

葉國良：《禮學研究的諸面向續集》，臺灣"清華大學出版社"2017 年版。

葉國良：《宋人疑經改經考》，臺灣大學文學院 1980 年版。

余嘉錫：《余嘉錫論學雜著》，中華書局 2007 年版。

余英時：《士與中國文化》，上海人民出版社 2003 年版。

虞萬里：《榆枋齋學術論集》，江蘇古籍出版社 2001 年版。

虞萬里編著：《二十世紀七朝石經專論》，上海辭書出版社 2018 年版。

虞萬里主編：《七朝石經研究新論》，上海書店出版社 2019 年版。

喻春龍：《清代輯佚研究》，上海古籍出版社 2010 年版。

袁俊傑：《兩周射禮研究》，科學出版社 2013 年版。

［日］齋木哲郎：《後漢の儒學と『春秋』》，（日本）汲古書院 2018 年版。

章太炎撰，龐俊、郭誠永疏證：《國故論衡疏證》，中華書局 2008 年版。

張煥君：《情禮交融：喪服制度與魏晉南北朝社會》，商務印書館 2020 年版。

張清江：《信仰、禮儀與生活——以朱熹祭孔爲中心》，中國人民大學出版社 2020 年版。

張壽安：《十八世紀禮學考證的思想活力：禮教論爭與禮秩重省》，北京大學出版社 2005 年版。

張舜徽：《漢書藝文志通釋》，華中師範大學出版社 2004 年版。

張舜徽：《鄭學叢著》，華中師範大學出版社 2005 年版。

張心澂：《僞書通考》，上海書店出版社 1998 年版影印商務印書館 1939 年版。

鄭開：《德禮之間：前諸子時期的思想史》，生活·讀書·新知三聯書店 2009 年版。

鄭良樹：《續僞書通考》，臺灣學生書局 1984 年版。

中國社會科學院考古研究所編著：《中國考古學·秦漢卷》，中國社會科學出版社 2010 年版。

周聰俊：《饗禮考辨》，臺灣花木蘭文化出版社 2012 年版。

周德良：《〈白虎通〉研究——〈白虎通〉暨〈漢禮〉考》，臺灣花木蘭文化出版社 2012 年版。

周啟榮：《清代儒家禮教主義的興起：以倫理道德、儒學經典和宗族爲切入點的考察》，毛立坤譯，天津人民出版社 2017 年版。

朱承：《禮樂文明與生活政治：〈禮記〉與儒家政治哲學範式研究》，人民出版社 2019 年版。

朱鳳瀚主編：《海昏簡牘初論》，北京大學出版社 2020 年版。

朱騰：《滲入皇帝政治的經典之學：漢代儒家法思想的形態與實踐》，中國政法大學出版社 2013 年版。

朱騰：《早期中國禮的演變——以春秋三傳爲中心》，商務印書館 2018 年版。

鄒昌林：《中國古禮研究》，文津出版社 1992 年版。

三、論文

曾暐傑：《想像與嫁接——荀子傳經系統的建構與問題》，臺灣《政大中文學報》2016 年第 26 期。

曾運乾：《禮經喪服釋例》，《國立中山大學文學院專刊》1933 年第 1 期。

曾運乾：《人道篇》，《新民月刊》1935 年第 1 卷第 4~5 期。

陳壁生：《從“禮經之學”到“禮學”——鄭玄與“禮”概念的轉化》，《清華大學學報》(哲學社會科學版) 2022 年第 1 期。

陳壁生：《兩種“六經皆禮”》，《中國哲學史》2022 年第 2 期。

陳侃理：《〈洪範五行傳〉與〈洪範〉災異論》，袁行霈主編：《國學研究》第 26 卷，北京大學出版社 2010 年版。

陳侃理：《從陰陽書到明堂禮——讀銀雀山漢簡〈迎四時〉》，《中華文史論叢》2010 年第 1 期。

陳夢家：《武威漢簡敍論》，中國科學院考古研究所、甘肅省博物館編：《武威漢簡》，文物出版社 1964 年版。

陳偉：《秦漢簡牘所見的律典體系》，《中國社會科學》2021 年第 1 期。

陳贇：《鄭玄“六天”説與禘禮的類型及其天道論依據》，《陝西師範大學學報》(哲學社會科學版) 2016 年第 2 期。

程蘇東：《〈洪範五行傳〉災異思想析論——以戰國秦漢五行及時月令文獻爲背景》，《蘇州大學學報》(哲學社會科學版) 2018 年第 6 期。

丁鼎、馬金亮：《新中國(大陸地區)三禮學研究綜述》，《齊魯文化研究》第 12 輯，泰山出版社 2012 年版。

丁鼎、馬金亮：《“六經皆禮”説申論》，《孔子研究》2021 年第 4 期。

丁四新：《渾天説的宇宙生成論和結構論溯源——兼論楚竹書〈太一生水〉〈恒先〉與渾天説的理論起源》，《人文雜志》2017 年第 10 期。

丁四新：《“數”的哲學觀念與早期〈老子〉文本的經典化——兼論通行本

〈老子〉分章的來源》,《中山大學學報》(社會科學版)2019 年第 3 期。

丁四新:《"數"的哲學觀念再論與早期中國的宇宙論數理》,《哲學研究》2020 年第 6 期。

丁四新:《"災異"新論:災異、災異思想與經學災異說》,《廣西社會科學》2022 年第 3 期。

定縣漢墓竹簡整理組:《定縣 40 號漢墓出土竹簡簡介》,《文物》1981 年第 8 期。

段熙仲:《禮經十論》,《文史》第 1 輯,中華書局 1963 年版。

樊波成:《政治理想與職官制度——〈荀子·王制〉篇官制新證》,彭林主編:《中國經學》第 12 輯,廣西師範大學出版社 2014 年版。

高瑞傑:《鄭玄宗廟禘祫義考辨——以何休禘祫義爲參照》,虞萬里主編:《經學文獻研究集刊》第 20 輯,上海書店出版社 2018 年版。

高瑞傑:《漢代三統論之演進——從董仲舒到何休》,《哲學分析》2021 年第 3 期。

高瑞傑:《今文經學視域下的孔子聖化》,《孔子研究》2021 年第 3 期。

高瑞傑:《何休、鄭玄關於嗣君居喪諸禮之辨析——以〈五經異義〉諸議爲中心》,彭林主編:《中國經學》第 28 輯,廣西師範大學出版社 2021 年版。

高瑞傑:《重建"周禮":鄭玄"周禮"觀與會通三禮之探析》,虞萬里主編:《經學文獻研究集刊》第 26 輯,上海書店出版社 2021 年版。

高瑞傑:《"久曠大儀":東漢前期的制禮實踐興衰考》,《中華文史論叢》2022 年第 4 期。

高瑞傑:《何以太平:何休井田制析義》,陳明、朱漢民編:《原道》第 42 輯,湖南大學出版社 2022 年版。

高瑞傑:《論世卿禮議之爭端——以何休、鄭玄與〈五經異義〉爲中心》,《國際社會科學雜誌》2022 年第 4 期。

高瑞傑:《周孔陟降:鄭玄聖王觀探析》,《哲學動態》2022 年第 6 期。

高瑞傑:《論何休〈公羊解詁〉的禮學面向》,曾亦、郭曉冬主編:《春秋學研究》第 1 輯,上海古籍出版社 2023 年版。

高瑞傑:《王者無外與天下有界——漢代今古文經學視域下的復仇辨義》,《中國哲學史》2023 年第 1 期。

邰積意:《漢代今、古學之爭的再認識——以賈逵與〈公羊〉之爭爲例》,

臺灣《中國文哲研究集刊》2003 年第 22 期。

郜積意：《漢代今、古學的分殊與一致——許慎〈五經異義〉初論》，臺灣《孔孟月刊》2006 年第 12 期。

郜積意：《漢代今、古學的禮制之分——以廖平〈今古學考〉爲討論中心》，臺灣《"中央研究院"歷史語言研究所集刊》第 77 本第 1 分，2006 年。

郜積意：《經義之爭的立場與邏輯——以何休、鄭玄之分爲例》，臺灣《中國文化》2006 年第 22 期。

郜積意：《漢石經〈春秋〉殘字合證與碑圖之復原》，《文史》2015 年第 4 輯。

郜喆：《〈王制〉的天下格局與内外秩序——以儒家"風俗"論爲綫索》，《中國哲學史》2020 年第 2 期。

[日]工藤卓司：《〈賈誼新書〉中的儀禮——〈容經・經〉與先秦禮説之比較》，何志華、沈培、潘銘基、張錦少主編：《古籍新詮——先秦兩漢文獻論集》，香港中文大學出版社 2020 年版。

[日]工藤卓司：《〈賈誼新書〉的禮學來源——〈容經・容〉與先秦禮説之比較》，楊華、薛夢瀟主編：《經國序民：禮學與中國傳統文化國際學術研討會論文集》，上海古籍出版社 2021 年版。

顧濤：《論"六經皆禮"説及其延伸路徑》，《中國哲學史》2018 年第 2 期。

黄懷信：《關於〈大戴禮記〉源流的幾個問題》，《齊魯學刊》2005 年第 1 期。

黄銘：《何休〈公羊解詁〉質疑略説》，《雲南大學學報》(社會科學版)2016 年第 2 期。

黄珊：《論〈五經異義〉中的"周禮"問題》，《福州大學學報》(哲學社會科學版)2010 年第 4 期。

李才朝：《"六經皆禮"説考論》，《國際儒學論叢》2016 年第 2 期，社會科學文獻出版社 2016 年版。

李若暉：《棄其天倫：何休篡改〈公羊〉發覆》，《中國哲學史》2023 年第 1 期。

李文武：《〈逸禮〉篇目考辨》，《中國典籍與文化》2019 年第 4 期。

李文艷：《清代〈周禮〉學文獻述論》，《儒家典籍與思想研究》第 11 輯，北京大學出版社 2019 年版。

李旭：《"中國文化定義"説的淵源、蘊義與踐履——近代學術嬗變脈絡下的陳寅恪〈王觀堂先生輓詞序〉》，《清華大學學報》(哲學社會科學版)2021 年第 1 期。

李志剛：《祭饗賓饗異同——兼及"〈饗禮〉存佚"問題》，《珞珈史苑(2013年卷)》，武漢大學出版社 2014 年版。

李子卓：《論陳立〈公羊義疏〉之家法範疇與具體疏解》，臺灣《中國文學研究》2021 年總第 52 期。

林存陽、李文昌：《清儒孔廣林生卒年考》，《中國史研究》2014 年第 3期。

劉曉東：《〈大戴禮記〉佚篇考辨》，《中國典籍與文化論叢》第 5 輯，中華書局 2000 年版。

羅根澤：《荀子論禮通釋》，《女師大學術季刊》1931 年第 2 卷第 2 期。

羅健蔚：《從鄭玄〈三禮注〉論"推致"之法》，《漢學研究》2019 年第 2 期。

羅孔昭：《逸禮經記考略》，《志學》1945 年第 19、20 期。

馬楠：《劉向〈別録〉"古文記二百四篇"析疑》，彭林主編：《中國經學》第25 輯，廣西師範大學出版社 2019 年版。

馬清源：《何休〈春秋公羊經傳解詁〉禮制調整説》，《泰山學院學報》2019年第 4 期。

馬濤：《漢石經〈儀禮〉碑圖重綴》，《史林》2015 年第 2 期。

馬曉玲：《戴德〈喪服變除〉佚文校勘整理與研究》，《國學學刊》2015 年第2 期。

彭林：《禮學研究五十年》，(日本)《中國史學》2000 年第 10 號。

彭林：《論郭店楚簡中的禮容》，武漢大學中國文化研究院編：《郭店楚簡國際學術研討會論文集》，湖北人民出版社 2000 年版。

彭林：《三禮研究的大勢與問題》，《儒家典籍與思想研究》第 1 輯，北京大學出版社 2009 年版。

邱濤：《咸同之際清廷與湘淮集團的江浙控制力之爭》，《清史研究》2020年第 4 期。

任慧峰：《清代段顧之爭平議》，《人文論叢》2012 年卷，中國社會科學出版社 2012 年版。

任慧峰：《柳詒徵的以禮釋史及其現代意義——以〈國史要義〉爲中心》，

《孔子研究》2022 年第 2 期。

阮廷焯：《禮大戴記佚篇佚文考略》，《大陸雜誌語文叢書》第 1 輯《通論·經學》，臺灣大陸雜誌社 1963 年版。

阮廷焯：《禮大戴記佚文考略》，《大陸雜誌》1964 年第 29 卷 1 期。

邵傑、何啓鋒：《鄭玄著述輯佚的回顧與展望》，《山東社會科學》2016 年第 3 期。

石珹：《〈白虎通〉研究述評》，《中國史研究動態》2022 年第 2 期。

史應勇：《許慎的經義取捨——殘存〈五經異義〉不從古文說 27 條考》，《國學學刊》2011 年第 1 期。

舒大剛：《逸禮考略》，《四川師範學院學報》（哲學社會科學版）1992 年第 5 期。

孫思旺：《馬國翰輯佚本荀爽〈禮傳〉證僞》，《文獻》2021 年第 3 期。

孫思旺：《馬融注〈禮記〉說辨僞——兼論馬國翰輯佚本之不成立》，《文史》2022 年第 1 輯。

孫思旺：《沈文倬先生〈史記〉"本禮"讀法補徵》，《歷史文獻研究》第 40 輯，華東師範大學出版社 2018 年版。

孫思旺：《馬融增益〈禮記〉說辨正——兼釋禮學史上的若干疑義》，虞萬里主編：《經學文獻研究集刊》第 24 輯，上海書店出版社 2020 年版。

[日]田中麻紗巳：《〈白虎通〉之"或曰"與"一說"》，劉瑩譯，石珹校，虞萬里主編：《經學文獻研究集刊》第 21 輯，上海書店出版社 2019 年版。

王葆玹：《禮類經記的各種傳本及其學派》，中國哲學編輯部編：《經學今詮續編》，遼寧教育出版社 2001 年版。

王鍔：《禮學文獻整理研究的回顧與展望》，《古籍整理出版情況簡報》2020 年第 1 期。

（清）王仁俊：《禮記篇目考》，《國故》1919 年第 1 期。

吳飛：《〈禮運〉首章再考辨》，王中江、李存山主編：《中國儒學》第 14 輯，中國社會科學出版社 2019 年版。

吳仰湘：《何休〈春秋公羊經傳解詁〉訓釋訛誤兩例——兼論清代學者糾改之失》，《湖南大學學報》（社會科學版）2006 年第 1 期。

吳仰湘：《皮錫瑞〈王制〉研究評析》，《湖南大學學報》（社會科學版）2013 年第 1 期。

［日］武内義雄：《兩戴記考》，江俠菴編譯：《先秦經籍考》，商務印書館1931年版。

［日］小島毅：《明代禮學的特點》，張文朝譯，林慶彰、蔣秋華主編：《明代經學國際研討會論文集》，臺灣中國文哲研究所1996年版。

許超傑：《曹元弼〈覆段熙仲書〉考釋》，《南京師範大學文學院學報》2014年第4期。

徐到穩：《明清時期實踐禮學的興衰：一種基於版本數量統計的分析》，《清史論叢》總第38輯，社會科學文獻出版社2020年版。

徐興無：《釋〈春秋〉必以周禮明之——讀劉文淇〈春秋左氏傳舊注疏證·注例〉》，《南京曉莊學院學報》2006年第3期。

徐興無：《〈春秋繁露〉的文本與話語——"三統""文質"諸說新論》，《中國典籍與文化》2018年第3期。

徐興無：《通義的形成——〈白虎通義〉的話語機制》，《中華文史論叢》2019年第3期。

閻步克：《論中國禮制的"數字化"》，王守常、余瑾編：《龐樸教授八十壽辰紀念文集》，中華書局2008年版。

楊華：《中國古代禮儀制度的幾個特徵》，《武漢大學學報》（人文科學版）2015年第1期。

楊華：《慶氏禮學述論》，《人文論叢》2017年第1輯，武漢大學出版社2017年版。

楊英：《改革開放四十年禮學與禮制研究》，《孔學堂》2018年第5期。

楊英：《近四十年來宋元明清朱子〈家禮〉、鄉約及民間家禮文獻研究》，《孔子研究》2019年第5期。

虞萬里：《〈尚書·無逸〉篇今古文異同與錯簡》，臺灣《"中央研究院"歷史語言研究所集刊》第87本第2分，2016年。

虞萬里：《兩漢經師傳授文本尋蹤——由鄭玄〈周禮注〉引起的思考》，《文史》2018年第4輯。

張德付：《論賓主與五倫》，楊朝明主編：《孔子學刊》第10輯，青島出版社2019年版。

張濤：《三禮館輯錄〈永樂大典〉經說考》，《故宮博物院院刊》2011年第6期。

趙克生、安娜：《清代家禮書與家禮新變化》，《清史研究》2016 年第 3 期。

趙四方：《孔門傳經弟子的形象重塑與清代經學轉型——以子夏爲中心》，《江海學刊》2022 年第 4 期。

趙四方：《鄭玄在清代學術史上的形象演變》，《福建論壇》（人文社會科學版）2022 年第 9 期。

趙錚：《從兩個未刊本看丁晏的説文學研究》，南開大學中國文字學研究中心編：《説文學研究》第 3 輯，江西教育出版社 2008 年版。

鄭伊凡：《英文漢學界的禮學研究綜述》，《人文論叢》2020 年第 1 輯，武漢大學出版社 2020 年版。

四、學位論文

安仲全：《〈春秋公羊解詁〉研究》，山東師範大學碩士學位論文，2009 年。

曹旻：《乾嘉學派與荀子思想關係研究》，南京大學博士學位論文，2016 年。

曹天曉：《清儒丁晏年譜》，南京師範大學碩士學位論文，2018 年。

車行健：《禮儀、讖緯與經義——鄭玄經學思想及其解經方法》，臺灣輔仁大學博士學位論文，1996 年。

陳恒嵩：《明人疑經改經考》，臺灣東吳大學碩士學位論文，1988 年。

陳惠美：《清代輯佚學》，臺灣中國文化大學博士學位論文，2004 年。

杜佳：《周代軍禮、吉禮禮辭纂釋》，浙江大學博士學位論文，2018 年。

范雪梅：《清代鄭玄之學研究》，山東師範大學碩士學位論文，2015 年。

范雲飛：《秦漢祠祀律令研究》，武漢大學碩士學位論文，2017 年。

范雲飛：《晉至唐禮議研究》，清華大學博士學位論文，2021 年。

甘良勇：《〈大戴禮記〉研究》，浙江大學博士學位論文，2012 年。

郭超穎：《〈儀禮〉鄭注禮義發微》，山東大學博士學位論文，2018 年。

韓敬竹：《〈白虎通〉引書輯考》，哈爾濱師範大學碩士學位論文，2015 年。

黃聲豪：《清代公羊禮學研究》，臺灣大學碩士學位論文，2015 年。

姜軍：《〈司馬法〉研究》，吉林大學博士學位論文，2019 年。

金濤：《武威漢簡〈儀禮〉校勘及王杖十簡集釋》，吉林大學碩士學位論文，2013 年。

李志剛：《先秦燕饗禮研究》，武漢大學博士學位論文，2012 年。

劉紅霞：《曾子及其學派研究》，山東大學博士學位論文，2008 年。

劉欣怡：《清代"鄭志"輯本及其"鄭學"之研究》，臺北大學碩士學位論文，2010 年。

盧鳴東：《公羊傳何休注禮説研究》，香港浸會大學博士學位論文，2000 年。

吳瑞荻：《邵懿辰年譜》，華東師範大學碩士學位論文，2018 年。

吳怡青：《清代鄭玄著作輯佚之研究——以輯佚類叢書爲中心》，臺北大學碩士學位論文，2009 年。

徐晶晶：《劉熙〈釋名〉引文研究》，上海財經大學碩士學位論文，2021 年。

徐玉梅：《元人疑經改經考》，臺灣東吳大學碩士學位論文，1988 年。

徐淵：《禮典相關兩周秦漢出土文獻考疑》，復旦大學博士學位論文，2017 年。

張廣慶：《何休春秋公羊解詁研究》，臺灣師範大學碩士學位論文，1988 年。

張小苹：《荀子傳經考》，浙江大學博士學位論文，2011 年。

莊媛：《先秦盟誓禮辭探究》，浙江大學碩士學位論文，2015 年。

圖書在版編目(CIP)數據

佚禮通考/覃力維著.—武漢：武漢大學出版社,2023.10
"禮學新論"叢書/楊華主編
國家出版基金項目
ISBN 978-7-307-23957-9

Ⅰ.佚…　Ⅱ.覃…　Ⅲ.禮儀—研究—中國　Ⅳ.K892.26

中國國家版本館 CIP 數據核字(2023)第 165451 號

責任編輯:李　程　　　責任校對:汪欣怡　　　版式設計:馬　佳

出版發行: **武漢大學出版社**　　(430072　武昌　珞珈山)

(電子郵箱: cbs22@ whu.edu.cn　網址: www.wdp.com.cn)

印刷:湖北金港彩印有限公司

開本:720×1000　　1/16　　印張:25.75　　字數:462 千字　　插頁:1

版次:2023 年 10 月第 1 版　　2023 年 10 月第 1 次印刷

ISBN 978-7-307-23957-9　　　定價:99.00 元